本书为教育部人文社科项目——"当代知识辩护理论：问题、解决策略及其对人工智能模拟的意义研究"（11YJA720042）成果

# 当代西方
# 知识辩护理论：
## 现状、问题及其解决策略

➤ 郑祥福　方环非◎著

中国社会科学出版社

**图书在版编目（CIP）数据**

当代西方知识辩护理论：现状、问题及其解决策略/郑祥福，方环非著.
—北京：中国社会科学出版社，2015. 11
ISBN 978 - 7 - 5161 - 7308 - 4

I. ①当… II. ①郑…②方… III. ①分析哲学—研究—西方国家 IV. ①B089

中国版本图书馆 CIP 数据核字（2015）第 288818 号

| | | |
|---|---|---|
| 出 版 人 | 赵剑英 | |
| 责任编辑 | 喻　苗 | |
| 责任校对 | 邓雨婷 | |
| 责任印制 | 王　超 | |

| | | |
|---|---|---|
| 出　　版 | 中国社会科学出版社 | |
| 社　　址 | 北京鼓楼西大街甲 158 号 | |
| 邮　　编 | 100720 | |
| 网　　址 | http://www.csspw.cn | |
| 发 行 部 | 010 - 84083685 | |
| 门 市 部 | 010 - 84029450 | |
| 经　　销 | 新华书店及其他书店 | |

| | | |
|---|---|---|
| 印　　刷 | 北京君升印刷有限公司 | |
| 装　　订 | 廊坊市广阳区广增装订厂 | |
| 版　　次 | 2015 年 11 月第 1 版 | |
| 印　　次 | 2015 年 11 月第 1 次印刷 | |

| | | |
|---|---|---|
| 开　　本 | 710 × 1000　1/16 | |
| 印　　张 | 19 | |
| 插　　页 | 2 | |
| 字　　数 | 322 千字 | |
| 定　　价 | 69.00 元 | |

凡购买中国社会科学出版社图书，如有质量问题请与本社营销中心联系调换
电话:010 - 84083683
版权所有　侵权必究

# 序　言

　　人类与动物的区别在于，人能够理智地进行思维，把握客观世界运动变化的规律性，并将这些认识付诸自己的行动。因此，掌握知识是人类特有的能力。但是，由于人类对客观世界的认识具有类型、深浅、全面与不全面、真实与虚构等之分，从而引起了怀疑论者的挑战。所以，何谓知识，什么样的知识才是真实可靠的知识，是几千年来困扰哲学家们的几个重要问题。可以这样说，几千年的哲学史，不仅是唯物主义与唯心主义斗争的历史，而且从认识论层面上来看，也是关于知识辩护的历史。

　　为了解决上述问题，古希腊哲学从柏拉图开始就对知识进行分类。他认为，人类认识可以区分为知识和意见。之所以区分为知识与意见，是因为人类认识能力具有高低之分，一般人只能认识到事物的个体，而无法把握事物背后的共相即理念，而只有哲学家才能达到对事物共相的把握。所以，人类认识具有两种能力：理智与感觉。感觉把握事物的表面，把握的是事物的个体。事物的表面和个体是变动不居的，这些可见世界的认识不可能成为真正统一的知识，而只能是意见。而理智则不同，它所要把握的是永恒不变的共相，是摆脱了洞穴假象的真正的知识。

　　接下来，亚里士多德开创了逻辑理论，认为只有符合逻辑的从事实推导出来的知识才是真正的知识。众所周知，亚里士多德创立了归纳逻辑方法，这是人类最早的科学方法。在亚里士多德看来，真正的人类知识是从观察的经验事实中归纳出解释性的理论，然后再从这些理论原则出发演绎出关于现象的知识。一切知识都是对现象因果性的解释。亚里士多德对人类的杰出贡献是创立了他的归纳法与演绎法、三段论的逻辑学。归纳法认为，归纳使人们摆脱了感官的局限，通过归纳，我们将一些零乱的感觉资料、个别事件概括得出共同的性质与特征，个别事物即种——通过概括上升为关于这类事物的属。例如，乌鸦1具有性质黑色，乌鸦2具有性质黑色，乌鸦 3 具有性质黑色……通过概括，我们可以得出结论，即所有的乌鸦都具有黑色的性质。这样，通过概括得到的结论则可以用作推理的前提，并使之成为一个解释现象的陈述。即：

所有的乌鸦都是黑色的

这里所有的鸟都是乌鸦

∴ 所有这些鸟都是黑色的。

同样，所有地球附近的物体都是能发光的物体

所有的行星都是地球附近的物体

∴ 所有的行星都是能发光的物体。

在这些三段论的推理中，要想得到正确的结论，那么其前提必须是正确的，这一前提要么是我们已经得到的观察归纳得出的结论，要么是不证自明的原理。

由于亚里士多德的方法存在着一定的局限性，所以，亚里士多德之后，许多哲学家对之提出了反驳，特别是怀疑论和 17 世纪以后的经验论与唯理论之争，直到现代科学主义中实在论和工具主义的争论，无不来自亚里士多德归纳法和演绎法之间的矛盾。古希腊后期的怀疑论认为，无论唯心主义抑或唯物主义所说的认识都是值得怀疑的，如同艾尔弗雷德在其《西洋哲学史》一书中所概括的，"（1）独断派哲学家，不能证明他们的出发点，因此，它只能是个假说；（2）我们对于事物，不能有一种客观的认识，我们知道，事物如何影响我们，至于它们脱离我们的智慧与感官时，究竟是些什么，那我们永不能知道；（3）因此，如欲得到幸福，我们只得把无益的思考抛弃，专心一意地，顺服自然的大法"①。由此怀疑论者认为，由于我们在认识时，意见主宰着所有事物，而要放弃意见，那我们就必须将它悬搁起来。如果我们要得到真正的知识，那么我们就必须做到将意见悬搁起来，然后达到心灵的平静，即心灵不再被骚扰，避开了许多烦恼，从世俗的陷阱中解脱出来，只有这样才能达到真理。

而近代的怀疑论则建之于观念论的基础上，认为没有物体和没有精神本质都是独断的，休谟从观念论出发，把人的认识看作非常有限的知觉的产物，唯物主义经验论把人类认识看作对感觉概括，其实只不过是事物表

---

① 艾尔弗雷德·韦伯：《西洋哲学史》，詹文浒译，华东师范大学出版社 2007 年，第 120 页。

面现象间的相似关系、先后关系和因果关系，因果关系是先验的，是人们感觉世界时所产生的一种习惯而已。因此，我们以往的哲学理论、形而上学都是值得怀疑的。

由于怀疑论的影响，我们对知识是什么的问题需要做出科学的解释，需要做出科学的论证，否则我们便无法解决知识的真假问题。

进入 20 世纪后，西方认识论逐步形成了以知识辩护为主题的诸流派。首先，逻辑实证主义对科学知识进行辩护，其辩护的原则是"经验的证实"与逻辑分析，凡是能够得到经验证实或在逻辑上符合逻辑分析法则的科学理论，都是有意义的、合法的，凡是得不到经验证实或无法得到逻辑证明的科学理论则是非科学的、没有意义的。

分析哲学家们认为，有意义与无意义的区别完全在于逻辑分析能否得出合理的结论，思想是世界的图画，思想是由语言构成的，语言是由命题构成的，因此，我们只要分析清楚语言的状况，那么我们就可以了解世界是怎么样的，只要分析清楚语言的意义，我们就弄清楚了事物是怎么样的。语言命题有复杂与简单之分，复杂命题可以分析为简单命题，简单命题又可以分析为原子命题，原子命题与原子事实是相对应的，如果原子事实与原子命题相符合，那么这个命题就是有清晰意义的，一旦我们把所有的命题都分析清楚了，那么我们的语言就不至于陷入混乱，那些无法得到逻辑分析和经验证实的命题自然就作为形而上学命题，是一些无意义的命题，是我们应当抛弃的命题。

至 20 世纪后半叶，知识论的研究便成为科学哲学、分析哲学发展过程中的一大热点领域，内在论与外在论的交锋贯穿着语境论和德性论，在自然主义认识论的发展中，贯穿着社会的知识论。一方面，围绕着正确的知识应该是怎么样的问题展开讨论；另一方面，也围绕着影响人们认知的因素而展开争论。自然化的认识论作为分析哲学后期发展的产物，在科学哲学中占据主导性的地位，并且随着自然化认识论的发展，认知科学与人工智能科学的结盟，成为多数科学哲学家们追求的梦想。一时间，心灵哲学、认知心理学、认知的神经科学、认知语言学等学科纷至沓来，汇集成一股新兴的科学研究之热潮。

本书所讨论的知识辩护理论虽然属于认识论或知识论的范畴，但与传统的知识论也有所区别。本书只讨论知识辩护问题，而一般的认识论所要探讨的则更广泛，它包括感觉、知觉、表象、信念、真理、命题的语义和语用理解等，不仅包括认识的形成，而且也包括认识的发展规律，检验认识的正确性的标准等。而知识辩护理论则仅仅是通过某手段来说明知识的合法性。所以，本书所要探讨的正是知识辩护的历史进程，并讨论知识辩护中的几个重要问题，以及知识辩护过程中形成的与人工科学的关系，认知科学对人工智能科学发展的意义等方面的问题。这些问题与当代西方科学哲学研究的内容基本一致，因此，本书将知识辩护理论纳入科学哲学的范畴予以讨论。由于该主题的文献浩如烟海，如果没有一个像样的研究团队，要对这些文献进行翻译与阅读是十分困难的。在本书成书过程中，方环非教授为我写了德性知识论这一章；我的研究生陈超超写了内在论与外在论的争论的初稿；任玮玮写了语境证据主义的初稿。在此，对他们的帮助表示衷心的感谢！在成书过程中，我经常和方环非教授讨论一些问题，从中得到许多启发。在给研究生讲课中，也和研究生们一起讨论，也不断地涌现一些问题和思想。这在成书中均有所助益。但是，由于当代西方知识辩护理论方面的资料太多，一时来不及细细阅读，所以在阐述各个相关问题时也存在着挂一漏万的不足，希望读者给予批评指正。

作者于浙江师范大学

# 目　　录

# 导　言

# 近 30 年来西方科学哲学
# 研究中的八大关系

　　当代西方科学哲学*正在走向非哲学化①，其主要表现为：从形而上研究转向了自然主义，从纯粹规范的认识论转向当代知识辩护理论，从一般哲学认识论转向了当代科学知识社会学。这些转向表明，一方面，当代西方科学哲学正在努力摆脱传统的形而上研究方法。另一方面，科学哲学所关心的领域也不断分化，也不断地趋同。认识论研究正在技术化，它紧紧把握住时代科技发展的脉搏，与计算机技术、人工智能技术相结合，成为我们时代人工智能技术发展的最前沿的研究领域。然而，无论当代科学哲学的走势如何，都不免遭遇以下八大关系。

## 一　老问题与新方法的关系

　　自从 20 世纪初逻辑实证主义产生以来，几乎每一位科学哲学家都在呕心沥血地试图解决"科学是什么"这一本质问题，科学知识辩护成为现代科学哲学的主题。科学哲学发展的这一百年，其实就是关于科学知识辩护的百年史。在这个辩护中所面临的问题主要有：

---

　　*　这里的"当代西方科学哲学"具有广义的用法。从逻辑经验主义开始，所有涉及知识论与自然科学理论本质问题的哲学均具有科学哲学的特征，它们所要解决的共同问题是科学知识的本质、科学与形而上学的关系问题。正如把科学哲学归入分析哲学一样，我们也可把当代知识辩护理论归入科学哲学，属于科学认识论的范畴。至于把科学哲学与知识论或认识论区分开来，则属于当代西方科学主义潮流内部的具体划分。

　　①　参见郑祥福《当代西方科学哲学的非哲学化趋势研究》，中国社会科学出版社 2011 年版。

（1）公认的理论遇到了个别反事实的例子，从而否定整个命题的真值，简化式就是：所有的 S（a，b，c，…，n）是 P；但 n+1 非 P，所以，所有 S 是 P 的命题为假。个别反例的存在能否定普遍性的结论吗？

（2）科学推理所基于的信念是否可靠？我们何以得知以往的信念是可靠的？

（3）人们的观察渗透着理论，进而所有的认知都基于一定的社会文化背景和个人的背景知识，那么我们何以知道这些认知结果是客观的呢？

（4）所有被认定为"真理"的理论最终随着科学实践的发展都被证明为是不全面的，或者至多是概率的，因而科学研究是不可能得到真理的，既然这样，我们如何相信以往的科学理论呢？

（5）按照认知心理学，一个人认知结果的形成是个体主体心理过程，如果这样，那么我们的认识究竟是个体主体对对象的建构抑或是一种社会集体的建构呢？

这些有关科学知识本质的问题自古以来都是哲学家们所关心的重要问题，对于这些问题，在以往均由形而上的哲学思维来解决。然而，在当今，这样一种见解已经不合时宜，哲学问题随着科学的变化而发生了变化。随着数学方法、逻辑方法的改进，实验方法的引入，哲学家的形而上学态度陡然发生转变，怀疑的态度占据了哲学思维的主流地位。人们开始思考以往哲学思维的合理性与有效性，一种改变思考问题方法的趋势进入了现代哲学发展的领域。正像施太格缪勒所说的那样，"在科学哲学的范围内，特别有两个因素使怀疑态度加强了：一方面就是在数学和经验科学各学科中，科学的严密程度提高了，特别是对概念结构的精确性、对逻辑和数学证明的严密性以及对综合科学命题的可证实性，都提出了比较高的要求。形而上学的原理，至少在传统的形式中，是不能满足这种要求的。另一方面，就是认识到哲学观点在历史上的相对性。因为，通观二千多年的历史，其间虽然哲学体系不断更迭，但却找不出一条清晰笔直的前进路线。"①

这就是说，在当代，尽管科学哲学探讨的问题是一致的，但是方法却已迥异，采用科学本身的方法来探讨科学哲学的问题是否会使哲学失去其该有的性质呢？约翰·洛西在《科学哲学历史导论》一书开篇就对此问

---

① 施太格缪勒:《当代哲学主流》（上），王炳文译，商务印书馆 2000 年版，第 20 页。

题做了分析，明确指出科学与科学哲学是有区别的，但也不至于完全不同，两者是相关的。洛西做了一个非常有说服力的叙述。他说："试以扬的波动说和麦克斯韦的电磁理论二者孰优的问题为例。判断麦克斯韦理论优越的是身为科学家的科学家。而研究蕴涵着这类判断的，可接受性一般标准的是科学哲学家（或身为科学哲学家的科学家）。显然，这些活动是互相渗透的。对评价理论的先例一无所知的科学家不大可能恰当地评价自己。而对科学实践一无所知的科学哲学家也不大可能对科学方法提出有洞察力的见解。"①

当然，方法的改变也不纯粹地是采用了自然科学的方法，实证方法只是当代科学哲学方法的其中之一。除了这种实证方法之外，与之相融的还有数学与逻辑方法。这一方面说明了当代科学哲学的研究需要自然科学方法，同时，数学与逻辑方法将用来解决一些当前科学理论所无法解决的前沿问题，例如，与科学理论的本质密切相关的认知结构问题。所以，施太格缪勒说："实证科学最初被看做是包罗一切的哲学的非独立的组成部分，在近代已经脱离了哲学，建立在纯粹经验科学的基础上了：代替先验本质法则的是其正确性须受观察和实验检验的法则假设。这种以经验为根据的观点获得了实践上的成功。这样一来，对于哲学来说，就产生了研究经验科学的逻辑程序和认识结构的问题。"②

新方法的出现表明，老的哲学问题长期以来依赖于形而上的思辨方法，但是由于方法的陈旧性，使得老问题未能产生新答案。只有通过方法的改进，才能走出传统的樊篱。主要是因为：第一，在当代，"物理学世界概念日益增长的非直观性和抽象性，关于经验陈述的可检验性以及保证它的有效性的全部问题，变得尖锐起来了"。③ 由于非直观的实在诸如质子、中子等的出现，客观实在的世界与我们的现象世界已经不再完全相符，"过去联结着物理的实在世界和直观的现象世界的这种最后的纽带也被破坏了"④。鉴于这样的情况，传统的形而上思辨要解决这些问题，就得重新论证其合理性。第二，"现代数学的发展也引起了大量的认识论问

---

①　约翰·洛西：《科学哲学历史导论》，邱仁宗等译，华中工学院出版社 1982 年版，"导言"。

②　施太格缪勒：《当代哲学主流》（上），王炳文译，商务印书馆 2000 年版，第 20 页。

③　同上书，第 21 页。

④　同上书，第 22 页。

题,并且还引起了对一种特殊的数学哲学的期望。此外,这种发展还引起了对逻辑的基本观点的修正。在这里,作为特别重要的方面应该提到的有:现代公理论的产生、建立数学逻辑基础的尝试、逻辑悖论的发现和对于把数学运算限制于构成的思想的要求"。"这样我们就看到,专门科学在最初分别独立以后,就越来越远离哲学,但由于内在的原因却不得不被迫进行哲学的考察,因此专门科学也就给了哲学运动一种新的推动。"①

## 二 分化与趋同的关系

当代科学哲学发展表明,形而上学已经不再能够满足现代科学发展的需要,因为一切先验的本质都须经受经验的证实、逻辑的论证和科学实践检验。所以,哲学已不再能和经验科学一样提出关于实在的基础原理,而是必须返回到逻辑学、科学理论与基础研究领域中去。

另外,科学研究越来越专门化。现代科学特别是现代物理学的实践已经与哲学的抽象理论研究渐行渐远。现实的科学研究从表面上看,哲学问题越来越多,但是,这些问题却远离原来哲学的总体性分析方法。简言之,原先的哲学理论已经无法解决当代物理学中的哲学问题,例如粒子物理学中的非充分决定性、量子实在的真实性等。在这样的情况下,一些哲学理论也随之发生了分化,例如科学实在论与反实在论、非实在论的出现,有些人就这些问题形成了不同的理论,在认识实在对象的真实性和理论究竟能做什么、表象与实在等问题上,意见无法统一,派别林立。因此,考虑确立现代科学命题或陈述的不容怀疑的基础,是现代科学哲学乃至其他哲学的一种理想选择。正是在这个建立基础的问题上,各种哲学付出了大量的努力与辛劳,但只不过是有多少种哲学流派就有多少种寻求知识基础的观点而已。早期的实证主义者要求把命题还原为可以为经验所证实的命题;先验哲学企图把每一个特殊的对象的先验性固定在先验主体中;现象学则想要通过它的还原论和加括号的方法对本质进行严密研究;分析哲学则试图用一种精确的能够满足各种精密研究的科学语言来代替日常语言;科学实在论与反实在论则就从观察出发是否能推出不可观察物的真理而辩论不休;自然主义则认为应该把一切有关科学理论的基础的争论

---

① 施太格缪勒:《当代哲学主流》(上),王炳文译,商务印书馆 2000 年版,第 23 页。

诉诸自然科学本身或心理学，如此等等。"不同流派之间的哲学家之间相互疏远和越来越失去思想联系"，"研究基础的哲学家与研究世界观的哲学家对哲学研究工作的理解是完全不同的，同样，关于存在的研究者与从现象分析出发的思想家，对哲学研究工作的理解也是完全不同的。"① 他们彼此间存在学术上的分歧，所选择的出发点或思想方法迥异，以致他们之间相互不通信息、无法沟通，也无法一起讨论。"他对另一个哲学家所从事的是一种什么性质的工作也感到迷惑不解。他不仅再也不知道另一个哲学家所说的是什么，而且他甚至再也不能说出另一个哲学家所从事的，以及他用'哲学'这一名称所指的，是一种什么样的活动。"② 我们回顾一下20世纪以来的哲学理论，它们包括胡塞尔的现象学、海德格尔的存在主义本体论、批判的实在论、先验唯心主义、现代经验论哲学、当代分析哲学、科学实在论与反实在论以及其他关于知识的辩护理论等，这些哲学在方法上有着相互对立的一面，而且其概念范畴完全不同。因此，哲学作为对一切知识基础的研究，其本身存在着被怀疑的一面。这是一幅当代哲学分化的图景。

而从当代哲学发展的趋同性来看，则体现在对科学知识本质的心理学倾向以及对理论结构的语义学与语用学的理解上。

对于心理主义倾向，发源于布伦塔诺。众所周知，认识是与人的意识、认识对象等相关的，离开人类的意识就不存在所谓认识，更谈不上认识的真假，这样就归结为一个问题，即真或假的现象是意识领域表现出来的。这就要求对心理现象进行研究。布伦塔诺认为，每一种意识都是关于对象的意识，全部现象可以分为两类：一类是物理现象，另一类是心理现象。物理现象是我们所能理解的物理客体的集合，而心理现象则是表象、感觉、判断活动、情感活动等。区别于物理现象的是，心理现象具有意向性特征，它是一种内知觉的对象，因此也是自明性知觉的对象，只有心理现象才是真正的存在。

但是，现象学大师胡塞尔则反对这种心理主义，认为心理主义是一种极端的相对主义，是一种荒谬的偏见。托马斯·玛曼认为，胡塞尔是除维也纳学派等人之外支持逻辑实证主义的另一位科学哲学家。他认为"胡

---

① 施太格缪勒：《当代哲学主流》（上），王炳文译，商务印书馆2000年版，第28页。
② 同上书，第29—30页。

塞尔形式的科学哲学是现代语义学理论观之先声，这种语义学理论观认为，数学而非逻辑是重构经验论的适当工具"。① 对胡塞尔而言，重构经验论的必要因素是对其领域进行数学的描述，因为在哲学上只描述语言特征并不能适当地描述经验论的特征，只有对其模型或形式的本体论进行描述，才能够重构经验论的总体结构。玛曼认为，胡塞尔的这种语义学观点比之苏佩斯早了五十多年。②

但是，从认识论来说，语义学只研究概念或理论模型，例如对于真理概念，我们就得从模型理论中来说明，如果是我们在应用过程中来理解真理概念，那么，这就是一个语用学的问题，两者不能混为一谈。逻辑的任务就是校正概念关系，以便实现某种理想的意愿表达，规范地理解语言，这就是语义学问题。可是，就是在这理解语言的过程中，我们遇到了实际使用过程中的语言与理想语言在意义上的区别，为了把实际发生的语言关系准确地描绘出来，了解与语言一起发生的各种因素，这就需要语用学、心理学。所以，一个认识结果的出现不仅仅是依赖于自然现象，而且也依赖于人的行为。

正是因为语义学与语用学的相互交织，所以当代科学哲学出现了一种建构论趋势。当然，这种建构论从某种意义上说仍然是带有严重的形而上色彩。但是，能够把那种语义学和语用学的理解统一起来的也只有这种建构论了。从卡尔纳普的构造理论（世界的逻辑构造），到普特南后期内在的实在论，到范·弗拉森建构的经验论，再到古德曼的"非实在论"的世界构造论，都是建构论的表现形式。建构论一方面强调理论的经验来源，另一方面也强调人类背景知识即信念对于理论建构的作用。正是由于这样一种建构理论，以至从20世纪末就出现了爱丁堡学派的科学知识社会学观点。

卡尔纳普为了构造其世界的逻辑系统，假定了一个由低级到高级的等级序列或对象系统。他把对象分为四类：第一类，即最低一级，也是最基本的对象，即自我心理的对象；第二类为物理对象；第三类是他人心理的对象；第四类是社会人文的对象。他人心理的对象和社会人文的对象是高

---

① Thomas Mormann, Husserl's Philosophy of Science and the Semantic Approach, in *Philosophy of Science* 58 (1991), p. 61.

② Ibid. , p. 62.

级对象。卡尔纳普的这种构造理论，其实是后来科学哲学发展中建构论的基础，后来的建构论与之相比，也只是万变不离其宗。即理论的形成是逻辑的构造，由于这个逻辑构造的过程中存在着人的心理、文化、社会历史等因素，所以逻辑的构造不完全是与实在相一致的，它仅仅是一个模型，一种逻辑的可能而已。正是人的因素的介入，所以理论的运用便加入了其他多种因素。但不管是我们如何把理论的形成与理论的运用加以区分，"理论是建构的"这一点是不变的。

## 三　自然化与社会化的关系

逻辑哲学发展的结果是促使语言哲学的形成，出现了语义学、句法学与语用学，但这些新兴理论的形成归根到底是为了驳斥怀疑论。可是，这些理论也存在一个致命的弱点，即它仍然是一种基础主义的研究纲领，除了把哲学论证归结为逻辑的格式外，不可能有新的理解，而逻辑的前提则是预设的。所以，到了奎因的逻辑实用主义，便指出了这种哲学的不足，提出了所谓的自然化的经验论观点。这种观点一经提出，立刻得到了众多哲学家们的响应，从而形成了有较大影响的自然主义潮流。当然，严格说来，自然主义是近代以来崇尚自然科学的产物，但是作为一种认识论思潮则是自奎因以来才产生的。在此之前，波普尔也主张一种进化的自然主义观点。波普尔曾说道："就进化的认识论与科学方法一致而言，进化的认识论使我们更好地理解进化和认识论，使我们能在逻辑的基础上更好地理解这些问题。"① 而奎因则提出了把科学哲学与认识论、自然科学相统一的观点，他认为，"哲学家和科学家是在同一条船上"。② 他主张，真理的问题存在于语义学中，而对知识本质的认识论探讨则必须求诸经验科学，即诉诸认知心理学，"这是一个经验心理学的问题，但是，在一个或多个阶段可以在实验室里研究它，也可以在某种思辨的层次上探讨它。……这里的一切就是要探明证据关系，即支持理论的观察相对于理论的关系。"③ 正是奎因这种自然化的认识论的影响，所以，部分具有实在论观点的科学

① 波普尔：《客观知识》，舒炜光等译，上海译文出版社1987年版，第75页。
② W. V. O. Quine, Word and Object, Cambridge, 1960, p. 3.
③ Quine, The Roots of Reference, La Salle, Ⅲ: Open Court, 1973, p. 5.

哲学家也趋同于此。例如，波依德说:"科学实在论者的观点并不取决于或借助于被孤立地考虑的那种外展推理的力量，而取决于被评价的东西是经验主义的认识论和正在表现出来的自然主义认识论的相对优点。"①

不过自然化的认识论也并非在科学哲学领域完全占据主导地位。康恩布里斯、富雷等认为，有的哲学问题是可以通过自然化的方法来解决的，诸如认识的形成等，但并非全部哲学都能通过自然化来解决，自然主义与形而上学两者是相辅相成的。哪怕是根据计算机处理信息那样存在输入、加工和输出的过程，也是贫乏的输入和丰富的输出，这就是人的思维和动物感知的区别。因此，自然化不能解决根本问题。福默顿 (Richard Furmerton) 认为，把认识过程自然化其实就好像农民失去了一头壮牛而感到痛苦，但如果我们要知道痛苦是什么，按照自然主义的观点，只有等到牛回家了，我们才能知道头脑应该对痛苦负责，对于这个痛苦的过程，自然主义者却无法证明。格兰第 (Richard Grandy) 则认为，即使我们的认识的获得是一个自然化的过程，但是人们是在不断地超越自己的认识的，"贫乏的输入和丰富的输出"之明显对照表明了我们作为认识者的能动性，我们把意向性指向被认知的目标，我们在认知过程中加入了我们的意向性。我们往往把大量的信号刺激忽略不计，而仅仅选择了我们所需要的。这表明了我们在认知过程中不是被动的镜式的表象。劳伦斯·邦久 (Laurence Bonjour) 也对自然主义做了批评，认为自然化观点并没有涉及我们认识者的信念在认知过程中所起的作用，这些信念之是否为真的问题无法依赖自然主义方法得到确证。金在权 (Jaegwon Kim) 也认为，奎因的认识论要求人们放弃传统的认识论，因为传统认识论研究的是信念辩护、真理标准等，而自然化的认识论则是一种心理学。实际上，"当人们放弃了确证和评价概念时，人们也就放弃了整个传统的认识论，剩下的东西就是描述人类认知的经验论，如果奎因使用他的方法，那么这种经验论就将完全避免确证的概念或任何其他评价的概念"②。由于上述诸位科学哲学家们对自然主义观点的反对，在此基础上便形成了与之针锋相对的科学知识社会学观点。

---

① R. Boyd, The Current Status of Scientific Realism, in Leplin (ed.), *The Scientific Realism*, University of California 1984, p. 75.

② J. Kim, What is "Naturalized Epistemology"? In Linda Maclin Alcoff (ed.), *Epistemology: The Big Questions*, Blackwell Publishers, 1998, p. 277.

在西方，科学知识社会学观点以爱丁堡学派为代表，他们中有马尔凯、巴恩斯、塞蒂纳、朗吉诺、夏平、皮克林、布鲁尔等人，当然除了爱丁堡学派之外，还有 A. 戈德曼（A. Goldman）、斯蒂夫·富勒、约瑟夫·劳斯、A. 库克拉、F. 斯密特等人也持与科学知识社会学相类似的社会认识论观点。

爱丁堡学派和社会认识论观点认为，知识是社会性的，是人类共享的，获得知识的途径很多，既有个体的也有社会的。作为一种知识社会学的爱丁堡学派，是与科学社会学观点不同的，科学社会学探讨的是科学与社会的关系，科学知识社会学则探讨知识形成的外部原因，也即科学知识的形成应当从社会的角度加以理解，而不仅仅是从科学本身来解释。布鲁尔认为，自然科学知识与社会科学知识都依赖于一定的信念而建构，这些信念都是相对的，由社会所决定，是处在一定社会情境中的人们进行协商的产物。因此，处于不同时代、不同民族、不同文化背景中的人们有着不同的信念，拥有不同的知识。马尔凯认为，科学理论有关事实的陈述是离不开我们人类自身的，"一种影像，不管多么明确清晰，只有待我们从事实中选取某些因素并用语言形式加以表达时，它才能把事实呈现在我们面前"[1]。在科学史上，许多新的事实都是基于一定的理论基础上才能被理解，例如"染色体""黑洞""类星体"等。如果我们离开了遗传学，那么我们就不能理解染色体，如果我们离开了现代天文学，那么我们就不能理解黑洞和类星体。所以，科学所发现的事实是通过建构，在科学实验基础上发现的事实也同样通过建构的。哪怕是实验也是离不开理论的。例如，如果没有量子理论，就不可能有量子论的实验，反之量子论的实验也建构了大量关于量子的实在。因此科学知识社会学试图从科学实践出发理解人与自然之间的关系，而非从传统的观点出发用逻辑去理解客体。赛蒂纳则更是认为，科学知识是科学家们制造出来的，因此对科学理论的理解必须借助于当时的语境，他认为，"多数关于科学的研究视角都是按照科学共同体的某些观念运作的"[2]。

---

[1]　马尔凯：《科学与知识社会学》，林聚任等译，东方出版社2001年版，第46页。
[2]　塞蒂纳：《制造知识：建构主义与科学的与境性》，王善博等译，东方出版社2001年版，第129页。

# 四 个体认识与社会认识的关系

在当代西方，所有的心理学都以探讨个体认识为对象。例如，皮亚杰的儿童心理学，探讨的只是某几个对象。而认知心理学探讨的是个体在解决问题时的认识如何形成。自然主义认识论也是把人的认识看作计算机的输入与输出的关系，且不说贫乏的输入与丰富的输出，这种输入与输出的关系也只是对于个体而言的。

然而，在20世纪末，许多科学哲学家都已充分地关注到了集体性的社会认识。斯蒂夫·富勒提出了较为系统的"社会认识论"，认为认识活动类似于生产活动，它是一种有组织的需要协调和规划的社会活动，社会认识论就是要研究"对知识的探求是如何被组织起来的"①。不同认识领域中的活动者在认知能力、知识背景、社会环境等方面是不同的，各个认识领域之间存在着不可比性，认识者之间是无法得到统一的。以往的传统只研究认知的个体是如何获得关于外部世界的知识，而当今则应当对这样的研究进行反思，因为今天的认识与以往相比已经发生了重大变化。正如范·弗拉森曾经说过的那样，科学是所有科学家们的共同协作，就好比一本书，每个历史时期的科学家都在这本书上写着某个章节，但永远也写不完，这种协作关系永远也不会结束。所以富勒在其《社会认识论》中主张，我们分析认知主体的单元决不应该是个体，而是类似生物种类那样的一个群体。由于每个人的认知能力、认知背景、所处的社会文化环境互不相同，所以个体的认知都是在被限定的领域中进行的。而社会认识论的宗旨则是强调认知个体之间的合作，强调以创造知识为目的的各个学科之间、各个共同体之间的合作。阿尔温·戈德曼则认为，认识论应当分成两个分支，一个是个体认识论，另一个则是社会认识论，或称为"社会认识学"（social epistemics）。个体认识论研究认识的起源、感知觉的形成、信念的证明、个体认知的心理分析等，而社会认识论则研究认识的交流、科学认识活动的经济模型，研究和评价认识主体之间在形成信念过程中的相互作用、相互影响。

当代具有社会认识论倾向的不仅仅只有上述两位，还有斯密特

---

① Steve Fuller, Social Epistemology, *Bloomington*, Indiana University Press, 1988, p. 3.

（F. Schmitt）、基切尔（P. Kitcher）、朗吉诺（H. E. Longino）、索罗门（M. Solomon）等人。

社会认识论的核心是探讨知识的社会途径，考察获得知识时的社会成员间的交流、认识共同体的形成，信息的传递、传播，对知识的社会评价，社会历史文化对求知者的影响等。社会认识论并不涉及认知过程，而主要是涉及对认知方法和认知结果的评价，影响认知过程的外部因素的分析，特别是对形成和产生真信念或真理性认识产生影响的群体知识、社会实践、文化习惯、制度等进行评价。例如，朗吉诺在《作为社会知识的科学》一书中，指出了科学认识与政治、意识形态等也有联系。他认为，科学知识的社会性探讨有两个视角转换，其一是在语境论解释中，我们怎样使科学方法或科学知识的客观性成为可能；其二是回到科学的实践中，对科学家们赖以生存和发展的社会环境进行评价。①

# 五　内在论与外在论的关系

当科学知识的本质延伸至知识辩护时，就形成了知识辩护的内在论与外在论的争论了。内在论主张，知识是认识主体自身内在描述的结果。一个人是否获得对一些信念的辩护理由，关键在于这个人自身内在的活动结果是怎样的。而外在论则认为，我们之所以接受一个信念，是因为外在于我们或至少是外在于我们的某些因素所决定的。例如，普特南、诺齐克、德莱茨克、阿姆斯特朗、奥迪等人是内在论的，而休谟、齐硕姆和普赖斯等人则是外在论者。

内在论者认为，我们关于知识辩护的理由出自个人的内心，虽然一个信念的辩护不是完全由一个人所决定的，但却取决于这个人的内在状态。首先，一个信念之被辩护，必须要在主体所知道、所相信或所确证的意义上，必须存在于主体心中或视野中；其次，这个信念应该是在主体可评价的范围内，否则这个主体就没办法对这个信念加辩护。阿尔斯顿说道："在决定相信什么时，我们仅仅自己的信念可供祈求，如果我们的信念支持我们相信 P，那么对我们来说，不相信 P 就是没有理由的，因此，对 P

---

①　H. Longino, *Sciences as Social Knowledge*, Princeton University Press, 1990, p. 66.

的信念就得到了辩护。我们没有办法使自己游离于我们自己的信念之外。"① 奥迪则认为，信念的确证就是我们通过自我反省或反思活动来达到对信念的把握。"这意味着把我们认识的确证活动看做一个可以把握的事实；你对于自己的信念，不仅应当知道它是确证的，而且还应当知道它是怎样得到确证的，是否满足了应当满足的条件。"② 内在论假设了信念的确证的直接可及性，同时，内在论也是融贯论的，它要求在自己内部保持逻辑的一贯性原则，要求被确证的信念在自己的信念系统中前后的逻辑一贯性。

而康恩布里斯则反对这种内在论的观点，认为知识的辩护在于说明它与外部世界之间是否有着一定的因果关系，如果一个信念是依赖于另一个信念推理得出的，且这个信念是真实的话，那么两者之间也应该有因果关系。这样一种辩护理论显然是外在论的，在外在论看来，如果一个信念要得到辩护，那么这个信念得有使人相信的理由，这个理由就是它能够说明与外部事实之间的因果关系，但是，要想百分之百地具有因果性这是很难做到的，只要得到概率的确证就可以了。这种观点被称为概率主义。戈德曼则认为，对于知识的辩护有两类：一类是依赖于信念的，另一类是不依赖信念的，而是依赖于人的知觉的认知过程的。推理的确证方式主要是看其过程可靠不可靠，许多推理带有盲目性、情绪、意想和猜测、匆忙等不可靠的过程，所以一个信念要想得到确证就必须看：第一，我们依赖信念的推理中，信念是真的，那么推出的结论可能是真的；第二，信念的辩护不依赖于信念而是依赖于知觉的，那么我们的认识也是正确的。戈德曼的辩护理论是介于内在论与外在论之间的，他既同意内在论的观点，也同意外在论的观点，把知识辩护看作一个阶梯式的过程。首先，我们通过知觉输入概括形成一个确认无误的认识，久而久之就成为信念，然后我们通过这个可靠的信念进入推理过程，由于这个信念是得到确证的，所以只要推理格式是正确的，那么我们就可以得出另一个信念，这个信念也是得到辩护的。这样一种辩护理论必然是倾向自然主义的，因为他们强调感觉在形成信念中的作用，特别是戈德曼，他求诸心理的过程，倾向于把认知看作

---

① W. P. Alston, Internalism and Externalism in Epistemology, in Alcoff (ed.), *Epistemology: The Big Question*, p. 46.

② Ibid., p. 54.

自然化的解释。

不过，戈德曼的这种兼顾内外在的观点导致了证据主义和语境论。证据主义者包括柯内（Earl Conee）和费尔德曼（Richard Feldman）等。柯内认为，"对任何人 S、时间 t 与命题 P 来说，如果 S 在 t 时具有适当的趋向于 P 的态度，并且 S 在 t 时的证据支持 P，那么 S 在认知上的态度应该趋向于 P，其在 t 时的证据支持了 P。"① 那么证据是由什么构成的呢？它是由认识主体在特定的时间内具有的全部信息所构成的，它是能够支持信念的所有资料。当然，也会有反面的证据、不利的证据等，所以，要求认知主权衡利弊，做出适当的判断。语境主义则更是一种考虑周到的辩护理论，主要代表人是德鲁斯（K. DeRose）、安尼斯（D. Annis）、戈德曼等。语境论既考虑到了主观的因素，也考虑到了客观的因素以及主客观两者的关系。因此，在当前，这种语境论的辩护观受到了许多人的青睐。

## 六　结构主义与建构经验论的关系

20世纪八九十年代以来，随着科学实在论遭遇越来越多的批评，科学实在论改变了自己的观点，提出了结构的实在论的概念与理论，认为没有比"结构"一词更能表达我们对客观实在世界的认识了。其实，早在逻辑经验主义的时代就有不少人用结构来表达世界了，例如卡尔纳普等。到21世纪初，结构实在论的论著日益增多，主要有弗兰奇、雷迪曼（S. French and J. Ladyman）、切克瓦拉蒂（A. Chakravartty）、布雷丁和兰德瑞（K. Brading and E. Landrytt）等。他们认为，重建实在论对科学知识本质的理解的唯一办法是借助结构概念。这种结构实在论主要有两类：一类是本体论的结构实在论，另一类是认知的结构实在论。本体论的结构实在论主张，"结构实在论是关于我们的最佳理论，是对世界近似正确的表述，这种近似正确性是由结构的近似正确的观点来说明的"②。这种结构的实在论不是主张客体存在不存在，而是说客体应当被理解为一个结构。

① E. Conee & R. Feldman, *Evidentialism*: *Essays in Epistemology*, Clarendon Press, Oxford, 2004, p. 178.

② S. French and J. Saatsi, *Realism about Structure*: *The Semantic View and Nonlinguistic Representations*, in *Philosophy of Science* 73 (2006), p. 556.

这种理解最初是由沃勒提出来的，他用数学方程表示数学—逻辑的结构，这个结构通过相关的数学符号来表达。但是，这数学—逻辑结构很难适合于实在，只是在本体论上得到了一个承诺而已。所以，"我们不知道理论实体的本性是什么，但我们却能判断它们以某种关系而存在"①。在结构的实在论看来，科学理论是一个模型，这个模型可以看作一个结构，它是与客观实在世界中的那些性质和关系相对应的，即两者同构。例如，在物理学中，某些理论是一个系统，它确实合理地表述了物理世界，这个系统也就是结构。

认知的结构实在论则认为，要对客体有所认识，那就必须建立在观察客体的性质和关系的基础上，如果我们没有对客体的性质和关系的特殊性进行观察，那么我们就无法断言整个客体的性质。"一个领域的结构是一个相对的概念，它依赖于描述该领域的性质和关系，并随之而发生变化。一个领域没有固定的结构，除非把某些性质和关系强加于它。"②

结构的实在论也遭到了许多人的反对，例如范·弗拉森、普西罗（S. Psillo）等人。范·弗拉森认为，科学理论是一组模型，这组模型是对物理系统状态空间的描述，而非一个集合论的谓词。他把这组模型的理论推测看作必需的，而把实际观察结果看作偶然的，前者适合于一切状态，后者则适合于一个特殊状态。所以，在他看来，真理属于语义学，它仅仅存在于理论模型中，而实际的科学实践并不需要真理概念，对科学家来说，一个理论只要在经验上适当就可以了。其实，认知的结构实在论本身就已经暗含着对结构的批评，因为，本体论的结构实在论不可能把因果性赋予对象，因果性是一种认知关系，这种关系是不断变化的，因而是相对的。目前，这种结构与反结构的争论仍在西方科学哲学界持续着。

## 七　科学哲学、认知哲学与人工智能的关系

当代西方科学哲学之所以出现自然化等趋向，是与当代人工科学的发

---

① A. Chakravartty, The Structuralism Conception of Object. in *Philosophy of Science* 70 （2003）, p. 869.

② S. Psillo, Ramsey's Ramsey-sentences, in Maria Carla Galavotti （ed.）, *Cambridge and Vienna: Frank P Ramsey and the Vienna Circle*, N. Y. Springer Publishing Company 2006, p. 562.　•

展密切相关的。自然化的趋向使认识论家从形而上学的安乐椅中站起来，走进了认知心理学的试验室，但心理学不是万能的，它少不了科学哲学思想的引导，因为人的认知构件是多样的，认知的出发点、思维的前提假设都应该是哲学上可以论证的，而对于心理学来说，这些它并不知道是什么。智、情、意三者相互作用，主客观因素相互交织等并不能通过科学的实验来验证，认为可以通过一种普遍的测量仪器如同量具那样可以测量一切状态，而不顾环境如何的想法是不现实的。所以，在当代科学哲学、人工智能和认知科学的发展中，往往存在着各种不同学科之间的相互交叉、相互协作的关系。认知科学所要解决的是具体的个体认知过程是怎样的，特别是感觉、知觉、表象等是如何产生的；科学哲学所要解决的是人的认识究竟在何种意义上是正确的，语言哲学所要解决的是人的思想是如何用语言表达以及语言的规则如何、影响认知主体的因素有哪些、主客观的关系究竟如何等问题；人工智能则以这些学科的研究为基础，进一步在技术上解决机器模拟人的思想、语言符号关系等问题。在人工智能的模拟中，首先是要确认人的思想是一个有意义的心理过程，计算机的信息处理只不过是符号的操作而已。既然如此，那么对思想的把握是哲学家的工作，而对心理如何产生的工作则给予了心理学家和认知科学家、心灵哲学家，而语言哲学家们则将人类思想分析为语言符号的关系，在此基础上，人工科学家才能开始工作。当然，人工智能科学也为哲学和心理学的发展做出了独特的贡献，"AI试图借助于符号操作来帮助人类理解人的智力过程，因此它提出了在什么条件下我们才能有理由将心的状态归之于一个纯粹的物理系统的问题。它对于认知科学和心的哲学的发展作出了很大贡献。"①在当代，这还不仅仅是这三门学科间的关系，还包括认知的神经科学等，都在这个相互协作过程中起作用。任何一个环节，如果其研究存在缺失，那就不可能推进相近学科的发展。

## 八　科学与形而上学的关系

近代以来，科学与形而上学的问题一直困扰着人们。众所周知，哲学

---

① 余纪元、尼古拉斯·布宁编：《西方哲学英汉对照辞典》，人民出版社2001年版，第80页。

与科学的关系是母子关系,但是到了现代,随着科学的发展,人们将哲学只看作提出问题而不实质性地解决问题的空洞学科,尽管你煞费苦心地提出问题并做出了回答,但与其他胡乱猜想的答案没什么区别,只有当我们转向科学,我们才能真正地解决问题。

然而,任何一门具体科学都有自己研究的界限,有自己严格划定的范围,而区分这种范围的办法只有一个,那就是对其研究的问题做出规定。可是对一门具体科学来说,这种工作绝不是它所做的,哪怕是它做了,但各门学科之间的关系靠谁来解决呢?当它们讨论同样问题而做出不同答案时,究竟谁对谁错呢?这就涉及科学与形而上学的关系问题了。

在当代,特别是科学哲学的发展中,主张用科学方法来解决哲学问题的人不在少数,"拒斥形而上学"是20世纪以来一个非常响亮的口号。从逻辑经验主义到费耶阿本德宣布"科学哲学是一门有伟大过去的学科"的后实在论哲学,从奎因自然化的经验论到把规范认识论转变为"描述的认识论",无不对形而上学持摒弃的态度。那么,传统的认识论真的不需要了吗?康恩布利斯认为,按照科学的观点,所有理论都应当能还原成经验事实的数据等,但并非所有的理论都能还原为经验,这并不是说认识论和形而上学没必要得到经验数据的支持,"现行的科学理论支持大量令人感兴趣的形而上学命题,……但是现行的证据并不支持从高层次向低层次的全面的还原"。[①] 他认为,心理学的实验固然能提供感性的证据,但是形而上学的抽象理论也是通过逻辑推理的概括和归纳得到的,尽管形而上学的前提是假设的,但这个假设是建立在合理的基础上的。自然主义避免空谈,把认识的过程解释为一个心理的生理的过程,把人的认知器官看作一种物理设施,环境所提供的刺激如果满足它所适应的范围,那么知觉就可以展现。但是,感官是否能准确地把握我们的世界,我们的推理是否可靠等,必须依赖形而上学来做出评价。所以,我们的任何探讨都不应当脱离科学,我们并不具有独立于科学的形而上学和认识论,科学的成功证明了两者的有机结合。

当代西方科学哲学的发展还存在着其他需要解决的关系,只是很多关

---

① Hilary Kornblith, Naturalism: Both Metaphysical and Epistemological, In Peter French (ed.), *Midwest Studies in Philosophy*, Vol. XⅨ, Trinity University, 1994, p. 41.

系已经包括在上述的八大关系之中，在此无须做出冗余的概括。这些关系的解决，是导致当代西方科学哲学乃至全球各国科学哲学发展的重要方面，也是马克思主义认识论所应当汲取的新问题，对这些问题的思考也将推动马克思主义认识论的进一步发展。

# 第 一 章

# 知识辩护理论的现代起源

众所周知，知识辩护理论源于古代希腊，经过近两千年的发展，其现代形态也可以说是万变不离其宗。什么样的知识是真正的能为我们所接受的知识？什么样的信念是得到辩护的？一种对知识的辩护在什么样的前提下是正确的？我们应该用什么样的方法来对知识进行辩护……这些问题是知识论一直以来所面临的需要解决的。这里所说的现代知识辩护理论，指的是 20 世纪以来经过分析哲学、逻辑经验主义哲学直到当代科学知识社会学等的知识辩护理论。其中心议题就是围绕知识的形成来论证知识的合法性，并驳斥传统意义上的怀疑论责难。

## 一 为什么要对知识进行辩护？

在给本科学生上哲学导论时会遇到一个非常难以解答的问题，即：思维与存在何者为第一性？如果没有人类的存在，那么这个世界究竟会是怎么样的？许多学生会认为，假如没有人的存在，那么这个世界还是静静地躺在那儿，它依然是存在的。但是，另一些学生会问，如果没有人的存在，没有人的意识，这个世界即使是躺在那儿，还有什么意义呢？何以知道其存在不存在呢？存在不存在都是一个无法理喻的问题了。在 2014 年 3 月 8 日，我们得到了一个非常典型的例子，即由马来西亚吉隆坡飞往北京的飞机在起飞一个多小时后失踪了，失踪的实况是这样的：

> 2014 年 3 月 8 日凌晨，一架由吉隆坡飞往北京的马来西亚航空公司的航班 MH370 起飞一个多小时后与地面失去联系，机上共有乘客 227 人，机组人员 12 人，其中有 154 名中国人。马航发布的第一

份声明说：该航班是在凌晨 2 点 40 分与管制中心失去联系的，本应于北京时间 6：30 抵达北京。机型为波音 777—200。并表示马来西亚航空公司正与马当局启动紧急行动搜救。在讨论航班失去与空管联系的原因时，马来西亚航空公司说道：直至目前为止：1. 航班仍然失踪，不知道在哪里，没有得到任何关于该航班失事的证据。2. 飞机从雷达消息的时间是 3 月 8 日 1 时 20 分，之前未得到任何求救信号。3. 飞机上有 227 名乘客，机组人员 12 名。4. 飞机失去联系地点在马来西亚和越南的重合海域，经纬度为北纬 06°55′15″、东经 103°34′43″，但该地点未搜到飞机残骸。5. 中国、马来西亚、越南、菲律宾、印度尼西亚、新加坡、美国、泰国、澳大利亚、英国等十国派出飞机和舰船在可疑海域搜救。6. 马航请家属做好心理准备，搜救时间越长，结果可能越悲观。7. 马航公布的乘客名单中，一名意大利人和一名奥地利人均确认未在飞机上，他们的护照曾丢失。

然后，在经过 5 天的搜索后，人们焦急地等待着结果，却仍然一无所获。于是，就得出了种种推论与猜测。下面是从凤凰网下载的媒体猜测飞机失联原因：

1. 遭遇炸弹恐怖袭击。2. 通信系统失灵致失联。3. 雷暴湍流袭击飞机。4. 引擎失灵致飞机失控。5. 万米高度空中解体。6. 未查明的不可抗力。7. 飞行员故意驾机坠海。8. 太空垃圾或军事袭击。

虽然有种种猜测，但每一猜测又都被有理由地否定了。那么，究竟是什么原因导致了马来西亚航班失去联系了呢？除了上述猜测别无任何有十分根据的理由来说明。所以，3 月 12 日，马来西亚官员甚至请来巫师询问。因此，在这样的情况下，究竟什么样的推论是正确的和有理由的呢？哪一种结论是正确的、令人可相信的呢？

然而，大多数人认为，这些是容易得到解决的，只要找到马来西亚航班的黑匣子，只要找到马航飞机的残骸，或者找到一个生存者……问题不就迎刃而解了吗？因此，一个正确的观点或知识，取决于人们亲身的观察或有可靠证据的推理。于是马航失去联系的原因猜测又成了自我否证的结果。

1 Q：遭遇炸弹恐怖袭击。

A：传统劫机犯会提出要求

假护照引发人们对恐怖袭击的猜测。飞机制造专家周济生表示，人为破坏，如携带炸弹引爆而引发空中解体，"这也是一种可能性，如果空难发生得很诡异的话，肯定会怀疑这方面的问题了。"此前确有飞机曾因炸弹而发生空难。如 1988 年泛美航空 103 号航班、1985 年印度航空班机等。

中航飞机股份有限公司总经理唐军说，如果是恐怖袭击，袭击者应该在客舱里，不可能冲入驾驶舱，威胁到驾驶员，所以驾驶员应有所反应，并发出信号。如果劫持者引爆爆炸物，将造成飞机空中解体，这种客机通常会携带很多行李，如果解体，坠落海域将会有漂浮物被发现。所以这种判断也有不合理之处。

专家称，传统的劫机都会将飞机劫持到某个机场，并且提出相应要求。类似于"9·11"事件中，一架飞机被恐怖分子胁迫坠海的劫机的事件少之又少。

2 Q：通信系统失灵致失联。

A：很难发生在波音 777 上

MH370 失联已经超过 48 个小时，是否通信系统出了问题，导致飞机不能与外界联系？

有着多年飞行经验的资深机长表示，飞机与地面沟通有 4 种方式，但这次所有的通信都失效。飞机制造专家周济生表示，"波音 777 飞机，可靠性和性能是很高的，要想所有的东西都坏掉几乎是不可能的。肯定是遇到了外界不可抗拒的力量"，"机组和地面联系不上，所有通信系统全部丧失，这种可能性不大。"飞机有两台发动机，上面各带有发电机，此外还有应急电源，这些全部功能丧失而导致飞机断电的可能性也极小。如果发电机全部失效，依然可以靠电池继续工作 30 分钟，给予充分的时间发出求救信号。

3 Q：雷暴湍流袭击飞机。

A：飞机基本处在晴空万里的气象条件下

尽管飞机被设计为可以抵御最强级别的风暴，但恶劣天气依旧是安全危害之一。国内知名民航公司飞行员王先生表示，马航 MH370

的情况，有可能是遭遇恶劣天气，致飞机仪器失灵，飞行员将空天概念搞反，将海面当成陆地导致悲剧。这种情况在夜晚的海面飞行中，更容易出现。一是由于飞行员疲劳，二是海天一色，更难分辨。但一般飞行员都有反应时间，一点信号没发出，基本不可能。

不过，根据MH370当天的天气实况显示，天气很好，风也很小，对流也很小，基本上是"风平浪静"的状态。只有9%的灾难发生在飞机平稳飞行阶段。

飞机制造专家周济生说，飞行器飞到1万米以上，飞机已经进入巡航阶段，马上脱离对流层，雷电、雷暴等都在飞机以下的低空形成，飞机处在基本上晴空万里的气象条件下。不过，此时在对流层的边缘，还是可能会出现湍流，但顶多只会给飞机带来一些颠簸而已。"就像开汽车上了高速公路一样，始终保持稳定，没有什么车。"

中航飞机股份有限公司总经理唐军说，一般航路上的雷雨是可以提前预见的，这种情况下航班就可能会推迟，并调整时间。

4 Q：引擎失灵致飞机失控。

A：失灵后有充足时间紧急呼叫

美国一名航空顾问公司 Leeham Co 的管理主任斯科特·汉密尔顿分析称，如果引擎全部失灵，飞机还可能滑行20分钟，这使飞行员有很充足的时间进行紧急呼叫。2009年美国航空一架空客A320从纽约拉瓜迪亚机场起飞后不久就丧失了引擎动力，尽管飞机距离地面很近，机长仍然有很长时间与塔台进行联系，并且将飞机迫降在哈得孙河上。

5 Q：万米高度空中解体。

A：空中解体的一个可能性是飞机结构受到破坏

失联客机调查组人员表示，初步调查显示客机空中解体可能性增大。"至今尚未发现任何可被完全确认的遗骸，很可能是飞机在一万米高空发生空中解体。如果飞机完好地坠毁水中，残骸将会非常集中。"

周济生认为，从现有的信息判断，飞机发生空中解体，飞机没时间向地面报告的可能性比较大。

造成飞机空中解体的一个可能性是飞机结构受到破坏，如机体直接断裂，其原因之一可能是"疲劳"的问题，"跟人一样，干活会累,飞机材料也会出现裂缝。"再好的飞机也存在疲劳问题,正因为如此,飞机需要经常检修、更换零部件,也有各种管理规章制度,需要飞机制造方持续跟进,航空公司及时认真维修、翻修、检查,以及当地政府的监管,属于三方责任。11岁的波音777处于使用寿命之内,并不存在老化的问题,但飞机此后保养和维修方面如果缺失,可能还是会出现疲劳问题。

6 Q:未查明的不可抗力。

A:"很多事情超出想象和控制"

驻马来西亚大使黄惠康昨日表示,"大家要有耐心,很多事情超出了想象和控制力。"针对失事原因,周济生也表示,这事超越了传统的分析方法,可能是有不可抗拒的因素在,现在也增加了很多的想象空间,"我们需要往非传统的方向考虑。"他说。

中航飞机股份有限公司总经理唐军认为,目前有各种各样的猜测,从不同角度看都能说出一些道理,但很快也都会被推翻,所以在最后结果没有出来之前不能做太多的判断。

7 Q:飞行员故意驾机坠海。

A:自杀曾有发生,"很冷门"

美国媒体称,上世纪90年代发生过飞行员自杀导致的空难。一架埃及航空的飞机曾因飞行员意图自杀而故意将飞机开进了海里。尽管政府调查员从未正式公布这种自杀方式,但研究空难事故的专家都确信想要自杀的飞行员有选择这种行为的倾向。

如果是飞行员无意中解除飞机的自动驾驶功能,而造成坠毁。这种情况下飞机可能坠落在距离其最后联络地点5—6小时的距离以外。但这种情况,雷达应该会检测到飞机。

飞行员王先生表示,飞行员自杀等冷门的猜测,当然也不能排除,不过正常情况下,不太可能。有可能飞行员遭遇前所未有的紧急情况。他表示,类似MH370飞机的情况极端少见。飞行员当时可能遇到了超出平时应急训练和预案的紧急情况,或者飞行员根本没有经历过甚至见过这种情况。导致操作失误,来不及发出信号。

8 Q:太空垃圾或军事袭击。

A:系统会提前几十秒预警

擅长"阴谋论"的美国媒体猜测,飞机是否无意中被一些国家的军事武器击中。1988 年 7 月，美国海军军舰文森号错误地将一架伊朗航空的飞机击落，造成机上 290 名乘客和机组人员死亡。1983 年 9 月，一架大韩航空公司飞机被苏联战斗机击落。

飞行员王先生说，现在的民航客机一般都有防撞系统。民航客机都有既定的飞行线路，平时基本不会相撞。如果万一系统发现可能会与另外飞行器相撞，则会提前几十秒发出预警。另外，在如此高空中，鸟类的撞击一般不可能，即使碰撞，也不至于如此。

周济生表示，可能是外面突然来了外来物，如太空垃圾，或如同此前曾经发生过的先例被军方击落等，也不能完全排除可能性。

对于上述的分析，我们可以认为，存在着两种含义的结论：其一，是我们经验到的各种情况的存在；其二，则是一个真实的客观的外部事实的存在。所有以上的猜测都是我们根据以往的经验所做出的猜测，而真正的事件的实际情况则是外在于我们的。前者取决于我们心灵中已有的经验内容，而后者则完全是一个物理的外在的世界。

长期以来，我们都服从于唯物主义的理论，认为外部世界才是真实的存在，从而忽视了人的头脑对于外部世界的作用，没有认识到心灵可以用不同的方式经验到外部世界，事物的性质是通过人的大脑神经活动而"感觉到"的，我们对于外部世界的认识是由大脑的一系列神经活动所组成的。除此以外，我们原先已有的知识对我们如何达成外部世界的认识起着影响作用，知识也因此而区分为各个种类，感觉、知觉、理性概括和更高的理性认识。其中大部分的认识都可以由科学的方法来解决其是否正确，而只有那些为事物是其所是的原因的总体性概括是难以得到科学的证明的，即形而上学知识。这种知识的功能不是要去完成具体科学的任务，即解释外部世界具体事物的运动变化之原因，而是对不同科学结论的综合性概括，是对科学观察与观察者之间关系的说明。

正是由于知识的形成是伴随着人的心灵的掺和，所以，怀疑论经常因为认识受人的心灵之干扰而对经验论提出挑战。因此，对什么样的知识是正确和非正确的鉴别，便需要通过哲学的辩护。对于日常认识，我们的认知心理学已经通过科学的实验方法告诉我们是如何形成的，并且也告诉我们是如何出错的，但是，人类的认识并不限于日常认识，许多理性思考旨在摆脱我们日常生活的窠臼，旨在超越世俗的束缚。这些知识既不能通过科学的观察来证实，也无法通过心理学的实验告诉我们它正确与否。这就是为什么要对知识进行辩护的基本出发点。

## 二　怀疑论问题

我们关于外部世界的认识一方面必须依赖于人们的观察，另一方面也必须依赖于人们心灵中已有的信念及其历史文化背景知识。传统的认识论其研究的目标是如何反驳怀疑论，"认识论者一度将反驳怀疑论者的任务看成是他们的主要目标，笛卡尔关心的主要是寻找无法合理怀疑的信念，然后他以此为根据，为他所有其他的信念辩护。休谟则为无法回答他自己所提出的关于归纳的怀疑论的两难困境而感到困惑不已。"①

历史上的怀疑论可以区分为两类：一类是有限的怀疑，即怀疑某些具体的命题、理论的正确性；另一类则是无限的怀疑，即怀疑一切。这也就是说，我们的认识起源于我们对外部世界的感觉，但感觉是值得怀疑的。同时，我们的认识也受到了我们的信念的影响，那么这些被我们当作毫无怀疑的信念是正确的吗？无限的怀疑则是怀疑我们的认识能力是否真的能达到对世界本质的认识。因此，在辩护中，我们用认知心理学来为我们从感觉形成认识做实验，但最终却发现我们从感觉提升为理性认识的过程是受我们的信念所影响的，那么这些信念是真的吗？对这样一种怀疑论，我们或许可以通过论证来使他们信服。但认识过程是一个连环套，我们总是从一个前提出发来形成另一个认识，一个前提来源于另一个前提所做出的推理，如果我们追根究底地怀疑我们的所有信念，那么我们便无法驳倒怀疑论。按照怀疑论，我们只能从最初的认识开始，而不能再寄托于其他的前提之上。然而，如果我们从最初的认识过程开始，那么我们的认识仍然需要前提即信念，所以"如果我们重新开始，我们依然还是采用同样的认知过程。我们无法既抛弃信念，又抛弃认知过程。因为那样的话，我们就没有重新出发的起点。"②

再以马来西亚航空 MH370 航班失联原因为例，上述八种推测一一被

① 约翰·波洛克、乔·克拉兹：《当代知识论》，陈真译，复旦大学出版社 2008 年版，第 7 页。

② 同上书，第 8 页。

怀疑、否定，于是在 3 月 16 日，即马航失踪后的第 9 天，根据种种雷达观察数据以及对机长的分析表明，动机的可能性最大，下面是转引自凤凰网 3 月 17 日的资讯：

MH370 迷航新疑云

消失后的第九天，一个新的 MH370 坐标被标出。

本月 15 日吉隆坡召开的记者会上，马来西亚总理纳吉布称，马航失联客机最后一次与卫星联络是当地时间 8 点 11 分，相较之前公布的 2 点 15 分从军用雷达中最后消失的时间，这架马航客机在 6 个多小时后再现踪迹。

纳吉布同时称，有很高确定性认为失联客机的通信系统被人为关闭，客机航线被人为改变，目前还无法确认客机的最后位置。

16 日的另一场发布会上，马民航局总监爱资哈尔丁则称 8 点 11 分飞机向卫星发出信号时有可能已经降落。

这意味着从 1 点 21 分主动关闭通信系统后到 8 点 11 分之间漫长的 6 个小时内，MH370 人为地折返、向西、消失。

新的可能航迹半径的出现，意味着在十国联合大搜救数日之后，现在需要重新确立空中、海上和地面搜寻范围。

机长的"嫌疑"

由于人为关闭通信系统要求能够实际接触到关键部件并同时具备专业知识，视线重新聚焦到了机组人员身上，尤其是被查出家里放置了飞行模拟器的机长查哈里亚·沙阿（Zaharie Ahmad Shah）。

3 月 16 日上午，《第一财经日报》记者找到了查哈里亚·沙阿家。这是一个名叫"LAMAN SARI"的别墅区，风景优美。

有四名保安挡下了包括本报记者在内的媒体进入小区。据其中一位保安向本报记者透露，这些别墅的价格应该都在 200 万马币（折合 360 万元人民币）左右。

查哈里亚·沙阿家附近，《第一财经日报》记者找到了一家叫作 Tutti Frutti 的甜品店，该店职员称，之前曾经见过 MH370 的机长，前几天看到报纸上的机长照片才又记起来了。

他称，大约在 2013 年 1 月份见过机长，只记得机长的声音比较低沉，也比较有礼貌和谦逊。

这里离吉隆坡国际机场大约 40 分钟车程,到市中心大约需要 30 分钟,附近也有一个军队和商业两用机场,还有一个供皇室成员用的高尔夫球场。上述职员称,很多飞行员都住在这个区域,还包括不少公司的高层、董事会成员等,这里附近都属于高档住宅区。包括 LA-MAN SARI 以及周边的一些别墅,都是马来西亚最著名的开发商 NASA TTDI 开发的地产项目。

他还回忆称,从一些飞行员处了解到,大马飞行员月薪大约是 2 万马币(3.6 万元人民币),如果做到机长会更高一些。

现年 27 岁的法里克·哈米德(Fariq Ab Hamid)是 MH370 的副驾。同日下午,《第一财经日报》记者来到哈米德父亲家附近,这是一排红褐色的双层房子。在邻居看来这位副机长为人谦逊随和。

根据马来西亚交通部新闻稿,3 月 15 日马来西亚皇家警察搜查了机长和副驾驶的家,并盘问过他们家属。

在 16 日新闻发布会上,马来西亚国防部长兼代理交通部部长希山慕丁则称,正副驾驶并没有要求共同驾驶飞机;搜查和盘问都未得出结论,机长家属也只是搬至另一处居住。

马航失联航班终于开始有了一点解开谜团的生机,推测的结论与前面八种猜测相比,其可靠性较高。一是机长改变航线,降低高度向西飞的事实;二是班机有意躲避雷达,关闭飞机应答机,这是一个具有非常高明的飞行员所为;三是飞机的驾驶员具有明显热衷于反对党的政治倾向,而反对党的党魁在 3 月 7 日刚被判刑,3 月 8 日 MH370 便失踪了;四是飞机的正机长曾是一个驾驶飞机的爱好者,家里也设有飞行模拟训练器具,对航班的操作无一不通,具备驾驶波音 777 客机的高超技术,只有这样方能圆飞机躲避雷达之说;五是印度洋上印度军队的雷达曾探测到该航班曾转向印度洋方向;六是飞机曾在 8 时 11 分向卫星发出信号,说明飞机或者已经着陆未失事。这些证据表明,飞机被劫持的可能性最大,怀疑最少。由此可见,我们只要对该判断做出有力的证据论证,便可以消除怀疑论的怀疑。

但是,只要有一天该飞机的着陆地点没有找到,飞机的状况究竟如何还未明,那么怀疑论的观点就不可能完全消除。因此,要消除怀疑论的怀疑,除非我们能找到现实的可观察的证据,或者无可争议的逻辑推断。

在此，很明确的是，需要论证的是一个判断、一个推理，而不是一个简单可以观察的事物。涉及真假状态的语句是判断，而非概念或者对事物的任何标示符号。早在 20 世纪初，石里克就在其《普通认识论》一书中做出这样的论述，一般地，我们在认识外部对象时，我们往往用记号来标示事物，这种标示就是我们通常所说的概念，就如同图书馆给书编目，是给书一个记号，以便于人们查询，使借阅者和图书管理员很容易找到。这种记号并不存在真假之分。人的思想类似于图书编目与排序，"当我们说在思想中掌握世界，那就是说，我们掌握了被用来作为世界上所有对象和事实的记号的那些思想和判断。"① 概念与事物之间的关系和事实与事实之间的关系是不同的，前者是一种标识，后者才是一种判断。知识既包括概念与事物之间的关系，也包括事实与事实之间的关系。标识不存在错误与否的问题，我们用 a 指一事物与用 b 指一事物没有什么不同，只有在使用时我们若张冠李戴，那便是错的了。所以，概念与事物之间的关系只是一种约定性的关系。而事实与事实之间的关系则不然，这种判断是可错的。所以，真理只是代表了这个判断其真实关系的唯一性，否则这个判断就是有歧义的、不适合的。"由于真理性是判断的唯一特性，所以真理必定就在于用判断来进行的标示的一义性。"②

知识的范围大大超过了真理，这就为怀疑论的怀疑提供了机会，也为我们给知识的辩护提供了可能。怀疑论的怀疑和给知识的辩护两者是密切相关的，两者的相互作用正是构成知识进步的必要且充分的条件。

## 三　20 世纪早期分析哲学的知识辩护观点

近代哲学主要以研究认识论为主线，例如笛卡尔哲学，中心任务是研究知识理论，即：人的心灵在多大程度上能获得外部世界的知识？心灵如何恰当地揭示外部世界的本质？我们如何建立对外部世界可靠的信仰？笛卡尔之后，康德则着手表明如何把唯理论和经验论结合起来，但又不偏袒任何一方。他认为旧哲学只是把认识看作是外部世界在心灵中的表现，他反对这种实在论观点，而主张知识仅仅是一种构造，人的心灵对世界的把

---

① 石里克：《普通认识论》，李步楼译，商务印书馆 2005 年版，第 83 页。
② 同上书，第 85—86 页。

握是有限的,知识只涉及对现象的认识,而对于世界的真实本质我们若不借助于上帝则无从知道。

穆尼茨说:"康德对认识论问题的这种看法,是近代哲学史上的一个里程碑。然而,像近代哲学所有其他各种认识论一样,一方面,它清楚无误地表明它本身也受到同样主体—客体二元论的支配,同样的精神模式的强制和指导。另一方面,当康德提出一种回答休谟怀疑主义的方法时,他的哲学本身也出现了许多困难。这些困难很快被他的后继者和批评者指了出来。"① 那么我们究竟如何给一个我们不可知的物自体以意义呢? 我们怎么可能有关于外部世界的知识呢? 在康德看来,心灵具有某种观念性的框架,并且它还是一种知识的容器,认识过程就是我们利用已有的观念框架对我们的感性予以先天的综合,但即使如此,我们对事物的本质仍然是不可知的。

然而,从现代实证主义开始,哲学家们纷纷抛弃了传统的把认识的过程理解成主客二元对立的做法,他们认为,近代认识论家们力图搞清楚人有没有能力认识世界的问题是一种旧的思维樊篱,这样一种努力是多余的,不管我们有没有能力认识世界抑或怎么认识的,反正我们的认识在增加,"我们在其中所发现的不是传统上所谓的认识论问题,而是对探究的逻辑的问题(方法论),以及对澄清我们用以谈论知识和信念的语言的关注……这些哲学不考虑心灵怎样或是否可真正认识外部世界的问题,而是一开始就预先假定,我们已经以各种方式获得了知识,并且在任何情况下能去认识这个世界。"② 这就是说,我们不需要去了解我们是否可能认识外部世界,以及我们有没有能力去认识世界,而是要了解我们的认识是如何发生的,是在什么样的条件下形成的,这个任务就是"要正确地描述我们是怎样从怀疑、无知和无根据的盲目信念达到有充分根据的信念的;我们是如何区别合理的信念与不合理的信念的;我们如何能扩大、改进我们对世界及其各种组成部分的信念方面取得进展"。③

因此,20 世纪分析哲学的一个重要特征是提出了意义问题。实用主义者皮尔士最早做出了区分有意义和无意义的哲学问题的努力,他把传统

① M. K. 穆尼茨:《当代分析哲学》,吴牟人、张汝伦等译,复旦大学出版社1986年版,第6页。

② 同上书,第7页。

③ 同上书,第7—8页。

的信念的确定方法描述为固执的方法、权威的方法和合乎理性的方法，而把他的科学方法确定为利用经验来进行逻辑推理得到的信念、借助于有效探究事实的经验确定的信念以及在科学目标引导下通过事实和逻辑推导建立起来的信念。① 他认为，这种信念才是真信念。

分析哲学家们所要探讨的问题是：什么样的语言命题才是一个有意义的陈述？维特根斯坦确立了这种"语言转向"，他认为，人们的思想是世界的图画，思想代表着我们心中的世界，而思想是由语言构成的，语言则是由命题构成的，命题可以区分为复杂命题、简单命题和原子命题，因此，逻辑分析的任务是把复杂命题分析为简单命题，把简单命题分析为原子命题。根据思想与世界之间的对应原则，复杂命题对应复杂事实，简单命题对应简单事实，而原子命题对应的则是原子事实。世界是关于事实的总和，而不是由事物构成的。于是，经过分析后，我们有关语言与事实之间的关系便变得清晰起来。至于那些无从分析的语言，则是一些形而上学的语言，是无意义的，是我们必须加以抛弃的命题。维特根斯坦的《逻辑哲学论》一书写作目的就是要"为思想的表述划定一条界线"，这条界线就是"凡是能够说的事情，都能够说清楚，而凡是不能说的事实，就应当沉默"。② 他认为，哲学不是理论，而是活动，哲学的主要工作是解释，是使命题变得清晰起来，"没有哲学，思想就会模糊不清，哲学的任务就是使思想清楚，为思想划定明确的界限"。③

我们通过什么手段来弄清楚命题的意义呢？答案很简单，即经验事实的观察和逻辑的分析。因为传统的形而上学哲学在分析哲学家们看来，已经是一种什么都不是的哲学，分析哲学"将形而上学宣判为词句上无意义的东西，而不是过分的思辨，甚至连错误都不是"。④ 许多哲学问题在原先都是以形而上学的争论形式存在，它们之有无意义的问题从来也没有得到关注，只是到了分析哲学家们那里，形而上学才被当作无意义的东西而加以拒斥，因为形而上学命题是一些我们无法被任何经验观察所证实的陈述，"在维特根斯坦的《逻辑哲学论》中，形而上学是被明确拒斥的，

①　皮尔士：《信念的确定》，参见涂纪亮《从古典实用主义到新实用主义》，人民出版社2006年版，第140—145页。

②　维特根斯坦：《逻辑哲学论》"序"，郭英译，商务印书馆1985年版，第20页。

③　穆尼茨：《当代分析哲学》，张汝伦译，复旦大学出版社1986年版，第243页。

④　艾耶尔：《哲学中的变革》，陈少鸣译，上海译文出版社1985年版，第56页。

但仍然存有一个不明显的暗示：形而上学家是可以把握真理的，只是因为受语言的限制，使他无法描述这些真理。"① 因此，要弄清楚语言的意义，即弄清楚命题的意义，或者诉诸证实原则，或者诉诸逻辑分析。这也就是说，作为语言命题，它必须符合语言逻辑的形式，同时从这个语言所包含的内容来说，它必须与其所描述的经验事实存在一致性。

# 四　关于证实原则

首先，证实原则是这样确定的："一个陈述的意义是由它能够被证实的方法确定的，而它的被证实在于它被经验观察所检验。"②

证实原则的最初雏形是罗素的"亲知原则"，我们关于外部世界的知识究竟是怎么获得的，在罗素看来，这些知识最初都是通过亲知原则来实现的。但是，从亲知的体验，然后上升为证实原则是一个过程。最有代表性的观点当推卡尔纳普。卡尔纳普认为，"假陈述有两类：一类是包含一个被误认为有意义的词；另一类是组成句子的词虽然有意义，但是以一种违反句法的方式凑在一起，因而并不构成一个有意义的陈述。"③ 所谓有意义的陈述是什么意思呢？在卡尔纳普看来，一个词的意义在于它是否能够体现在一个句子中，并且在这个句子中是否存在基本句子，这个基本句子即指的是记录性句子。因为"只有那些可以有某个词在其中出现的句子能够归结为记录句子，那个词才是有意义的"。④ 这就是说，决定一个词的意义的在于其应用标准，例如基本句子、真值条件、证实方法等，应用标准确定后，那么词的意义也就确定了。我们再来看卡尔纳普的陈述：

令"α"为任何词，"S（α）"为出现这个词的基本句子。那么"α"有意义的充要条件就可以用下面向一个表述提示出来；这些表述归根结底说的是同一件事；

已知 α 的经验标准。

已知规定了"S（α）"可以从一些什么记录句子推出来。

---

① 艾耶尔:《哲学中的变革》，陈少鸣译，上海译文出版社 1985 年版，第 57 页。

② 同上书，第 56 页。

③ 卡尔纳普:《通过语言的逻辑分析清除形而上学》，见洪谦主编《逻辑经验主义》上卷，商务印书馆 1982 年版，第 14 页。

④ 同上书，第 16—17 页。

"S（α）"的真值条件确定了。

已知"S（α）"的证实方法。

而对于句子的真假，卡尔纳普认为，"一个陈述的意义在于它的证实方法。……一个句子如果真的用来断言一些什么的话，就只能断言一个经验命题。如果一样东西在原则上超出了可能经验的范围，这样东西就是不可言说、不可思议、也不能提问的"。① 这就是说，有意义的命题或句子只有两类：一类是同义反复，例如逻辑和数学的公式等；另一类则是经验陈述，属于经验科学的范围，它是一种事实判断，而非价值判断。卡尔纳普的这一原则表明，只有当一个语句是一个表示观察的基本句子时，或者说，只有当一个命题的真值来自这些观察语句的真值时它才会具有意义。任何命题要具有意义，就必须有一定数量的观察命题，从这些观察命题Q1、Q2、Q3、Qn可以推导出一个合取式例如 S，并且我们又能够反过来从 S 推导出一系列的观察命题，那么这样的命题也就得到了证实。

由于石里克和魏斯曼等人也坚持这样的观点，所以，证实原则便成为逻辑经验主义的主要理论观点。但是，证实理论并非一帆风顺地得到大家的认可，而是受到了许多人的批评。例如波普尔用否证替代证实原则，认为证实原则只能使当下的理论得到说明，而不能推动科学理论的发展。同时，也并非所有的经验命题都能得到百分之百证实，也并非所有的合取式命题都能还原为一个个经验命题。面对这样情形，艾耶尔在 20 世纪 30 年代将它修改为"强证实"与"弱证实"，即强的可证性和弱的可证性。但是到了 40 年代，他发现原来的观点太简单，又提出了直接证实与间接证实的观点，如果一个观察陈述是一个或几个观察陈述的合取，至少可导致一个观察陈述，或者它不是一个分析的陈述，那么这个观察陈述便可得到直接的证实。他说：如果一个陈述是直接可证实的，那么它应当是"一个陈述是直接可证实的，如果它本身是一个观察陈述之合取，至少导致一个观察陈述，这个观察陈述不可能从这些其他的前提单独扮演出来"；而一个间接可证实的命题则是"如果它满足下列的条件：第一，这个陈述与某些其他前提之合取，就导致一个或几个直接可证实的陈述，这些陈述不可能从这些其他前提单独推演出来；第二，这些其他前提不包括任何这

---

① 卡尔纳普：《通过语言的逻辑分析清除形而上学》，见洪谦主编《逻辑经验主义》上卷，商务印书馆 1982 年版，第 31 页。

样的陈述，它既不是分析的，又不是直接可证实的，又不是能作为间接可证实的而被独立证实。"①

在艾耶尔等人的建议下，卡尔纳普从 20 世纪 40 年代开始对其证实原则予以修正，他在《可检验性和意义》一文中提出了"可检验性原则"以替代原先的证实原则。卡尔纳普把认识论的主要任务归结为两个：一个是意义问题，另一个是证实问题，而第一个问题是由第二个问题所规定的。第一个问题是要问在什么条件下语句是有意义的，第二个问题是要问我们如何得以知道这个句子是真的还是假的。证实的问题决定了我们所提出的语句之意义问题，这就是说，如果我们知道第一个问题是假的，那么我们也就知道那个问题是没有意义的。因此，要知道一个句子是有意义的，我们就必须知道它是真的还是假的。"一个语句的意义在某种意义上是和我们决定它的真或假的方法相等同的；而且只有当这样一种决定是可能时，一个语句才有意义。"② 一个语句之有意义与否，并非取决于它有否得到确切的证实，我们从来不会对一个句子进行百分之百的证实。因此，"我们谈的将是一个确证问题而不是证实问题"，③ 所以，我们应当以确证来代替证实。例如一个自然规律，如果我们要证实它，那么就需要一个一个的实例，但我们永远都无法穷尽这些实例。证实一个规律的事实例子"决不能够被我们的永远是有限数量的观察所穷尽"④。我们理论上永远存在着检验一个理论的可能性，但我们要完全证实一个语句是不可能的。所以，"不可能有绝对的证实，只可能有逐渐的确证"⑤。那么，什么是可确证的呢？卡尔纳普认为，我们知道在什么条件下这个语句是会得到确证的，我们就可以把它叫作可确证的了。什么又是可检验性呢？"如果我们知道这样一种检验语句的方法，我们就把一个语句叫做可检验的"⑥。由此我们可以看出，卡尔纳普已经将证实原则大大地弱化了，本来是需要得到证实的，现在只要指出可检验的方法就可以了，只要可确证就行了。

赖欣巴赫则是一位一开始就反对证实原则的逻辑经验主义者，他提出

---

① 艾耶尔：《语言、真理与逻辑》，尹大贻译，上海译文出版社 2006 年版，第 10 页。
② 卡尔纳普：《可检验性与意义》，见洪谦主编《逻辑经验主义》上，第 69 页。
③ 同上。
④ 同上书，第 75 页。
⑤ 同上书，第 76 页。
⑥ 同上书，第 70 页。

了以概率代替证实原则的观点。赖欣巴赫肯定了逻辑经验论可证实原则的意义，他指出："意义的可证实性理论是经验论用来克服把世界分为现象事物和自在之物的两分法的逻辑工具。它之所以消除了自在之物，因为它使谈论原则上不可知的东西这件事成为无意义。"① 但是，一切观察知识只限于过去与现在，关于未来的预言必须借助于逻辑。"逻辑是现代哲学的技术部分。"② 显然，赖欣巴赫对经验论的不满在于经验的观察或者证实原则，只能对过去与现在有所知，而对于将来的预言则是证实原则所无法解决的。"如果知识要揭开物理客体的客观关系，它就必须包含可靠的预言。"③ 赖欣巴赫在《科学哲学的兴起》一书中用了大量的篇幅和实例来论证那种追求确定性的经验论的局限性，论证概率理论存在的必要性和必然性。他认为，无论从科学史还是从当代的科学发展来看，"归纳推论的研究属于概率理论范围内，因为可观察的事实只能使一个理论具有概率的正确性，而永远不能使一个理论绝对确定。"④ 因此，传统物理学的如果——那么一定的关系陈述就被概率规律的如果——那么在某一百分数的范围内的关系陈述所替代。那么，概念、理论为什么就能够消除证实原则没有预言性能力的局限呢？

　　这是因为，概率理论存在着一个概率度问题，当我们用概率来解释一些事物现象的关系时，我们是用频率来解释的，概率陈述所要表述的是重复事件的相对频率，即百分之多少的频率，其出现的频率的高低就是概率度，这是一个经验的问题而非理性的问题。而概率度究竟有什么用处呢？它可以告诉我们一个事物将要出现的可能性情况是如何的，即提出了一个将来发展结果的假设。例如，抽烟可以在一个相对频率内导致癌症，张三是抽烟的，那么张三是否以后也会得癌症呢？概率度告诉我们，张三得癌症的概率是存在的，其得癌症的概率即是前面统计得到的相对频率。然而，对于张三这样一个单独的事件的概率陈述是无意义的。也即是说，一百位抽烟者中有 20 人得了癌症，张三是抽烟的，那么张三得癌症的概率是 0.2，至于后来张三的死并不是因抽烟而死，人们就会说，你的概率理论没什么用途。对于这一点，赖欣巴赫认为，"关于一个单独事件的概率

①　赖欣巴赫：《科学哲学的兴起》，伯尼译，商务印书馆 1983 年版，第 200 页。

②　同上书，第 176 页。

③　同上书，第 73 页。

④　同上书，第 179 页。

的陈述是无意义的。"① 但是，概率度却提出了一个假定的评价，即张三如果抽烟，那么其以后得癌症的可能性是存在的。"概率度提出了假定的评价：它告诉我们这个假定有多大价值。""假定这个概念是理解预言性知识的关键。"② 因此，概率理论也是对知识予以确证的理论之一，在知识确证理论中包含着概率的观点。

# 五　关于逻辑分析

赖欣巴赫说："现代意义的经验科学是数学方法和观察方法的成功结合。"③ 归纳原理是经验论的基础，但归纳原理也存在着局限性，尽管赖欣巴赫提出"向概率退却"，但是"但我们却要观察性证据都是由有限数目的观察陈述组成，而全称陈述对无限数目的可能存在的情况有所主张。于是普遍性概括是真的概率就等于有限数除以无限数，不管构成证据的观察陈述的有限数增加多少，概率仍然是零"。④ 这就是说，我们对于有限个事实的观察，相对于一个无限数而言，这些观察仍然是无法证实一个理论的，因为用有限无法证实无限。所以，经验证实原则无论怎么修改，都仍会遭到反对。这是知识辩护的一个难点之一。于是，逻辑就成了帮助解决经验证实的工具。

除了用经验证实来作为科学知识的辩护标准之外，还有逻辑分析作为辩护的工具。按照分析哲学和逻辑实证主义的观点，哲学的任务就是对构成科学知识的语言进行逻辑分析，即分析科学语言的结构和形式，因为科学知识是通过语言形式来陈述人们所知道的东西的，在做出陈述时，人们可以采用各种符号形式，但不管采用何种符号形式，都具有某种共同的东西——逻辑形式。人们把这些符号描述的对象内容赋予语义学，而将这些符号形式的探讨交给逻辑学。

1. 逻辑何以成为知识辩护的手段？

逻辑是解决符号系统内部关系的，它并不表述事物存在的规律，而只表示概念间的秩序。逻辑之所以能成为知识辩护的一个手段，是因为逻辑

① 赖欣巴赫：《科学哲学的兴起》，伯尼译，商务印书馆1983年版，第184页。
② 同上书，第186页。
③ 同上书，第27页。
④ 查尔默斯：《科学究竟是什么？》，查汝强等译，商务印书馆1982年版，第27页。

"先天地"是有效的，即不依赖于任何经验的，"逻辑并不包含关于世界的基本定律而只包含思考世界之思维的基本定律。这样逻辑和数学相对于经验的自律性就很容易地得到了辩护"。① 同时，一个陈述之是否有意义，首先是要看这个陈述是一个可以用观察来证实的陈述，还是一个理论陈述，如果是一个观察陈述，那么我们便可以用观察证实，但若是一个理论陈述，那么我们就必须使用逻辑分析，分析它是否符合逻辑规则。再者，归纳逻辑得出的结论是观察材料所构成的知识的确实性，它并不构成提出对事实的预言性知识，而只有演绎逻辑才能做出对将来的预言性判断。

这里所说的逻辑对知识的辩护作用仅仅是指现代逻辑，而非传统逻辑。与传统逻辑相比，现代逻辑具有传统逻辑不具有的优点，"第一，传统逻辑只注意到具有最简单结构的陈述"，但是在实际的语言陈述中却具有与传统逻辑所注意到的更为复杂的结构，例如"和""或者""如果……那么……"等一个陈述和另一个陈述连接起来的联言陈述、选言陈述等。"第二，在传统逻辑中只是看到了属性谓词，如'人'或'会死的'等，而没有看到关系谓词。"然而，正是这种关系谓词在各门科学特别是数学中有着重要的意义，例如"大于"等。由于传统逻辑没有考虑到关系谓词，所以它无法提供一种规则。"第三，虽然传统逻辑也知道'所有'或'有'这样词语的前提和结论，但是它的前提和结论中并不包括'所有'和'有'这种词的多次在其中出现的那种陈述。"② 而现代逻辑则能弥补传统逻辑的不足，这种逻辑形式便是命题逻辑和量词逻辑，两者的结合可以实现上述传统逻辑不能满足的三个条件。"这就是，在表述逻辑规则时，要允许陈述（1）包含有任意多的连接词，（2）不仅包含属性谓词，而且包含任意数目和任意位数 n 的 n 项关系表达式，（3）'所有'和'有'这种表达式可以任意多次地出现。"③

2. 分析命题与综合命题的区分

随着罗素和维特根斯坦等人的数理哲学和现代逻辑的发展，探讨语言复杂关系的现代逻辑替代了传统逻辑，因此语言命题也往往被区分为两类：一类是简单的经验陈述，一类是复杂陈述间的关系，前者被称为经验

---

① 克拉夫特：《维也纳学派》，李步楼译，商务印书馆1998年版，第27—28页。

② 施太格缪勒：《当代哲学主流》（上），王炳文等译，商务印书馆2000年版，第438—439页。

③ 同上书，第441页。

命题,后者往往被称为分析命题。凡是简单的经验命题,在分析哲学家们看来,它可以通过证实原则来确证其正确与否,而复杂的关系命题则必须通过逻辑来进行分析,确认命题是否符合逻辑规则。

在罗素看来,数学的逻辑的命题与经验命题存在着严格的区分。数学命题是重言式的命题,它并不涉及经验事实,"如果逻辑是分析的,那么它就是空洞的;即是说,它并不表述物理客体的属性"。"逻辑所表述的是语言的规则——这就是逻辑所以是分析的和空洞的原因。"① 然而,传统逻辑却常常陷入二律背反之中,古代芝诺的二律背反、近代康德的二律背反以及现代的罗素悖论等。那么,逻辑要做到绝对可信赖,就必须得到一个保证,即它永远不会导致矛盾的产生。为了避免逻辑中的矛盾,通常需要区分语言与元语言,语言所说的是事物,而元语言所说的则是语言,当我们建立了一种语言理论时,那么我们说的话就是元语言的,当我们说的是事物时,那么我们所说的是语言。这样就将语言命题区分为两类,一类是指向事实的,另一类是指向元语言的。

逻辑实证主义将语言命题区分为经验命题与分析命题,是与康德对分析与综合的区分不同的。在康德那里,分析判断与综合判断都具有逻辑的主词与谓词这种形式,这种假定是没有事实根据的。

为了区分传统逻辑中的命题,艾耶尔对分析命题与综合命题做了如下的说明。什么是分析命题?"分析命题只是记录我们规定以某种言式使用单词。我们不能否定分析命题而不破坏由我们的那个否定本身所预定的约定,并且因而陷于自相矛盾。"② 任何一个分析命题都是重言式命题,它是没有事实内容的,它虽然没有说什么,但它却"用说明我们使用某些符号的方法来使我们得到启发"③,他举例说,当"我"说如果所有的布勒斯通人是法国人,而所有的法国人都是欧洲人,那么所有的布勒斯通人都是欧洲人时,"我"不是在描述任何事实。但"我"表明了,在那个陈述中"所有的布勒斯通人是法国人,而所有的法国人是欧洲人"中,却已经暗含着另一个陈述,"所有的布勒斯通人是欧洲人"这样一个判断。所以,分析命题虽然不描述事实,但它却能够给我们新知识。同时,艾耶

---

① 赖欣巴赫:《科学哲学的兴起》,伯尼译,商务印书馆1983年版,第172页。
② 艾耶尔:《语言、真理与逻辑》,尹大贻译,上海译文出版社2006年版,第60页。
③ 同上书,第54页。

尔也认为，分析命题是必然的命题，而经验命题则是或然的。他说："事实上，任何必然命题无例外地都是分析命题，或者，换句话说，都是重言式命题。"①

至于综合命题即经验命题，艾耶尔认为它首先是或然的，而非必然的。一个经验命题其有效性取决于其标准是什么，一般地，一个经验命题的有效性取决于这个命题的预见功能能否得以实现，"如果与一个给定的命题相关的观察符合于我们的希望，那个命题的真实性就被肯定"。② 例如，"所有的人都是要死的"，这个命题本身包含着一种预见，迄今为止，我们发现所有的人都是这样，因此，这个命题的有效性自然得到体现。但这并不能因此认为这个命题是必然的，"因为将来仍然会有一个观察来否定它"。③ 再如，"所有的乌鸦都是黑的"，我们并不能因此说这是一个必然的陈述，因为一旦有一天人们发现了不是黑色的乌鸦，那么这个命题的必然性就不可能的了。如果我们每次都发现乌鸦是黑的，那么这无非降低了该命题的或然性而已，因为这并不排除将来会有一个观察来否定它；但万一我们发现了一只白色的乌鸦，那么我们也只是可以说，给这个命题增加了或然性而已。

3. 逻辑分析方法

从弗雷格到罗素，建立了逻辑哲学的理论体系。弗雷格认识到，为了解决命题间的相互关系或命题内部的结构关系，我们就得形成一个逻辑的符号系统，这个符号系统应当具备下列三个原则：

第一，始终把心理的东西和逻辑的东西、主观的和客观的东西严格区分开来；第二，绝不孤立地询问一个词的意义，而只在一个命题的前后关系中询问词的意义；第三，决不忘记概念和客体之间的区别。④

弗雷格在第一个原则上显然是拒绝心理主义的。他主张，我们要理解语言的意义，就得考察在语言使用过程中的客观特征。第二个原则是告诉我们，语言运用的基本单位是句子，而语词则是句子的组成部分，它只有在句子中才能显现其所指，才能达成对语词的理解。第三个原则是要告诉我们，不能把概念都看成是有客体对象的，许多数学当中的概念并不存在

———————

① 艾耶尔：《语言、真理与逻辑》，尹大贻译，上海译文出版社 2006 年版，第 60 页。
② 同上书，第 78 页。
③ 同上书，第 78 页。
④ 穆尼茨：《当代分析哲学》，张汝伦译，复旦大学出版社 1986 年版，第 88 页。

客体的对象，例如"函数""自变元"等，它们只有在一个数学语言的使用中才具有意义。因此，概念与客体的区分是十分重要的。例如，"晨星是行星"，"晨星是金星"，这两个句子中的晨星并不是指的同一意思，而是在各自的句子中具有不同的意思，由于"是"的连接，这些句子把客体归入了一个概念中，它表示的是两个概念间的关系。

　　然而，对罗素来说，弗雷格的工作是有成效的。首先是他确立了逻辑才是哲学的本质，与弗雷格一样，罗素也认为逻辑为我们提供了清楚地表达语言的工具，它为我们提供了清楚地理解日常语言的一种标准。罗素认为，世界是由一些事实所构成的，它是多元的关系的集合体。他赞同弗雷格的把数学逻辑化的做法，认为在逻辑上完善的语言，除构成命题的那些"或者""和""如果……那么……"等语词外，都是与相应的事实所对应的。在这种语言中，一个简单的对象只能有一个词，而一切复合的对象则可以用组合起来的语词来表达，这就是说，语言是可以分析的，一个复合的语句可以分析为简单的语句，简单的语句可以分析为原子的语句。复合的语句和复杂的事实相对应，简单的语句和简单的事实相对应，原子语句和原子事实相对应。罗素还通过区分亲知的事实和摹状词来理解语词的意义问题。亲知知识即一些专名，例如纽约的帝国大厦，有人说我见过，这就是亲知的知识；但对另一个人来说，他虽然没见过，却在书本上看到过图片，他就可以说，我知道帝国大厦这个名称指的是什么，我能够描述它，这就是摹状的知识。摹状词有确定的和不确定的之分，例如不确定的有"所有的""某某""有些"，而确定的则是"这朵云彩像头猪"，"2014年的美国总统奥巴马"等。通过逻辑分析，我们可以将摹状词降低到亲知，然后清楚地理解语词的含义。

　　罗素逻辑原子论哲学与维特根斯坦的逻辑原子论是互相影响的。维特根斯坦认为，"世界就是所发生的一切东西"，发生的东西就是事实，"逻辑空间中的事实就是世界"[①]。卡尔纳普说："感觉提供认识的材料，理性把这些材料加工改制成为一个有秩序的知识系统。"[②] 世界上的客观对象只是一些构成真实事实的材料而已，对象是简单的、不变的，而任何可能

　　① 维特根斯坦：《逻辑哲学论》，郭英译，商务印书馆1985年版，第22页。
　　② 卡尔纳普：《世界的逻辑构造》第二版序，陈启伟译，上海译文出版社1999年版，第5—6页。

和现实的事实则是可变的，是由这些材料组成的。一个逻辑上专名的指谓就是一个客观存在的对象，而这些对象可能的组合和相互关系则构成了事实。"每一种物可以说都在可能的原子事实的空间中。"① 客体在原子事实中连接起来，其连接的方式就是原子事实的结构，事实的结构则是形式，逻辑处理的是各种可能性。"所有一切存在着的原子事实的总和就是世界。"②

进一步，维特根斯坦认为，"我们为自己创造事实的形象"（即图像），"形象是现实的模型"，形象与形象之间的关系就是形象描画的结构，"每种形象，不管具有何种形式，要一般地描画——正确地或错误地——现实，必须与现实具有共同的东西，这种形式就是逻辑现实的形式。"③ 这就是说，我们对世界各种事态的认识，就是在构造关于它们的一幅图画，而各个图画结合起来，就要通过一定的结构形式，这种结构形式就是逻辑。由此，我们就可以说，"逻辑形象能描画世界"④。

人们是以思想的形式在认识世界的，所以，"真实思想的总和就是世界的形象"⑤，"命题的总和就是语言"⑥。思想是由语言构成的，语言是由一些复杂句子、简单句子、原子句子等构成的，因此，复杂句子对应于复杂的事实，简单句子对应于简单的事实，而原子句子对应的是原子事实。逻辑分析的作用就是将我们的思想当作语言命题，将复杂命题分析为简单命题，把简单命题分析为原子命题。然后，根据命题与事实间的对应关系，将它们对应起来。但是，有一点值得注意的是，"命题只是就其在逻辑上有秩序的而言才是情况的图画。"⑦ 然而，我们空间如何分析出真与假的命题呢？维特根斯坦认为，我们只要将基本命题之间的值加以逻辑的运算就可以了，"命题是基本命题的真值涵项。"⑧ 由于逻辑充满着世界，逻辑的界限就是世界的界限，逻辑是针对语言的，所以语言的界限就

---

① 卡尔纳普：《世界的逻辑构造》第二版序，陈启伟译，上海译文出版社1999年版，第23页。

② 同上书，第25页。

③ 同上书，第27页。

④ 同上。

⑤ 同上书，第28页。

⑥ 同上书，第37页。

⑦ 同上书，第41页。

⑧ 同上书，第57页。

是世界的界限。这样，维特根斯坦就将可说的与不可说的区分开来了，凡是在语言界限之外的就是不可说的，凡是在逻辑界限之外的就是不可说的。所以，只有逻辑才是使人们思想变得清晰的唯一工具，"哲学的目的是使思想在逻辑上明晰。"①

卡尔纳普的逻辑分析进一步完善了维特根斯坦的逻辑哲学论思想。卡尔纳普对前期维也纳学派以及维特根斯坦的意义理论做了修正，认为用可证实性来定义一个句子的有无意义是缺乏判据的。例如，"维也纳市政厅的塔楼有 50 米高"和"维也纳市政厅的塔楼有 100 米高"结合成一个合取语句，那么这两个句子就会产生无意义的结论，因为它们两个句子的合取是一个不可证实的句子。所以，"一个语句是否有意义依赖于对给定语言所规定的语义规则和句法规则"②。这样，在一种语言中无意义的语句，在结构不同的另一种语言中则变得会有意义，例如"山河在悲泣"这样的句子从字面上看是无意义的，但如果变更一下语言场景，它就是一种拟情表达。所以，意义不是绝对的，它是相对于语义系统和句法规则的。

在卡尔纳普看来，我们的语言符号有两类：一类是指代事物、性质、关系的，另一类是形式符号或逻辑符号，常常包括那些"不""和""如果……那么……"等，把描述符号组成的语句并给出真值条件。对于第一类语言符号，我们可以用经验的证实原则来判断其真假，而对于逻辑符号，我们只能通过句法分析和逻辑分析才可做出判断。在卡尔纳普看来，语言和逻辑都可作为形式化系统来进行研究，这样，语言的结构和逻辑关系就可以清晰地显现出来。"由于在这种的系统中符号的种类相当于语源学，那么恰当地说'语法'就是谈论表征系统之结构的类比用语。但是，由于符号联接的规则即句法规则在语言的系统中具有特殊的重要性，因而首先要涉及的就是形成规则和变形规则，简言之即'句法'。"③ 我们所谈论的语言包括两类：一类是内包的方式，它谈论事件、事实、事物，经验的真实存在的对象语言，例如"玫瑰花是红色的"；另一类是形式的方式，它谈论的名称、语词或语句，例如"'玫瑰花'这个词是一个物词""'Ａ'是一个符号"等。当然句子还包含有对象性的真句子、假对象句

---

① 卡尔纳普：《世界的逻辑构造》第二版序，陈启伟译，上海译文出版社 1999 年版，第 44 页。

② 克拉夫特：《维也纳学派》，第 43 页。

③ 同上书，第 50 页。

子和形式的句子三种，其中假对象句子如"玫瑰花是一个事物"，虽然谈论的是玫瑰花，但却好像是把玫瑰花当作一个对象，其实它什么也没有确定。又如"物质是客观实在"，也是如此，它谈论的对象并不明确，并没有对物质是什么做出解释，这样就容易引起误解。这些容易使人误解的句子，按照卡尔纳普的观点是可以解决的，即通过把这些句子表述为形式的说话方式就行了。例如，我们可以把"玫瑰花这个词，是一个表示某种事物的词"，从而来消除人们对"玫瑰花是一个物词"的误解。"在逻辑句法这种形式理论中，卡尔纳普提出形成规则和变形规则这两种基本规则。形成规则规定什么样的语句可以被看作适当的，也就是规定在一种语言系统中如何从各种不同的语言符号中构造出适当的语句。""变形规则规定如何对给定的语句加以变形，使之成为另一些语句，也就是规定如何从已有的语句中推出其他一些适当的语句。"① 变形规则包括公理句式，即语句的演算规则，即关于算子、符号和数列的基本属性的规则。通过各种分析，卡尔纳普试图构造一种适合于任何语言的普遍句法，即适用于一切语言的句法概念的定义系统，从而把一切语句都翻译成普遍句法系统的语句。

卡尔纳普的理论的确是太烦琐了，因为这种把哲学限制在有关句法结构的语句中的做法过于狭窄，因而常常遭到批评。

逻辑分析尽管能解决哲学中一些含混不清的命题的意义，但逻辑分析也存在不少缺点。首先，逻辑分析过于烦琐，一个没有专门经过逻辑训练的人是无法进行逻辑分析的。其次，经过逻辑分析确认为有无意义的语词，可能在一个结构中是无意义的，而在另一个结构中却是有意义的，其究竟有无意义往往取决于语境，而不是取决于语句的逻辑分析。最后，逻辑本身是经验认识的产物，如果失去了经验作为参照的目标，那么任何意义也都是无意义的。正是存在这些局限性，所以，奎因才在《经验论的两个教条》中对分析命题与经验命题的区分提出批评，认为这只是经验论的一个教条而已，其实是根本不可能的。

## 六　来自于维特根斯坦后期和奎因的批评

按照逻辑分析的观点，所有句子的意义都应该是确定的。但是，在日

---

① 杜任之、涂纪亮主编：《当代英美哲学》，中国社会科学出版社1988年版，第66页。

常的语言用法中，一个句子的意义往往是随着语境的不同而不同，在一个
结构中无意义的名词在另一个结构中变得有意义了。例如，这个男子怀着
铁血丹心保卫国家，从逻辑分析的角度看显然是错误的，但在拟人化的描
述中却变得有意义。正是因为这样，维特根斯坦后期一改其前期的哲学观
点，形成了以《哲学研究》为代表的日常语言学派。

在《逻辑哲学论》中，维特根斯坦认为，一个语言命题是指向某个
事实的，命题与事实是图像关系，即语言命题是实在世界的图像，其意义
是由它的真值条件所决定的。而到了后期，因为一个语句的意义往往取决
于语言的结构，在一个结构中是无意义的，在另一个结构中却变得有意
义。因此，维特根斯坦的思想发生了转变，他认为一个句子是一个表达某
个事件的"工具"，是受各种语法规则或社会约定所制约的。我们不要问
一个语句的意义是什么，只要问这个语句的用途是什么。维特根斯坦说：
"当哲学家使用一个语词——'知'、'在'、'对象'、'我'、'句子'、
'名称'——并试图抓住事情的本质时，我们必须不断问自己：这个语词
在语言里——语言是语词的家——实际上是这么用的吗？我们把语词从形
而上学的用法重新带回到日常用法。"① 维特根斯坦前期的思想中是想寻
找到语言的普遍必然的规则，寻找语言共同的、一致的、本质的属性，这
一目标始终左右着维特根斯坦的思想。但当我们寻找诸如"希望""思
想""意义"等词的意义时，虽然我们用逻辑的方法向人们展示它们究竟
是什么意思，然而，人们会问，这些是我们日常所用的意义吗？显然不
是！为了克服对普遍性的偏好而对具体个别情况的忽视，维特根斯坦认
为，我们必须研究语言的"家族相似性"，一个语词可以包括大量的情
况，而这些情况只能在家族相似中找到其对应的位置。"语言表达式的意
义是由创造和使用语言的人所决定的"②，"哲学不可用任何方式干涉语言
的实际用法；因而它最终只能描述语言的用法。"③

经过这样的调整，对语言的理解就转变成了对语言的用法的认识。语
言就如同一个工具箱，在这个工具箱里有锤子、钳子、锯子、螺丝刀、尺
子、胶水等，这些东西有着不同的用途，与此类似，语言的功能也各不相

---

① 维特根斯坦：《哲学研究》，陈嘉映译，上海人民出版社 2001 年版，第 73 页。
② 穆尼茨：《当代分析哲学》，张汝伦译，复旦大学出版社 1986 年版，第 331 页。
③ 维特根斯坦：《哲学研究》，陈嘉映译，上海人民出版社 2001 年版，第 75 页。

同①。于是，在使用语言时，就如同在做一个游戏，维特根斯坦举例说，我向某人解释下象棋，开始就指着一个棋子说，"这是王，它可以这样走"，在这样的情况下，除非听者知道它在游戏中指的是什么，"这是王这句话才是对语词的解释，即只有当他做过其他的游戏或者看过别人这样做游戏而且他看懂了，他才能知道这个句子的意思"②。显然，我们要解释一个语言表达式的意义，就是揭示这个表达式的使用情况，即用法，而一个语言表达式的使用又可以通过说明它在某种适当的语言游戏中的那种用法而得到澄清。

奎因则完全否认了分析命题与综合命题的区分，认为这是经验论两个教条的一大教条。现代经验论的分析命题与综合命题的区分一直是被当作理所当然的，鲜有人怀疑这个区分。直至奎因，才提出对这一区分的分析，认为这种区分是毫无根据的。他在《经验论的两个教条》一文中一开始就说："现代经验论大部分是受两个教条制约的。基本上是相信在分析的、或以意义为根据而不依赖于事实的真理与综合的、或以事实为根据的真理之间有根本区别。另一个教条是还原论：相信每一个有意义的陈述都等值于某种以指称直接经验的名词为基础的逻辑构造。我将要论证：这两个教条都是没有根据的。正像我们将要见到的，抛弃它们的一个后果是思辨形而上学与自然假定的分界线。另一个后果就是转向实用主义。"③奎因认为，什么是"意义"？意义是不可以与名称等同起来的，它不是命名。他以亚里士多德关于人的定义为例，亚里士多德说，人是两足直立的有理性的动物，理性是人的本质属性，但为什么又可以把两足直立放在这个句子中呢？按照现代经验论的观点，这是毫无意义的。事物有本质，但是，只有在语言形式中它才有意义。意义是相对于我们而言的，离开了人、离开了人的语言，那么意义也就不存在了。"当本质由所指对象分离出来而同语词相结合时，它就变成了意义。"④奎因说道："就意义理论来说，一个显著问题就是它的对象的本性问题：意义是一种什么东西？可能由于以前不曾懂得意义与所指有区别，才感到需要有被意谓的东西。一旦把意义理论与指称理论严格分开，就很容易认识到，只有语言形式的同义

---

① 维特根斯坦：《哲学研究》，陈嘉映译，上海人民出版社 2001 年版，第 10 页。
② 同上书，第 24 页。
③ 奎因：《从逻辑的观点看》，江天骥等译，上海译文出版社 1987 年版，第 19 页。
④ 同上书，第 21 页。

性和陈述的分析性才是意义理论要加以探讨的首要问题；至于意义本身，当作隐晦的中介物，则完全可以丢弃。"①

　　然而，按照分析命题的情形，哲学上的分析命题是很广泛的。例如，第一类是逻辑为真的陈述，诸如"没有一个未婚的男子是已婚的"，我们怎么解释它都是真的。第二类，诸如"没有一个单身汉是已婚的"，这是一个同义反复，你怎么说它也都是真的，因为单身汉是没结婚的男人，主词与宾词相等。那么，我们怎么知道单身汉是没结婚的男人呢？我们得借助于词典的编纂者，而词典的编纂者怎么知道"单身汉"是没结婚的男人呢？这显然是一种约定或者预设。在逻辑经验主义看来，"单身汉"和"没结婚的男人"是可替换的，这是保全真值的必要条件。但是，在奎因看来，这种可替换性并不完全正确，例如单身汉"bachelor"，可以有"bachelor of arts""bachelor's buttons"，如果在这里用它来替换，那么又会出现什么样的情形呢？不管我们附加什么其他条件，这样的互换性都不足以说明分析性是正确的。求助于同义性或定义来为分析性做论证，显然是错误的，因为定义只能说明人类在认识世界的事物时的一种约定，这种约定仍然表现出必须依据经验的事物的特性，从而构成对分析命题的否定。

　　再者，经验论还会求助于"语义规则"加以说明。在奎因看来，求助于语义规则和求助于定义或同义性是换汤不换药，因为"我们虽不再求助于一个没有解释的语词'分析的'，但还是求助于一个没有解释的短语'语义规则'"。② 语义规则仍然是一个公设，一种设定的前提。如果我们要寻找这种语义规则的来源，那么仍然是找到一个否定分析命题的证据。

　　奎因认为，我们孤立地谈论一个词项和一个语句是没有意义的，要确定一个词项或语句的意义，必须到整个语言系统中，了解该语言里的其他陈述与其关系，即通过整体考察来了解一个语句的意义。意义的单位不是一个句子，而是一个语言系统。某个陈述的真理性不仅取决于语言系统，而且也取决于语言之外的事实。"说在任何个别陈述的真理性中都有一个语言成分和一个事实成分，乃是胡说，而且是许多胡说的根源。总的来看，科学双重地依赖于语言和经验；但这个两重性不是可以有意义地追溯

① 奎因：《从逻辑的观点看》，江天骥等译，上海译文出版社 1987 年版，第 21 页。
② 同上书，第 32 页。

到一个个依次考察的科学陈述的。"① "即使以陈述单位，我们也已经把我们的格子画得太细了。具有经验单位的是整个科学。"②

那么，根据奎因的观点，没有教条的经验论应该是怎么样的呢？奎因在《经验论的两个教条》中提出了自己的见解：一个陈述最终都会与经验有着或多或少的联系，或者至少与经验陈述相联系。所以，"作为一个经验论者，我继续把概念系统看作根本上是根据过去经验来预测未来经验的工具。"③ 全部科学，包括数理科学、自然科学和人文科学其边界均是经验事实，其系统的边缘必须保持与经验相符合。奎因的这种观点否认了逻辑经验主义的逻辑与经验的区分，否认了分析命题与综合命题的区分，从而把经验论建之于传统的经验之上，建立在语用的基础上。知识的标准不是来源于逻辑，而是最终来源于经验事实。然而，关键是对这些事实我们是怎样观察的，事实对我们来说是独立的吗？

以上这些理论，不管是分析哲学对命题的分析，抑或经验论对一个命题意义的证实，都是在为一个命题或句子的意义做辩护，即什么样的情况下一个句子的意义是正确的。如果我们将这个句子看作是知识，那么便成了什么样的知识是正确的了。在对命题意义的论证中，这些理论均涉及了方法问题，即什么样的方法才能确证一个句子的意义是正确的？应该说，这些分析哲学或逻辑经验主义哲学也都是科学认识论理论，因为它们所研究的都是有关科学知识在什么样的意义上是正确的问题。所有的分析哲学、经验论的科学哲学都是科学认识论理论，它们所做的工作虽然一开始就是围绕着命题的意义、科学的划界等问题，但归根结底，这些努力都是对一个科学知识如何进行辩护的问题。因此，知识辩护理论的现代起源是罗素、维特根斯坦、逻辑经验主义者等的理论。

---

① 奎因：《从逻辑的观点看》，江天骥等译，上海译文出版社 1987 年版，第 39 页。

② 同上书，第 40 页。

③ 同上书，第 41 页。

第 二 章

# 五六十年代以后工具主义
# 与经验论的知识观

围绕什么是正确的科学知识的论证，分析哲学在受到奎因等人的批评后，逐步走向解体，至罗蒂，分析哲学基本上销声匿迹，走向衰亡。代之而起的是围绕证实说和奎因经验论观点所进行的争论，例如科学实在论与反实在论、自然主义与社会认识论等。按照经验论观点，一个科学理论之是否具有真理性，关键取决于经验的证实或最终涉及是否与经验事实的内容相符合，一切类似的分析命题，其最终都可以追溯到与经验事实的关联性。然而，经验事实究竟是一个什么样的概念呢？它不是一个对比的类，而是一个需要人去分辨、选择、了解的对象。这就是说，经验事实仍然需要人们去认识，最直接的认识是观察。

## 一　经验事实并非知识的绝对标准

正如同奎因所说的，科学理论是一个体系，一个结构，在这个结构中，我们方能知道一个科学命题究竟是什么含义，而最终的意义须由经验所决定。图尔敏认为，科学理论是一个由原理、定律和假设等组成的结构，从本质上说，这个结构必须通过一系列现象所做出的系统化、整体化的解释，定律与原理是有区别的。我们可以称"光的直线传播"为原理，而称折射定律为定律，这是因为原理是构成几何光学的基石，我们可以想象，如果没有斯奈定律，就不会有"折射率"的概念，但这并不影响几何光学理论的存在。但是，相反，如果我们放弃光的直线传播理论，那么我们就放弃了整个几何光学。同样，科学假设与科学原理也是这样的道理。图尔敏说："应该把物理学的假设与它的理论的确定部分区分开来，否则会引起广泛的误解。某些哲学家断言，所有的经验陈述都是假设，因为它们只有'高度的或然性'。这种观点是错误的。"① 图尔敏认为，可以根据不同的抽象程度区分为不同的类，一类是抽象程度较低的定律，一类是抽象程度比较高的离经验现象较远的定律，一类是抽象程度很高离经验现象很远的定律。这个复杂的由不同抽象程度组成的科学理论结构是具有内在逻辑的，这个结构既不是单纯的逻辑关系，也不是单纯的对经验事实的归纳关系或者是同义反复的演绎关系，而是一种图像—推理关系。它们是在大量的经验事实基础上用图像—推理关系建立起来的理论体系，是对现象所做的系统性解释。既然它具有不同等级的具有内在联系的复杂体系，那么我们就不能对这个结构做任何简单化的理解。

在图尔敏看来，科学理论的本质是对现象世界做解释。他认为，一个科学理论的好坏并不取决于解释的现象越多越好，因为并非所有科学理论都把多种解释作为自己的目标，而是关心科学理论解释的成功。人们过于狭窄地理解了解释一词，都把解释看作理论与实在的一致或符合，真正的理论解释性在于在一定的"自然秩序理想"的指导下，理解那些零乱的经验材料。同时，他也认为，一个科学理论的优越性也不在于预见的成功。因为，预见一词的含义很混乱，人们可以给出许多种不同的解释。预见的成功的情况需要做进一步的分析，一个科学理论并不需要对所有的现象都能做出预见，而只要对一部分现象做出预见就可以了。例如，"当澳洲科学家用多发性黏液瘤来控制兔子数量时，他们在达尔文理论的基础上预见一种新的体质上比原先兔子更能抵抗这种病的新兔品种将出现，这个预见的成功更能使我们相信达尔文理论的科学性。图尔敏认为，实际情况是：只是到了最近几年，随着现代生态学和基因学的发展，才有可能在达尔文理论的基础上，甚至也是在小范围内，作出这种积极的、可证实的预言。可是在这之前的整整一百年间，达尔文理论的科学性却基本上没有被怀疑过"。② 在图尔敏看来，科学理论的目标不是单一的，而是多样性的或多方面的，"科学的目标不是一个而是多样的，必须否弃那种用一个单一的无所不包语词来表示科学目标的梦想"。③ 然而，尽管科学的目标是

① S. Toulmin, *The Philosophy of Science*, Hutchinson University Press, 1953, p. 84.

② 夏基松:《历史主义科学哲学》，高等教育出版社 1995 年版，第 92 页。

③ S. Toulmin, *Foresight and Understanding*, Bloomington Indiana University Press, 1961, p. 12.

多样的,但也有共性,这个共性就是理解和解释。理论预见的成功或科学实验的成功等,往往是对理论解释力的一种检验。因为,如果没有理论的解释,实验是不可能成功,观察是不可能达到目的的。

N. R. 汉森针对逻辑实证主义等经验论的观点,提出了"观察观察理论"等批评性见解。汉森在《发现的模式》一收中详细地探讨了观察观察理论的重要思想,从而为知识的经验证实说提出了质疑。经验的证实,主要是指通过人们的观察经验对理论命题的印证,观察事实与理论所指相符合,就说明理论是正确的。或者理论的预见性最后通过观察事实印证是相符合的,那么就说明理论是正确的。观察是检验理论正确性的标准。但是,汉森却认为,观察是负载理论的。他举了三个例子:(1)两个微生物学家在显微镜下观察同一个细胞切片,一个看到的是"高尔基体",另一个看到的则因染色技术不佳而人为地造成的凝结物;(2)两个生物学家观察同一单细胞动物——阿米巴虫,一个说看到了单细胞动物,而另一个则说看到了无细胞动物;(3)开普勒与第谷在地球上看太阳升起,一个看到的是地球在转动,太阳却不动,而另一个看到的则是太阳在升起,地球不动。那么这两个科学家为什么观看同一个东西却得出不同的观察结果呢?

汉森认为,观察是一种经验,而非视网膜反应的物理状态,具有一定的主体性。观察者在观察对象时,往往戴上有色眼镜。汉森还利用了格式塔心理学转换来说明观察的视角转变所造成的不同结果来说明他的观点。当人们的注意力转变时,观察的对象也在发生转变。具有不同知识背景的人,在观察的过程中会注意到不同的对象,从而产生不同的观察结果。所以,开普勒与第谷在看同一个太阳时,却得出不同的观察结果。汉森说:"看是一件'渗透着理论'的事情。x 的先前知识形成对 x 的观察。表达我们知道什么所使用的语言或符号也影响着观察,没有这些语言和符号也就没有我们能认作知识的东西。"[①] 人们在看一个物体时,其实是把知识融入看中,"知识存在于看之中,并不是看的附属物"。[②] 很多习以为常的东西,我们在看时并不会去问那是什么,例如自行车从我们身边驶过,我们不会问那是什么飞驰而过。所以,在日常的观察过程中,我们并不会感

---

① 汉森:《发现的模式》,邢新力等译,中国国际广播出版公司 1988 年版,第 22 页。
② 同上书,第 25 页。

觉到自己是把知识附加到目光所及的事物上。我们自然而然地把所得到的知识应用于看，看见物体就是看见该物体与我们所期望的东西相符合。如果一个人没有关于某物的知识，那么他就无法看到某物。不仅我们日常生活中的看是渗透理论的，而且在物理学中关于因果关系的观察也是渗透理论的，甚至物理学本身也是从资料出发的。"我们作为'原因'所及的事物自始至终都渗透着理论。它们不是感觉经验链条中的简单有形的环节，而是复杂的概念模式中的细节。"[①] "物理学家不是从假设开始，而是从资料出发的。"[②] 汉森还强调，所有关于因果关系的认识，都是从一定的语境基础上来进行的，如果没有语境和背景知识，那么我们想要得出哪些是因、哪些是果是不可能的。

汉森的观点表明，知识的证实虽然依赖于经验事实，但经验事实也并非完全客观的。所以，观察并不具有中立性，观察事实并不能成为一个绝对确定的知识标准。

## 二　证伪主义的知识观及其局限

波普尔的知识观是一种反归纳主义的知识观。他认为，"全称陈述不是从单个的陈述中推论出来的，所以归纳法是不存在的。但是它们可被单称陈述反驳因为它们与可观察事实的描述相冲突。"[③] 一个理论的好与坏并不是所谓得到经验检验为不可反驳的理论，而是取决于一个理论的更多内容与更大的解释力，如果一个理论无可反驳，那么这恰恰说明了它并没有多少内容。例如，今天或者下雨或者不下雨，这个命题无论怎样，都可以说是无法反驳的，没有逻辑上可能的观察陈述能驳倒该命题，不管天气怎样，它总是真的。"如果一个陈述是不可证伪的，那么，这世界不管可能具有什么性质不管可能以什么方式运动都和这个陈述没有冲突。"[④] 他以阿德勒心理学为例，阿德勒心理学的一个基本原则是：人的行动的动机取决于他的自卑感，这样一种原则被用于解释人的行为时就出现了以下情形，当一个小孩掉到河里时，一个人正站在这条小河旁，如果这个人跳下

① 汉森：《发现的模式》，邢新力等译，中国国际广播出版公司 1988 年版，第 60 页。
② 同上书，第 76 页。
③ 波普尔：《无穷的探索》，邱仁宗等译，福建人民出版社 1984 年版，第 89 页。
④ 查尔默斯：《科学究竟是什么？》，查汝强等译，商务印书馆 1982 年版，第 49—50 页。

去救小孩，说明了这个人克服了自卑感，以致他能够不顾危险地跳入河中。相反，如果这个人不跳入河中去救那个小孩，也表明了这个人克服了自卑感，以至于使得他有足够的毅力留在岸上而不受小孩快淹死的干扰。这样的理论想解释一切，然而正是因为这样，所以也就什么也没有得到解释。"关于精确性有类似的情况。一个理论阐述得愈精确，它就变得愈可证伪。"① 波普受益于爱因斯坦理论中广义相对论的证实，在1919年英国的一支远征队到了西非的普林西比群岛，正好遇到了日全食，于是他们就对两颗恒星的角距离进行观察，在有太阳与没有太阳的情况下，测量结果证实了爱因斯坦广义相对论的正确性。但是，这时的波普在想，如果这次远征队没有证实爱因斯坦的广义相对论，而是证伪了它，那么该理论将会怎样呢？必定导致一个新理论的出现，以代替爱因斯坦的广义相对论理论。所以，波普的证伪理论至少是给人们提出了三点启示：第一，理论描述的内容越多，就越容易被证伪；相反，一个理论越是不被反驳，那么这个理论所描述的内容就越少。第二，理论并非开始于观察，而是开始于问题。第三，科学成长的概念是一个证伪主义的核心概念，所以，证伪主义者总是追求科学的进步，而非科学的证实。

拉卡托斯的理论是对波普尔理论的进一步补充与完善。对于波普尔的理论来说，一个理论的可证伪性取决于我们对单称陈述的观察结果，然而，这样一种证伪往往是非常困难的，所以，拉卡托斯的证伪主义则提出了若干相互竞争的理论之间的相互比较的可证伪性，如果一个新理论比与之竞争的理论更具有可证伪性，那么科学家们就可以考虑接受这个理论。例如，牛顿的万有引力定律究竟具有多大的可证伪性？这个问题是非常难回答的，但是如果同时存在着多个这样的理论定律，那么，我们就可以做一个比较，通过比较，我们可以发现哪个理论更具有可证伪性。按照这样的推论，我们便可确定，一个理论越是大胆、新颖，它就越具有可证伪性。

拉卡托斯认为，之前波普等人的证伪主义是一种朴素的证伪主义，而他的理论则是精致的证伪主义。两者的区别在于：第一，朴素证伪主义强调用一种更好的假说去代替被证伪的理论，而精致的证伪主义则主张用更好的假说取代任何假说的迫切性，因为证伪不能强迫理论家去寻找更好的

---

① 查尔默斯：《科学究竟是什么?》，查汝强等译，商务印书馆1982年版，第54页。

理论，在更好的理论出现之前不可能有证伪。"精致的方法论证伪主义提出了新的关于知识诚实性的标准。……精致证伪主义的诚实性要求应当设法以不同的观点看待事物，提出能够预见新颖事实的新理论，并拒斥已为更有力的理论所取代的那种理论。"① 第二，精致的证伪主义另一个不同于朴素证伪主义的特点是，它强调超量信息的决定性作用，即一个理论如果比另一个理论更具有超量信息，而且这些超量信息已经得到了确证，那么这个理论就是更好的、可接受的。而朴素证伪主义者则认为，"如果一个基本陈述得到了一个业经充分证认的证伪假说的支持，他们便接受这一基本陈述，并允许它推翻被检验的理论，即使他们清楚地意识到所冒的风险"。②

在拉卡托斯看来，科学理论是一个结构，这个结构具有一个核心部分，即硬核，还具有一个辅助性的部分，即辅助性假说。在精致的证伪主义者那里，是以理论系列的概念代替了朴素证伪主义者的理论的概念，因为"只有理论系列而非一个给定的理论才能被评价为科学的或伪科学的。但是，这种理论系列中的成员通常被明显的连续性联系在一起，这一连续性把它们结合成研究纲领"。③ 这个连续性是从一个科学研究纲领刚提出时就开始发展了。由于理论是一个硬核与保护带组成的结构，所以研究纲领一开始就形成了一个方法论规则，即正面启示法与反面启示法。拉卡托斯认为，科学家们是厚脸皮的，当他们的理论遭遇经验的反驳时，他们则常常为自己的理论辩护，即使理论遭到了沉重的反驳，他们也只是千方百计地修改辅助性假说，以维护自己的理论。所以，反面启示法就是允许对理论的辅助性假说进行修改、调整、再调整，直至最后被完全替换，以保卫硬化了的理论内核。例如，牛顿的动力学三定律和万有引力定律是牛顿理论的内核，根据研究纲领方法论，这些硬核部分是不允许反驳的，反常必须只在辅助性假说即保护带中引起变化。正面启示法即是，"包括一组部分明确表达出来的建议或暗示，以说明如何改变、发展研究纲领的'可反驳的变体'，如何更改、完善'可反驳的'保护带。"④

那么一个研究纲领是否能被替代呢？答案是肯定的！"我们不应仅仅

① 拉卡托斯：《科学研究纲领方法论》，兰征译，上海译文出版社 1986 年版，第 53 页。
② 同上书，第 59—60 页。
③ 同上书，第 65 页。
④ 同上书，第 69 页。

由于一个年轻的研究纲领还没有超过其强大的对手而抛弃它。如果没有其对手它会构成一个进步的问题转换,那么我们就不应放弃它。"① 拉卡托斯认为,理论的多元论比之理论的一元论更好,研究纲领也存在一个竞争的问题。究竟在什么样的情况下,我们可以淘汰一个研究纲领呢?或者说我们能否有一个客观的理由来淘汰或拒绝一个研究纲领呢?"我们的回答大致是,如果一个竞争的研究纲领说明了其对手先前的成功,通过进一步表现出启发力而胜过了其对手,便提供了这样一个客观的理由。"②

由此可见,证伪主义者对科学理论的辩护是基于整体论基础上的,它把理论看作一个结构,这个结构是连续的,而不像之前的分析哲学家那样,把理论仅仅看作由命题构成的,然后根据其逻辑的规则来论证命题的正确与否。因此,西方的知识论起初把知识看作由一个句子或命题组成的观点也是有局限的。因为,一个命题或句子只有在整个理论体系中才能确定其意义。所以,在精致的证伪主义者看来,根据科学史,理论的否定或被抛弃是一件不易的事实,并不像波普尔说的被证伪那么简单。一个理论的辩护并不取决于一次实验的观察结果,而是取决于一个连续的过程。理论所预见的新颖事实、超量信息构成了一个理论的进步。所以,从整体上说,一个科学理论是不能被一个经验事实的反例所证伪的。

至于证伪主义的局限性,查尔默斯在其《科学究竟是什么?》一书中写道,"使证伪主义者陷入窘境的一个历史事实是,如果他们的方法论得到科学家的严格遵守,那么,被公认是科学理论中最佳范例的那些理论,就根本发展不起来,因为早在萌芽状态就会遭到摒弃。"③ 他举了四个例子,一个是牛顿万有引力理论,在问世之初,曾经由于对月球轨道的观测而被证明为伪。可经过 50 年,才弄清楚证明为伪的是外部的其他原因。第二个例子是波尔的原子理论,在发展初期,曾与一些观测结果不相符,但幸而玻尔坚持了自己的理论,最终证明自己是正确的。第三个例子是气体运动理论,一提出就被证明为伪理论,但 18 年后,证明该理论是正确的。第四个例子是哥白尼革命,在中世纪普遍被认为是错误的,直到1609 年,当伽利略用其制作的第一批望远镜观测天空时,才得到了证实。

---

① 拉卡托斯:《科学研究纲领方法论》,兰征译,上海译文出版社 1986 年版,第 97 页。
② 同上书,第 95 页。
③ 查尔默斯:《科学究竟是什么?》,查汝强等译,商务印书馆 1982 年版,第 76—77 页。

所以，"新理论的早期阐述是在对那些表面的一次次证伪不予理睬的情况下被坚持下来和发展起来的。只是经过许多科学家若干世纪的智力劳作，在新的物理学体系终于创立之后，新的理论才能够即使在细节上也成功地和观察和实验的结果相吻合。不考虑这样一些因素，任何科学观都不能被认为是接近于正确的。"①

由此可见，理论确证的证伪说，对于知识辩护而言显然是不适当的。

## 三　科学实在论的知识辩护观

科学实在论是产生于20世纪60年代西方的科学哲学，主要代表人物是普特南、塞拉斯、波依德、夏皮尔、麦克马林、斯马特、阿姆斯特朗、列普林、哈金等人。科学实在论的基本观点是：1. 坚持认识的符合论观点，主张科学理论与实在世界的相符合，成熟理论趋向于真理；2. 成熟科学的理论术语是有指称的，其所指的对象是客观存在的；3. 理论预见的成功是其中心术语指称的成功之证据，越具有解释力的理论就越接近真理；4. 理论定律在符合的意义上是关于那些客体和事件的，而理论定律则在符合的意义上真正关于客体是的，尽管其近似为真。"大多数具有形而上学倾向的实在论者坚持认为，当这些定律为真时，就表达了某种客观的必然性，这种必然性只能由实在的本质和相伴随的活动力来适当地得到解释，或者通过因果活动的本体论解释来说明。②科学实在论对科学理论知识的辩护包括以下诸方面：

第一，他们坚持用符合论来理解科学理论与实在世界之间的关系（即表象与实在之间的关系）。特别是当人们谈论粒子物理学时，所有质子、中子、介子、夸克等术语，都是有指称的，其所指的对象是客观存在的，一个科学理论总会有一些中心术语，那些中心术语所指的对象是实在的。不仅如此，理论只要具备说明实在的能力，或具备说明可观察事实的方式，那么我们就有理由认为理论是真的。"如果我们有恰当的理由相信原子论提供的说明某些单一可观察事实的方式，那么我们就有理由相信原

①　查尔默斯：《科学究竟是什么？》，查汝强等译，商务印书馆1982年版，第86页。
②　J. Leplin（ed.），*Scientific Realism*，California，1984，pp. 1 – 2. E. Mackinnon，Scientific Realsim：The New Debates，*Philosophy of Science* 46，p. 502.

子论的存在。"①

第二,科学实在论者认为,理论预见的成功是理论趋向真理性的有力证据。波依德认为,"实在论解释的科学理论是能够得到确证的,实际上常为普通的科学证据确证为真,这种普通的科学证据是从一般方法论立场来理解的;……在历史上,成熟科学的进步,在很大程度上是一个关于成功的更准确的近似于可观察与不可观察现象的真理问题,后继的理论典型地建立在前驱理论的观察知识和理论知识的基础上。"② 列普林也认为,"最流行的科学理论至少近似为真;……科学理论的近似真理性是对其预见的成功之充分说明;……一种科学理论即使在指称上不成功也可能近似为真"③。在实在论者看来,如果科学的成功并非说明理论与实在之间的相符合关系,那么科学预见的成功就会是一种奇迹,一种巧合。所以,普特南说:"对实在论的肯定性论证就是:它是唯一不使科学的成功成为奇迹的哲学。"④

第三,科学实在论者把科学的目的看作是累积性的,是趋真的。越是成熟的科学理论、越是当前流行的科学理论,就越具有近似真理性。在科学实在论者看来,后继理论是建立在前驱理论基础之上的,后继理论仅仅把前驱理论作为一种有限的情形包含在自身中。例如,爱因斯坦相对论把牛顿经典力学理论包容在自身中,并作为一种有限的情形;非欧几何学把欧氏几何学作为一种有限的情形包容在自身中。所以,越是当前的理论就越具有更广泛的内容,具有更强的包容力。

第四,科学理论对实在事件越具有说明力或解释力,科学理论就越能得到人们的接受与承认,就越具有真理性。一个理论如果能够说明一个事实,这就表明了该理论与事实之间具有一种接近关系,科学不仅仅在于认识世界,而且也在于能解释世界的各种事实与现象。因为,说明现象其实就是解释了这种现象的因果关系,例如:我们解释潮汐现象,那么就解释了造成潮汐现象的根本原因是什么;我们解释了雷电现象,那么我们就解释了造成雷电现象的原因是什么,它会造成什么样的后果。

---

① G. Gutting, Scientific Realism versus Constructive Empiricism: A Dialogue, in P. Churchland and A. Hooker (eds.), *Scientific Images*, Chicago, 1985, p. 119.

② J. Leplin (ed.), 1984, p. 42.

③ Ibid., pp. 1 – 2.

④ H. Putnam, Mathematics, *Matters and Methods*, University of Cambridge, 1975, p. 73.

夏皮尔作为一个历史的实在论者，他把科学实在论对科学理论的辩护的标准概括为三个方面：

夏皮尔坚信科学是合理性的，而这个"理性"并非其先前的科学哲学家们所说的科学认识的过程是一个合乎逻辑的过程，而是理解为根据"理由"而进行的科学推理活动，理性、理由和推理三者是紧密地联系在一起的。这个理由是指科学家在进行推理、行动之前，必须找到一个合适的依据，我们之所以可以将各个项连接起来，是因为它们之间具有一定的依据，这个依据就是"理由"。夏皮尔说，"术语变革的可能性强调先前的知识（或信念）在域的形成及其描述中的作用。"[1] "随着科学领域的进一步发展，域的形成愈来愈以先前的知识或有充分根据的信念为依据。"[2] 这些信念，夏皮尔也称之为"背景信息"，在科学活动中，一般都存在观察前具有充分的理念上准备并以此为基础，例如，夏皮尔以20世纪60年代中期天体物理学家普遍提出的观察太阳中心的问题为例，即我们是否有可能直接观察到太阳的中心？这里所涉及的有中微子行踪的知识、中微子发射过程的知识、中微子相互作用从而可望从它们的起源处通过太阳体和星际空间自由地不遭碰撞或干扰地抵达我们的事实的知识，还有截获这种中微子的各种接收器的知识等。如果没有这些知识那么我们就不可能提出有关太阳中心的观察问题来。所以，"域或课题的形成及其描述，以及我们表述对域的假说所作的观察性检验时用的语言，都高度依赖于'背景信息'，依赖于影响这种形成和描述的积累起来的知识或假定的知识。"[3]

因此，这些背景信息或信念是否正确，一定会影响整个科学理论的正确与否。所以，判断背景信念是否得到证实，对于科学理论来说是极为重要的。也即是说，对于科学理论的确证，取决于对产生这些理论之前的背景信念的确证。那么夏皮尔的确证是如何的呢？

夏皮尔认为，在科学相对不发达的时代科学与非科学的分界是不清楚的，或者是不存在的。因为，科学与非科学都不具备相对较明确的理由。就拿17世纪来说，牛顿理论到最后与神学也是没有明确的界限的，牛顿

[1]　夏皮尔：《理由与求知》，褚平、周文彰译，上海译文出版社1990年版，第288页。
[2]　同上书，第289页。
[3]　同上。

关于绝对空间与绝对时间的论证具有很明显的神学色彩。"牛顿还认为至少有三个方面能说明物理定律暗含了上帝干预世界的必然性:第一,为了使物体的运动不至于因在碰撞中失去动量而逐渐停止;第二,为了使太阳系秩序免受引力干扰的破坏性影响;第三,为了解决宇宙的不一致性;在宇宙中,如果物质有限地分布于空间,则一切物体都会陷入它们共有的引力中心,但如果物质无限地分布于无限的空间,一切引力相互作用则都抵消。"① 一直到 20 世纪,神学才被当作与科学无关的理论而被摒弃。但是,在历史上,形而上学的、神学的、政治的考虑都曾是论证科学的力量之一,就好像科学离开了它们,就无法取得大家的认同一样。李欧塔在《后现代状况》一书中也是这样认为的,知识的合法性在历史上来源于形而上学与政治,只有当哲学对科学的存在合法性做出论证时,只有当政治崇尚科学时,科学才真正获得了其存在的合法性,才获得了真正的依据。然而在夏皮尔看来,这些与科学的发展都是不相干的,不具备相关性,无法作为科学知识的理由与依据。真正可以作为科学知识的理由的是:(1)与科学研究相关的信念。他指出,"科学中作为理由的相关的东西必定与已经确立的课题有关",因为我们在科学认识中,必须借助于先前的信念并根据这些信念做出推理,那么这些信念的首要条件就是与域的相关性。(2)这些信念被证明为是成功的。成功与否取决于我们如何确定成功的标准,夏皮尔认为,成功的标准是不确定的,这个标准是变化的,"成功的标准就在我们的信念中,这些标准的变化能有许多不同方式无需假设一个超验的、不变的成功标准。例如在某个阶段,一种成功的标准可以占主导地位,但我们发现没法实现它。而另一个'较低的'标准则不断得到充分满足,于是人们就开始更多地关注它"。② (3)信念的无可怀疑性。即对我们的背景信念提不出怀疑的理由,在缺乏更好的知识的前提下,我们没有理由去怀疑已经被采用的信念。所以,"科学中的'理由'是由下述信念组成的:(1)它被证明是成功的;(2)对它没有具体的怀疑理由;(3)它与具体的域(在这个域中它被用作一个'理由')相关。这些特征当然可看作是一种理想,实际上,我们通常必须依赖那些还没有证明是确实成功或确实摆脱怀疑的信念,并且这些信念的相关性有时可能是很成

---

① 夏皮尔:《理由与求知》,褚平、周文彰译,上海译文出版社 1990 年版,第 290 页。
② 同上书,第 296 页。

问题的。"① 夏皮尔认为，除了确定一个这样的三元标准外，我们对于科学知识就不可能再有什么更好的标准了。为了说明科学的合理性与进步，我们只能有这样的理由，而不可能再有其他可行的理由②。

随着科学实在论与反实在论争论在时间上的推移，实在论思想也在经受各种观点的考验，所以，除了传统的科学实在论坚持其基本原则外，也出现了一些新的思想观点。其中，准实在论者萨普的观点较有代表性。

弗雷德里克·萨普是伊利诺大学的教授，他的准实在论思想是在 20 世纪 80 年代末形成的，主要是体现在他 1989 年出版的著作《语义学的理论观和科学实在论》中。在科学实在论者看来，如果实在论思想是错误的，那么，科学的成功就会是一个奇迹，"对实在论的肯定性论证是：它是唯一一种不使科学的成功成为奇迹的科学"③。但是，科学实在论的这个论证并没有得到广泛的认同，劳丹等人的批评对萨普产生了启示。理论不是碎片，而是一个整体，所以对理论应当从其结构的角度去理解。因此萨普的观点是认为，"我对实在论的关心是双重的，我感兴趣于理论的结构是怎样靠语义观来解释，以及弄懂理论结构和现象之间何种图像对应关系在认识论上是可知的"。④

萨普对科学知识的辩护主要体现在以下三个方面：

首先，萨普认为，科学实在论必须求助于与最终可观察性相联系的真理符合论，以及关心何种本体论承诺对理解科学是必要的等方面，这是合理的。因为，科学家在实际的科学活动中，只能在与实际资料相符合的基础上，在背景信念和所接受的科学知识体系基础上来评价科学理论的正确与否。任何对观察与不可观察的区分，以及提出以经验适当性来替代真理概念的问题都是与实际的科学研究不相符的。

其次，萨普主张，"科学理论通常是对物理系统的运行作相应的描述，它是实际现象理想化了的复制品"。⑤ 探讨理论不应该只限于世界观的意义上，而应当通过实验来探讨理论的确证，通过现象与理论的关系来

---

① 夏皮尔：《理由与求知》，褚平、周文彰译，上海译文出版社 1990 年版，第 295 页。

② 同上书，第 296 页。

③ H. Putnam, Mathematics, *Matter and Method*, Cambridge, 1975, p. 73.

④ F. Suppe, *The Semantic Conception of Theories and the Scientific Realism*, Urbana, 1989, p. 22.

⑤ F. Suppe, Theories and Phenomena, in *Developments of the Methodology of Social Science*, edited by X. Leifeller and E. Rohler, Reidel, 1974, p. 46.

建立我们的理论观。理论是一簇模型，是一种定量参数，其定义参数是适合于理论这个模型的。但不管如何理论最终都必须与实验、科学家的实践联系起来，才能知道其是否经验地真理。

最后，萨普坚持认为，一个科学理论只有通过实验和科学家在科学实践中的评价，才能获得"高度可能的"确证。"理论从属于大量的实验检验，这些检验在于把理论做出的预见和对物理系统的观察加以比较。"① 科学研究事业是一项科学家们共同协作的事业，是科学家们有预定目的的冒险，以致各种各样的科学实践者都能根据他人的发现做出行动或者评价他人的发现，"单一的科学家不可能创造出自己的科学，必须依赖于同人们的劳动……科学要求科学的发现、科学结论必须得到实验的支持和其他人实践者的评价。"② 萨普认为，旧的探讨问题的方式即那些对"理论""定律""说明"等概念的意义分析对科学哲学的进步并没有多少帮助，这些问题已经不是科学哲学的重要问题，理论真理性不是通过归纳法，而是通过实验、实践中的评价，通过实验中确认的结果所进行的比较而得到的。"如果观察表明许多有 y 起作用的例子，比没有 y 起作用的情形更可能产生 x，那么，下一个有 y 起作用的例子将比任何没有 y 起作用的例子更可能产生 x 是十分可能的。"③ 萨普的观点比之那些反实在论哲学家的分析观点，显然更为接近科学研究的实际。

纵观科学实在论的知识观，我们可以得出一个基本的结论，即科学实在论的知识观在处理表象与实在的关系问题上，是符合的。科学知识究竟在什么样的情况下得到了有力的辩护呢？根据科学实在论的观点，科学理论预见的成功是对科学理论是否具有真理性的一个有力证明。一切信念的辩护都在于它对实在世界的说明力中，只要理论的说明力越强，那么理论就越具有真理性。同时，科学实在论在其本身的演化中，从原来注重命题到后来注重理论结构，这是一个合理化的过程。因为，科学知识毕竟是一个体系，如果仅以命题作为我们的辩护对象，显然是不合适的。所以，后来的实在论发展中出现了像胥拉格尔的语境的实在论之类的观点是不言而喻的。

① F. Suppe, 1989, p. 141.
② Ibid., p. 382.
③ Ibid., p. 404.

# 四　工具主义的知识观

在经过图尔敏、汉森对观察渗透理论的论证之后，库恩也对知识的标准做出了自己的解释。库恩认为，科学需要一些范式，如果没有范式，那么它只能是前科学状态，有了科学范式的理论则是常态科学状态。范式是使一个理论成为科学的根本标志。一个相信范式的存在，并不是因为他觉得范式是符合通常的评价标准的，通常的评价标准认为，如果一个理论具有一致性、普遍性、精确性、简单性和有效性，那么这个理论就是正确的。但实际上，人们在相信一个理论时并非如此，而是认为，理论具有解决难题的能力，只要能解决难题，那么这个理论就是好的，人们就自然会接受。否则，一旦理论解决不了难题，就会出现"反常"，从而导致理论的危机，形成科学革命，最后以新的理论代替旧的理论。

一种范式之被接受与否，关键是看范式能否解决一些科学实践中的实际问题，能否为科学共同体所认可。如果范式在解决难题时遇到困难，出现反常，那么就会导致一些科学家对这些范式失去信心，导致信念危机。当反常终于被认为构成了某一范式的严重问题时，一个专业上不安的时期就到来了，科学家们便开始从事形而上学或哲学的争论，他们试图用哲学的论据来为那些革新观点辩护，科学家们变得焦躁不安，理论再次变得混乱不堪，革命的欲望越来越强烈。当大家都对原来的范式失去信任后，革命就开始了，新的范式取代了旧的范式。这个时候，大家对新范式的接受并非因为范式所揭示的外部世界的正确性，而是因为科学共同体的世界观的转变。这种转变意味着，科学共同体抛弃旧的概念体系，建立新的科学概念体系，对经验材料做出重新解释。这就好像是格式塔心理转换中的"鸭兔图"，在实验中，一个人看到的是鸭子，而另一个人则通过格式塔转换，看到的是兔子。就像一些宗教徒信仰的改宗，当实现了革命之后，一些科学家们从原来相信一种范式，转而相信另一种范式。这就是说，库恩找到了为科学理论辩护的依据，这个依据就是理论必须具有解决难题的能力，能力越强，理论就越具有存在的合理性。

库恩的观点引入了知识的社会学因素，即认为一种知识的合法性并不在于单一的经验证实的标准，人们之所以要接受一个理论，在于各种主客观的、个人的和社会的因素的综合解释。

　　库恩的知识观不仅是工具主义的，而且也是相对主义的。首先，库恩认为，不同类的理论虽然术语一样，但其本体论承诺是不同的。例如，关于行星的质量问题，对牛顿理论来说是重要的，但对亚里士多德来说却是异端邪说。相对于以太的地球速度问题对于爱因斯坦以前的物理学家来说曾经有过非常重要的意义，但对爱因斯坦来说却没有意义。在时间上发生变化之后的两个理论，虽研究对象一样，但理论术语的所指是不可通约的。"从一个处于危机的范式，转变到一个常规科学的新传统能从其中产生出来的新范式，远不是一个累积过程，即远不是一个可以经由对旧范式的个性或扩展所能达到的过程。宁可说，它是一个在新的基础上重建该研究领域的过程，这种重建改变了研究领域中某些最基本的理论概括，也改变了该研究领域中许多范式的方法和应用。"① 之所以两个理论的术语其所指是不可通约的，是因为一旦科学研究的范式变化了，理论所指的对象世界也随之发生变化，科学家在新范式指导下进行工作，其方法等方面均有所不同，他们的世界观发生了根本性转变。"范式一改变，这世界本身也就随之改变了。科学家由一个新范式指引，去采用新的工具，注意新的领域。甚至更为重要的是，在革命过程中科学家用熟悉的工具去注意以前注意过的地方时，他们会看到新的不同的东西。这就好像整个专业共同体突然载运到另一个行星上去，在那儿他们过去所熟悉的物体处在一种不同的光线中，并与他们不熟悉的物体结合在一起。"② 库恩还以电学和天文学为例，说明范式的转变对科学理论的影响。我们且用库恩引用的燃素说与氧化说的例子来说明这个问题。"拉瓦锡看作氧气的东西，普利斯特列却看成是脱燃素的空气，而其他人却什么也看不到。可是，拉瓦锡在学会看到氧气的过程中，也必须改变他对其他许多熟悉事物的看法。例如，普利斯特列和他的同时代人当作土元素的东西，拉瓦锡却看作化合物矿石，此外还有许多类似的至少，发现氧气的结果使拉瓦锡从不同方面去看自然界。"③ 所以在库恩看为，变化的不是自然界，而是拉瓦锡看问题的视角，即在发现氧气之后，他就在一个与原来不同的世界里工作了。

　　所以，库恩的知识观是工具主义的和相对主义的。

---

① 库恩：《科学革命的结构》，金吾伦、胡新和译，北京大学出版社 2003 年版，第 78 页。
② 同上书，第 101 页。
③ 同上书，第 107 页。

另一个坚持工具主义观点的是拉里·劳丹。劳丹认为，经验并不一定是真实的事实，它并非忠实可靠。解决经验问题与理论的真实与否也没有关系，任何一个未解决的经验问题，在解决之前都具有不确定性，它可能是一个潜在的问题。即使是一个真正的经验问题，在解决之前其属于哪个领域也仍然很难确定。

劳丹的知识观是在反驳科学实在论的过程中提出来的。他在《对实在论的价值论与方法论的网状批判》一文中认为，实在论是一种关于科学的目的或价值是什么的标准的学说，科学实在论所追求的是关于自然界的更真的理论，一般的实在论都倡导真理的符合论，主张成熟的科学理论比之过去的理论更趋向真理性，理论在经验上的成功是对科学实在论观点提供严格经验意义上的确证。他把实在论的推理归结为：一门成熟的科学理论是真的并且是真正有指称的。

首先，他批评实在论认为，究竟什么是成功？实在论并没有做出适当的解释！"照我看来，他们的成功观极大地依赖于实用主义观点，即依据一个理论的可行性或可用性来衡量。"① 劳丹认为，这样一个命题是一个伪命题，我们有充分的理由来否定这个论断。18 世纪化学原子论显然是不成功的，19 世纪普劳特重元素的原子是由氢原子组成的学说一直没有得势，魏格纳的大陆板块漂移说在大约 30 年的地质学变化中也未得到承认，然而所有的这些理论都设定了真正存在的实体。"实在论者关于我们应当期待指称论是经验上成功的主张简直就是错误的。"② 道尔顿的理论做出了许多关于原子的错误的断言；玻尔早期电子论在重要的方面也有类似的缺陷。科学史证明，"探索原子的 2000 年来的历程，在一个真正成功的理论出现之前，出现过许多不适当的原子论变种"。③ 相反，在科学史上，有的成功的理论却在后来证明是错误的。例如以太说、燃素说在当时对相关现象的解释是非常成功的，但后来却证明它是错误的理论。

其次，劳丹也认为，一些被实在论者当作成功的或真的理论是没有指称的。"科学史给我们提供了许多这样的理论，就它们的许多核心概念而言，这些理论既是成功的又是（就我们所断定的）无所指称的。"④ 例如，

---

①　劳丹：《科学与价值》，殷正坤等译，福建人民出版社 1989 年版，第 141 页。
②　同上书，第 143 页。
③　同上书，第 144 页。
④　同上书，第 155 页。

医学上的体液理论、静电学的电气说、"灾变论"地质学以及它对世界（诺亚）大洪水的信奉、化学的燃素说、热素说、热之唯动说、环形惯性理论、自然发生论等。这些学说都曾非常成功地解释了相关现象，它们曾经是非常成功且很好地得到了证实，但却含有我们现在认为的无所指称的核心术语与理论。

最后，劳丹也批评实在论的后继理论将前驱理论作为一种有限情形包容在自身内的观点。实在论认为，越是当前的理论就越具有真理性，后继的理论总是把前驱理论作为一种有限的情形包容在自身内，例如，爱因斯坦相对论把牛顿经典力学理论包容在自身中，非欧几何将欧氏几何作为一种特例包容在自身中，椭圆方程将圆的方程作为一种有限情形包容在自身中，等等。而劳丹则认为，"这种主张显然是错误的"。① 哥白尼天文学没有保存托勒密天文学和光学的关键要素；富兰克林的电学理论没有包括其前驱理论（诺列特的）；相对论物理学舍弃了以太及与其有关的理论；现代遗传学未把达尔文的机体再生说当成有限情形；光的波动理论不适用于微粒光学；现代胚胎学几乎没有吸收经典胚胎学理论。劳丹认为，科学理论在发展过程中并非趋同的，后继理论并不一定要解释前任理论为什么成功。

劳丹得出结论说："我们显然没有任何办法确信（或者带有某种自信）科学是真的或可能的，是越来越接近真理的。这种目标是空想，事实上我们永远不可能知道科学是否达到了这些目标。"②

照劳丹看来，如果一个理论没有任何的真理性，那么，人们怎么会去接受一个理论呢？劳丹认为，接受一个理论并不在于它是否真理，而在于这个理论解决难题的能力。"接受或反驳任何一个理论的理由基本上是建立在通过解决问题而进步的观念上。……选择一个研究传统而不选择它的竞争对手是进步的（因而也是合理的），恰恰是因为所选择的传统比它的竞争对手更能解决问题。"③ 这就是说，理论仅仅是解决问题的工具，只要理论能解决问题那么这个理论就是好的，就是能被人们所接受的。这种工具主义的观点与库恩如出一辙。

---

① 劳丹：《科学与价值》，殷正坤等译，福建人民出版社 1989 年版，第 164 页。
② 劳丹：《进步及其问题》，方在庆译，上海译文出版社 1991 年版，第 131 页。
③ 劳丹：《进步及其问题》，第 111—112 页。

另一种工具主义就是范·弗拉森的观点。他的建构经验论的观点既是工具主义的，又是经验论的。首先，范·弗拉森认为，一个真的知识或理论必须是我们的观察能力之所及的，如果一个理论"拯救了现象"，那么我们就可以说这个理论是真的。他说："按照反实在论的观点，提出理论的人并不断言该理论为真，而是先展示该理论，表明该理论的优点。这些优点可能缺乏真理性即经验适当性、可理解性、各种目的的可接受性，等。"① 范·弗拉森将自己的观点称为"建构经验论"，主张我们应当把理论的认知和接受区分开来，科学的目标是达到经验上的适当性，而不是达到真理，因为把科学的目标对准真理的做法太冒险了，实际上科学史上许多原先被作为真理的理论到后来都被实际观察的现象所否定。因此，我们应当将科学的目标确定为理论在经验上的适当性。他说："科学的目标是为我们提供具有经验适当性的理论，理论的接受仅仅与相信理论具有经验适当性的信念有关。这就是我提倡的反实在论观点的表述，我把它称作建构性的经验论。"② 什么才是经验上适当的理论呢？什么是经验适当性呢？范·弗拉森认为，经验适当性就是指理论能够拯救现象，"如果理论关于世界上可观察物和事件的描述是真的——确切地说，如果理论'拯救现象'，那么理论在经验上就是适当的"。③ "拯救现象"是一个牛顿时代的经验者提出的概念，意即理论与观察到的现象相一致，因为经验论者强调经验是理论的来源，经验是决定一个理论是否正确的标准。洛克在《人类理智论》中说，"我们的一切知识都是建立在经验上的，而且最后是起源于经验的。我们因为能观察形势发展知觉到的外面的可感物，能观察到所知觉、反省到的内在的心理活动，所以，我们的理解才能得到思想的材料。"④ 在范·弗拉森看来，理论在经验上适当与否，取决于它所指的对象事实是否可观察，一个科学家只会相信那些可观察的或已为人们所观察到的理论，因为这样的理论是经验上适当的。相反，如果我们相信理论的真理性，那么理论随时都有被修改的可能。人们对理论的种种怀疑，我们只能通过观察来加以消除。

观察与不可观察是有区别的，两者的区分取决于人的能力的极限。例

---

①　范·弗拉森：《科学的形象》，郑祥福译，上海译文出版社 2005 年版，第 13 页。

②　同上书，第 16 页。

③　同上。

④　洛克：《人类理智论》（上），商务印书馆 1981 年版，第 68 页。

如，我们可以举起一张桌子、举起一个杠铃、举起一只汽车轮胎，但我们能举起国王大厦吗？可观察与不可观察之间的区分可以用生物学意义来描述，即人类存在的极限，它取决于我们人类感觉器官的能力极限。范·弗拉森所指的观察是什么呢？第一，是否观察到某物，就是指一个人是否能作为一个探测器而起作用；第二，观察是一个哲学的专门词汇或术语，对观察的理解必须把条件与内容联系起来，是指在一定条件下人们可以凭借自己的感官直接观察到；第三，可观察与不可观察是有明确界限的，即根据人类自身的感觉器官的能力极限来区分；第四，观察是与观察到一个实体相联系的，是对事物的整体观察。[①] 根据这四条，范·弗拉森便否定了科学实在论的理论术语指称实在现象的论断，从而认为科学知识是否正确的依据来源于"拯救现象"，而不是经验的证实。

其次，范·弗拉森认为，理论的内容是指认知上的，而理论的好坏则是指理论的接受上的。"'理论的接受有一个实用的维度。'照我看来，它不仅意味着信念的参与，而且参与的信念就是关于经验适当性的信念。接受一个理论就是作出一个承诺，一个更深地正视此理论框架内的新现象的承诺，一个对研究的承诺。"[②] 承诺不是一个真假问题，而是一个在人类历史过程中得到证明与否的问题。

另外，范·弗拉森的工具主义观点还体现在他的语用学的科学说明观上。范·弗拉森认为，科学知识或理论在认知上存在真假的问题，而一旦到了理论的应用上，则只是对"为什么—问题"的回答。我们要问这个答案正确与否的问题是没有意义的，因为理论的运用只是一个解答问题的过程，这个问题的解答应当由当时的语境来决定合适与不合适。例如，他在《科学的形象》一书中举了一个例子，说的是自己亲身经历的"塔与阴影"的事情。他说，有一年夏天他去了他父亲的一位朋友家做客，傍晚时分，他与主人坐在一个面对一座塔的土坛上吃饭，当塔的阴影遮住土坛时，主人提出进到屋里去。于是，范·弗拉森便提出一个问题："塔为什么有那么长的阴影呢？"对此主人做了一个饶有意味的回答，他说，曾经他的祖先和路易十六、玛丽·安东尼一起登上断头台，后来这成了他祖

① 参见郑祥福《范·弗拉森与后现代科学哲学》，中国社会科学出版社1998年版，第58—63页。

② 范·弗拉森:《科学的形象》，郑祥福译，上海译文出版社2005年版，第112页。

先的荣耀，这座塔是 1930 年时建的，之所以建这座塔，是为了纪念王后第一次登门造访他祖先时祖辈们欢迎她到来的地方。可是，他的仆人们却对此有不同的答案，有一位大胆的仆人告诉范·弗拉森，真实的情形并非如他主人所说的那样，建这座塔其实是为了纪念他当年与一位女仆疯狂相爱但最后却杀死她，塔的阴影每天都会遮掩他主人初次宣告爱情的那个土坛，那就是他为什么要把塔建得那么高的原因。① 这表明了对一个问题的回答是因人而异的，每个人因自己所处地位的不同或理解的不同而形成不同的答案。

范·弗拉森认为，理论除了认知的优点外，还有其他的优点，而其他的优点都是实用意义上的。"简单地说，理论的其他优点都是实用的优点，由于它们超越了连续性，经验适当性和经验力量等范畴，所以它们并不关注理论与世界之间的关系，而关注理论是否有用。"②

所以，在范·弗拉森看来，科学知识或理论仅仅是一个关于实在世界的模型，这个模型只是大致地包容了世界，绝非客观世界的真理。我们接受一个理论，是因为这个理论在我们科学实践中觉得它在经验上是适当的，判别一个理论的适当与否，在于它是否可观察、是否拯救了现象。而当我们应用理论时，那只是一个语用的问题，而非一个关于理论的正确与否的问题。

范·弗拉森把理论的理解与应用加以区分，将对理论的理解作为语义学的对象，而把理论的应用作为语用学的对象，这样一种区分显然有其一定的理由。但是，理论与现象究竟是一种什么样的关系？笔者认为通过了解理论的形成，方能得到合理的解决。这正是当代认识论和认知科学所要解决的重要问题，当代认识论的自然化趋势是对这一问题发展所做出的一个回应。

---

① 参见郑祥福《范·弗拉森与后现代科学哲学》，中国社会科学出版社 1998 年版，第 135 页。

② 范·弗拉森：《科学的形象》，郑祥福译，上海译文出版社 2005 年版，第 112 页。

# 第 三 章

# 知识辩护中的自然化倾向

当代知识辩护理论源于古代哲学认识论对知识一词的表达，究竟什么样的认识属于知识的范畴？认识论与怀疑论各有说法。为了对怀疑论进行反驳，知识辩护就成为必要。与传统的认识论相比，当代知识辩护理论究竟是属于一个什么样的学科呢？有人说属于知识论，而知识论与认识论有什么本质的不同吗？追溯其根源，我们认为，知识论与认识论存在一定的区别，即知识论关注的是知识，认识论则不同，所关注的不仅是知识，而且包括知识的形成与发展。认识论是研究认识的形成、变化、发展，认识主体与实体之间的关系，理论正确与否的标准，认识与实践之间的关系等问题的。但是，仔细追究起来，知识论实属认识论，因为如果知识论只涉及知识的辩护，那么它必然要求助于知识是如何形成的，必然要求助于一个评价知识正确与否的标准，必然要涉及知识是如何演化与发展的。这就把知识论与认识论看作一致的了。所以，从当代来说，对知识的辩护一开始就涉及影响人们认识过程的信念的辩护，这种辩护往往求助于自然科学，特别是认知心理学，从而弱化了形而上学成分，更注重用科学的方法、实验的方法来证明认识是如何产生的，认为认识是一个可以用实验的方法来说明的过程。而传统的认识论则注重理论真理性的标准之形而上学论证。一般而言，从真理的标准出发来给知识进行辩护，或者诉诸一个命题，或者诉诸一个理论整体；即把知识看作一个命题或者一个理论整体，然后来讨论其真理性与否。从命题出发来讨论真理的，首先着眼于命题的分类，即一部分命题是经验命题，另一部分则是分析命题，凡是分析命题其真假取决于其是否符合逻辑，凡是综合命题，则其真假取决于经验的观察事实。从理论整体来讨论真理的，则着眼于从总体上肯定理论预见的成功与否。所以，无论我们怎样讨论真理的标准，都难免会导致以下几种观点：一是，符合论，即所有的命题只要其意义符合观察事实，那么它们必然是真的；所有的理论定律只要其预见的事实最终证明是成功的，那么它们就必然具有真理性。二是，融贯论，即一个理论只要前后一致无逻辑错误，那么这种理论就是真的。三是，实用论，即一个理论是否具有真理性，只要看这个理论对于某一共同体来说是有用的、有兑现价值的，那么这个理论就具有真理性。四是，约定论，即一个理论只要是大家共同约定的，那么这个理论就具有真理性，例如，一加一等于二。

这些观点之所以出现，是因为大家并不知道当代认识论的目的是什么，如果确信认识论的目的是我们如何认识世界，那么我们将着重解释认识的过程。如果认识论目的是要理解我们的知识，弄清楚人类理智成就的可能和局限，那么这将涉及如何知道的问题，而不是知道本身。在如何知道的问题中，涉及的必然包括我们的认识前提即信念的辩护问题。由于怀疑论对认识过程和信念的怀疑，认识论必然会涉及对怀疑论的反驳，即说明怀疑论为什么是错误的，而非证明怀疑论本身是错误的。鉴于此，当代认识论最重要的目的是为我们的知识进行辩护。

# 一　关于认识过程中的"信念"概念

怀疑论总是表明我们不可能获得确切的知识，包括那些日常生活中的知识，也总是存在可疑之处的。人们很容易陷入怀疑论的陷阱，因为，人们的认识最初是从信念出发的。如果我们最初借以在认识过程中起作用的信念被怀疑，那么我们的认识过程及结果当然也同样会遭到怀疑。所以，信念的辩护问题也就成了当代认识论的任务。

第一，如果信念彼此冲突，那么我们该放弃哪些信念呢？答案是：首先放弃那些未能得到辩护的信念，或者放弃那些被人们所怀疑的信念。但是，一般而言，我们很难知道哪些信念是不确定的，是值得怀疑的。第二，当我们放弃信念时，认识的过程是否可以重新开始了呢？值得我们认真讨论的是，新的认识过程一开始就得受信念的指导，这也就是说，我们根本无法抛弃信念，因为当我们抛弃信念时，我们就无法重新开始认识过程。因此，知识论的任务首先是要对我们认识过程的前提——信念进行辩护。普特南在《理性、真理与历史》一书中，列举了一只蚂蚁在沙滩上爬出的丘吉尔头像的痕迹来说明人的认识过程是怎样开始的。普特南描绘了一只蚂蚁在沙滩上爬，画出一条痕迹来，这条类似线条的痕迹很像一个丘吉尔的漫画。那么，试问：这只蚂蚁画了一幅丘吉尔头像没有？显然，蚂蚁并不知道什么是丘吉尔，并不知道它爬出的线条是代表丘吉尔的，因为蚂蚁根本就没有意向性。因此，"表征的必要条件，或首要条件，看来就是意向"。① 也即是人的思想的意向性，离开了人的意向性，那么就会导致语言符号等无指称和意义可言。

　　普特南的观点显然非常清楚，即我们在认识过程中，首先必须有人的思想的介入，否则认识是不可能的。尽管计算机存在输入和输出的过程，但计算机的输出并非计算机真的就掌握了人的语言和意义。以缸中之脑为例，普特南假定，一个人的大脑被一个邪恶的科学家做了一次手术，切割下来放在一个营养钵中以使之存活，神经末梢则同一台计算机连接起来，这台计算机使这个大脑的主人具有一切如常的幻觉，所有看到听到的东西都和往常一样，而实际上这个大脑所经历的一切都是从那台计算机传输到神经末梢的电子脉冲的结果。再设想，"不只是一个大脑放在钵中，相反，所有人类（或许所有有感觉的生物）之脑都在钵中（如果某些只具有最低级神经系统的生物也已经算作'有感觉'，那就是钵里的神经系统）。当然，那个邪恶的科学家必须在营养钵之外——要不他愿意吗？或许并没有邪恶的科学家，或许这宇宙恰好就是管理一只充满大脑和神经系统的一台自动机（尽管这是荒谬的）。……假定这架自动机具有这样的程序，它向我们大家提供一种集体幻觉，而不是若干互不相干的幻觉。这样，当我觉得自己正与你交谈时，你则觉得正听我讲话，当然，我的话并没有真的进入你的耳朵——因为你并没有（真实的）耳朵，我也没有真实的嘴巴和舌头。相反，当我讲话时，所发生的是外输脉冲从我的大脑传到计算机，该计算机既引起我'听到'我的话，'看到'我在讲话，等等。在这样的情况下，我们在某种意义上真的进行着交流。你实际存在着，对此我并没有搞错（我搞错的只是除了大脑，还存在着你的身体和'外部世界'）。……现在我想提出一个看上去非常愚蠢、又非常浅显的问题（至少对有些人，包括有些老练的哲学家），但它将使我们很快达到真正的哲学的深度。假定上述全部说法都是真的，如我们以这种方式成了一

---

　　①　普特南：《理性、真理与历史》，童世骏、李光程译，上海译文出版社1997年版，第7页。

个钵中之脑，我们能不能说或想到我们是钵中之脑呢?"① 普特南说，不能! 虽然这个假设并不违反物理定律，但却不可能是真实的。之所以是不可能的，不是因为我们用物理学论证了它是不可能的，而是用哲学来论证了它的不可能! 这就是，当我们想到、指称、表征时，我们一定会涉及我们想到、指称和表征的前提。而我们对这些前提的研究，并非对这些词语的意义、指称的研究，而是一些假定的前提即先验性推理，或者说是我们思想的先决条件。这种先决条件是我们人类所固有的。

那么，既然我们的认识必定会有一些先决条件，那么这些先决的条件或前提是什么呢? 康德认为，这些先决条件是一些概念格局，皮亚杰认为，它们是一些背景信息。说得更明确一些就是信念。所以，知识论所要辩护的正是这些信念。

信念是什么? 信念即是人们所确信无疑的、信以为真的，并作为人们行为的基本准则的观念，非信念即尚处于人们选择之中、游移不定的那些观念。② 信念在心理学上是一个人"对基本需要与愿望强烈的坚定不移的思想情感意识，或者就外在表现来说，是指人们在行为中对相应目标事物所具有的坚定的评价和行为倾向"。③ 一般而言，信念具有某个体系即信念体系，其主要表现是世界观、人生观、历史观等。另外，信念也是通过某种意志来维持的，是一种稳定的思想状态，是为了实现某一目标而维系着的意志和思想观念。那么这些信念是怎么形成的呢? 皮亚杰在他的儿童心理学中认为，人的认识有两种方式，一种是同化性的认识，另一种则是顺应性的认识。在同化性的认识过程中存在两种功能，其一，是将对象纳入到已有的概念图式中; 其二，是经过不断的反复同化形成某种图式，即结构。"事实上，同化作用是能产生某种图式的，并由此产生结构。……同化作用是使有机体的种种形式具有恒久性和连续性的因素。在行为的领域中，一个动作有重复的倾向（再生同化作用），从而产生一种图式，它有把有机体自己起作用所需要的新旧客体整合于自身的倾向（认知同化作用和统括同化作用）。因此同化作用是不断地建立关系和产生对应以及

① 普特南:《理性、真理与历史》，童世骏、李光程译，上海译文出版社 1997 年版，第 11—12 页。

② 参见郑祥福《意识与信念体系、信念方式》，载《福建论坛》1989 年第 6 期。

③ 引自百度对"信念"一词的解释。

'应用'（或'贴合'）等的源泉。"① 皮亚杰的学说不是预成论，也不是偶然发明的，而是后成论或构造论的。之所以说是构造论的，是因为皮亚杰主张结构只能从三个方面来考虑它的形成，即从天赋方面产生，或偶然涌现，或者从构造过程来分析。而经验表明，我们只能从后天的形成过程来理解，因为结构是可变的，不是一成不变的。在皮亚杰看来，认识过程不是主体一方单独生成的，也不是客体所决定的，而是两者相互作用的产物。"我们不从刺激开始，而从对刺激的感受性开始，感受性自然是依存于作出反应的能力的。所以这个公式不应当写作 S→R，而应当写作 SR，说得更确切一些，应写作 S（A）R，其中 A 是刺激向某个反应格局的同化，而同化才是引起反应的根源。"② 但是，皮亚杰的认识论是从发生学意义上去考察的，是从一个人成长的过程去考察的。如果我们不是考虑个体发生学意义上的认知，而是从任何一个成年人的认知出发来考虑认知形成，那么，我们将会更侧重于认识的格局对于认知过程的影响。这就是说，认知者已有的信念在感受外部刺激时所起的识别作用是很大的。既然这样，那么我们就应当考虑信念的确证问题。

## 二　自然主义认识论的形成

什么是自然主义？所谓自然主义，即是指"认为每一事物都是自然世界的一部分，都可以用自然科学的方法加以解释。自然主义承认解释上的一元论，不承认解释上的二元论。它赞成科学，反对神秘主义。在不同领域，自然主义有不同的形式。从形而上学方面看，它反对假设任何非自然的从理论上推出的实体、官能或原因，反对科学探究无法接近的超自然的存在物，它还批驳了第一哲学优于自然科学的主张。从认识论方面来看，自然主义认为认识论上的证明和解释是与自然科学相伴随的持续过程，并论证说科学的方法是我们获得知识的唯一方法。按照 19 世纪心理学和 20 世纪自然科学化的认识论，认识论应比作经验心理学"。③ 自然主义与其说是一种理论，不如说是一种方法，即用自然主义的方法来对待一

---

① 皮亚杰：《结构主义》，倪连生、王琳译，商务印书馆 1984 年版，第 50 页。
② 皮亚杰：《发生认识论原理》，王宪钿译，商务印书馆 1981 年版，第 61 页。
③ 尼古拉·布宁、余纪元编著：《西方哲学英汉对照词典》，人民出版社 2001 年版，第 659—660 页。

些哲学理论问题。历史上的经验主义始终认为，观察是使理论成为真的基本理由，任何一种理论如要成为真的，必须具备两个条件：其一，它是可以观察的；其二，它是可以通过数学或逻辑的规则来证明的。但是，在奎因 1969 年发表了他的"自然化的经验论"的见解之后，奎因的前辈们的观点并非不可动摇，因为一切理论均可还原为基于经验的观察之上。旧的经验论理论为新的自然主义的观点所替代。于是，自然主义认识论便开始形成一种现代的认识论理论。

自然主义认识论不是当代的产物，而是在历史上早就有之。从哲学视角探讨认知形成的理论可以追溯到古代希腊。柏拉图把世界的本原看作是理念，人的感觉只不过是唤起对理念世界的回忆。而亚里士多德则认为，理念是一种虚幻的东西，真正构成人的认识的是人们的感觉、知觉和表象。在近代，笛卡儿认为理性是人的认识世界的根源，它是一种天赋的能力，如果人没有这种能力，那么要想认识世界是不可能的。培根则认为，人的认识来源于经验，经验是一切认识的源泉。洛克主张，人的心灵是一块白板，人的思想是从经验中得来的，有了经验，我们才在这块白板上写上了文字，也即有了思想。他把经验区分为两种，一种是感觉经验，一种则是内省的经验。"心灵是怎样得到那些观念的呢？它是从哪里获得由人的忙碌而不受约束的幻想以几乎无限多的花样描画在它上面的那许多东西的呢？它是从哪里得到理性和知识的全部材料的呢？我用一句话来答复这个问题：是从经验得来的。我们的全部知识是建立在经验上面的；知识归根到底都是导源于经验的。我们对于外界可感物的观察，或者对于我们自己知觉到、反省到的我们心灵的内部活动的观察，就是供给我们的理智以全部思维材料的东西。这两者乃是知识的源泉，从其中涌出我们所具有的或者能够自然地具有的全部观念。"① 正是培根和洛克的理论，推动了近代对人的认知的研究。

18 世纪后半叶，康德认为，知识的内容来自经验，但知识的形式则是先天的。对于任何一个人而言，他都具有一种能力，即先天综合判断和先天分析判断的能力。通过这种能力，我们才能把来自经验的感觉、知觉等统摄起来，才能扮演出人的理性认识。康德的认识论为后来的哲学认识

---

① 培根：《新工具》第一部，箴言 XLIX – L，引自北京大学哲学系、外国哲学研究所编译《西方哲学原著选读》上，第 450 页。

论研究提供了一个总的方向。而到了 20 世纪初，随着心理学的形成和发展，人们对认知的研究开始进入到了新的轨道。

观察与感觉经验是否可靠呢？怀疑论者认为，感觉和观察是带有主观色彩的，我们的感觉可以是错觉，观察是渗透理论的，因此我们的认识来源于经验的说法却是不可靠的。这就使得经验论哲学的论证变成了一个悬而未决的问题，所以，现代心理学试图根据经验论的基础对人的感觉与观察进行实验研究，探讨人的认知究竟如何形成的问题。从生理学来看，首先要研究的是人的感觉是怎样形成的，即当人的视觉直面一个平面时，人是如何把它看成立体的形象的。从心理学来说，就是要研究人的感觉、知觉直至概念等的形成是怎样同化到记忆中的，是怎样适应外部刺激的，怎样形成反映的。

研究人的认知过程首先应该得益于进化论，因为进化论认为，生物是一个进化的过程，在这个进化过程中，它是不断地适应环境的，在适应环境的过程中，它又不断地提高自己的能力，而人的认识也正是这种适应能力的表现。认知的最初形式是知觉，知觉"是一种主动的过程，是搜求有关信息来指示动物必须通过的道路，必须回避的障碍和得到配偶或食物"[①]。知觉是根据动物的机能特征来描述的，强调了知觉对于环境的适应过程的重要性。"知觉是适应过程，其意义在于它有助于有机体与环境作斗争以求得生存，并使动物的子孙后代绵延不绝。"[②] 人类知觉的能力也许不如其他动物，但人类却具有一个远高于其他动物的大脑作为处理器。正是这个大脑，使得人类认知具有不同于动物的能力。正是在这样的基础上，C. A. 胡克才提出了他的进化的自然主义认识论观点。胡克主张，我们应当放弃传统的认识论，因为"一个关于理论的说明是一个哲学理论，所以它保留它的规范的地位——但是要把它看作一个可学习的、可改正的、可错的理论。这样，具有特权地位的信息源加上作为结构原则的逻辑的老的认识范式就必须放弃"[③]。胡克认为，认知能力是一个作为

---

① 转引自托马斯·L. 贝纳特《感觉世界——感觉和知觉导论》，旦明译，科学出版社 1985 年版，第 2 页。

② 托马斯·L. 贝纳特：《感觉世界——感觉和知觉导论》，旦明译，科学出版社 1985 年版，第 2 页。

③ 胡克：《自然主义实在论：纲要和研究纲领》，载《自然辩证法通讯》1994 年第 2 期，范岱年译。

生物特性的人类所特有的能力，这是自然界长期进化所赋予的能力，没有这种能力，人类将无法生存，所以没有人会怀疑人的这种能力，否则他就不可能知道如何面对自然界。人的认识能力也是在不断的试错中形成的，通过试探，动物及人类形成了知觉能力，而人类则依赖于大脑的分析形成了智慧。罗纳尔多·基尔也提出了自然化的认识论，以图解决科学实在论与反实在论的争论，基尔认为，"自然主义是这样一种观点，理论是通过涉及个人判断与社会的相互作用的自然过程而最终得到承认与否的"。"自然主义的实在论显然是为了给科学的认知理论提供避难所。"① 批判理性主义者波普尔第一个提出了科学理论的可错性问题，他形成了一种进化的知识论观点。他说："就进化的认识论与科学方法的一致而言，进化的认识论使我们更好地理解进化和认识论，使我们能在逻辑的基础上更好地理解这些问题。"② 皮亚杰也是一位进化的认识论者。不过他的观点与胡克和波普尔相比则更为辩证一些，他看到了认识的过程是一个主客体相互作用的过程，但这个相互作用绝不是机械的作用，而是建构的。"实际上认识并非意指去制作现实的摹本，而毋宁是反作用于现实，是以某种方式去改变它（……），在机能上，把它纳入与动作相关的转换系统。"③ 这个转换系统在皮亚杰看来就是类似于逻辑的东西，但他认为，知觉和动作是同时出现的，如果没有动作，那么知觉就毫无意义。所以，"感知一所房子不是看到一个形象进入你的眼帘的客体，而是认定一个你自己打算进入这个房子的客体"。④ 但是，这种说法并不意味着皮亚杰就认定了认识就是在这样的过程中形成的，因为在皮亚杰看来，知觉的形成与概念图式的形成是一个过程，所以，"一切认识都以某种同化为前提，一切认识都在于赋予意义，这种说法归根结蒂是断定：认识一个客体意味着把它合并到动作图式中，而且从基本的感知运动行为直至高级水平的逻辑数学演算，这一点都是千真万确的"。⑤ 与此同时，皮亚杰则强调一旦概念图式形成了，它就会被用于认知过程，"认知图式是逐步产生的，每个图式都由前

---

① *Midwest Studies in Philosophy*（*vol. 19*）：*Philosophical Naturalism*，University of Notre Dame Press，1994，p. 350.

② 波普尔：《客观知识》，舒炜光等译，上海译文出版社 1987 年版，第 75 页。

③ 皮亚杰：《生物学与认识》，尚建新译，三联书店 1989 年版，第 6 页。

④ 同上书，第 7 页。

⑤ 同上。

一图式发展而来，而且，归根结底，它们始终依赖于神经系统和器官系统的协调，所以，认识必然与整个生命有机体相互依存"①。

进化的认识论是自然主义认识论的一种形式，因为，通过对进化的认识，我们才能知晓人的认知是如何形成的，从哲学的高度说，只有通过从进化的角度来理解人的认知，这种理解才是有说服力的。因此，把认知看作是进化的、类似于生物发展的这样一种观点，是一种自然主义认识论的观点。

将自然主义引入认识论，无疑就会导致对认知的自然主义理解，即：将人的认识的过程起点——信念也作自然主义的理解，即了解信念究竟是如何形成的，其是否真实与可靠。而要作自然主义的理解，那么到目前为止，除了认知心理学外，别无其他更恰当的理论可寻。

# 三　把认识论自然化

把认识论从本体上予以自然化的做法，自古就有，而将认识论在方法上自然化的做法则是现代以来的发展趋势。众所周知，认识作为人类的一种能力，是在进化过程中显现出来的。而在这个进化过程中，由于受到人的先入之见的影响，导致认识结果的非客观性。于是，便出现了将认识论自然化的观点。

早在尼采的著作中，就已经存在将认识论自然化的观点，劳伦斯·卡弘说道："尼采把他的自然主义用来说明意识、知觉、理性、知识和探索。换言之，尼采把认识论也自然化了。认知能力是在自然史中作为一种特性而演进的。知觉、认识，甚至探索，都是为了满足有机体的需要，这种需要有可能极为复杂。求知和任何其他能力一样，也是一种自然能力；它是有限的和易错的，是以人类为中心的，它服务于认知前的目的或利益。尼采在1872年写道，'自然规律不可抗拒，这意味着感觉和记忆是事物本质的一部分'。在谈到进化时说，'现在人缓慢地演化着，知识也仍在演化着……它自然而然地只是一面日益明亮的镜子。然而这面镜子并非全然外在于事物的自然状态或与它完全分离。相反，它也是作为事物自然状态的一部分缓慢出现的'。尼采同意达尔文主义，仅仅是因为它生存而

①　皮亚杰：《生物学与认识》，尚建新译，三联书店1989年版，第13页。

不是权力的表现作为自然物种的终极目的。"① 尼采的这种观点依然是进化论的自然主义观点。

方法论的自然主义认识论起源于 20 世纪 70 年代的奎因，奎因于 1969 年提出了自然化的经验论思想，认为我们必须从自然和物理的角度理解人类认识的形成，把人的认识作为自然现象来加以研究，认为人的认识是人的一种自然属性，应当从心理学实验等着手，描述感觉和刺激是如何形成表象的。奎因说道："认识论或类似于认识论的其他理论，已经陷入心理学的一章的境地，并因此是自然科学的一部分，它研究自然现象即研究物理的人体"②。如果是这样，那么人类认识就是可以通过实验来分析和控制的，以往的认识论和第一哲学期望包容整个自然科学，而新认识论则是作为心理科学的一个章节，而心理学则是自然科学的一本书，是自然科学的一个组成部分。作为自然科学组成部分的心理学，不但可以通过实验来验证人的认识的发生，而且通过这种实验，认识论的性质与以往形而上学的认识论迥异，它不再是研究规范的真理及其标准、认识的本体是什么等问题，而是成了一种描述的科学。这种描述的认识论与进化的认识论是密切相关的，它是进化认识论的必然结果。

至奎因自然化的认识论的提出，认识论的自然化改造便形成了一个系统的理论化结果，即方法论的自然化认识论和进化的自然主义认识论均已告成。

## 四　生物学意义上的进化的自然主义认识论

达尔文的进化论为人们对自身身体认知的研究打下了基础。当进化论深入人心之后，比较研究便进入人们的视野。比较心理学、人的感知觉和动物的感知觉之比较研究，认知行为的比较研究等，纷纷成为人们研究的领域。因此，从生物学意义上来研究人的认知形成和过程，便成了自然主义认识论的一个重要组成部分。

心理学研究的首先是感知觉。L. 贝特纳在《感觉世界》一书中这样

① 劳伦斯·卡弘:《哲学的终结》，冯克利译，江苏人民出版社 2001 年版，第 216 页。

② W. V. Quine, Naturalized Epistemology, in L. M. Alcoff (ed.), *Epistemology: The Big Question*, Blackwall, 1998, pp. 260 - 261.

认为,"知觉是一种适应过程"①。他用达尔文"适者生存,不适者淘汰"的观点来说明动物感知觉的形成和发展,并通过这样一种进化论的说明,来证明人类的感觉知觉的形成和发展。他说道:"知觉是适应过程,其意义在于它有助于有机体与环境作斗争以求得生存,并使动物的子孙后代绵延不绝。我们可冒过分简单的危险,肯定地说,灵长目以下的动物表现出的绝大部分行为其最终目的在于物种的生存。"② 知觉之所以能进化、能适应自然,是因为知觉作为一种适应过程其本身具备了一种"应激能力","应激性是指对刺激起反应的能力,即反应环境中的变化的能力"。③在整个动物界,我们不得不对动物适应环境的那种特异能力而感到惊奇,例如地震前动物会表现出紧张和恐惧,许多动物的视、听觉大大优于人类的视、听觉,其逃生能力甚至大大超出人类的能力。这些能力的出现是密切与动物的感知觉能力相关的。所以,贝特纳说,"我们对于感觉和知觉机能方面所发生的机能特异化程度,不能不感到惊奇。这种特异化乃是自然选择的结果。促进物种生存的能力保存了下来,其他能力则消失。最终的结果是,在动物界种种复杂的感知系统一直存在到今天。"④

比较心理学的对象是把动物和人在感知觉、表象、记忆等能力方面进行比较,通过比较来研究人的认知能力的形成和发展。"比较心理学的基本目标是寻求广泛了解各种动物的行为,这种了解将有助于把人类行为摆在一个正确的位置上,并且还有着即时的和近期的效益。"⑤ 它是研究动物行为进化和不同进化水平的动物的各种行为特点的心理学分支。它对哲学认识论具有重要意义,比较心理学的研究还能为生产实践和生物医学研究提供动物行为进化方面的基础科学知识。

1864 年,法国生理学家弗卢朗发表了第一本题为《比较心理学》的著作,这是把比较心理学作为一门新的心理学学科所做的第一次尝试。但是,达尔文的进化论是比较心理学这门学科是否成立的前提,才给比较心理学的形成与发展以巨大的推动力。随着进化论的发展,动物的感知觉、

① 贝特纳:《感觉世界——感觉和知觉导论》,旦明译,科学出版社 1985 年版,第 2 页。

② 同上。

③ 同上书,第 6 页。

④ 同上书,第 7 页。

⑤ 德斯伯里、雷斯林沙弗:《比较心理学——现代概观》,邵郊、万传文等译,科学出版社 1984 年版,第 20 页。

情绪、行为的比较研究才显得日益重要起来。

1872 年，达尔文发表了《人类和动物的表情》一书，此书从系统发生的角度出发，对动物的行为进行了比较研究，揭示了不同动物在行为模式上的相似性，并通过这种相似性的比较，说明了高等动物的行为特征也可以在较低等的动物身上有所表现。学习过程和情绪反应也会在动物身上得到表现。所以，不同种类的动物其行为在量上有所不同，而在质上却是相同的。这一论断使后来的心理学学者有信心通过对动物行为的研究去揭示人类认识的形成和发展。

1894 年，英国博物学家 L. 摩根在他的《比较心理学导论》一书中提出了解释动物行为的基本原则。他认为，如果一种动作可以解释为在心理等级上较低的心理功能运用的结果，那么，我们就绝不可把它解释为一种高级心理功能的结果。这一法则对后来的行为研究起了巨大的推动作用，使以后的研究开始注重有控制的系统观察和客观的量的分析。

19 世纪末，心理学家开始了与智力进化有关的实验研究，主要是在哺乳动物身上研究问题解决和学习现象。桑代克等人所设计的方法和技术变成了标准的认知和学习心理学的实验室程序。这种研究对以后心理学的各个领域有着深刻的影响。后来，巴甫洛夫的条件反射学说和华生的行为主义学派的建立，给比较心理学的研究提供了新的理论和方法范例。

20 世纪中期，是比较心理学迅速发展的时期。心理学家不但对动物的行为进行比较研究，而且还对行为的发展做出了分析和实验。这就使得心理学研究在广泛的教育领域得到应用。

现代比较心理学的研究主要涉及的领域包括：行为模式的研究、行为的个体发生的研究、行为机制的研究、动物学习的研究和行为进化历史的研究等几个方面。特别是动物行为个体发生学研究和学习机制的研究，对当代认知心理学的形成和发展起着重要的推动作用。

比较心理学对个体行为发生学的研究，就是着重考察影响个体行为发展的诸因素。既强调有机体的遗传因素对个体行为产生的影响，同时也考察环境对个体行为产生的影响；主张造成有机体行为之间差异的原因在于有机体自身的基因及其所经历的环境史。此外，学习是整个行为模式中的一个必要成分。

行为在很大程度上取决于神经系统、内分泌系统、感知觉系统和有关的生理系统的活动。另外，这些系统的发展又是随行为的反馈作用而改变的。行为与生理系统之间的这种交互作用，就是比较心理学家需要探索的关于行为机制的重要领域。研究神经系统在进化过程中发生的结构和功能上的变化，可以为了解不同种动物行为的能力和局限性提供一个基础。另外，知觉系统同样也是行为机制研究的一个重要方面。

这种对行为发生学的探讨所涉及的内外在因素，影响了 20 世纪末以来的认知科学、认知的神经科学的形成和发展。因此，比较心理学的发展，是当代认知哲学的科学基础，也是当代认识论研究得以自然化的前提。

皮亚杰的发生认识论理论是当代生物进化的自然主义认识论的最主要代表。他着力研究儿童心理和认知的形成和发展，并用哲学的眼光分析了认知主体和客体的交互作用关系。皮亚杰的出发点是康德的学说，即把人类认识看作是先行于认知行为的内在结构的同化过程。他说："我们的根本出发点是：一切认识，甚至知觉认识，都不是现实的简单摹本，因为认识总是包含着融于先行结构的同化过程。"① "一切认识都以某种同化为前提，一切认识都在于赋予意义，这种说法归根结底是断定：认识一个客体意味着把它合并到动作图式中，而且从基本的感知运动行为直至高级水平的逻辑数学运算"②。皮亚杰认为，认识并非指我们人类对外部客体的镜式反映的影像制作，而是以某种方式去改变客体，在机能上把它纳入与动作有关的转换系统中。他以物理学和数学为例，认为物理学家在研究现象时，并不限于描述现象是什么，"而是去控制现象的发生，以某种方式孤立各种事实，诱发它们变化，致使它们能够同化到逻辑数学的转换系统中。可以说，物理学家重新描述了现象，而且是一次更深刻的描述，为了达到这个目的，数学只是充当了一种语言。但是数学的作用远不止于此，因为只有数学才能使物理学家重新构建现实，推演出现象是什么，而不仅仅是记录现象。也就是说，数学为此应用了运算和转换，它仍然是动作"③。

皮亚杰在确定了这一前提之后，他便假设，"生命本质上是自我调节的"④。这种观点是其结构主义理论的又一表现，因为他把认识看作是一

_____

① 皮亚杰:《生物学与认识》，尚建新译，（北京）三联书店 1989 年版，第 4 页。
② 同上书，第 7 页。
③ 同上书，第 6 页。
④ 同上书，第 25 页。

个结构诸要素相互作用的结果，而结构的特征就是整体性、转换性和自调性。这是传统的进化论所未能提及的。因为传统的进化论是在达尔文和拉马克之间做选择，两者对于动物适应自然的方面所作的解释均不能令人满意。而在皮亚杰看来，"认知过程似乎同时也是器官自动调节的结果，反映了它的本质机制，而且，它也是自动调节的最高级分化器官的结果，处在与环境进行相互作用的核心，就人类而言，这些过程正向宇宙本身扩展"。[①]

之所以是器官自我调节，是因为伴随着认知过程的乃是神经系统的作用。皮亚杰认为，"即使在胚胎状态，这个系统初看起来也是决定和诱导阶段中的分化结果（神经胚，神经细胞序列性等）——在机能重新整合阶段，也决不能阻止神经系统在新的调节中作为一个器官而起作用。也就是说，……认识不是环境的摹本，而是一个实在的相互作用的系统，反映了自动调节的生命组织，就像事物本身那样。"[②] 所以，神经系统是认知机理的主要器官，任何认知活动都离不开神经活动。认识的过程是一个客体与主体相互作用的过程，人类的认识不是消极的适应活动，而是积极主动与外部世界交换的过程。"无论在何种水平上，机体都不是消极地服从环境的影响，相反，当机体与环境发生关系时，它在本质上起积极作用。从物理化学的角度看，生命有机体不是周围物体的简单复制，因为它展示了一种组织，可以凭借同化作用保存周围物体，这种组织包括某种自动调节。"[③] 然而，这种组织系统便是神经系统，神经系统对整个机能进行调节，一方面是内部的调节，即各种生理机制的调节；另一方面是对环境交换的调节，这类交换可以是物理的，也可以是机能的，如行为、动作图式等。

到此为止，皮亚杰的生物学认识论的基本前提是：第一，必须承认认知过程是一个与遗传机制密切相关的过程，无论是怎样的认知活动，都是离不开其本身的神经系统的作用的；第二，人类的认知也受到了社会或教育的影响，认知是后成的，不是预成的。在此前提下，皮亚杰讨论了他的发生认识论原理。

---

① 皮亚杰：《生物学与认识》，尚建新译，三联书店 1989 年版，第 26 页。
② 同上。
③ 同上书，第 31 页。

皮亚杰的发生认识论观点基本上可以说是具有辩证唯物主义倾向的，尽管其研究过程要比辩证唯物主义认识论具体得多，但他从心理学实验出发，对儿童的认知发生做了具体的描述，在描述中由此得出与认识论相仿的结论。总体来说，皮亚杰的观点是：

第一，首先认识起源于主体与客体之间的相互作用。皮亚杰认为，认识既不是起源于一个具有自我意识的主体，也不是起源于业已形成的会把自己烙印在主体之上的客体，而是"起因于主客体之间的相互作用，这种相互作用发生在主体和客体之间的中途，因而同时既包含着主体又包含着客体"①。然而，认识的主客体一开始并非明确分化的，主客体之间的分化只有在作为认识主体的活动中才有可能。因此，在皮亚杰的理论中，主体的活动占有重要地位。

第二，活动是认识形成的中介。皮亚杰认为，幼儿并非一开始就显示出自我意识，最初的感知是体现在幼儿的活动上，即幼儿的行为方面，这种幼儿行为是无意识的。但是，正是因为这种活动，把身体本身直接和客体联系起来了，幼儿的最初活动是自我中心的，随着活动的进一步进行，幼儿可以通过调节自己的活动来肯定其对象的存在，这样就开始形成主体和自身以外的东西，即客体。当儿童到了 18 个月以后，皮亚杰就认为，这时发生了哥白尼式的革命，即开始形成了主客体的分化。当然，这种主客分化只是发生在实物性动作水平上。"所谓哥白尼革命，就是说，活动不再以主体的身体为中心了。主体的身体开始被看作是处于一个空间中的诸多客体中的一个；由于主体开始意识到自身是活动的来源、从而也是认识的来源，于是主体的活动也得到协调而彼此关联起来。"② 随着感知运动的向后发展，主客体的分化与日俱增，这个与日俱增的分化包含着两个方面：一方面是协调的形成，另一方面是协调的区分。协调的形成是把主体的活动联系在一起，协调的分化是指主体与客体相互作用过程中的协调。"第一类协调在于：把主体的某些活动或这些活动的格局联系起来或分解开来；对它们进行归类、排列顺序，使它们发生相互作用，如此等等。……第二类协调则从运动学或动力学的角度把客体在时空上组织起来，其方式跟使活动具有结构的方式相似；同时，这第二类的协调合在一

①　皮亚杰：《发生认识论原理》，王宪钿译，商务印书馆 1981 年版，第 21 页。
②　同上书，第 24 页。

起就形成下述那些因果性结构的一个起点，这些因果性结构是已经有了明显的感知运动上的表现的，其往后的发展也是与第一类型结构的发展同样重要的。"①

第三，前运演思维阶段。从感知运动发展到概念思维的这个时期，被皮亚杰称为前运演思维阶段。也即是说，在这个阶段上，儿童的思维仅仅是属于实物运算上，因为感知运动的格局还不是概念，因为概念还不能在思维中加以运用。在儿童的感知运动中，起主要作用的还是实物。但是，一系列特定的实物活动可以用一些表象表征出来，"这些表象系统能以一个差不多是同时性的整体形式把现在、过去和将来的活动事件、把空间距离远的和近的活动或事件都在头脑中显现出来"。② 从感知运动水平到使用概念的抽象思维的发展，不仅仅是由于社会生活，也是由于前语言智力的全面发展，同时也是由于模仿活动内化为表象作用的形式。皮亚杰认为，这个前运演思维的阶段就是儿童从两三岁到七八岁的时期。而正是在这个时期，儿童开始解除了自我中心化。

第四，具体运演阶段。紧随着前运演思维阶段的是具体运演阶段，这个阶段的儿童主要指七八岁到十岁左右时期，首先，他们从实物运算发展到了把数字进行一对一或几个一组的序列化，或者将同样的物体或数字排成一个序列。其次，他们能将物体拼成一个形象的集合体或非形象的集合体。进而，这个时期的儿童可以进行归类。就其逻辑方面来说，他实现了从前运演阶段向具体运演阶段的过渡。第一是使高级结构从低级结构中产生出来的反身抽象，第二是朝向整体系统化的协调能力的形成，第三是这种协调可以通过正反两方面达成平衡。最后，他们形成了因果性概念，即可以发现现象之间的因果联系。

第五，形式运算阶段。这个阶段的儿童是指十一二岁以后，在到了形式运演阶段，"运演从其对时间的依赖性中解脱了出来，也就是说从儿童活动的前后心理关系中解脱了出来——这种前后关系中运演的蕴含特性或者说逻辑特性也具有因果性的方面。正是这个阶段，运演最后具有了超时间性，这种特性是纯逻辑数学关系所特有的"。③ 在这个阶段，认识超越

---

①　皮亚杰：《发生认识论原理》，王宪钿译，商务印书馆 1981 年版，第 26—27 页。

②　同上书，第 30 页。

③　同上书，第 51 页。

了现实本身，把现实纳入到可能性和必然性的范围之中，从而不需要具体的实物作为中介了。形式运算的主要特征在于，它们有能力处理假设而不只是单纯地处理客体。到此为止，属于人的认识就算是真正形成了。皮亚杰说，"从出生以后就一直在活跃地进行着的内化和外化的平行发展，是思维和宇宙的这一貌似荒谬的符合一致的基础——思维最后把自己从身体活动中解放了出来，而宇宙则包括了身体活动，同时却又在一切方面超越了身体活动。"①

这就是皮亚杰意义上认知结构的生物根源。在形成认识能力之后的时期里，认知主体的认识活动便出现了同化、顺应以及两者之间的平衡等认知规律。

从哲学认识论上说，皮亚杰的认识论是建构主义的。他认为，"所有认识都包含有新东西的加工制作的一面"。② 但是，"主体所完成的一切建构都以先前已有的内部条件为前提，而在这方面康德是正确的"。③ 作为建构主义理论的捍卫者，皮亚杰说道："这本书的内容是叙述一种认识论理论，这种认识论是自然主义的但又不是实证主义的；这种认识论引起我们对主体活动的注意但又不流于唯心论；这种认识论同样也以客体作为自己的依据，把客体看作一个极限（因此客体是不依赖于我们而存在的，但我们永远也不能完全达到它）；这种认识论看作是一种继续不断的建构"④。

皮亚杰的生物学的自然主义认识论的意义是：推动了从生物角度对人类认知的进一步研究。为了解决经验论所存在的困境，我们有必要研究我们认识的发生是怎样的，只有对认识的形成过程、其发生学的机制有了清楚的认识，我们才能对上述批评做出公正的评判。我们从科学发现的前后关系来看，科学发现不仅涉及发现的逻辑，而且还涉及发现的智、情、意三者相统一的方面。20 世纪实证主义思潮把证明的前后关系推到极致，以至于使人们遗忘了对"发现的心理学"的研究。"一旦我们撇开了实证主义的观点，我们就能看到，意识是生物学中认识机能的结果。"⑤

---

① 皮亚杰：《发生认识论原理》，王宪钿译，商务印书馆 1981 年版，第 56 页。
② 同上书，第 16 页。
③ 同上书，第 104 页。
④ 同上书，第 19—20 页。
⑤ 皮亚杰：《生物学和认识》，尚建新等译，三联书店 1989 年版，第 47 页。

对认知发生学的研究是皮亚杰理论的首创。尽管皮亚杰的认识论是在一个狭小的范围内形成的，仅仅是建立在对其子女所做的实验与观察的基础上，但是，皮亚杰却对认识的发生做出了天才的阐述。皮亚杰的发生认识论认为，认知是人类机能基础上逐步发生、发展的，首先是人的先天认知能力，它是生物进化的自然结果，"尽管遗传学还没有使我们洞见智力的机制，但是它不能不涉及大脑机能的种系发生和个体发生的过程——一个非常重要的生物学机制，它必然与智力的进化相关联"。①

从个体发生来看，认识是个体人与环境之间的一种后成性信息变换形式。而就心理学发生看，"当关涉到认知机能时，这两个问题在两个水平上出现。第一，存在着遗传传递阶段：我们必须知道，认知遗传机制—诸如某些动物的知觉反应（无论是否与本能有关）——是否完全在其个体生长中由基因组的程序所决定，或者个体生长阶段是否证明对它的形成具有某种影响。……第二，存在着社会或教育的传递阶段。"② 而在理智的形成方面，则是主体与客体之间"连续的相互作用"，"这说明存在着一种同化于结构并顺应于外部世界的双重运动。因此，在生物学和发展心理学的思想史之间，几乎可以勾画出全部的平行"。③ 皮亚杰认为，认知主体是具有积极适应机能的有机体，认识的第一步就是认知主体接受刺激后所形成的反应活动的内化，即概念化，"也就是把活动的格局转变为名副其实的概念，哪怕是非常低级的概念也好（事实上我们只能称这种概念为'前概念'）。那么，既然活动格局不是思维的对象而是活动的内在结构，而概念则是在表象和语言中使用的，由此可以得出结论说，活动的内化以其在高级水平上的重新构成为先决条件，随之而来的是一系列不能归结为低级水平的中介结构的新特性的产生"。④ 这种内化，不仅是由于行为的过渡，而且是由于智力的全面发展和模仿活动，内化的最终结果是获得一个不断丰富和变化的结构——概念框架。接着，就是用内化了的概念框架同化外部刺激，或通过调节概念框架顺应外部刺激。这是人的基本机能，基本的机能——适应、同化与顺应——这一过程是不变的，是遗传地继承下来的，这个过程不以刺激内容或经验为转移，而客体仅仅是提供了

---

① 皮亚杰：《生物学和认识》，尚建新译，（北京）三联书店 1989 年版，第 76—77 页。
② 同上书，第 79—80 页。
③ 同上书，第 81 页。
④ 皮亚杰：《发生认识论原理》，王宪钿译，商务印书馆 1981 年版，第 29 页。

材料、动作的"食物"而已。传统的心理学在研究认知时所形成的公式是 S—R，但皮亚杰认为，这种公式不能反映人的行为，因为不存在客体对主体的单方面的作用，存在的是两者之间的相互作用。因此，S—R 的正确写法应该是 S↔R 或 S→（AT）→R，这里 AT 是刺激 S 同化于结构 T。这个公式表明，刺激在通过认知主体的有组织的活动，然后做出反应。这样一个认知的过程与后来奎因、西蒙等人所提出的信息的输入→存贮→加工→输出的关系来看，几乎是具有同样意义的。

皮亚杰对认识的发生学探讨，是使西方认识论走向自然化的极为重要的一步。这里我们不想对皮亚杰的思想做更多的叙述（在后面我们还要讨论皮亚杰的思想，这里不再赘述），而是想阐明皮亚杰对认识的发生学的研究在西方认识论发展过程中的意义。

第一，只有研究人类认知的发生，了解知识是如何被构造的，了解影响认知的其他各种因素，我们才能真正理解知识的本质，才能说明以往对认识过程的形而上研究的正负面意义，才能达到研究知识的根本目的。认知的发生学研究了认知的形成，从认知的早期到后期、简单到复杂的发展，揭示出人类认知行为的形成与发展规律。并因此而表明认识的自然化特性。

第二，只有研究认知的发生，才能使我们了解外部刺激和内部语言思维及认知结构之间的关系，正确理解经验论与唯理论所探讨的主客体关系，特别是关于逻辑思维的先验性与后成性的关系问题，才能得知逻辑只是客观事物规律性认识的形式化而已，逻辑分析在认识过程中究竟是处在什么样的地位上。皮亚杰曾说："在英国和美国，在认识论哲学中居于支配地位的哲学家们，都是从逻辑分析与语言分析出发，而不是从心理学分析出发的，而发生认识论关心的则是概念与运演在心理上的发展，也就是概念与运演的心理发生。"[1] 在某种意义上，对认知的发生学研究，始于经验论，因为"经验论的意图是把认识的分析放在研究认识的心理发展这个基础上，在这点上我们认为他们开创了一条有成效的途径"。[2]

第三，研究认识的发生将有助于认识论的研究与科学活动的实际相结合。在历史上，重视第一哲学的认识论研究者们不太关注心理发生问题，

---

[1]  皮亚杰：《发生认识论原理》，王宪钿译，商务印书馆1981年版，第12页。

[2]  同上。

仅只重视传统的本体论意义上的认识论研究或语言的意义分析等方面。这样，就难免使认识论的研究脱离科学家认识活动的实际。"事实上，近代数学、物理学等最有价值的认识论是由数学家自己提出来的。使我们很受鼓舞的是研究这些科学的认识论的学者当中有许多人对于心理发生问题感到兴趣。……对认识的心理发生的研究是进行认识论分析的一个不可缺少的部分。"①

第四，皮亚杰的发生认识论还向我们揭示，认识不仅是一个人类遗传因素所提供的生物学属性，而且也是一个社会的、教育的结果。这提供给了我们主客体相互作用的具体解释，也就是说，人的认识的形成是一刻也离不开人自身的生物学特性，同时也一刻离不开社会和教育。

第五，对认识的发生学研究的一个最重要的意义就是皮亚杰发现了人的认识的程序化特征，这种程序化的认知机制对于计算机的发展有着举足轻重的意义，即我们可以通过对认知机制的解码，把认知过程程序化、符号化、逻辑化，并加以演算，使计算机对人类认知程序进行模拟，从而代替人类思维，更有效地解决社会实际存在的问题。当然，理解的实质决不是计算机程式化的操作所能代替的，计算机程序仅仅是在人类研究认知的发生发展中对语言的意义及其逻辑运演基础上发展起来的。所以，有人认为，"在科学家族中，没有一门科学比 AI 与哲学的关系更密切。科学从哲学母体中分离出去后，仅在认识论上与哲学保持联系，然而 AI 却在其学科内部与哲学难分难解"。②

进入 21 世纪，生物学的自然主义认识论开始向着脑科学与认知关系方向发展，所以有人认为，21 世纪将把认知神经科学融入认知心理学。

之所以向着认知的神经科学发展，是因为下列理由：第一，在 20 世纪末以来的一二十年间，神经科学家发现了大量关于记忆及有关大脑加工过程的神经基础，这些工作对传统的认知心理学形成了挑战。特别是脑神经成像技术的形成，例如正电子发射扫描术、功能性核磁共振等技术的应用，可以使我们获得机体从事各种任务时的大脑变化的"图像"。这些研究工作从实质上改变了我们关于记忆和高级心理活动过程的认知理论。第

---

① 皮亚杰：《发生认识论原理》，王宪钿译，商务印书馆 1981 年版，第 14—15 页。
② 玛格里特·博登：《人工智能哲学》，刘西瑞、王汉琦译，上海译文出版社 2001 年版，中文版"译者的话"。

二，"认知神经科学仅仅为认知提供了一定的约束或更多的实验数据；神经成像技术可能最终会比严格的认知实验提供更多更有意义的且更可直接解释的信息（因为"严格的认知实验"只采用行为手段，……）。而且，当我们对各种解剖部位的功能有了更深入的了解后，神经成像实验数据的作用将大大增加。"[1] 第三，是因为认知的神经科学为认知研究提供了新的方法。

认知神经科学的最终目的是阐明人类大脑的结构与功能，以及人类行为与心理活动的物质基础，在各个水平（层次）上阐明其机制，增进人类神经活动的效率，提高对神经系统疾患的预防、诊断、治疗服务水平。但是，认知的神经科学的主要任务是两点：其一，揭示已知的关于大脑皮层的主要功能，例如言语信息、视觉信息、空间信息、客体信息、知觉信息、运动信息等的大脑区域功能；其二，揭示脑—认知问题在认知的神经科学中起着主要作用。具体地说是要揭示：神经元间各种不同的连接形式，为阐明行为的脑的机制奠定基础；在形态学和化学上鉴别神经元间的差异，了解神经元如何产生、传导信号，以及这些信号如何改变靶细胞的活动；阐明神经元特殊的细胞和分子生物学特性；认识实现脑的各种功能（包括高级功能）的神经回路基础。

由于认知神经科学的发展，所以心脑关系就成为当代哲学认识论研究的一个新领域。这个领域的出现，又加强了人工智能科学与脑关系的研究。这些关系，我们将在后面的部分加以描述。

# 五　方法论的自然主义认识论

方法论的自然主义，是 20 世纪西方认识论研究后期发展的基本趋势。所谓方法论的自然主义，指的是"认为每一事物都是自然世界的一部分，都可以用自然科学的方法加以解释。自然主义承认解释上的一元论，不承认解释上的二元论。它赞成科学，反对神秘主义。在不同的领域，自然主义有不同的形式。从形而上学方面看，它反对假设任何非自然的从理论上推出的实体、官能或原因，反对科学探究无法接近的超自然的存在物和过

---

① 罗伯特·索拉索编：《21 世纪的心理科学与脑科学》，朱滢、陈烜之等译，北京大学出版社 2002 年版，第 68 页。

程，它还批驳了第一哲学优于自然科学的主张。从认识论方面来看，自然主义认为认识论上的证明和解释是与自然科学相伴随的持续过程，并论证说科学的方法是我们获得知识的唯一方法。按照 19 世纪心理学和 20 世纪自然科学化的认识论，认识论应比作经验心理学"。[①]

在"自然主义认识论"一词的解释中，该《西方哲学英汉对照词典》解释道："这一术语来自奎因的论文《自然化的认识论》，尽管奎因本人并没有提供它的清晰定义。奎因把这作为一种认识论方案，即提出为了发现构成知识及其获得的基础，我们必须诉诸行为主义心理学以及对科学的历史探究。关于如何解释知识的形成问题，我们需要重建'证据'的概念，使它指涉那些感官刺激，正是它们导致我们具有我们所拥有的科学信念。认识论所问的主要问题是，人们的超越'证据'（输入）的自然理论（输出）是如何在人类主体中产生的。自然化的认识论的确立，部分地通过批判始于笛卡尔的传统认识论，后者认为认识论问的是在任何科学推理之前，我们应如何得出我们的信念。奎因认为，认识论应当是自然科学的一个分支，尤其是心理学的一章。认识论包含在自然科学中，而自然科学也包含在认识论中。奎因相信，自然化认识论的方法可以消除怀疑论，把认识论从反驳怀疑论的努力中解脱出来。奎因的这一有争议的方案，为其他许多明确认为自己做的是规范认识论的哲学家所追随。他们认为，人类及他们的认知官能是自然中的实体，并主张自然科学、尤其是生物学和经验心理学的成果对认识论是至关重要的。"[②]

众所周知，无论是何种形式的认识论，都必须要回答以下诸问题：什么是知识？什么样的知识是可能的？知识是如何形成的？我们应当运用什么样的方法才能改进我们的信念与获取知识？知识只有通过何种方法才能得到真正的辩护？传统认识论的答案是基于形而上学之上的，即预设了一个普遍的原则，例如设定一个逻辑的标准，从这一标准出发依赖于逻辑方法推断出所谓的分析真理。自从弗雷格与罗素以来，哲学家们普遍关注的是逻辑分析。只要是符合逻辑格式的理论知识，才是正确的知识，否则便是假设或谬误。逻辑成为给知识辩护的唯一方法论原则。从哲学史上看，

①　尼古拉·布宁、余纪元编著：《西方哲学英汉对照词典》，人民出版社 2001 年版，第659—660 页。

②　同上书，第 660 页。

逻辑分析是针对传统古典的思辨哲学而形成的，它在解决传统哲学问题的过程中曾起过很大的作用，一个特别明显的作用就是它逐步消除了思辨哲学在哲学界的影响，各个分析哲学家都从自己不同的角度对传统古典的形而上学思辨加以批判。例如，弗雷格与罗素从逻辑分析的角度对新黑格尔主义大加责罚，乔姆斯基则从语言角度对思辨哲学进行了批判，胡塞尔则从现象学的角度予以批判，实用主义则从效用的角度批判了思辨哲学，逻辑实证主义则从经验证实与逻辑证明的角度反驳了思辨哲学。通过这些批判，分析哲学从根本上改变了传统哲学，从而实现了 20 世纪初西方哲学的"哲学中的变革"。

然而，20 世纪的这场哲学变革虽然看似离经叛道，叛离了黑格尔主义的思辨哲学传统，但是，它却从一个极端走向了另一个极端，放弃了思辨却导致了分析哲学家们不切实际地沉迷于逻辑，它仅仅是以一种哲学的形式取代了另一种形式。不过，使人们看到一点曙光的是，在逻辑分析哲学与盛行的实证主义思潮中，存在着普遍的对经验的关注，存在着一种现象主义或物理主义的倾向。艾耶尔对罗素的哲学做了这样的肯定："在《哲学问题》一书里，他主要集中论证了以下事实，即物理对象的表面特性在不同的条件下有所变化，他解释说，这说明无一特性是对象的真实特性；但是他在后期著作——例如 1927 年出版的《物的分析》里更着重强调，这些现象对环境和人的神经系统的性质有因果依赖关系。"① 罗素既重视经验对认识的作用，同时也强调了逻辑的重要性。但是，他以后的哲学着重发展了他的逻辑的方面，这是与罗素在其著作中更强调逻辑的作用相关的，他把哲学研究的方面引向了对语词与哲学命题的逻辑研究。

逻辑哲学发展的结果是促使语言哲学的形成。即意义问题首先涉及的是语言与世界、命题与事实的关系问题，其次是涉及语言的句法逻辑与语境问题。所以，在逻辑哲学之后，便形成了句法学、语义学与语用学等。而这些发展归根结底是为了驳斥怀疑论。但这些发展的一个最致命的弱点，是它们的哲学反思都归结为一点，即其逻辑格式的先验性质，仍然是一种基础主义的研究纲领。这种研究纲领预设了一个普遍接受且无错误的前提原则。这个预设的前提是未能得到证实的，或至少是未恰当地得到证实的。

---

① 艾耶尔：《二十世纪哲学》，李步楼等译，上海译文出版社 1987 年版，第 39—40 页。

C. A. 胡克说道："一个关于理论的说明是一个哲学理论，所以它保留它的规范的地位——但是要把它看作一个可学习的、可改正的、可错的理论。这样，具有特权地位的信息源加上作为结构原则的逻辑的老的认识范式必须放弃。"① 因为旧的传统认识论拘泥于形而上的思辨，而非注重经验科学的依据，如何来论证人们认识的形成及其认识的可靠性？依赖形而上学的论证是贫乏而苍白的。说我们人有能力认识世界、有能力达成真理，是因为我们人类具有理性而动物没有，这样一种论证方法显然已经无法具有说服力。所以，自然化的认识论从方法上是想借助科学的力量来证明人类认知是人类所特有的大脑对外部刺激的加工处理的结果。波普尔曾批判古典的认识论，认为"古典认识论认为，我们的感性知觉是'被给予的'，是'资料'，通过某种归纳法一定会从中形成理论。这种认识论只能说是达尔文以前的认识论。它不能考虑到这样的事实：所谓的资料事实上是适应反应，因而是结合着理论和偏见的解释，是像理论那样孕育着猜测期望的解释；不可能有纯粹知觉，纯粹资料；正如不可能有纯粹的观察语言一样，因为所有的语言都孕育着理论和神话"。②

从 20 世纪 50 年代开始，许多科学哲学家或认识论家开始不太注重逻辑形式了。奎因在 1969 年发表的论文《自然化的认识论》，被人们认为是自然主义认识论的第一次宣言，它标志着"自然主义认识论"的形成。在这之后，有一大批赞同和不赞同奎因自然化认识论的科学哲学家和认识论家相互之间进行着较为持久的争论，在争论中丰富和发展了自然主义的认识论和各种知识辩护理论。

奎因的自然主义认识论是基于整体论的科学观。他坚持认为，我们探讨个别句子的意义是错误的，真正具有意义的是科学理论的整体。他认为，"即使以陈述为单位，我们也已经把我们的格子画得太细了。具有经验意义的单位是整个科学"。③ 由此可见，奎因对意义的寻求，已不再像他以前的分析哲学家们那样诉诸逻辑，诉诸对句子命题的逻辑分析，而是把意义看作一个相互联系着的整个科学。而对于科学来说，其边界条件则是经验，而谈论个别陈述的经验内容则是会使人误入歧途的事。所以，我

---

① 胡克：《自然主义实在论：纲要和研究纲领》，载《自然辩证法通讯》1994 年第 2 期，范岱年译。

② 波普尔：《科学知识进化论》，纪树立编译，三联书店 1987 年版，第 349—350 页。

③ 同上书，第 40 页。

们所谈论的陈述、命题、理论的意义仍是经验，但其所指涉的对象即本体论承诺则"是和自然科学问题等同的"。① 这就意味着在解决哲学问题时，我们应当诉诸科学的方法，而不应当诉诸哲学的原则和逻辑的论证，哲学家们在对待理论命题的意义时，应该与科学家们一样，用科学的方法和基本原则来解决语言命题的意义问题，并且不应当注意个别陈述的语义是什么，而应该注意科学理论在整体上指涉什么。

由于奎因强调对意义的确定必须依据科学的方法，哲学家的思维活动必须参照科学家的思维活动，所以，他便把认识论自然科学化了。他认为只有这样，我们才能使经验论彻底科学化、自然化，才能进一步拯救经验论，还经验论以本来面目。陈波在《奎因哲学研究》一书中说道："在认识论方面，奎因采用语义上溯方法，把认识论的中心课题转换成一个有关语言学习的发生学问题。他所谓'自然化的认识论'的主题，就是实际地说明我们关于世界的理论是如何从观察中产生的。"②

奎因抓住语言，以语言为入口，以整体论的科学观为基础，以自然化的经验论为方法，通过实在论的本体论承诺，大有改变西方 20 世纪对命题意义的探讨方向之趋势。他的自然化的认识论包含着以下思想：

第一，科学哲学、认识论与自然科学相同一。

奎因认为，科学哲学研究什么样的科学理论是正确的、科学的本质是什么等问题；认识论研究人的认识是如何形成的、什么样的知识是可靠的；这些研究都必须具有科学的依据，运用科学的方法，否则我们就无法解释清楚科学理论和知识的正确性，我们就不可能理解正确的理论背后的标准是什么。所以，认识论是关于科学基础的学科，但是认识论与科学是相辅相成、互为前提的。

奎因认为，20 世纪初，研究认识论的哲学家们在认识论的研究领域中取得了显著的进步，但是，他们的成功也就是把数学化归为逻辑，甚至在最新的研究中把它们化归为逻辑和集合论。这样一种绝对的准确性在认识论上是令人绝望的，因为与逻辑相联系的确定性与明晰性是不可能通过集体论证而得以陈述的。对数学基础的研究可以归为两类：一类是概念研究，另一类是理论（doctrinal）研究。概念研究关心的是命题的意义，理

① 波普尔：《科学知识进化论》，纪树立编译，三联书店 1987 年版，第 43 页。
② 陈波：《奎因哲学研究》，三联书店 1998 年版，第 18—19 页。

论研究关心的是真理。概念研究关心的是通过定义来澄清概念，例如根据一些其他的概念来定义一些概念。而理论的研究关心的是通过证实这个领域来建立定律。定义使概念得以澄清，而证明使真理得以自明。两者是相关的。

但是，从另一方面来看，正如数学被归化为逻辑和集合论一样，关于自然的知识也应当被置于感觉经验的基础上。也就是说，在概念方面，我们对于物体的解释必须根据感觉的术语，通过感觉资料来定义实体概念。休谟把关于自然的认识论置于两个方面的基础上加以探讨，他对于概念方面的处理大胆而又简单，把物体直接看作感觉印象，感觉印象是不确定的，因而容易使人混淆。这就是常识容易导致错误的原因。而理论的探讨即我们关于自然知识之真理性的论证方面，休谟是绝望的。因为，我们根本无法从毋庸置疑的感觉经验出发来论证一个确定的关于自然的真知识。这是不可能成功的。甚至在今天，休谟所留给我们的这个问题也仍然是一个困境。奎因说："休谟的困境是人类的困境，但是在概念方面仍然是有进步的。"[1] 然而，有决定性意义的一步是边沁迈出的，他使用了语境定义，把句子看作意义的第一载体。罗素便是在汲取边沁的语境定义基础上发展其认识论的。他在《我们关于外间世界的知识》一书中，将外部世界解释为感觉资料的逻辑构造。之后，逻辑实证主义者卡尔纳普著有《世界的逻辑构造》一书，真正地实施了从逻辑结构角度谈论世界的方案。卡尔纳普认为，我们不可能从感觉经验直接演绎出科学，他把术语区分为感觉经验术语即观察术语和理论术语，并通过逻辑使观察术语科学化，以致形成了他对感觉世界的逻辑重构。但是，这样一种逻辑化纲领则由于逻辑与经验之间的对立不得不以失败而告终，这种失败是由于把逻辑原则先验化，以至于与感觉的动态变化相冲突。实际上，我们在变化的世界的思想河流中，是不可能找到一个确定不变的东西的。

然而，这样一来，是否就意味着认识论走向终结了呢？答案只能是传统的认识论包括以逻辑为主体的现代逻辑经验论将走向尽头，而认识论的新曙光在哪里呢？这就是放弃逻辑化的认识论研究，使认识论研究科学化。奎因着重探讨了观察问题。他在《自然化的认识论》一文中认为，"澄清观察句子是有利的，因为这个概念在两种关系上是基本的，这两种

---

① L. M. Allcoff, *Epistemology: The Big Qustions*, Blackwell, 1998, p. 254.

关系符合于我先前评论的那种二元性,即在概念与理论之间以及我们知道一个句子的意义是什么与知道它是否为真的之间的二元性。观察句子对于这两者都是基本的。"① "观察句子是语义学的基石"。② "观察句子是科学假说的证据之所在,它与意义的关系也是基础性的,因为观察句子是我们作为儿童和专业语言学家能够学会的理解的第一批句子。"③

为什么必须重视观察句子?因为,在奎因看来,所有的理论都依赖于一种假定,即世界是存在的,我们的对象世界是实在的,但我们的认识并不存在一个阿基米德点,根本不存在独立于自然科学与人类认识的实在,实在也仅仅是由科学和人类认识所描述的实在。认识论所要做的是找到一条与自然科学相一致的途径,认识论从科学内部来反对怀疑论,"哲学家和科学家是在同一条船上"④。

于是,奎因通过以上论证把认识论置于科学之上,把传统的认识论改造成科学化、自然化的认识论了。这就是说,认识论的本质问题只能依赖科学来解决,真理问题只存在于科学内部,存在于科学的语义学之中,而非存在于本体论的认识论的规范探讨中。而认识论研究的问题尽管还是知识的本质,但是在认识论自然化之后,我们不再靠逻辑的论证来探讨知识的本质,而是通过发生学的研究,即通过心理学的认知实验,探讨人的认知是如何形成的,即在心理学范围内提出了:给定了感觉证据,我们是如何达到对世界的理论的?奎因指出:"这是一个经验心理学的问题,但是,在一个或多个阶段可以在实验室里研究它,也可以在某种思辨的层次上探讨它。……这里的一切就是要探明证据关系,即支持理论的观察相对于理论的关系。"⑤ 奎因的这种观点,似乎是后来证据主义的基础,表象与实在之间的关系应当是一种证据关系,一旦我们找到了知识的证据,那么这种知识也就得到了辩护。

第二,确立心理学在认识论中的科学地位。

任何意义问题都是与语言分不开的,关键是通过什么来理解语言的意

---

① L. M. Allcoff, Epistemology: The Big Qustions, Blackwell, 1998, 第 263 页。

② Ibid.

③ Ibid.

④ Quine: Word and Object, Cambridge, 1960, p.3.

⑤ Quine: The Roots of Reference, La Salle, Ill: Open Court 1973, p.5. 转引自陈波《蒯因的自然化认识论纲领》,载《自然辩证法通讯》1995 年第 4 期。

义？奎因的自然化的认识论把这个问题作为其探讨的核心，但是，他却把问题分成两个方面：其一是科学理论、科学语言的证据支持关系，奎因认为，经验的观察是对语言意义的支持；其二是科学理论是如何从感觉证据中形成。

奎因用观察句子代替观察这一行为，所以，他认为，我们不去谈论观察而是谈论观察语句，我们也不去谈论观察行为发生时的环境状况，而是谈论我们所能公认的方面。这样，奎因所讨论的核心问题——理论与观察之间的关系问题便转换成了理论语句和观察语句之间的关系了。理论语句如何获得意义呢？这由语言学习理论来回答；而理论语句如何获得观察证据的支持呢？这由科学的证据来回答。在已经学会观察语句之后，我们习得理论语言的途径，正是观察给科学理论提供证据的途径。

由于观察语句的公共可理解性，所以，观察句子就发挥着证据的作用和语义作用。所以，只有在观察语句的基础上，我们才能评价相关的感觉证据，因为语言意义的一切都必须依赖于感觉证据。所以，我们可以通过发生学的方式来研究理论语言是怎样被学习的，因为看起来证据关系实际上是体现在学习行为中的。人掌握科学理论的过程就是学习理论语言的过程。于是，对从感觉到观察语句的学习机制进行神经生理学和心理学研究就十分必要。所以，认识论是心理学的一章，而心理学则是自然科学的一本著作。

由于奎因求助于心理学来理解语言意义的证据关系和语义关系，理解语言的习得问题，所以，就避免了传统经验论利用观察术语和逻辑工具重构世界的做法，避免了传统认识论的给科学提供第一原则的凌驾于科学之上的做法，而是把经验问题置于心理学和科学内部去解决。"如果我们所希望的一切就是重构，它在不借助翻译的条件下以明显的方式将科学与经验连接起来，那么满足于心理学似乎是更为合理的。最好是去发现科学实际上是怎样发展和如何被学习的，而不是去编织具有类似效果的非真实结构。"①

奎因的自然化的认识论超越了"第一哲学"的困境，取消了第一哲学原有的优越感，而使哲学与科学相互依赖、相辅相成。正是由于把哲学与认识论科学化、自然化，抛弃了传统经验论对世界的逻辑构造的先验作

---

① Quine, *Ontological Relativity and Other Essays*, N. Y., 1969, p. 78.

法,因而奎因开辟了当代认识论研究的新方向,从而确立了自然化的认识论的地位。奎因把认识论自然化的意义在于:

首先,奎因自然化的认识论虽然仍带有基础主义的痕迹,但它毕竟为其今后的认识论研究奠定了一个新的方向与趋势。传统的经验论总是通过逻辑去构造感觉经验,通过哲学本体论的探讨来确定科学理论的本质,而自然化的认识论则是通过心理学和神经生理学来分析感觉证据的可靠性,判断科学理论的意义,昭示了不同的思路与研究方向。这种自然化的方向虽然是传统经验论中所隐含的,但却是在批判逻辑化的经验论基础上形成的,是对极端逻辑主义的一种否定,是对经验论的自然化重构。这种重构确立了实在论在科学研究中的基础地位,同时确立了观察语句与理论语句之间的语义关系,确立了对观察结果心理学探讨的基本趋向。即确定了一个语句或命题、一个理论其意义之成立的原则。

其次,奎因的自然化认识论确立了对认识论研究的自然主义方法。确立哲学研究的基本方法是十分重要的,方法的合理与否,意味着整个研究思路的正确与否,决定着研究的结果是否能得到认可。奎因的研究方法包括以下几个方面:一是他强调整体主义原则,认为要确立语句的意义,必须取决于整个科学理论,"具有经验意义的单位是整个科学"[1]。在理解一个陈述的意义时,我们就必须评价某些其他的陈述。二是奎因确立了观察语句的公共性,把观察语句作为研究的对象而非观察活动本身。因为在奎因看来,科学的基础是两个:经验与语言。经验是指感觉证据,它通过心理学和神经生理学来分析,语言则可区分为观察语言与理论语言,观察语言则是大家所共同能理解的。三是奎因确立了心理学分析与语义分析相统一的方法。自然主义的语义分析包含着从外在的世界到神经末梢,从神经兴奋到语句,从句子到句子的所有过程和环节。这就是说,我们如何说明陈述的意义呢?奎因说道:"按照我的看法,最好根据行为来解释",如何用行为来解释呢?那就只能根据心理学分析,"我们承认,一个正当的意义理论必然是关于语言应用的理论,语言乃是一种由社会传授的社会的技巧。这一点的重要性曾被维特根斯坦而且更早被杜威所强调"。[2] 当然,奎因的这种行为主义与斯金纳的行为主义具有类似之处,但是奎因行为主

---

① 奎因:《从逻辑的观点看》,第40页。
② Quine, *Theories and Things*, Harvard, 1967, p.192.

义之目的在于对语言进行行为心理学分析，并以之代替语言的逻辑分析方法。所以，与其说是与斯金纳相似，不如说是与乔姆斯基相近。

再次，奎因所确立的自然主义认识论趋向构成了对当代科学实在论观点的有力支持。20 世纪 60 年代兴起的科学实在论在科学理论的趋真性、科学理论术语的指称的实在性或本体论承诺等方面一直存在争论，遭到了反实在论的强烈反对。科学实在论阵营内部也存在着较严重的分歧。对立的焦点是表象与世界的关系，前后相继的理论的本体承诺与真理及其标准问题。一般说来，科学实在论与反实在论争论的问题可以通过以下几个方面表现出来：首先，科学家对理论术语、理论本身所指的实体究竟是什么，是有一定的意向性的，并不存在绝对不变的本体论承诺。其次，从科学发展的眼光看，理论有否真理性，是一个值得研究的问题，即我们在什么样的意义上说理论具有真理性的问题，我们既可以从逻辑上予以判定，即通过建立数学模型的方法，使真理存在于模型论的语义学领域；同样，我们也可以用其他办法来推断理论的真理性，例如排除错误法等，也可以通过认知心理学的分析，并依赖于语义分析法来确定理论的真理性。而反实在论则从根本上反对这种观点，认为我们说科学理论在总体上具有真理性是一个大胆的冒险，实际上，科学史证明理论总是可错的，迟早是要被新的理论所取代和修正的。最后，随着当代物理学的发展，理论的理想化程度比之任何时候都要高，因而我们比以往任何时候都难以确定理论的真理性。所以，一部分人把目标对准了科学知识的怀疑论说明，除了可观察的东西外，一切不可观察的东西都值得怀疑。那么，科学实在论观点能否成为一种相对合理的科学哲学理论呢？它不仅需要有科学史的说明，而且也必须得到正在发展起来的认识论的支持。所以，波依德说道："科学实在论者的观点并不取决于或借助于被孤立地考虑的那种外展推理的力量，而取决于被评价的东西是经验主义的认识论和正在表现出来的自然主义认识论的相对优点。"①

奎因的自然化的认识论虽然奠定了心理学在认识论中的地位，但是，奎因本人并无对心理学的探讨，他的行为主义特征只是表现在他是一个彻底的实用主义方面。然而，在奎因提出的自然化的认识论之后，自然主义

① R. Boyd, The Current Status of Scientific Realism, in J. Leplin（ed.）, *The Scientific Realism*, University of California, 1984, p. 75.

却得到了迅速发展，特别是基尔，对认知科学做出了探讨，从而使科学认识论的研究走上了明显的认知主义道路。

最后，奎因的自然主义认识论导致了分析哲学的消解。奎因自然化的经验论与语义观以及行为主义的意义论导致了美国实用主义倾向再次抬头，并形成了以罗蒂为代表的新实用主义与后哲学文化。因为，分析哲学的首要前提是承认逻辑原则的正确性，从而否定非逻辑的语言之存在的可能性。之后，维特根斯坦后期哲学将语言的意义诉诸日常用法，这是分析哲学跨向解构的第一步，而奎因使语言的意义分析整体化、自然化则是分析哲学摆脱逻辑窠臼的第二步，而分析哲学离开了逻辑、离开了对语言的逻辑分析，也就没有了分析哲学，消解了自身。本来，奎因是试图用实用主义、自然化的认识论对分析哲学本身存在的弱点予以修补，但在实际上却在分析哲学的自我消解过程中起了推进作用。同样，奎因的自然化的认识论由于视角的根本性转变，使得科学实在论在其发展中也不断地得到修正，例如实体实在论向历史实在论的转变，向语境实在论、意向实在论的转变等。由此可见，自然主义的认识论对科学哲学与分析哲学的影响是十分重大的。

# 六　自然主义认识论的局限性

心理学究竟会使认识论成为什么呢？认识论将成为什么样的心理学的一章呢？康恩布里斯（H. Kornblith）对认识论和心理学的关系做了两点区分，对自然主义以心理学代替认识论的观点做了区别，即强替代与弱替代。强替代的观点认为，"心理学问题包容了认识论问题的全部"，以致就像化学替代燃素说那样，心理学代替了认识论。弱替代观点认为，对传统认识论的研究，我们可以提出种种怀疑，这些怀疑的问题需要我们用心理学中的认知发生、发展的观点来看，甚至求助于认知科学，把人的认知看作一个信息的输入、存储、加工和输出的过程。奎因则试图用斯金纳的行为主义来包容传统的认识论，认为认识者是遵循某个实验上控制的输入以及对三维外部世界及其历史描述的输出这样一个总体原则的。因此，奎因的观点：（1）反对"非心理学"的认识论，（2）反对先验证明的观点。

奎因的观点代表了对传统经验论的新的批评。传统认识论的中心任务是：（1）决定我们是否有正当理由肯定我们关于外部世界的信念为真；（2）这些理由为什么是正当的、合理的。笛卡尔、洛克、休谟、康德乃至穆勒都曾致力于对这两个中心任务的研究。但是，由于他们生活的时代还没有心理学这门关于人类精神的学科，所以，这些中心任务的解决还不可能具有实际的科学意义。因为，很多经验论的哲学家都主张，人的认识有赖于感觉经验材料。如果人们把科学的探讨分成从感觉到科学理论，再从科学理论到认识论到形而上学这样两个层次，那么，前一个层次对自然主义者来说是几乎没有什么值得关注的，因为只有当实证主义的方法论命题和分析的认识论确实有点脱离常规时，存在着理性主义的认识论探讨时，描述的认识论或者规范的认识论问题才真正地被提了出来。

这种"适时"的自然主义是同其强调科学性质相一致的。福默顿（Richard Fumerton）说道："总的说来，自然主义者站在了他们倾向于科学上受人尊重的观点一边。自然主义典型地分析其感兴趣的物性，把这些物性分析为自然性。那么究竟是什么使一种性质变成自然的呢？就是使科学感到满意。显然，自然主义是相对科学而言的，自然主义哲学家的证明与科学的证明是相一致的。"① 福默顿表明的是真正的自然主义观点，他把自然主义哲学家和科学家相提并论，在方法上两者存在一致性。

既然自然主义者崇尚科学方法，那么自然主义哲学家们对使用诸如输入、输出、信息加工等认知科学的术语往往感到满意。为什么会有如此多的哲学家要求以科学的词汇来进行哲学分析呢？最简单直接的回答是：科学已经具有非凡的成功，科学的所有成就使人们相信，只有科学才是有实际效果的，只有科学才是真正有实际效用地研究外部世界的。在科学推理中，科学家所使用的术语是实在地指称实际存在的事物的。如果哲学研究要做到像科学研究那样令人信服，那么就应该把科学理论、哲学推理、哲学问题等置于人们所尊重的科学的基础上，把哲学术语还原为科学的术语，或者用科学的方法来探讨哲学命题的意义。例如，哲学对精神世界的研究，按照自然主义者的观点，那么最好我们能把那些哲学家们熟知的有关精神状态的概念还原为物理的概念。由此看来，自然主义者并不认为心理学是我们研究精神世界的真正有效的手段，而是认为只有心理学的实验

---

① Richard Fumerton, Skepticism and Naturalistic Epistemology, in *Midwest Studies in Philosophy XIX*（*1994*），p. 321.

手段等科学方法才是研究精神现象的重要手段，只有把心理学、生理学、神经科学和认知科学联合起来进行研究的新方法才是合乎自然主义的心愿的有效方法。

"为人所尊重"这一术语显然是现代科学所看重的，当然毫无疑问，只有那些有着直接因果联系的产生与被产生的有条件联系，才是真正地能够解释事实的科学术语，而正是这样的关于事实的科学才是能为人所尊重的。在自然主义者看来，哲学之所以不显得很辉煌，之所以是一个有着几千年争论且争论不清的领域，就是因为它的因果分析缺乏科学的"为人所尊重"的严格性、精确性，是因为其理论阐述的软弱无力和没有直接因果联系，缺乏用事实说话的科学性。相反，一些经验的感知觉问题，往往是受人重视的问题，因为它不仅可以成为科学所从事的物理世界的问题，而且使得在此基础上形成的科学具有说服力。特别是在逻辑经验主义鼎盛的日子里，哲学家们总是希望把哲学话语、科学话语还原成分析上等价的感觉证据的词汇。例如，一个农民因失去了一头耕作能力很强的牛而感到很痛苦，但人们如要知道什么是痛苦的话，那么对于一个自然主义者来说，他会告诉你直到牛已经回家了，我们才知道头脑应该对痛苦负责任。

然而，照此说来，是否只要有了自然主义的方法，那么其形而上学方法就成为历史的垃圾了呢？对于诸如"自然化认识论"的自然主义倾向，当代的哲学家们存在颇多的争议。

理查德·格兰迪（Richard Grandy）认为，我们是自然界的一部分，是客观物质世界的一部分，人类的所有属性都是自然界长期发展的产物，特别是人的感觉器官，是在适应自然界的过程中形成、演变和发展起来的，所以，对于在人类感觉器官基础上形成的认知等，是可以像我们对物理世界的分析那样来进行分析的。信念形成的过程、知识的获得等都是自然的过程，是可以通过科学方法来进行研究的。但是，人类的认知绝不仅仅是一个对感觉材料的简单输入与输出的问题，正如奎因本人所强调的，是一个"贫乏的输入和丰富的输出"的过程。因此，我们是一个外部世界信息的加工者，这就意味着我们是把自己的意向指向被认知的目标的。"我认为，我们宁愿是信息的获取者，搜集者和加工者。因为计算机在认知科学中已经成为占主导地位的模式，……我主张强调获得信息和我们用它来做什么的重要性。"① 实际上，输入是十分广泛的，无数的信号刺激我们知觉系统，但是真正接收到的是一部分与我们自己相关的信息，或者说我们通过背景知识选择了部分信号，大量的信号刺激却被忽略不计，因为这些信息是多余的、和自己不相干的。在此，存在着一个认知者的信念背景对所发生的信号刺激的筛选问题，不同的认知者存在对信号的不同选择。同时，大脑对外部刺激的信号进行加工本身是一个复杂的过程，它绝不是类似计算机那样的输出，计算机是依据先前输入的程序来进行加工的，而人则是依据先前的经验、先前所掌握并确信的信念来处理经过选择获得的信号的。因此，对于不同认知者来说，哪怕是选择了相同的信号，也可能得出不同的加工结果。

劳伦斯·邦久（Laurence Bonjour）则对奎因的自然化认识论做出了下述批判：邦久认为，彻底的自然化的认识论是一种"固执的最终自我解构的观点"。在他看来，奎因提出必须对传统认识论进行重新解释，否则就应该放弃传统认识论，其提出的理由是认为传统认识论纲领仅限于对人类认识的形而上的规范探讨，由于其内容的空洞与抽象性，所以或多或少已不为人们所尊重。因此，必须由更有效可行的替代者来取代它。邦久认为，奎因对于传统认识论的两大问题——决定我们认为关于世界的信念为真的理由是什么，以及这样的理由为什么是合适的两大问题，奎因的解决是草率的，因为他并未提出任何否定传统认识论的理由就把认识论解释成了简单理解"观察与科学"之间关系的学科。所以，邦久认为，奎因的自然化认识论存在着诸多缺陷：

第一，把认识论自然化并不能为我们信念为真的问题找到更好的证明理由。他说："如果奎因是对的，这类认识论是我们尽其所能的，那么结果却是彻底的怀疑论观点：我们有一组信念，即我们接受了一组描述外部世界的句子，这组信念的一部分是由观察所引起的，即为感觉刺激所引起的，但我们却不能有说服力的理由认为这些信念的任何一个为真。如果知识必然地包含有多数哲学家认为的这种理由，那么我们也就没有什么知识了。"②

---

① Epistemology Naturalized and "Epistemology Naturalized", p. 344.

② Bonjour, Against Naturalized Epsitemology, in *Midwest Studies in Philosophy XIX* (1994), p. 287.

　　第二，奎因也没有提及"信念的有效证明是否能表明信念可能为真"的传统认识论的核心问题。信念是人们认识世界时必然具有的知识，是人类认识世界的出发点与指导者，如果我们无法回答这些信念是否为真的问题，那么我们就没法说明认识的结果也是真的。如果说传统认识论存在很明显的缺陷，或者有严重的、人们无法接受的问题，那么奎因也应当提出自己的理由，可是他并没有对此提及什么，他并没有提及任何理由说明我们为什么不采纳它。

　　第三，奎因对于传统认识论中的信念证明问题也同样没有做出回答。在传统的认识论中，关于证明问题有：验前的证明与经验的证明，验前的证明即是根据已知的被证明了的信念来证明当前的信念，而经验的证明则是求助于观察资料的证明。而对自然主义者来说，其主要目的并不在于验前的证明，而在于认识论语境中验前证明所采取的习惯形式。而验前的证明在自然主义者看来则是一种假设，而持自然化态度的任何一个哲学家、科学家乃至常人是不可能相信以假设为前提的证明的，因为假设是不"受人尊重"的。

　　金在权（Jaegwon Kim）认为，自然主义认识论似乎与笛卡尔传统有着更为密切的关系。奎因自然化的认识论与传统认识论纲领之间的区别在于，自然化的认识论是以心理学来替代认识论，而传统认识论则是一种规范的认识论。"当人们放弃了证明和评价概念时，人们也就放弃了整个规范认识论，剩下的东西就是描述人类认知的经验论，如果奎因使用他的方法，那么这种经验论就将完全避免证明的概念或任何其他评价的概念。"①实际上，无论奎因如何避免证明的概念，证明总是在认识论中起着作用的，关键的问题是证明的方法而非证明本身是否应该被否定的问题。金在权认为，信念是可以通过某种方法来证明的，就如同一辆汽车的好坏一样，我们可通过其操控性、可靠性、安全性、舒适性、经济性等性质来表明，如果一个信念得到了证明，必须是因为它具有某种事实，非认知的性质，诸如不可怀疑性等。这说明了被证明的信念是有一定的理由的，这个理由建立在对个别事实描述的基础上，并且这是我们可以相信的。由此可见，自然化的认识论要避免证明等规范认识论的核心目标是不可能的。一

---

　　① J. Kim, What is "Naturalized Epistemology"? in Linda Maclin Alcoff, *Epistemology*: *The Big Questions*, Blackwell Publishers, 1998, p. 277.

种较为合理的认识论既要相信认知概念是可以合理地被定义的，体现自然主义特征的；但同时，彻底拒绝以证明为目标的基础主义认识论纲领也是不可能的。

康恩布利斯则主张一种既是形而上学又是自然主义的观点。他认为，关于自然主义的讨论却把形而上学和认识论分离开来，这常常会使人难以理解。实际上，形而上学与认识论，都可以看作自然主义的，两个纲领互相制约，相互支持，两者的目的没什么不同，只是具体的论证方法存在区别。康恩布利斯认为，正如 W. 塞拉斯所说的，"科学是对事物的测量，是对其是什么与不是什么的测量。"现行的科学理论在其形而上学的含义中是极为丰富的，而自然主义形而上学家的任务就是描绘出当代科学的形而上学含义，而超越科学所承诺的范围的形而上学是得不到最有效的科学证据的论证与支持的。"对自然主义者来说，并不存在通往形而上学理解的超科学的道路。"① 在康恩布利斯看来，所有单一的科学都无法给我们提供一个存在什么的本体论的完美解释，而现行的科学理论支持大量形而上学的问题，首先，它是反还原论的，我们不能简单地假定把某类高层次的科学还原为基础的科学。如果可以还原，那么它一定会得到经验的证据的支撑，但是现行的科学却不支持从高层次科学到低层次科学的还原。

从自然主义方面来看，康恩布利斯认为，自然主义想要表明的是其比传统认识论观点更优越，它虽然忽视信念和知识的证明，但它着力于认知的实际应用，追求对认知的科学解释。自然主义的认识论把认识的过程解释为一个心理、生理的过程，把人的认知器官看作是一种物理的设施（device），这些物理设施在严格的环境中产生作用，环境所提供的刺激如果满足这些知觉设施的感知阈限，满足它所适应的范围，那么知觉就可以展现。但是，我们必须认真考虑认知的状况，必须对认知的强弱情况做出评价。首先是需要对我们的知觉、感官是否适合于准确地描绘我们周围世界做出理解，同时也必须对我们的推理是否可靠做出评价。科学不仅仅是知觉经验的产物，同时也是可靠推理的产物。康恩布利斯认为，"那些高度可靠的信念之获得和保持的过程有必要引起人们的注意"。② 自然主义

① Hilary Kornblith, Naturalism: Both Metaphysical and Epistemological, in *Midwest Studies in Philosophy*, XIX (1994), p. 40.

② Ibid., p. 48.

的认识论应该对知识是如何可能的问题做出解释，通过经验研究，提供更有建构性的建设性的认知规范。

康恩布利斯认为，形而上学也是需要建立在科学之上的，离开了科学的形而上学与认识论，那么它必然会是无本之木，我们需要一种以科学为基础的新的自然主义的形而上学与认识论。形而上学与认识论之所以能够统一，是因为，在他看来，两者可以在成功的科学理论之上统一起来并进行优化。心理学的经验研究与推理的可靠性两者的统一必须有一个适当的基础，这个基础就是当代的科学研究成果，是哲学与科学的同步发展。"哲学必须基于科学之上的观念，并不是什么新观念，……笛卡尔、洛克、康德、马克思、赖欣巴赫和大量的其他哲学家都企图表明他们的观点是与时代最有效的科学相适应的。"[1] 因此，他主张，建立一种既能包容形而上学又能包容自然化的认识论的统一的新自然主义。

傅雷（Richard Foley）则认为，并非所有哲学问题都能够被自然化。自然化运动几乎在当代所有哲学领域中占据主导地位，甚至在精神哲学中，有意向地追求用科学上受人尊重的研究方式来研究精神现象，这是可以令人信服的。使精神哲学的内容和概念得以自然化，或者用科学的方法来进行研究，其指导思想就是让科学来制约哲学，哲学理论必须是自然主义的，并最终是科学的，这是真正告诉我们世界是什么的理论。

但是，自然主义却无法使证明的信念自然化，不能使认识论的主要概念自然化。因为，几乎所有当代的认识论都从事信念的证明问题，所以，许多哲学家认为，我们不可能把认识论真正自然化。他引齐硕姆为例，齐硕姆认为认知证明的概念是根据人们的伦理需要而被选择的，这些伦理需要是在非规范陈述基础上偶然地产生的。他认为，除齐硕姆外，还有很多哲学家主张信念和感觉经验的概念不可能与科学的世界图景、科学对世界的描述相提并论，两者是有区别的。如果我们要成为一个自然主义的认识论家，那么就必须放弃信念和感觉经验的概念。但是，如果这样的话，那么就不会有多少认识论家会同意放弃它们，无论是奎因、德雷茨克（F. Dreske）、阿姆斯特朗、戈德曼、坎贝尔等，没有一个会取消或放弃信念和感觉经验的概念的。

---

[1]　Hilary Kornblith, Naturalism: Both Metaphysical and Epistemological, in *Midwest Studies in Philosophy*, XIX（1994），p. 49.

对于奎因把认识论自然化的态度，我们只能解释为他反对先验地研究认识论，这是一种广义的论题。奎因以心理学代替认识论，把认识过程看作是输入与输出的关系，以感觉的输入和理论的输出之间的关系来替代认识论中的感性与理性的关系。但是，在奎因的这个纲领中，对感觉的输入的理解远胜于对理论输出的说明，实际上奎因在理论的输出方面几乎没有谈什么。

傅雷对奎因的观点做了维护性解释，他认为，奎因的自然化的认识论看似放弃传统的规范认识论，其实并非如此。奎因主张用心理学替代认识论，使认识论成为心理学的一章从而成为自然科学的一章的观点也不能简单地理解，而是要"使我们假设的简单性最大化，使残缺不全的陈旧假设最小化"①，而是要使认识论与自然科学相联系，使认识论相关的科学都成为我们寻求真理的手段。

对自然主义提出不同见解的人比比皆是，但是，讨论问题的总框架仍然是限于对传统的形而上学观点的否定与摒弃，以及用什么样的方法来论证人类知识的可靠性和正确性等问题。在此现代西方哲学的大背景下，以种种方式提出新的观点或者干脆标榜自己反对传统、反对形而上学，是一种时髦的风格。显然，自然主义倾向是历来存在的，而试图以自然主义来否定传统认识论乃至整个西方哲学传统，也未必是一种合适的趋势。但是，在确定什么是正确的知识、如何确证知识等重大问题方面，我们仍然需要形而上学，其实自然主义也正是这种形而上学之一。正如康恩布利斯所主张的那样，形而上学的认识论与自然主义的认识论两者是互相依赖、互相利用和互相促进的，在这个互相促进过程中，认识论得到了实质上的进步。

---

① 　W. Quine, *Words and Object*, Cambridge，1960，p. 22.

第 四 章

# 基础主义与融贯论

直至 20 世纪，西方认识论理论中占据主导地位的是基础主义和融贯论。基础主义的依据是经验论理论，即在认识过程中，我们假定有一些基本信念，这些基本信念是自我辩护的，不证自明的。而其他非基本信念都将通过基本信念而得到辩护。

所谓基本信念，就是从经验论的思想中得来的。经验论理论认为，人的认识必须依赖于人的感官，即基于感觉、知觉之上，客观世界为人们的感觉器官提供了材料，而人们在感知觉基础上形成的认识是准确无误的认识，因此，它也是我们的基本信念。以此为前提，我们依赖于人们的思维，又从这些基本的认识推理得出了新的信念。这些信念即是非基本的信念。所以，推理过程中，我们可以追溯到那些基本信念。这样一种基础主义的信念理论一直以来都具有明显的优势并为人们所认可。

融贯论则否认这种基本信念的特殊地位，按照融贯论，一个信念的可辩护性是由一个人的全部信念所决定的，所有的信念都是平等的，在这样一个全部信念系统中，一个信念是否得到辩护，取决于这个信念在整个系统中是否和其他信念相一致。

## 一　基础主义的知识辩护理论

历史上的全部唯物主义和经验论的认识论都是基础主义的。它们把客体当作认识的最终来源，主张感觉材料是认识的唯一源泉，由此而形成的认识都是正确的，是基本信念。一切其他认识均置于这些基本信念之上而推理得出。

1. 基本信念——基础主义辩护理论的前提

基础主义的认识论都是符合论，在唯物论看来，人的认识是对客体的反映，这个反映的最初形式就是感觉、知觉和表象等感性材料。我们说，"有本书在桌子上"，那么我们只要看一看桌子就可以了，如果真的是桌子的桌面上有一本书，那么"有本书在桌子上"这个句子就是真的。由此可见，基本信念的辩护是不需要任何推理的。

第一，基本信念是无须推理的。说基本信念是不需要推理的，就是说我们应当充分相信自己的感觉能力。尽管一些怀疑论者认为，感觉是存在错误的，例如错觉。但是，一般而言，相信自己的感觉，或者相信大家的共同感觉，这是一个公认的事实。哪怕一时存在着错觉，但随着时间的转移，人们是可以调整的。例如，筷子插入水中，我们的视觉所见的是折的，但最终人们并不会以为是折的，而是发现了这是一种折射现象。

第二，基本信念确定与事实相符合。因此，基本信念的确立完全依赖于人的日常的感觉或感官的能力。在长期的认知过程中，人们形成了一些基本的信念，而将一些非此即彼的感觉认识置之度外。例如，我们常用"仿佛""好像""可能"等来表示某些认识的不确定性，这表明了我们的感觉还无法完全把握事实。所以，波洛克认为，基本信念作为一个类必须满足以下条件："（1）必须存在着足够的基本信念，这些信念可以为所有其他信念提供基础，并且（2）基本信念必有一个可靠的地位，这一地位不需要它们进一步诉诸得到辩护的信念来为自己辩护。"① 当然，基本信念的验证还有其他方面的标准，例如，基本信念应具有：无可怀疑性、成功性，即每次在我们经历同样的状况时都能成功地解释对象等。

第三，基本信念是无须矫正的，是可以得到自我辩护的。即当一个人拥有基本信念时，那么这个基本信念是可以通过知觉在符合论的意义上来验证的，我们说玫瑰花是红色的，那么我们是可以通过我们的感觉即视觉，看一看它究竟是否是红色的来验证这句话的真实性。怀疑我们的感觉、知觉能力，就如同怀疑我们能否吃饭一样，这是一个不正常的问题。因为，迄今为止，人类已形成了大量的知识，无论是在量上还是在质上，我们都在不断地扩大和丰富我们的知识。因此，怀疑我们形成知识的能力，是一个不明智的心理问题。

第四，基本信念是不可回溯的最终信念。基本信念既然是无须通过推

---

① 波洛克：《当代认识论》，陈真译，复旦大学出版社 2008 年版，第 40 页。

理形成的,那么一切推理得到的信念便是可以还原为基本信念的。即通过推理形成的信念,均是在基本信念的基础上形成的,其最终的根源可以回溯到基本信念。即信念 B 是通过信念 A 推理得出的,信念 C 是通过信念 B 推理得到的,那么反过来,信念 C 的辩护必须以信念 B 为依据,而信念 B 则须以信念 A 为依据,然而信念 A 是一个基本信念,它只能通过我们的感觉来得到辩护,而且这是一个最终的辩护。基本信念的辩护标准不在于信念自身,而在于我们人对信念所指的对象的知觉,因此,基本信念是无法回溯的。也就是说,对于一个基础主义者来说,信念的辩护并非一个无限回溯的过程,它必须结束于最后的信念即基本信念。

2. 知觉信念之是否可靠的论证

基础主义的一个基本观点是:一切推理得出的信念均是基于基本信念的,认识的提升即我们思维中的抽象概括是以此为前提的。在知识的辩护上,也是这样,即非基本信念是通过推论得出的,那么这些非基本信念的辩护也是通过寻找到基本信念的基础而得以完成的。试想:吃蔬菜有益于健康,要使这样一个信念得到辩护,那么就必须求于营养学、生理学,那么对营养学和生理学的辩护,就得求助于生物学和化学,然后要对生物学和化学的理论进行辩护,就得最终求助于我们的基本信念——知觉事实。这样一种"基于关系",是一系列的因果性关系,即信念 C 基于信念 B,信念 B 基于信念 A,信念 A 基于基本信念——知觉信念。就此即终结了,因为基本信念是无法再继续回溯的最后一个依据,这是我们对信念辩护的最基本方法,即回溯方法。这样一种回溯方法在应用中,往往会产生无穷倒退的结果。但是,对基础主义而言,无穷的回溯是有终结的,那就是终结于基本信念——知觉信念。

在这样一种基于关系上,古代希腊哲学家亚里士多德创立了归纳演绎推理的逻辑。形式逻辑是可以归因的,即把一个现象的产生归因于另一现象,然后又归因于再另一个现象。例如,植物的生存是因为有水的存在,水的存在是因为有大气的变化而导致下雨现象的存在,大气的存在是因为地球上大气的自然循环现象的存在,大气的冷热变换是下雨的最终原因,因此,我们感觉天气特别闷热时,大气就会凝结很多水滴,以致使天下雨。天下雨是一个知觉现象,水气的蒸发是一种知觉现象。这是一种典型的归因推理。另一种归纳论证是:植物的生存是由于水的存在,人的生存也是离不开水的,所以,一切生命的存在是离不开水的。因此,一切生命的存在是离不开水的这个信念的辩护是：离开水的存在植物就会死亡，离开水的存在人就会死亡。缺水就会导致生命物质的死亡，这是我们可以观察到的现象，是知觉信念。

在这样的基础上，逻辑的作用逐步得以显现。20 世纪初以来，哲学家们致力于逻辑分析，就是因为通过逻辑分析，可以最终还原为对现象的分析。人们试图通过逻辑分析，发现事物的现象和事物的本来面目之间的逻辑蕴含关系，对知觉进行解释。在维特根斯坦看来，思想是世界的图画，思想是由语言构成的，语言是由命题构成的，命题有复杂命题和简单命题、原子命题，这些命题是与事实相对应的，复杂命题对应的是复杂事实，简单命题对应的是简单事实，原子命题对应的是原子事实。这样，逻辑分析的脉络就非常清楚了，我们只要把复杂命题分析为简单命题，把简单命题分析为原子命题，而原子命题与原子事实是相对应的，我们便可借助我们的知觉对原子事实加以清楚观察，从而证实我们分析时的一些命题的意义。对于原子事实的认识，形式逻辑是根据概念定义来决定的。概念通过定义来表征，定义通过事实的充分必要条件来说明，即定义阐释了原子命题的真值条件。例如，玫瑰花是红色的，其充分必要条件是：当玫瑰花在光线的照射下达到了一个特定数值的波长，这就是说，在光线照射下达到这个光波波段的颜色是红色，而玫瑰花的颜色是满足这个条件的。如果我们有光波仪器，那么我们就可以看见玫瑰花的光波波长是否达到了红色的区段了，因此，我们也就通过知觉证实了我们上述说法。

这样一种论证是有局限的。我们不可能将每一句子的意义都按照维特根斯坦的方法来进行分析，一个句子在一个理论系统中与在另一个理论系统中的意义往往是不同的，语言的意义取决于语境。后期维特根斯坦正是按照语言的意义取决于语境的观点完全否定了自己早期的观点。

知觉信念的局限性不言而喻。第一，是知觉的不准确性，感觉器官对外部世界的反映是有局限的，因为感觉阈限的存在，使得感觉器官对外部世界的认识存在有着范围的限制，因而不可能感觉到外部世界的完全真实的存在。第二，知觉是受理论的指导的，观察负载理论。每个观察者在观察之前，都已具有一些先入之见，带有一定的概念框架。第三，知觉难免挂一漏万，归纳法是有局限的，这个局限性就是它只能在一定的概率范围内认识世界。第四，正是由于知觉的局限性，从而使得在此基础上的推论也存在一定的局限。

　　3. 科学实在论的相关论证

　　传统的经验论的知识辩护理论以及 20 世纪初以来的知识辩护理论都只限于对语句或命题的意义的理解上，而自六七十年代以来，随着奎因对经验论的两个教条的批评，以及奎因的整体主义科学观的提出，人们从整体角度对科学知识进行辩护已经成为知识辩护理论发展的一个趋势。所以，20 世纪六七十年代以来的科学实在论对科学理论的辩护正是这种辩护观的一个写照。

　　科学实在论在今天的发展可谓是强弩之末了，它的发展经过了 20 世纪七八十年代的鼎盛时期，八九十年代的辩护和修正，直至 20 世纪 90 年代后期的非实在论对科学实在论与反实在论争论的全盘否定，至 21 世纪初形成了新的科学实在论即结构的实在论，形成了一个不断在争论中反思自己的过程。这个过程一方面说明了科学实在论的理论观点确实不像反实在论所说的那样没有任何说服力；另一方面，也表明了实在论所说的对科学理论成功的唯一解释是夸大其词的。但是，科学实在论的真正出路，不是因为改变自己看问题的方法，而是在知识辩护中坚持科学的实践观和辩证法。

　　20 世纪六七十年代科学实在论的争论，是一个经典争论。主要是围绕以下问题展开的：科学在文化中有没有权威性？我们应当如何理解科学理论的本质？科学理论尤其是成熟的科学理论有没有真理性？科学理论是不是在实在论的意义上与客观对象相符合？这一系列的问题均涉及知识的辩护问题。

　　针对上述问题，我们可以把科学实在论在这个时期的发展分为三类：

　　第一类是由普特南、波依德等人提出的实体实在论，他们的实在论观点可以称作"经典的实在论"。这种实在论观点的意图是针对科学哲学的历史主义者库恩、费耶阿本德等人否定了科学理论在文化中的权威性地位而提出来的。这种经典的实在论便是爱德华·麦金农在他题为《科学实在论：新的争论》的那篇文章中所概括的，"实在论者总是引证当时流行的科学理论，并且坚持认为，成熟的科学理论其基本术语是指称实在的客体与事件的，而理论定律则在符合的意义上真正是关于那些客体的，尽管只是近似地真。大多数具有形而上学倾向的实在论者坚持认为，当这些定律为真时，就表达了某种客观必然性，这种客观必然性只能由实在的本质和相伴随的活动力来适当地解释，或者通过因果活动的本体论解释来说明。"①

第二类即"修正的科学实在论"。科学实在论形成以后就一直受到反实在论者的反驳，劳丹、范·弗拉森、玛利·赫斯、亚瑟·法因等人对科学实在论进行了批评，他们认为，一个物理学家或科学家在科学实践中，是不知道如何做一个科学实在论者的，理论即使有真理也只是个概率问题，科学是开放的，客观事实也是一个变化的范畴，所以，理论是不确定的、相对的。在反实在论者的批评下，科学实在论者开始修正自己的理论。

首先是波依德对科学方法做了实在论的辩护。波依德集中于经验主义者和实在论捍卫的对科学知识的总体论证的相对价值，经验主义的主要依据在于：一切事实知识都应当源于观察，由观察结果归纳出理论的一般，但是，归纳为什么是可靠的？那就得诉诸科学预言的成功。波依德说："经验主义者瞄准了对科学知识的一种有选择的怀疑说明：关于不可观察实体的知识是不可能的，但关于可观察实体的归纳概括常常在认识论上是合法的。"② 之所以这么说，是因为人类在认识自然界时，其本身就具备了这种能力，一种比生物更普遍、更高级的认知能力，人是自然界的一部分，人的身体和各种机能是在适应自然界的过程中形成并发展起来的。"认知由自然过程所组成。它是一种我们知道怎样去做的事情。"③

其次是普特南与爱利斯的"内在的实在论"。普特南一开始就不赞同用"科学实在论"一词来表示他的真理符合论观点。到20世纪八九十年代后，他转而认为，真理存在于理论内部，是相对于理论而言的，客观世界并不独立于我们的概念框架而存在，所以真理不是直接等于客观事物本身，而是内在于我们人类与客观世界的关系中，"真理不是终极之物，真理本身还要从我们的合理的可接受性标准那里获得生命"。④ 普特南认为，客观性并非由世界决定，而是由人参与之后决定。因此，真理的问题涉及

① E. Mackinnon, Scientific Realism: The New Debates, in *Philosophy of Science* 46 (1979), p. 502.

② R. Boyd, The Current Status of Scientific Realism, in J. Leplin (ed.), *The Scientific Realism*, California, 1984, p. 73.

③ 约翰·波洛克、乔·克拉兹：《当代知识论》，陈真译，复旦大学出版社2008年版，第195页。

④ 普特南：《理性、真理和历史》，童世骏、李光程译，上海译文出版社1997年版，第141页。

了"合理的可接受性"，但这并非说"合理的可接受性"就是真理的标准，因为它有一个程度问题，同时也是相对于个人而言的，所以，对世界"真的"描述不止一个。"存在着的只是现实的人的各种看法，这些现实的人思考着他们的理论或描述为之服务的各种利益和目的。"① 内在的实在论和经典形式的实在论所不同的是，它注意到事实总是与价值结合在一起的，不同的文化共同体有着对世界不同的认识。不过此说并不是指我们的认识毫无标准可循，认识的标准仍然是合理的可接受性，因为"如果不存在一个客观上应当具有的合理性观念，则'事实'概念便化为空无，也就没有'事实'。没有融贯性、简单性和工具效能这些认知价值，我们就没有世界，也没有'事实'。"②

　　普特南的"内在的实在论"明显具有实用主义性质，带有明显的相对主义色彩，因而受到了很多人的批评。1990 年，他在其出版的《戴着人的面孔的实在论》一书中，则提出了所谓的"新实用主义的实在论"，主张回到心身关系的讨论中，回到维特根斯坦主张的日常生活中去，回到人们的实践中去，认为世界离不开语言，语言离不开生活。

　　最后是萨普与杰宁斯等人的"准实在论"。与经典科学实在论不同的是，萨普通过对理论结构的具体分析，把理论看作对客观世界的理想化模型，理论与世界之间的关系是一种地图关系，理论是一簇模型，是一种定量参数，但理论最终必须与实验、与科学家的实践相联系，否则我们便无法知道理论是否经验地真。既然如此，理论的内容与客观实在对象之间并非是一一对应关系，"理论从属于大量的实验检验，这些检验在于把理论做出的预见和对物理系统的观察加以比较。"③ 不仅萨普把科学实在论的符合论调整为科学实践，而且萨普还认为，科学实践绝不是一个个人的行为，它是各个科学家的共同协作，"单一的科学家不可能创造出自己的科学，必须依赖于同仁们的劳动，……科学要求科学发现、科学结论必须得到实验的支持和其他实践者的评价"。④ 这样，萨普就形成了自己的准实

---

① 普特南：《理性、真理和历史》，童世骏、李光程译，上海译文出版社 1997 年版，第 56 页。

② 同上书，第 148 页。

③ F. Suppe, The Semantic Conception of Theories and the Scientific Realism, Illinois, 1989, p. 141.

④ Ibid., p. 382.

在论的观点，即对科学理论做了准实在论的解释，同时，也改变了传统的理论与对象关系的争论，而将它置于科学家的共同实践基础上。

除了这三种主要观点外，对科学实在论的修正意见还有：哈金的"实验的实在论"，主张电子、质子、中子都是实验的产物，只有在实验基础上我们才能理解这些理论术语是否有所指，其所指是否真实存在。胥拉格尔的"语境的实在论"（H. Schlagel, Contextual Realism：A Meta-physical Framework for Mondern Science, N. Y., 1986），胥拉格尔认为："理论框架的真理性最终是依赖于与相关证据相符合的，因为我们无法接触那些从解释的框架中分享出来的实在。"[1] 还有巴姆的"尝试的实在论"，主张通过尝试的方式来确定科学知识的性质，一种知识的判断之是否可行，只有通过尝试性地实验检验，"'尝试的实在论'是解决可靠知识的性质问题的最好方法，且是科学方法的基本假定"。（见巴姆《尝试的实在论》，张金言译，载《世界哲学》1993 年第 3 期，第 2 页）

总之，科学实在论在其发展过程中，到 20 世纪 90 年代前后，经过不断修正、调整，观点逐渐趋于辩证化、综合化、具体化与相对化。然而，由于科学实在论一开始就是作为科学文化中权威性地位辩护的学说而形成的，因此，随着对理论知识辩护的进一步展开，它仍将继续发展。

尽管有一些人提出完全否认科学实在论的见解，科学实在论的修正与调整其实也并未终结其发展。但是，自 20 世纪 90 年代后，却有人试图对科学实在论进行全面否定，把科学哲学有关科学知识本质的讨论引向新的歧途，即"非实在论"的哲学观。

首先是法因对科学实在论与反实在论争论的否定。法因认为，科学实在论与反实在论的争论是对"元理论探讨的失败"。他宣称科学实在论与反实在论都是"真理贩子"，认为实在论接受的是一种标准的"模型论"观点，而反实在论则试图把真理问题修改为"可接受性"，例如，范·弗拉森把实在论定义为"科学的目的就是在其理论中给出'世界是怎样的'本义上真的描述；对科学理论的接受涉及其为真的信念"。[2] 这对法因来说，是换汤不换药的转变，是"真理贩子"的变种，"就我所知，让真理

---

① R. H. Schlagel, Critical Notice：Fine's "Shaky Game", And Why NOA is noArk for Science, in *Philosophy of Science* 58（1991），p. 322.

② 范·弗拉森：《科学的形象》，郑祥福译，上海世纪出版集团 2005 年版，第 11 页。

贩子们以为其观念可行的原因，通常就是向行为主义的转变"①。但是，几乎所有的人都认为，行为主义诸如操作主义、华生与斯金纳主义都是错误的，其错误主要在于以某种偏窄的观点来理解对象，即对实在论与反实在论来说，错误在于先确定了真理概念，然后再把它和可接受性联系起来。然而，行为主义认为真理在于可接受性，可接受性的标准又是根据什么呢？显然，这些人又会认为是理论的真理性，如此，就会陷入恶性循环的境地。所以，实在论与反实在论的一切探讨终将失败。既然这样，如果科学哲学要把自己凌驾于科学之上，那么它就一定会是穷途末路的。因此，我们应当宣告实在论与反实在论已经死亡！而为了避免进一步的科学实在论与反实在论的争论，我们就得提出一种新的非实在论的见解，这就是所谓的"自然的本体论态度"（NOA）。这种态度是一种开放的自然主义的尊重科学实践的态度，它要求我们抛弃总体性观念，主张按科学本身的实际来对待科学，而不是把某些形而上学的主题硬塞进科学的理解。NOA 是一种启发式的态度，它坚持容忍各种怀疑论与不同的观点，努力让科学家发表意见，让科学实践来回答某些问题。

然而，对于法因既非实在论又非反实在论的态度，耐尔逊·古德曼（Nelson Goodman）则有自己不同的看法。他认为，坚持非实在论观点并不意味着认为任何事物都是不实在的，而是认为，世界融入了构成世界的各种形式之中。所以，需要探讨的是构成世界的形式而非本体论问题。

第一，世界不是唯一的，而是因人而异的。他认为，无论实在论抑或反实在论，所坚持的并未穷尽各种可能的观点，我们不可能获得一个不依赖于人的心灵而持续存在的物体的观念，更不用说是关于一个物体内部结构和关于不可观察物的观念了。他认为，我们所居住的宇宙不是唯一的，而是根据我们思想的构造因人而异的。世界的存在依赖于我们对它的描述，"我们称之为世界的简单性的东西，仅仅是我们在描述世界中所获得的简单性"。② 人们对世界的描述是多样的。在许多种描述中，各自都认为自己的描述是真的，要达成统一的意见，就必须依赖于人们的约定。而对于解决这个问题，非实在论则可以对人们说，任何有差别的描述都不是

---

① A. Fine, *The Shaky Game*, Chicago, 1986, p.140.

② N. Goodman, The Way the World is, in Peter J. McCormick, *Starmaking: Realism, Antirealism and Irrealism*, MIT 1996, p.3.

唯一的，因为其他描述也是真的，没人告诉我们世界是以唯一方式存在着，我们只能说世界是以某种方式存在着，"如果有人问我世界存在的方式是什么，那么我也一定会同样地回答'不'，因为世界有许多种存在的方式"。① 这就是说，世界没有确定的存在方式，我们也没有能力准确地描述它，但是，世界以某种方式存在，任何一种描述也都能掌握它。

第二，思想是对世界的构造。古德曼认为，我们谈论世界与我们谈论正确的思想表达两者是可以互换的，"我们无法找到独立于我们的观点的特征"②，因此，不管我们谈论世界是怎样的，都不可能独立于我们的意见，不可能独立于我们的语言和符号的使用，我们根本无法在我们谈论的世界和独立于我们谈论的世界之间画出一条清晰的界线。但是，构造世界并不是指我们构造了一把椅子或一架飞机，而是说世界离不开我们的思想，"我们的确没有像构造砖块那样地构造星星，并不是所有构造都是像捏泥块那样的，我们这里所说的构造世界不是指用手，而是用思想，或者更确切地说是用语言或其他符号体系。当我说世界是被构造时，我说的是在字面上被构造……，当然，我们在形成关于世界的观点，正确的观点构造了世界，并且无论世界与我们正确的观点是多么的不同，形成正确的观点就是在构造世界"。③ 在古德曼看来，实在论认为外在于我们的外部世界是存在的，唯心论反对描述世界存在着多种分歧的观点，这两者有着根本的区别，而它们之间的对立纯粹是约定的。对他来说，他承认有客观世界的存在，但人们对客观世界的描述却只能根据自身的语言、思想意识的状况。由于人们思想的不同，所以各自表达的世界也会有所不同。这样一种观点有点类似于二元论，或类似于马赫的感觉唯心论。

第三，真理也是人们思想的构造。古德曼认为，我们的思想在构造世界时并不是无限制的，只有当人们的思想观念找到其与世界相沟通的桥梁时，他所构造的世界才可能正确。如果我们构造世界，那么真理的意义并不在于这些世界究竟如何，而在于我们自身，或者更确切地说，在于我们的观念以及与观念相关的东西。真理只是我们观念中的一些可以用命题来表达的东西，因为只有命题才可以是真或假，而观念只有正确与错误之

① N. Goodman, The Way the World is, in Peter J. McCormick, *Starmaking*: *Realism*, *Antirealism and Irrealism*, MIT 1996, p. 10.

② Ibid. , p. 144.

③ Ibid. , p. 145.

分。不过，我们在观念中其实也很难找到真理，因为真理是对命题而言的，而不是对观念而言的。

古德曼的观念中，构造世界与认识世界、理解世界是相辅相成的，如同创造与理解。构造世界属于思想的创造，认识世界如同我们的理解，两者是互相的，并不矛盾。"假如说构造世界就如同发现一样，那么认识世界就如同我们对世界的再造与呈现。所有我们已讨论的过程都是认识活动的一部分，我们已经知道，发现活动常常在于创造，发现规律涉猎了描绘规律，认识的模式极其类似于创造规律并利用规律，理解与创造两者是并行不悖的。"①

显然，古德曼的非实在论与法因相比，后者是行为主义的，而古德曼的非实在论则是唯心主义的、二元论的，他把世界的客观存在与我们对世界的认识混为一谈，把世界的存在的多样性与个人对世界的描绘的多样性混为一谈，严重地歪曲了世界的真实性与物质统一性。

科学实在论与反实在论的争论不断弱化是大势所趋，当今科学哲学的发展正在趋向非哲学化②。它们或者追求心理学的研究，或者通过社会学的方法来解决原先科学哲学研究的基本问题。然而，自 21 世纪以来，结构的实在论作为科学实在论与反实在论争论的一种新的替代结果，却被部分哲学家所认同。那么，结构实在论能否解决由 20 世纪六七十年代科学实在论者们提出的有关科学知识的本质问题呢?

关于结构的实在论，在 21 世纪初相继出现过多篇研究论文，这些研究论文有:雷迪曼的《科学、形而上学和结构的实在论》[Science, Metaphysics and Structural Realism, in *Philosophica* 67 (2001), pp. 57 - 76]、弗兰奇和雷迪曼 (Steve French and James Ladyman) 发表的《重建结构实在论:量子力学和结构的形而上学》 [Remodeling Structural Realism: Quantum Physics and the Metaphysics of Structure, in *Synthese* 136 (2003), pp. 31 - 56]、安加·切克拉瓦蒂 (Anjan Chakravartty) 的《科学的结构主义:表征与表象》[The Structuralist Conception of Objects, in *Philosophy of Science* 70 (2003), pp. 867 - 878]、爱奥尼斯·沃特西斯 (Ioannis Votsis)

① N. Goodman, The Way the World is, in Peter J. McCormick, *Starmaking: Realism, Antirealism and Irrealism*, MIT 1996, p. 76.

② 参见郑祥福《当代西方科学哲学的非哲学化趋势研究》，中国社会科学出版社 2011 年版。

的《结构还不足够吗？》［Is Structure Not Enough? In *Philosophy of Science* 70 （2003），pp. 878 - 890］、弗兰奇和萨西（Juha Saatsi）的《关于结构的实在论：语义学观点和非语言学的表征》［Realism about Structure：the Semantic View and Nonlinguistic Representations，in *Philosophy of Science* 73，2006，pp. 548 - 559］、杰姆斯·雷迪曼（James Ladyman）的《结构的实在论和专门科学与物理学之间的关系》［Structural Realism and the Special Sciences and Physics，in *Philosophy of Science* 75 （2008），pp. 744 - 755］。而反对结构实在论的论文则主要有：普西罗（Stathis Psillos，1965—）发表的《结构的实在论是可能的吗？》［Is Structural Realism Possible? in *Philosophy of Science* 68 （2001），pp. 13 - 14］、范·弗拉森的《表征：结构主义的难题》［Representation：The Problem for Structuralism，in *Philosophy of Science* 73 （2006），pp. 536 - 547］、普西罗的《结构，整体结构和只有结构吗？》［The Structure，The Whole Structure，and Nothing nut the Structure? in *Philosophy of Science* 73 （2006），pp. 560 - 570］、普西罗的《兰姆赛的"兰姆赛句子"》 ［Ramsey's Ramsey-Sentences，in M. C. Galavotti （ed.），*Cambridge and Vienna：Frank P. Ramsey and the Vienna Circle*，Dordrecht：Springer，2006，pp. 67 - 90］等。

结构的实在论可以区分为本体论的结构实在论与认知的结构实在论两类。

1. 本体论的结构实在论。什么是结构？约翰·沃勒（John Warrall）曾用数学方程表示数学—逻辑的结构，这个结构通过相关的数学方程式来表达。但是，这个数学的逻辑结构是很难适合于实在的，只是在本体论上得到了一个承诺而已。而"相比之下，在语义学的探讨中，我们直接给予一个模型，一个数学的结构，这被看作是确立了与世界之间的结构关系。"[1] 但是，语义学的结构观本质上并非结构实在论的必要构成要素，它是关于理论的结构主义形式的，所强调的是理论在对世界进行描述中的结构角色。"结构的实在论是关于我们最佳的理论是对世界近似正确的表述，这种近似正确性是由结构的近似正确的观点来说明的。"[2] 这样一种

---

① Steve French and Juha Saatsi，Realism about Structure：The Semantic View and Nonlinguistic Representations，in *Philosophy of Science* 73 （2006），p. 551.

② Ibid.，p. 556.

观点来源于语义学的理论结构观。切克拉瓦蒂（Anjan Chakravartty）是一个典型的实在论者，他认为，结构的实在论就是主张，迄今为止的科学理论并没有告诉我们那些客观现象背后的本质是什么，而只是告诉我们关于事物的结构是怎么样的，这个结构是根据事物诸要素的联系来理解的。"结构的实在论所主张的不是客体存不存在，而是客体应当被作为结构来理解。"① "我们不知道理论实体的本性是什么，但我们却能判断它们以某种关系而存在。"② 这就是说，按照切克拉瓦蒂的见解，我们应当找到一个相应的范畴，来表示我们通常谈到的客观世界中的关系和性质，那么这个范畴是什么呢？实在论者认为除了选用结构概念，我们找不到比之更合适的范畴了。在语义学的理论观看来，科学理论就是一个模型，这个模型可以表达为一个结构，它与客观实在世界中的那些关系和性质是相对应的，即两者是同构的。因此，作为一个实在论者，他最为关心的是我们对客观实在现象的最适当的表征方式。在物理系统中，一些具体的结构证实了我们的这个范畴，并且结构也确实合理地表述了物理系统。如果结构不存在，那么除非我们能找到一个比之更好的概念来代替它。同时，世界的结构是一种因果结构，"因果关系构成了世界结构的基本特征"。③ 由此可知，科学实在论之所以发展为结构的实在论，是因为科学实在论在讨论理论与世界的关系时，必须找到一个适当的表达式，即他所关心的是理论结构与实在世界之间的映射关系，理论如何表征实在世界？表征与被表征之间究竟是一种什么样的关系？这便是本体论的结构实在论的主要意图。

2. 认知的结构实在论。切克拉瓦蒂在《关于客体的结构主义观》一文中认为，结构的实在论可以区分为认知的结构实在论和本体论的结构实在论，认知的结构实在论认为，我们可以知道客体的诸种关系，但是我们却不知道用以构成结构的那些不可观察的关系，这些关系往往是被结构实在论者先定义了的。④ 认知的结构实在论者认为，我们试图获得本体论的决定性结论是值得怀疑的，因为结构实在论所要表明的是客观对象应该在

---

①  Anjan Chakravartty, The Structuralist Conception of Objects, in *Philosophy of Science* 70 (2003), p. 868.

②  Ibid. , p. 869.

③  Steve French and James Ladyman, Remodeling Structural Realism: Quantum Physics and the Metaphysics of Structure, in *Synthese* 136, 2003, p. 75.

④  Anjan Chakravartty, Structuralist Conception of Objects, in *Philosophy of Science* 70 (2003), p. 867.

什么意义上被理解，人们如何从发现客体的关系到认识客体的整体。这就是说，要对客体有所认识，必须建立在观察客体的性质和关系的基础上，如果我们没有对客体的性质和关系的特殊性进行观察，那么我们就无法断言整个客体的性质。

由于本体论的结构主义具有共相的性质，因此也称其为共相结构主义，而认知结构主义则因为其强调认知的具体性质，因此也被称为关系结构主义，或内在关系结构主义。在本体论的结构主义看来，结构就是所存在的一切，"全部存在就是结构"①。而在认知的结构主义看来，如果我们说唯有结构才是理解世界的概念，那么这肯定是不对的。"一个领域的结构是一个相对的概念，它依赖于描述该领域的性质与关系，并随之而发生变化。一个领域没有固定的结构，除非把某些性质与关系强加于它。"②在普西罗看来，结构的因果解释是不成立的，因为因果关系不同的两个事物也可以具有相同的结构，或者说相似的结构可能具有相似的因果关系，但是，本体论的结构不可能把因果性赋予结构的口号中，因果性是一种认知的关系，这种关系在不同的事物中是不断变化的，而且是相对的，除非我们把这些因果性强加于结构，否则结构就不可能是确定的。所以，断言"结构是唯一的"，这是一个假命题。因此，科学的结构主义观点应该是认知的而非本体论上的，结构存在于我们对世界的表象（representation）或表征中。普西罗在阐述结构实在论时说，按照皮亚诺的观点，我们可以把结构主义区分为共相的结构主义和内在关系结构主义，两者都是以系统概念为基础，共相结构主义具有抽象的、独立的和实体性的结构，它们类似于柏拉图的共相。内在关系结构主义认为，系统作为存在的实体先于结构，它否认结构是独立的实体，而只是特殊系统的一种抽象。③

结构的实在论源于20世纪末的语义学理论观，特别是萨普的语义学理论观。

语义学理论观产生于20世纪三四十年代，最初是冯·纽曼对理论的语义学分析。之后，苏佩斯建议科学哲学家们一定要摆脱那种卡尔纳普的

---

① da Costa, Newton C. A., and Steve French, *Science and Partial Truth*, N. Y. Oxford University Press, 2003, p. 189.

② Stathis Psillos, *The Structure, The Whole Structure, and Nothing Nut the Structure?* in *Philosophy of Science* 73 (2006), p. 562.

③ Ibid., p. 563.

形式语义学，因为卡尔纳普形式语义学长期以来并没有取得任何进展，所以主张用非严格的数学方法来代替严格的元数学方法，将经验科学的方法纳入到语义学的研究中去，用非正统的方法对物理学理论进行分析。在他看来，"任何一个经验理论，特别是任何物理学理论首先都是以一个数学结构为特征的"①。

但是，批评者们认为，物理学理论包含了比数学结构多得多的东西，这些东西是苏佩斯理论所无法把握的。于是，在各种批评声下，斯尼德形成了他的结构主义语义学。斯尼德完全放弃了卡尔纳普形式语义学，给逻辑结构赋予经验基础，数学结构或是模型论均来自科学实践中的经验观察，真正的科学理论都是从日常生活中得来的，"人们构造或检验一个新理论，就要预先假定一些已被确立的知识，其中也包括那些过去已建立起来的并且现在正使用而不是正在被检验的理论"。② 在斯尼德的纲领中，被当作解释基础的先前已有的可理解的语言是由科学家的实践所确定的，这就表明了科学理论的结构与实在世界的结构两者是相一致的。

但到了 20 世纪 70 年代，贝斯和范·弗拉森则形成了他们的"B—方法"。按照范·弗拉森的理解，对于理论与实在世界的关系，存在着两种不同的理解，一种是实在论的，即认为理论的目的就是真实地描述客观对象，正是如此，理论是能得到恰当的解释的；而另一种则认为"科学语言应当在本义上得到解释，但其理论并非只有真才是好的"。③ 这就是范·弗拉森的建构经验论的观点。在范·弗拉森看来，科学理论仅仅是一组模型，这组模型是对物理系统的状态空间的描述，而非一个集合论谓词。他把这组模型的理论推测看作是必然的，而把实际观察的结果则看作是偶然的，前者适合于一切状态，而后者则适合于某一状态。所以，在范·弗拉森看来，"真理"属于语义学，它仅仅在理论模型中存在，相对于逻辑的基本句子而言。然而，在实际的科学实践中，一个句子是否关于粒子或波的问题则不存在所谓真理，它只是对科学家来说"在经验上适当"就行了。

尽管范·弗拉森对结构主义语义学提出了修改，但这种语义学基本上

---

① 施太格缪勒：《当代哲学主流》（下），王炳文等译，商务印书馆 1992 年版，第 413 页。
② 爱德华·麦金农：《科学实在论：新的争论》，载江天骥主编《科学哲学与科学方法论》，华夏出版社 1990 年版，第 155 页。
③ 范·弗拉森：《科学的形象》，郑祥福译，上海译文出版社 2005 年版，第 14 页。

与目前的结构实在论观点相类似。

其实，到了 20 世纪 90 年代，萨普（F. Suppe）的语义学的理论观便是结构实在论的最初形式。至于为什么会出现结构实在论这种形式，我们还得追溯到 F. 萨普 1989 年出版的《语义学的理论观与科学实在论》（*The Semantic Conception of Theories and Scientific Realism*）一书，在此书出版前，萨普发表了他的题为《理论与现象》（1974 年）的长文，在这篇论文中，他具体阐述了他的语义学观点与准实在论的思想。在萨普看来，个体的物理现象是一个现象系统，而理论则是关于这些现象系统的理想化的模型、复制品。这种理想化的抽象并不完全描述现象，而是描述现象的参数，这就使得理论在科学实验中成为可检验的，即理论描述在实践中存在着可复制性，如果我们的实验可复制地表现了理论的参数，那么这个理论就是真的。萨普与范·弗拉森之间在语义学上的区别在于：萨普对理论的解释是实在论的，即把理论看作是映射实在现象的，因此理论可以被实验检验是否为真；而范·弗拉森的解释则是反实在论的，即真的问题从属于语义学的模型，而实际使用理论时取决于其"经验的适当性"。因此，萨普的语义学理论观是一种实在论的观点，即他把理论看作是对客观世界的理想化模型，把理论与实验、与客观现象密切结合起来，"物理系统与现象系统是两个相关系统"①，普遍的概括是基于对单一的个别观察的，理论、定律也是依据个别观察而抽象得到的。所以，他主张"理论从属于大量的实验检验，这些检验在于把理论作出的预见和对物理系统的观察加以比较。"②"单一的科学家不可能创造出自己的科学，必须依赖于同仁们的劳作，……科学要求科学的发现、科学结论必须得到实验设计的支持，得到其他实践者的评价的支持。"③

综上所述，萨普的语义学理论观其实就是一种结构实在论的表述，他把理论看作是一个结构，这个结构与现象世界的结构是同构的。正因如此，理论才可能从属于实验的检验，才具有所谓的"可复制性"。语义学理论观发展的前前后后的过程，也正反映了当代结构实在论是怎样形成的。不仅如此，语义学理论观在发展过程中的各种对立和争论，也正是当

①　F. Suppe, *The Semantic Conception of Theories and Scientific Realism*, Illinois, 1989, p. 74.

②　Ibid., p. 141.

③　Ibid., p. 382.

今的结构实在论的两种形式——斯尼德结构主义理论观与范·弗拉森批评后形成的"B 方法"的语义学观点——的翻版而已。

现在，结构的实在论的命运究竟如何呢？

所有的可知论哲学毫无疑问在知识与世界的关系上，都应当是赞同科学实在论的观点的。实在论从本体论上肯定了科学理论与其相关事实领域的关系是一种表象与被表象的关系，这在几千年文明发展史上是一个不需要做出论证的事实。但是，具体到某些细节，人类认识总存在不完善的地方，在对知识的总体肯定之外，个别事实的反例总是给实在论者增添纠结的一面，导致了反实在论对实在论总体肯定性结论的质疑。怀疑论者认为，我们依赖昨天和前天以及以往太阳是从东方升起的经验，并不能推出将来太阳也从东方升起。特别是范·弗拉森认为，我们根据过去经验得出的结论，并不能推出关于不可观察物的真理性，如果理论拯救了现象，那么该理论才是真的。理论的总体概括遭遇了个别事实反例的陷阱。

结构实在论正是为了走出这个陷阱的新观点，它把理论看作一个结构，而把事实也看作一个结构，两者是同构的。这一理论的优点是突破了科学实在论理论术语是有指称且其所指的对象是实在的观点的局限。首先，用"结构"概念代替理论术语等提法，是因为结构不仅是一个实体，而且也包含各种相关关系和属性。其次，结构是一个系统，它使语义学、语用学和语形学三者统一在一起，以致在说明理论的语义时是指一个系统，而在理论运用时也无法突破这个系统的语境。最后，结构的实在论使用了同构概念，从而正确地解决了表象与被表象的关系问题。同构是指本体上同构，一些具体的反例虽然可以揭示理论的不完善，但理论并不因此而被否定，因为反例可以促使结构进一步完善，从而使理论与事实进一步同构。结构实在论的辩护是认为，"基本的观念是在总体上表明以往科学的成功，而非取决于我们现在就认为理论主张有基本缺陷，现在关键的问题是如何描绘那些有益于说明成功的'稳定与不变的元素'或'理论定律与机制'。很显然，一个人所要达到的关于本体论承诺的结论取决于这个问题如何得到回答，例如，一个像沃勒那样的结构主义者将会把形式的解视为'稳定不变的元素'，然而，更传统的实在论者则更愿意看到客体层面的连续性，如果我们使用中立的术语——'理论的连续性'去涵盖以上两种可能性，那么这些连续性的描述就应当是（1）说明理论的成功，（2）表明必要的连续性层面，或者理论变化中的一致性（不一定必然不变)。"① 可见，结构实在论者并不认为，我们在认知上的个别反例能够推翻一个理论的正确性主张，有关客体的基本不变的元素正是证明理论成功的根据。从科学史来说，也正是如此。一个个别的反事实例子并不能作为否定理论的依据，正如库恩所说的，只有当大量的事实都无法解释时，科学才会出现危机。关键是实在论所用的概念——"成功"究竟是依据什么来做出判断。认知的结构实在论就是抓住这一点来批评本体论的结构实在论的。在范·弗拉森看来，一个抽象的数学模型如何表征一个物理的实体？即一个数学方程如何表征一组数学现象？在形而上学实在论看来，具体的可观察对象与抽象的模型是同构的，而在范氏看来，结构实在论的答案是空泛的，实在论总是将所观察的现象嵌于模型之中，这种观点是错误的。他认为，"在科学实践范围内，图表、函数以及数学空间的运用，并不等同于把概念应用于非概念化对象的情形，而是应用于已经有所描述的在语境中被视为可接受的结构。"② 在范·弗拉森看来，具体的现象经常不在模型的覆盖范围内，我们用结构的概念把现象与理论相同构，"现象究竟是什么呢？就其本身所展现的，并不决定哪一个结构是它的数据模型，而是取决于我们对现象的选择，以及决定关注其某些特定方面，进而按照一定方式、在一定程度上对它们进行表征"。③ 这就是说，理论与现象并不存在所谓的"同构"，理论作为模型，它有着自己决定自己是否正确的标准，而对现象的解释则是根据解释者的嗜好。因此，本体论的结构实在论与认知的结构实在论其争论的焦点在于根据什么来对理论进行评价。

由此可知，结构实在论仍然需要解决以下几个问题：（1）对理论的总体肯定与个别反例之间的矛盾；（2）理论的相对确定性与事实变化之间不对称的矛盾；（3）根据理论预见的成功来判断理论正确性和依据我们的认知结果来判断理论的正确性之间的矛盾（即从本体上肯定理论与世界的关系同从认知上肯定理论与世界的关系之间的矛盾）。对于这些问题，如果我们用辩证唯物主义的视角看，判断一个理论是否正确，其标准

---

① Steven French and Juha Saatsi, Realism about Structure: The Semantic View and Nonlinguistic Representations, in Philosophy of Science 73 (2006), pp. 554 – 555.

② B. C. van Fraassen, *Representation: The Problem for Structuralism*, in *Philosophy of Science*, 73 (2006), pp. 541 – 542.

③ Ibid., p. 544.

决不在理论本身,要判断理论与现象之间是否一致,除了诉诸连接它们的实践之外别无他法。因此,解决以上问题的建议只能是:

第一,引入辩证的观点来解决理论总体性与个别反例之间、理论的相对确定性与事实变化之间的矛盾。所有的怀疑论者都有一个共同特点,即用个别反例来否定一个一般理论,或者用事实发展的不确定性来否定理论的确定性。在辩证法看来,客观事实是变化的,理论也是变化的,个别反例的出现是对理论的考验,理论因与现象不相一致而变化发展,当然,理论存在着滞后或超前的现象,这些现象或迟或早都会得到调整,以使两者相一致。因此,理论与现象都是确定性与不确定性的统一。从人类科学发展史来看,个别反例始终存在,辩证法把这些反例看作是推动理论变化发展的动力,而不是看作否定理论的因素,这就表明了辩证法从历史的眼光看问题的优点。理论的正确与不正确,这是一个相对的概念,理论的正确性总是在科学实践中通过不断的比较而得出的。科学家们的认知活动总是在不断地求得理论与现象相一致,而非不断地推翻理论,只有在理论与现象越来越不相适应时,越来越无法解释客观现象时,理论才可能被推翻,建立新的理论。

第二,引入实践观来解决对理论正确与否的评价问题。在辩证唯物主义看来,一个理论的正确与否是无法用理论本身的标准来判断的,客观现象也不是理论的直接参照标准,通过简单的观察事实并不能解决理论正确与否的问题。任何本体论的结构实在论抑或认知的结构实在论都无法独立地存在,本体论与认识论两者是相辅相成的,没有本体论也就没有认识论,没有认识论也就无法判断本体论是否正确。结构的概念甚至任何一个科学的概念究竟能否表达客观现象,这完全取决于我们在科学实践活动中对它的检验与评价。范·弗拉森主张,理论作为一个模型,其是否为真,我们只能作语义学的理解,至于理论与现象间究竟是什么关系,那是一个语义的问题。然而,我们试问:理论的语义内容最终是从哪儿来的?虽然结构的概念并不能解释一切现象,但是它在很多时候却是必要的。如果科学哲学家们每每创造一个概念,都是我们人为地强加给自然界的,那么试想,今天的科学还有什么意义?科学不正是依赖于科学实践中显现的成就最终证明自己优越性吗?科学实践之所以能对理论进行评价,主要是从三个方面得到体现:一是理论的覆盖率,一个理论总是概括了一类事实,覆盖一定的现象领域,并且理论因这种覆盖率的提高而不断获得其正确性。

二是在实践中对理论研究成果进行复制，观其效果如何，例如拦河造坝建发电站，我们涉及了地质学、力学、气象学、电学等理论，根据这些理论，我们最终复制与实现了理论的要求，那么对实施的结果我们是可以进行评价的，如果溃坝或是发不出电，那么就表明理论有错误，如果发出了电并达到了设计的要求，那么就证明了理论是正确的。三是对正负结果的分析，一场实践最终都会导致各种结果，这些结果有一些是正面的，有一些是反面的，通过分析，正面结果支持了理论，而反面结果虽然是对理论的否定性因素，但也是理论得以完善的动力。这种正负面的分析，也是对不同理论正确性程度的比较，如果有两个或以上相同领域的理论，那么通过这种实践结果的正负面分析，就可以发现哪一个理论是比较正确的。

总之，结构的实在论虽然在解释科学理论与客观世界关系上做出了努力，从原来科学理论术语指称的实在性解释，转向了科学理论与实在世界在结构上同构的解释，这确实是一种进步。但是，由于结构实在论在理解方法上依然拘泥于陈旧的形而上学，以致无法进一步解决其本身所存在的根本问题。唯有辩证方法和科学的实践观点，才能使科学实在论争论走出传统的樊篱。

到此为止，基础主义的经验论知识辩护观点已经昭然若揭。实在的现象世界是我们知识的第一源泉，经过人的感觉向人的大脑传递现象世界的信息，然后通过大脑转换为心理事件，再产生知觉经验，再从知觉经验上升为一个理论体系。基础主义辩护理论强调了实在世界的第一性原则，同时也强调了大脑的加工只是对现象材料的提升而已，知觉经验只有当它作为整体的理论存在时，它才具有最大的解释力。所以，实在论者的辩护表明，理论和现象具有因果关系，理论是对现象的表象或反映，尽管理论存在这样那样与实在不相符的方面，但理论是唯一能够解释现象的；理论在预见上的成功，是对实在世界最有说服力的说明；越成熟的理论就越具有解释力，越具有真理性；而理论与现象世界都只能是一个结构，现象世界的结构与理论的结构是同构的，结构是我们所能找到的解释现象的最好、最恰当的词汇。

然而，不管基础主义如何解释，基础主义知识辩护理论总是存在着多个难题：诸如，感知觉的可错性问题，基本信念与非基本信念之间的无穷倒退的论证问题，记忆信念的不足问题，他心问题，知识提升与抽象过程中归纳法的局限性问题等。这些问题给知识辩护理论进一步发展留下了空间，与基础主义相关的不同观点首先是融贯论的知识辩护理论。

# 二　融贯论的知识辩护理论

基础主义是历史上最强大的认知辩护理论，如果基础主义失败了，也就意味着经验论失败了，意味着整个表象论失败了，意味着归纳逻辑的失败。那么人类建立起来的知识体系将何以存在呢？从总体上看，基础主义的知识论并没有失败，而是存在着一些问题。关于这些问题的讨论，则形成了一些其他的知识辩护理论。而融贯论也正是在此意义上形成的与基础主义是既相对立又相仿的理论。

1. 融贯论的形成。如果说基础主义是一种知识的外在论表现，追求知识与外部感性对象相符合相一致的话，那么融贯论则是内在的角度追求知识的前后一致性、关联性。它主张，知识是一个系统，在这个系统中，每一知识的地位都是相等的，不能说存在着所谓基本与非基本之分。一个信念的可辩护性取决于这个理论的整体的系统性。

融贯论在历史上早已存在，例如黑格尔的理论属于融贯论，布拉德雷的理论属于融贯论，鲍桑葵、布兰夏尔德、奎因、塞拉斯、普特南等都属于融贯论者。

之所以产生融贯论，一是因为基础主义的经验论存在着不少疑问；二是基本信念与非基本信念的提法给予信念以不平等的地位，以为一个信念的确证是由另一个信念来决定的，但其实一个信念的确证是由整个信念系统来决定的；三是因为一个信念体系中的个别信念有时会存在错误而得以修改，这样一些信念的完善，取决于该信念系统的调整功能，而非取决于事实，如果一个信念是可以修正的，那么必然会影响其他信念的可确证性，我们是否要放弃一些信念，这是由信念系统本身来决定的。信念系统本身存在着一个使自己保持一致的功能。

按照黑格尔的观点，在认识过程中我们的感知觉是存在着错误的，只有逻辑是人类认识世界的正确规律，逻辑演算得出的结论是正确的。因此，一个认识只要能符合逻辑的格式或规律，那么这个认识就应当是得到确证的知识。20世纪初的融贯论则集中体现在逻辑经验主义的理论家们那里，一般而言，融贯论者倾向于在数学命题中为自己寻找论据，一个数学命题是否为真，取决于它与数学系统中的其他定理之间有一种逻辑上的推论关系。纽拉特曾经就这样认为，一个命题如果与系统相矛盾那么人们就可以抛弃它，但同时，人们也可以改变系统使系统与该命题相一致，从而保持系统与命题的无矛盾性，确认这个命题的真理性。卡尔纳普、亨普耳、艾耶尔等人则认为，判断一个句子是否为真，要看从这个句子推出的可观察句子究竟如何，对这个句子的检验必须依赖于其他辅助性的假设和理论背景，以及现存的科学系统。"如果被检验的假设遭到实验的否定，我们不一定立即否定这个假设，我们完全可以怀疑或否定其他的辅助性假设以及现存科学系统中的某些定理，从而挽救这个假设。"① 奎因的整体论的科学观代表了当代融贯论。在奎因看来，不了解语言的重要方面，就不能获得科学理解。"不认识科学的结构，就不能更深入了解语言。对他来说，科学哲学和认识论与语言哲学是彼此不可分割地结合在一起的。"② 在奎因看来，单个句子的意义是无法孤立地验证的，因为与经验相对照的总是我们信念的整体。

2. 融贯论的基本类型。融贯论的理论基本上有下列几种：

A. 否定性的融贯论。否定性的融贯论相信：我们的信念都是得到过初始辩护的，都是正确的信念。如果一个人持有一个信念，那么他就自动得到辩护地相信该信念为真，除非他有理由认为他不该这样相信。例如，一个人的行为在未得到否定性的理由认为是错误的之前，他始终认为自己的行为是正确的。但如果人们有理由认为他的一个信念是错误的，那么就会导致他放弃这个信念。但这与他之前相信的那些信念是正确的并不矛盾，那些未得到充分理由证明一个信念是错误的之前，那些原先他相信的信念已然是正确的。所以，是因为否定一个信念的理由而导致他放弃这个信念，但他在拥有他的那些信念时，他并不需要有辩护的理由。

B. 肯定性的融贯论，即要求对一个人持有的信念都具有肯定性的辩护理由支持的融贯论理论。肯定性的融贯理论主张，如果一个信念符合他的逻辑体系，与他持有的逻辑体系相一致，那么，该信念就得到了确证。为了得到肯定性的辩护理由，信念持有者就得通过自己信念体系本身所固有的逻辑来进行推论，如果推论的结论是与其持有的信念体系的逻辑一致的，那么这个信念就得到了辩护。

---

① 杜任之、涂纪亮主编：《当代英美哲学》，中国社会科学出版社 1988 年版，第 279 页。
② 施太格缪勒：《当代哲学主流》（下），王炳文等译，商务印书馆 1992 年版，第 202 页。

C. 线性的融贯论。即认为，一个信念的理由必须通过另一个信念作为理由或理由的理由来加以确证，但这样一种线性的理由的理由，究竟什么时候才能找到一个最基本的点呢？这不是回到了无穷后退的循环论证了吗？答案是：理由的追溯可以永远继续下去！或者追溯到了某一点，也许就是基本信念，或者循环推理。

D. 整体的融贯理论。整体的融贯论认为，一个信念并不需要有十分充足的理由，而只要在整体的理论体系中能够得到确证就可以了，或者这个信念在整体理论中起着重要的作用，这个信念就得到了辩护。知识是一张网，每个信念只是这个网上的一个知识点或纽结，它与其他知识点共同组织成为一个信念体系。因此，对于任何一个纽结来说，它只要在这张网中具有一定的地位，那么就可以说这个信念就得到了辩护。当代的大部分知识融贯论者都具有这样的观点。

3. 融贯论存在的问题。施太格缪勒对当代知识论的融贯理论做了较多的说明。他在《当代哲学主流》中认为，在现代哲学中存在着哲学逻辑，包括模态逻辑、义务逻辑和认识逻辑。如果我们加上一些表达式如"可能的""必然的""不可能的"等词，那么就是"模态逻辑"；如果我们加上准许和命令这样的概念，那么就是义务逻辑；如果我们加上"相信""知道"这样的词语引入实质上出现的表达式，那么我们就称之为认识逻辑。发现模态逻辑的尝试最早开始于亚里士多德和斯多葛学派，但对于模态逻辑的可能性等概念的解释超出了逻辑的范围，例如概率，我们往往求助于物理学来解释。而义务逻辑则限于伦理和法的范围。而"认识的逻辑或相信与知道的逻辑是理论上最重要的哲学逻辑。在这方面有大量有趣的专题研究。但是看来观点上的分歧比哲学逻辑所有其他领域都要大"。① 因为在 20 世纪的哲学家们看来，在心理学从哲学中分化出去之后，留下来的就只有科学论与认识的逻辑。认识的逻辑主要想弄清楚的问题是：（1）相信与知道这两个概念的含义；（2）相信与知道的语境分析是否有助于解决相信与知道的概念的含义；（3）人们常常选择用内省的方式或行为主义的方式来说明相信与知道的含义，但内省的方式缺少主体间性；（4）如果引入心理的概念，那么在解决相信与知道的含义上就又会陷入自然主义；（5）在相信概念上存在着三种分歧：一是相信概念能

---

① 施太格缪勒：《当代哲学主流》（下），王炳文等译，商务印书馆 2000 年版，第 160 页。

否作为一种语言的倾向引入，二是我们能否引入相关的相信的程度与量的概念，三是我们对于相信概念应该提出什么样的最低的合理性要求；（6）在上述情况下，我们说"a 相信 P"，这个 P 已经无法是一个命题，所以除了求助于整体论，别无他法；（7）相信与知道对于个人来说，存在着主观意愿，尤其是知道往往以原先已知的东西为依据，所以逻辑并不能解决相信与知道的全部问题。

就这些情况而言，融贯论并非一种完善的知识辩护理论。

对融贯论的反驳有三种情况[①]：

第一种是可选择系统反驳。这种反驳的观点认为，假如融贯论的面前存在着两个不同的逻辑系统，那么我们应该决定选择哪一个系统来进行融贯呢？如果两个系统是相互不兼容的，那么同一个信念的辩护就会在不同的两个系统中得出相反的结论。一些信念系统在同一时代可能存在着相互竞争的理论，如果我们没法决定哪个系统更接近真理，那么我们如何选择一个更好的系统来论证某个信念呢？所以，我们无法相信融贯论能对信念提供合理的辩护。

第二种是"缺乏输入"的反驳。融贯论只注意一组信念与一个理论系统之间的一致性，但它却缺乏将这些信念与外部世界联系起来的标准。我们所有的信念都是关于外部世界的，外部世界是我们认识的对象，信念仅仅是外部世界的要素输入到我们大脑并经过处理的输出结果，如果融贯论不将这些信念与外部世界联系起来，那么它在决定选择某个系统时，它是缺乏选择标准的，因而将会导致错误的结论。

第三种是"无穷后退"反驳。所有的理论都存在着层级，因为一个理论借助于另一个理论得以提升，另一个理论借助于第三方而得以提升，以致无穷下去。那么理论与理论之间就存在着相互包容的关系，即 A 理论从属于 B 理论，B 理论从属于 C 理论，如此等等。这就是说，当一组信念在 A 理论中是融贯的，那么 A 理论也得借助于在 B 理论中的融贯才能得以辩护，而 B 理论也只有借助于 C 理论才得以辩护，如此循环无穷。这正是基础主义观点的不足之处，也是融贯论的不足之所在。

应对这些反驳，融贯论者做出了辩护。凯思·雷勒认为，当且仅当通

---

[①]　参见波伊曼著《知识论导论》，洪汉鼎译，中国人民大学出版社 2008 年版，第 129—130 页。

过与主体的信念系统中其他信念相比较来判定某一信念可以击败对手，从而确定该信念得以确证。一个人的信念系统中，某些是已经得到确证的，而另一些则没有。那么如何确定一个信念是得到辩护的呢？按照雷勒的观点，就是相信需要被确证的信念比之其他的信念更合理，更能击败对手。即"对于 $S$ 而言，在系统 $A$ 的基础上 $p$ 击败 $q$，当且仅当对 $S$ 来说，$p$ 与 $q$ 在系统 $A$ 的基础上相竞争，并且对于 $S$ 来说，在系统 $A$ 的基础上接受 $p$ 比接受 $q$ 更合理"。①

但是，如何确定一个信念比其他信念更有理由呢？雷勒用彩票抽奖的方式来加以说明。大家都持有一张彩票，张三的彩票是否比李四的更能中奖呢？如果我们说，每一张彩票中奖的概率都一样，那么我们就无法确定哪一张更有理由获奖，即哪一个信念更为合理的问题，我们只能依据对一张彩票中奖概率的推算，如果我们能更有理由确定一张彩票有中奖的更高概率，那么我们就可以说这个信念将更能得到辩护。② 传统的理解是把融贯看作是信念系统内含的、固有的，而他的观点则是把融贯看作是说明。雷勒说道："确证的融贯论断言，需要确证的这类融贯性（连贯性）是说明性的融贯性。W. 塞拉斯曾宣称这种观点，G. 哈曼则较为详细地论证了一个信念是否得到确证，是依赖于这个信念是否适合于最全面地做出说明性解释的。按照这种理论，在独立于信念系统基础上，一个信念是否得到辩护仍然是无法决定的。它必须与信念系统中的其他信念相关联才能决定其是否得到确证。""如果这种需要确证的融贯性是说明性的，那么在说明确证信念的过程中，这就是一个信念的功能。"③ 这种功能有两类，或者得到解释，或者成为解释某物的一部分。伯特兰·罗素曾做出这样的评论，虽然我们不知道有关物理对象的存在，但是我们可以合理地推论这些物体的存在，因为有关它们存在的假设，是对我们为什么体验到我们获得感觉资料的最简单也是最好的说明。所以，只要一个信念的存在是对我们所经历的现象的最合理的说明，我们就可以说这个信念得到了辩护或确证。

雷勒的观点仍然很难令人信服，因为一个信念既可以是一个信念系统

① 转引自陈嘉明《知识与确证》，上海人民出版社 2003 年版，第 208 页。
② Keith Lehrer, Theory of Knowledge, Westview, 1990, pp. 87 – 89.
③ Ibid. , p. 91.

中的一个判断，也可以是一个独立的判断。在雷勒看来，一个信念的确证必须在一个整体系统中，而与人们的经验毫无关系。然而，实际上是否如此呢？经验与信念不可能毫无关系，雷勒的观点显然很难使人理解这一点。

劳伦斯·邦久认为，基础主义可以区分为弱基础主义、精致的基础主义和强基础主义，无论这些基础主义是弱的、精致的抑或是强的，在他们的认识论解释中都免不了要使用"融贯"概念，虽然有时使用的是其他名词，例如刘易斯的和谐（Congruence），齐硕姆的协同（concurrence），甚至是"语境主义"的观点。融贯论需要的是一致性，非一致性则是融贯论的对立面。当然，"第一，融贯并不与一致性相等同；第二，它是与在同一个系统中的信念的可互相推论性相关的；第三，有关说明的关系是融贯的关键组成成分，虽然不是唯一的成分；第四，融贯通过概念的变化而得到提升。"① 但是，还存在着概率问题，即一些信念可能仅仅得到概率的辩护，而概率的辩护从另一方面看却存在着不能得到辩护的怀疑。为了克服这个问题，邦久提出了以下解决方法：

（1）一个信念系统仅当它在逻辑上一致时才是融贯的；

（2）一个信念系统仅当其与概率一致性程度相对称时才是融贯的；②

（3）一个信念系统的融贯性通过构成本系统的信念间的推论关系得到增加，并且与这个推论关系的数量与成员相对称；

（4）如果通过推理而把一个信念系统分成互相不关联的信念子系统，那么在此程度上其融贯性消失；③

（5）在人们相信的系统内容中，一个信念系统的融贯性的减弱是与其不能解释的反常现象相对应的。④

在融贯论看来，为了使得到辩护的信念在一个理论中变得有意义，那么其融贯性关系就应该是：第一，一个信念和一个人的全部信念系统具有融贯关系，否则就不可能相信这个信念。第二，融贯性关系必须在信念形成过程中具有因果性，即一个信念的持有者相信其所持有的信念与其整个

---

① Laurence Bonjour, The Elements of Coherentism, in Linda Alcoff: Epistemology: The Big Questions, Blackwell 1998, p. 216.

② Ibid., p. 217.

③ Ibid., p. 219.

④ Ibid., p. 220.

信念系统是融贯的。在邦久看来，信念系统内部应该是融贯一致的，但这些融贯一致的信念最终是和一个人的知觉具有因果关系。虽然我们从信念假设中不可能对物理对象的信念知觉进行认知评价，但是在它们形成之后，人们可以根据这些信念和其他信念的关系对它们自身进行评价。因为，知觉信念是得到辩护的初始信念。一个知觉本身不是信念，而是对一个初始信念进行辩护的初始材料，是我们获得信念的一个源泉。但是，知觉不是我们对信念进行辩护的根据。邦久认为，我们之所以要接纳知觉信念，乃是因为这些知觉信念是自然发生的，从认识的程序来看，我们也应当尊重这些信念。知觉信念提供了我们信念持有者的信息库，当这些信念产生后，我们便可以根据这些信念做出推论，推论得出的信念则是我们所要辩护的。其实，邦久的知觉信念究竟是不是一个信念，这是值得怀疑的，知觉仍然是些感性的材料，它还未能形成我们对世界的本质的认识，还没有资格称其为信念，知觉仅仅是一个信念存在的理由而已。

融贯论者坚持信念之间的关系是一种说明关系的观点。在什么样的情况下，使得一个人某个时期的信念系统具有高度的融贯性呢？"邦久提出了下述的元素种类，认为它们有助于融贯性：（1）逻辑一致性，（2）逻辑衍推关系，（3）说明关系。如果信念的合取没有衍推什么矛盾的话，一个信念系统就是逻辑上一致的。如果一个系统中许多命题为系统中许多其他命题或其他组命题所衍推的话，这个系统就有许多衍推关系。如果一个系统中许多命题要么潜在地说明系统中的其他命题，要么为系统中其他命题所说明，那么这个系统就有大量说明关系。"① 在融贯论者看来，信念间的关系在说明上是相互支撑的，辩护在某种意义上说是说明的融贯性。一个信念是否得到了辩护，关键取决于这个信念是否符合"最佳说明的推理"。否则，我们就无法判断一个信念系统是否得到了辩护。一个信念可以说明其他的信念，同时也可以为其他信念所说明，两者是互相支持的。

这样一种融贯论的辩护理论仍然存在着不少困难。其一，对于一个学者来说，构建一个融贯的理论体系并不是一件难事，然而构建一个理论体系能成为一个信念系统的辩护的必要且充分条件吗？"一致性并不是一个很难通过的考验，构造一个有许多衍推关系的命题集合也不困难。……任

---

① 欧阳康主编:《当代英美哲学地图》，人民出版社 2005 年版，第 205 页。

何有适度独创性的人，都能很容易地制造出许多反映丰富的说明关系的命题集合，而不论这些命题是否准确地描绘了世界。"① 这就表明了上述的辩护条件是不充分的。其二，任何一个构造自洽的体系的理论家在考虑建构自己的理论时，都会有一些预设的前提，例如爱因斯坦在创造狭义相对论时，首先假定光速是自然界最大速度，这个速度是不变的。一旦这个前提被发现不合理，那么其整个理论大厦就会倒塌。弗雷格的《算术原理》在罗素发现其内在的矛盾前，它是融贯的，弗雷格自以为自己的理论原理受到了辩护，但是罗素揭示了其内在的矛盾性后，则变得完全是不一致的了。这表明理论体系的自洽并没有为理论提供确定的必要辩护。其三，融贯论的说明关系也不表明其得到了充分必要的辩护，因为说明一个信念必须借助于另一个信念，而另一个信念同样也得借助于别的信念，以此类推，必然会导致推论的无穷后退。这就必然会导致基础主义的结论，即最终会导致初始的知觉意义上的信念，即基础信念。融贯论者强调信念系统内部的逻辑的一致性不能解决基础信念与衍推的信念之间的关系。"按照融贯论，经验与辩护并无关系，因为只有其他信念才会对一个命题在辩护上的状态产生影响。然而这似乎很难服人，经验的确有其作用。"②

波洛克对基础理论与融贯论做出了较为中肯的评价。他认为，"基础理论与连贯理论的失败基本上是出自于同样的理由——认识的合理性不仅仅是由一个人决定的。信念以及非信念的知觉和记忆都和一个信念的被辩护性相关。基础理论考虑知觉状态和记忆状态的方式是试图假设我们总是有关于这些状态的信念，但在这一点上，它们犯了错误。连贯理论正确地放弃了这样的认识论的基本信念，但它们在泌掉洗澡水的同时也泌掉了婴儿。它们放弃现象和表面记忆信念，但拒绝知觉状态和记忆状态的非信念诉求，这使它们对知觉和记忆的接纳变得不可能。正确的回答应该是放弃现象信念，亦即承认知觉和记忆信念的被辩护性不依赖于我们的现象和表面记忆的信念，但为了承认这一点，认识规范必须能够直接诉诸知觉和记忆，则无须信念媒介。"③

① 欧阳康主编：《当代英美哲学地图》，人民出版社 2005 年版，第 205—206 页。
② 同上书，第 207—208 页。
③ 波洛克：《当代知识论》，陈真译，复旦大学出版社 2008 年版，第 108 页。

　　波洛克认为，正确的认识论是建立在非信念基础上的，认识论所要解决的是表象与世界的关系，即人类对于外部世界的认识关系，而非知识本身。因此，对一个知识的辩护应当从知识的外部去寻找，或者从外部对象去寻找，或者是从认识者本身去寻找。这就是内在主义的观点和外在主义的观点。

# 第 五 章

# 内在论与外在论的争论

由于信念问题上的分歧与争论的加剧，在知识辩护上就出现了内在论与外在论的争论。内在论主张，认识是认识主体内在描述的结果，S 对 P 的认识或者 S 获得了 P 的辩护或确证了的信念，关键在于 S 内在的活动。而外在论则认为，我们接受一个信念，是由外在的原因或至少是外的某种状态所决定的。诺齐克、德莱茨克、阿姆斯特朗等人是内在论者，笛卡尔、休谟、齐硕姆、普赖斯等人是外在论者。戈德曼则是一个综合内在论与外在论的中间派人物。

## 一　内在论与外在论的产生

"知识"自然是认识论的主要研究焦点，然而，在回答"我知道"的同时，"你如何知道"的疑问亦随即产生。我们在问及某人是如何知道某事的时候，其实我们真正想问的，是他凭借什么理由认为他是知道这件事的，或者他认为该事件为真，或者他具有证明它为真的证据。这就是说，即我们应当知道，究竟是什么东西使他的信念得到了确证。准确来说，认识论更倾向于是一种试图努力对"你如何知道"这个问题做出回答的理论，但这是一个关于如何知道的问题，而不是关于知道本身的问题。① 我们之所以紧紧围绕"如何知道"展开讨论，正是因为"如何知道"是有关知识确证的问题，它在某种程度上解答了我们应当相信什么而不应当相信什么的认知困惑。因此，认识论的核心问题不是讨论一般意义上的知识，而是认识论上有关的信念确证。我们把这个学科称为"认识论"（或

---

① 　约翰·波洛克：《当代认识论》，陈真译，复旦大学出版社 2008 年版，第 14 页。

"知识论")，不仅应当解释认识的形成，而且也应当解释我们为什么会有这些信念以及这些信念是如何得到确证的。也即是说知识和确证之间不仅确实有<u>某些</u>重要的联系，而且应该有这样的联系。①

由此，认识论也就将更多的注意力集中在了"确证"（justification）上。无论是认识论的内在主义（Internalism）或是认识论的外在主义（Externalism），都是与知识的确证相关的理论，其区别只是在于各自以不同方式来解读确证标准和有关认知信念的说明。简言之，内在主义将确证看作是认知者内在信念的活动，外在主义则反对内在主义的说法，认为至少有一部分外在的因素会影响到知识的确证。

1. "葛梯尔难题"与确证理论的形成。纵观哲学史，认识论中关于知识经典的 JTB 描述一直是对知识定义的传统认识。古希腊哲学家柏拉图在其著作《泰阿泰德篇》中对这种 JTB 描述给予了阐述。JTB 意指 "Justification"（确证）、"Truth"（真）和 "Belief"（信念）三个英文单词首字母的缩写。柏拉图是首位以三重要素来分析知识定义的人，根据 "Justification" "True" 和 "Belief"，他把知识理解为具有恰当确证或辩护的真信念。C. I. 刘易斯（Lewis）、罗德利克·齐硕姆和 A. J. 艾耶尔都在其著作中引用过该篇章来阐述知识的定义。大致上，JTB 的知识定义可以被描述为，S 知道 P，当且仅当：

（1）S 相信 P。

（2）P 是真的。

（3）S 关于 P 的信念是确证的。

这三个条件的共同成立被认为是知识成立的必要和充分的条件。如果三者中有一个条件不成立，那么 S 就不知道 P，如果三者都成立，那么 S 就不能不知道 P。我们把这称为知识的"三要素分析"。②

因此，信念、真、确证为知识提供了 JTB 定义模式上的三个特征。知道是一种相信，如果我知道 P，那么我就相信 P，但知识必然在认识论意义上优于"信念"。劳伦斯·邦久也同样认为："至少在大多情况下，我们不能直接认为我们的信念是真实的，但是我们可以大抵上认为……它们

---

① 徐向东：《怀疑论、知识及其辩护》，北京大学出版社 2006 年版，第 9 页。

② 路易斯·波依曼：《认识论导论——我们能知道什么》（第 2 版），洪汉鼎译，中国人民大学出版社 2008 年版，第 90 页。

在认识论上是被确证的……我们接受所有信念和仅仅那些我们认为是真的有好的理由的信念。要接受一个没有这种理由的信念就是忽略对真理的追求；我们可以说，这种对知识理论的接受是不负责任的。这里我的想法是，在我们相信过程中以避免这种不负责任的、在认识论上持负有责任的观念，才是认知确证概念的核心。"① 如果某个东西实际上是假的，那么你绝不可能知道它是真的，虽然你可能错误地相信它为真，但一般来说，信念不是我们意识能够控制的东西：我们并不选择我们的信念，我们无法按照我们的意志来选择相信或者不相信，即使我们确实可以通过行使意志来调节我们的认知条件，比如说，有意识地使我们避开可能与事实相反的证据，以便使我们的信念具有切实可靠的证据基础。因此，如果你把"真"从被认为是知识的东西中抽取出来，那么剩下的东西就不是知识，至多只是信念。所以，知识至少应该是真的信念。

如果你声称你知道 P，你必须首先相信 P；其次，P 是真的。但即使这两个条件都满足了，在一些情形中，我们还是不愿意说你知道 P，因为你的信念可能只是在运气较好的情况下碰巧为真。这样，为了使你的信念有资格成为知识，那个信念就必须具有某种正面的认知地位。例如，你是在某些观察证据的基础上持有那个信念的，或者你的信念是通过一个可靠的方法获得的，或者你的信念与你已经可靠地持有的其他信念是相融贯的等。不管怎样，你的信念在某种意义上必须是一个得到确证的信念而非碰巧为真。不管哲学家如何设想"确证"这个概念，准确地说，是认知确证（epistemic justification），它们基本上同意，确证是一个知识之成为正确的知识的第三个条件，这三个条件构成了对"知识"概念的传统 JTB 模式分析。长期以来，哲学家一致认为这三个条件界定了"知识"这个概念的充要条件，直到 20 世纪 60 年代，埃德蒙·葛梯尔在他的一篇仅有三页的文章 *Is Justified True Belief Knowledge*? 中对这个分析提出挑战。

葛梯尔在其论文一开始提出了他的两个观点，即他所暗示的内容需要用以催生他的反例：（1）相信一个假命题时是可能被确证的；（2）如果 S 在相信 P 时是确证的，而 P 又需要 Q，并且 S 通过从 P 中产生 Q 来相信 Q，那么 S 在相信 Q 时是被确证的。

① Laurence Bonjour, *The Structure of Empirical Knowledge*, Cambridge, Harvard University Press, 1985, p. 8.

　　这里有一个葛梯尔的著名例子。说的是有个叫史密斯的人,他证明琼斯拥有一辆福特牌汽车,并且他在很多场合看到过琼斯开着这辆车子,而且琼斯也告诉过他,他有一辆福特车。应该说史密斯拥有非常充分的证据肯定琼斯有这辆车子(如果你觉得对确证必需的话,你可以想象他有更多的证据)。因此,史密斯关于琼斯有一辆福特车是得到确证的。

　　A:琼斯有一辆福特车。

　　再想象一下史密斯完全不知道他的朋友布朗的下落,但是从 A 命题中史密斯可以得出:

　　B:要么琼斯有一辆福特车,要么布朗在巴塞罗那。

　　现在想象下,实际上 A 是假的。琼斯对史密斯撒了谎,而他如今正开着一辆租来的车,但是碰巧的是,布朗是在巴塞罗那。B 为真并且给出了(1)和(2)的假定,史密斯在相信 B 时是确证的,但是史密斯不知道 B。因此,葛梯尔指出,确证的真信念对知识而言仍然是不够的。①

　　在葛梯尔的《确证的真信念是知识吗?》这篇论文中,他设计了一系列反例以挑战 JTB 模式。这些反例反映出,人们由于某种因素,运气也好,意外也罢,确证地相信了一个实际上是错误的命题,却以此为前提从中推论出一个真命题。他因此认为自己获得了确证的真信念,即 JTB 知识三元定义要求上的知识,但是很明显,在直觉上我们都不会认为那些以错误命题推论出的真信念可以被算作知识。因为,错误信念推论而出的信念之所以为真是由于掺入了偶然的因素,是认知者在认知过程中偶然运气。这种认知幸运影响了我们的判断和推理,从而导致我们根据错误的信念通过确证推理却碰巧得出正确的结果,这些确证的真信念显然不能被算作知识,我们称这类问题为"葛梯尔问题"。葛梯尔认为,尽管这些反例都是针对知识 JTB 传统模式而假设的,但这在一定程度上揭露了知识并不能简单地被定义为确证的真信念,由于这些反例的挑战,认识论者开始发现传统的知识概念存在严重的问题,至少 JTB 模式无法解决葛梯尔所设计的几个反例中的问题,因此传统知识概念是不完备的。知识三要素的分析,也许是知识的必要条件,但不是知识的充分条件。

　　认识论者对葛梯尔反例的回应有从确证条件入手的"确证主义",亦有以寻求其他知识定义元素方法的"非确证主义"。

---

　　① Edmund L. Gettier, *Is Justified True Belief Knowledge? Analysis*, Vol. 23, 1963, pp. 13–14.

2. 内在主义对基础主义的回应。历来的哲学家在论述知识的基础时,都认为知识具有一个内在或外在的标准。从柏拉图时期起,知识就具有非同一般的高标准和高地位,柏拉图认为,真知识必须是摆脱了偏见和任何其他因素的影响,进一步达到对"理念"的把握,进入到一个常人所无法进入的境界。而常人则只能把握意见,那些人如同一个个囚禁在洞穴中的囚徒,他们面前有一堆火,火光把他们的影子印在洞壁上,而真正掌握知识的人却是到了洞穴之外,是能全面把握理念的人。所以,能否把握理念便是知识的标准。笛卡尔则认为,一个知识应当是在我心灵中是明晰的、不可怀疑的,如果不明晰,那就值得怀疑,它就不是知识。显然,他的观点指的知识是一种非常确定的思想,这种确定性的高标准表现为一种强基础主义,他的"哲学的沉思"就是以此为基础而构成的:首先是对原有观念加以全面怀疑,其次是找到一个不可怀疑的、确定的思想的基础,再由此为基础出发,详尽无遗地依次演绎出有关的命题。① 笛卡尔,包括经验论者,主张的基础信念的"常真性"(infallible)与"不可错性"(incorrigible)受到了多方的批判,也正是由于他们所提出的条件过于强求、苛刻而难以实现,才在确证标准上做出了一定的妥协,发展出了"温和的基础主义"。它放弃了严格的确定性要求,把确证看作一种"最佳说明的推理"(inference to the best explanation),这种推论以观察为基础。② 对内在主义而言,尽管普兰廷加(Alvin Plantinga)认为笛卡尔和洛克是古典内在主义思想的根源,③ 但是,随着内在主义的发展,笛卡尔的不可错论逐渐被洛伦斯·邦久、罗伯特·奥迪(Robert Audi)、理查德·费尔德曼(Richard Feldman)等人为代表的观点所替代,他们强调信念确证的内在可把握性(accessibility)。由此可见,基础主义的第一出发点并不是"内在性"而是"不可错性",究其目的,乃是对"回溯问题"的解决。

基础主义的基本观点是:知识被分为两种不同地位的类型,即基础知识和非基础知识。基础知识是非推论的、自明的知识,非基础知识是指依赖于基础知识而推论出的部分。非基本的信念从基本的信念推论、传导而

① 陈嘉明:《知识与确证——当代认识论引论》,上海人民出版社 2003 年版,第 189 页。
② 同上书,第 192 页。
③ A. Plantinga, Warrant: *The Current Debate*, Oxford University Press, 1993, p. 11.

出的过程是知识的确证过程。从中可以看出，基础主义的本质在于，首先，基础信念与非基础信念的区别如何划分？什么样的信念是基本的信念？再者，基础信念推论并支持非基础信念的方式是什么样的一种方式？在这两个疑问之中，前者是基础主义的关键。大多数认识论者一直主张有自明的第一原则，柏拉图认为，这些原则就是形式，形式的知识对于我们来说是一种天赋观念，先天地潜在于我们心中。那么对于亚里士多德来说，人的知性可以直接把握的知识才是自明的知识，根据这个自明原则进而从自明知识中推出其他知识。它们是永远真的并形成一切科学知识的基础。对于阿奎那来说，知性能够使用这些第一原则去演绎形而上学真理的知识，其中包括上帝的存在和属性的知识。笛卡尔进一步发展了基础学说，主张自我的存在和精神本性的知识是由知性非推论地把握的。① 从柏拉图到笛卡尔，哲学家对知识的态度具有一定相同之处，即他们都认为，认知者可以这样拥有一种基本知识，它们是直接可把握的、不可错的，并且认知者们可以以这些基本知识为基础，从中推演出更多的知识。显然，这一看法的基础和前提是认知者所把握的不可怀疑的第一原则或不可错的基础知识。由此，我们可以通过严密的演绎推理等一系列过程构造出坚硬无比的知识体系。这样一来就将信念结构区分为两类：一类是自明的，无须其他验证且能以此为根据推论出其他信念的信念，另一类是自身需要从其他信念中通过推论得到支持的信念。基础主义者把后面这种不可错、不可怀疑的信念称为"基础信念"，而其余需要靠基础信念为支撑来推论出自身的信念被称为"非基础信念"。

只有厘清了"基础"与"非基础"的关系，才能确定知识确证的结构。按照知识确证的因果理论，一个得到确证的信念需要部分地按照第二个得到确证的信念的因果关系来说明，而第二个得到确证的信念也必须按照第三个得到确证的信念的因果关系来说明，以此类推。我们所持有的信念之间具有各种各样的复杂联系，但就信念形成方式而言，推理往往被认为是可信、可确证的方式。因此，如果我们要继续持有推理确证的理论，那么我们就会陷入确证的因果循环中，而基础主义的最大特征即是认为"基础信念"避免了这种无穷后退的"回溯论证"。

"回溯论证"（regress argument）指的是，当我们声称自己相信某一信

---

① 波洛克：《认识论导论——我们能知道什么》（第2版），第100页。

念 A 时，我们需要通过另一个信念 B 来确证我们对信念 A 的相信，如果信念 B 可以推论出信念 A，那么信念 A 就得到了确证，但同时作为信念 A 的推论的信念 B 也有待确证，需要另一个信念 C 来推论出信念 B，如果信念 B 能够从信念 C 中推论得出，那么作为信念 B 的证据的信念 C 仍有待确证，就需要信念 D 来推论，这样信念的推论就陷入了一种反复无穷的推论过程中，使得确证无限地回溯，却没有终点。① 正如克拉姆利（Jack S. Crumley）说的："为了进一步更加确信我们的信念，我们必须为它们寻找到更好的理由和证据；信念不能是认知者自身的臆想，使信念得以确证的证据能够使信念变得更可靠。"② 因此，某些信念是根据它们与其他信念的关系来证明的，这些关系被认为是推论性的，即一个信念是从另一个信念或其他信念中推论出来的。而这便是回溯论证的出发点。假如现在我提供其他信念来支持我们确证的信念，人们可能再次问这些支持信念又是用什么来得以确证的，这类似于休谟的怀疑论论证方式。

　　怀疑主义对认识的质疑表现为：你认为你知道某一知识的依据是什么？你又是依靠什么来判断你所拥有的关于世界的信念是确证的？如果存在某一其他信念是你所持有信念的基础或依据，那么这个作为你的信念的基础或依据的信念其本身是依靠什么获得确证的？它是否也存在着确证它的基础或依据？如果存在另一信念是确证它的基础或依据，那么这一信念又是怎么得到确证的？类似这样的推理性追问能够不断持续下去，最终成为一个恶性的怀疑循环。根据怀疑论者的质问方式，无论我们提供什么样的证据来确证信念，我们必须反过来提供另一个证据来确证这个证据，然后，我又必须提供另一个证据来确证那个作为证据的证据，以此类推，形成无穷回溯。这种回溯如若不终止，则会出现怀疑主义预期的结果：任何一个信念都不可能得到确证，既然知识是得到确证的真信念，那么知识就是不可能的。因此，回溯问题的解决势在必行。认识论者邦久在《经验知识可以有一个基础吗？》一文中对"知识回溯问题"给出了四种解决方

---

　　① 文史哲编辑部编：《认识论与后形而上学：西方哲学新趋向》，商务印书馆 2011 年版，第 23 页。

　　② Jack S. Crumley Ⅱ., *Readings in Epistemology*, University of San Diego, Mayfield Publishing Company, 1999, p. 237.

案①：（1）回溯终止于某一非确证的信念；（2）回溯继续无限后退，新的有待确证的信念不断加入进来；（3）回溯可能返回自身，有待确证的信念又称为该信念确证的前提；（4）存在一种自身自明无须其他信念对它进行确证的信念终止回溯。在邦久看来，似乎第四种方案才较为可行。而这第四种"存在一种自身自明无须其他信念对它进行确证的信念终止回溯"的方案就是基础主义对回溯问题的解决方式。

　　基础主义认为，这种无限推论应该通过某种基础信念被终结，这种基础信念本身无须推论，本身则已经是确证了的信念。这种信念最大的特点表现在自明性、直接可把握性、确定性，它不像其他信念那般需要信念的支持来确证自身，反过来基础信念还能够确证其他非基础信念。基础信念能够推论出非基础信念，所有非基础信念的确证依据最终都指向基础信念。正是因为基础信念的存在，为各个信念的确证提供了最终依据和基础，才能使无穷后退论证在形式上最终得以结束。正如同笛卡尔通过提出一个判定知识的标准来知道自己此时并非被恶魔所欺骗，这种对怀疑的证明反驳表现出来的强基础主义在某种程度上亦是出于反对怀疑主义的需要。②

　　尽管基础论存在着结构的吸引力，但却仍有许多问题。对基础主义的批评主要集中于两类问题上，一类是关于假设的基础信念和其他非基础信念之间的所谓的确证关系，这些非基础信念被认为是通过诉诸基础信念而得到确证；另一类是关于基础信念自身的性质和确证。我们已经注意到，古典基础论，由于它要求不可错的知识，使我们太少满意去支持整个认知体系而导致我们对世界的知识所剩无几。因此这种对确证标准的严格规定不仅不现实，而且在实际论证过程中也不需要。因为知识从来都是用以指导实践生活的，因此才会出现温和基础主义对不可错性的妥协。一旦我们走出基础主义的确证体系，且不论外在主义所引入的证据，融贯论已经开始对基础主义发出挑战。

　　3. 内在论对基础主义的驳斥。表面上看，基础主义似乎是对无穷倒退问题最满意的解决。它制止了确证链并以一种不乞求问题的方式这样

---

① Laurence M. Bonjour, *Can Empirical Knowledge Have A Foundation?* In *American Philosophical Quarterly*, Vol. 15, 1978, p. 3.

② 张立英：《基础主义确证论的批判与重构》，上海人民出版社 2011 年版，第 24 页。

做。① 但另一个观点认为，我们不可能找寻得到这样的基础信念，一方面，感觉经验确实为经验知识提供了一个基础，但是如果感觉经验能够对非基础信念提供一个证据，那么感觉经验就不可能是不可错的。另一方面，基础主义采取了独有的确证概念——基础信念，基础主义认为基础信念除了无须其他证据来确证它之外，它本身还有确证其他信念的特殊作用。但是，在一些认识论者看来，"基础信念"这个概念是难以成立的，信念的确证并非像基础主义所描述的那么"单向性"，确证一个信念，所需要的不仅关系外在世界，也关系到我们的认知能力，因此，确证是一件相互依赖、相互支持的事情，而非基础主义这般单线性推理。融贯论者认为，这为他们的知识确证理论提供了依据。因此，我们就必须把我们的信念体系设想为一个相互支持但却没有任何明确基础的信念网络。这就是关于知识和确证的融贯论。② 因为融贯论亦是从信念体系内部寻求确证的标准并且把信念之间的逻辑一致性表现为一种内在关系，因此它属于最典型的"内在主义"信念论的范畴，不过，融贯论是作为基础主义的对立物而产生的。经典的基础主义者认为，有一种在认识论上具有特殊地位的信念，这些信念是"特殊的"，因为它们的确证并不依赖于其他类型的信念。但问题是，我们一直以来都难以寻得关于认识论的基础信念确证的有效办法。相比较基础主义，融贯论者则认为，知识和确证并不具有基础主义者所假设的那种"特殊的基础信念"存在，并没有某种信念能够具有特殊地位，相反，他们认为，所有信念的认知地位都是一视同仁的，某一信念是否可以得到确证，是由他整个信念系统共同决定的，取决于那个信念与一个人所持有的其他信念是否在逻辑上融贯一致，在这当中，没有任何一个信念能够具有"特殊的"地位。融贯论的出现，根本的原因在于他们把基础主义看作是失败的。由于基础主义未能解决确证的回溯问题，使得在知识确证的结构中不可能有无须确证的基础信念，因而"回溯"在这一结构里可能终结的其他三种方式中，一是由于某个非确证信念的出现而得以结束；二是无限地回溯；三是以某种形式返回自身，而融贯论主张第三种选择。

融贯论主张，确证只是一些信念之间的关系，真理存在于绝对的知识

① 波洛克：《认识论导论——我们能知道什么》（第 2 版），第 107 页。
② 徐向东：《怀疑论、知识及其辩护》，北京大学出版社 2006 年版，第 357 页。

体系里。当且仅当所有信念相互融贯时，信念才能得到确证。当然，此处说的"融贯论"讨论的是知识确证范围内的融贯，真理意义上的融贯论则另当别论。融贯论把任何信念的确证视为一种依赖关系，即对信念在整个理论体系中的融贯关系的依赖，这种融贯的关系能够为信念的确证提供支持。在近现代，黑格尔、布拉德雷和布兰德·布兰夏尔德都主张这一观点，即一个命题与相对应的事实相契合的情况并不能完全被归为真理，只有命题与整个体系相契合才更为接近真理，当整体中某一命题被确证时，该命题相对应的真理就获得了肯定。布兰夏尔德认为，命题或信念在一个融贯系统中不是独立存在的，也无法与其他命题或信念相隔离，它们都不是任意产生的，每个命题都与其他命题紧密相连。在其观点里，信念的推导并不是一对一的模式，而是整体对整体的模式，每一个信念若想成为真的信念都必须与其他信念相融贯，并且能够相互推断。当代大多数融贯论者，如奎因、威尔弗里德·塞拉斯、吉尔伯特·哈曼（Gilbert Harman）、凯特·雷勒（Keith Lehrer）和劳伦斯·邦久则坚持一种确证的融贯论。个别信念是通过它们在其中所融贯的整个信念体系而被确证的。塞拉斯把整个融贯性的信念体系定义为一个完全能够相互解释、相互导出的体系。邦久将融贯论中的"融贯"解释为：融贯区别于单纯的相容性（consistency），融贯必须是系统中信念之间的相互可导出性[1]。总之，任何推论的关系，只要能够产生某种程度的确证，就能提高融贯性。同时，在一个信念相互融贯的体系中，各个信念还能相互解释，正是这种相互解释的能力，即当一个信念能够解释融贯体系中的其他信念时，这个信念则是得到确证的，或者当这个信念能够被其他信念解释时，它也是得到确证的。

另外，当代的融贯论往往表现为整体主义的融贯论，这被称为整体的融贯论，另外还存在一种线性的融贯论。在线性的融贯论里，信念 B1 是从信念 B2 得到其确证的，而 B2 则是从 B3…Bn1 得到其确证的，而 Bn1 是从 Bn 得到其支持的，而 Bn 则最后是从 B1 得到其支持的。我们认为，它是一种想摆脱无穷倒退问题的难以置信的尝试，因为它并不解释单纯圆圈运动何以会确证任何事物。而整体融贯论则主张，一个信念仅来自其他信念并不得到积极的认知状态，但是通过在整个信念体系里起一种重要的

---

① Laurence Bonjour, *The Elements of Coherentism*, in Epistemology: The Big Question, 1999, p. 216.

作用可得到积极的认知状态。画一个三向度的网，如蜜蜂窝或蜘蛛网，在这里每一个信念都是一联结点，被其他信念所一起联结。大多数当代融贯论者都拒绝单纯的线性推论模式，而是接受这种整体模式，其中目标信念可以从许多不同种类的命题得到支持。与基础论不同，支持是对称的和相互的。这就是说，信念 A 可以支持 B，并在另一种复杂方式里 B 也可以反过来支持 A。由此可以看出，融贯论需要整体的信念体系发挥作用，其理论的整体体系是一致的，并能对相关信念给予解释。

　　融贯论产生的动机直接来自基础主义的困难，因此可以说，融贯论的出现就是对基础主义的一种驳斥。融贯论代表人布拉德雷认为，基础主义是立足于一个"令人误解的隐喻"，在他看来，我所知道的世界被认为是建立在如此这般基础之上的一栋建筑，因此，可以表明这个世界是在这些支持之上建立起来的一个上层建筑。但是，只有当这些支持继续存在的时候，你才能继续建造这个上层建筑，如果这些支持不再存在，那么整个建筑就会崩塌。然而，在他看来，这个学说是靠不住的，这个隐喻是极端不适用的，真理的基础只是临时性的。为了开始我的建筑工作，我必须把这个基础看作是绝对的，以至于认为它一定是真的。但是，这并不表明我的建造工作必须立足于我的知识的开端。这并不表明：如果我们允许那些开端是可错的，那么整个建筑就会倒塌，因为这样说只不过是换一种方式说我的世界"仅仅"依靠知觉资料。①

　　布拉德雷显然在此反驳了"不可错的"基础主义。他认为，任何对基础信念的修改都是不可能的，我们只能不断添加基础信念，而不能削减它们乃至放弃它们。然而，布拉德雷论证说，即使经典的基础主义者正确地认为某些特殊的信念对我们来说是不可修改的，但这也并不表明它们是绝对不可错的。经典基础主义至多表明，这样的信念在"相对的"意义上是不可错的——我不可能相信它们是错的。布拉德雷的观点对很多基础主义者来说并没有危及基础主义的基本思想，因为温和的基础主义可以对基础信念采取一种"可错论"的思想来同意布拉德雷的论证，并仍然坚持某些类型的信念（例如知觉信念）是基本的，因为基础信念不是从它们与其他信念的关系中得到确证的，而是从它们与直接经验的关系中得到确证的。

---

① F. H. Bradley, *On Truth and Coherence*, Oxford: Clarendon Press, 1914, pp. 109 – 110.

而逻辑经验主义哲学家奥托·纽拉特则对基础主义采取了这样的反驳:对知识的探索离不开对信念的理解,信念研究在知识论研究中占据极为基础和重要的地位。但这并不意味着信念具有某种特殊的地位,尤其是基础主义认为的不可错的基础性地位。尽管我们在探究知识时已在脑海中形成了一些信念,但这些信念并不一定为真,同时也可能会与其他信念相矛盾。如果信念之间发生了激烈冲突,那么它们极有可能是不合适的。因此,最好的策略是开始于既有的信念并通过它们来与其他信念相互磨合、修正,以便使我们的信念最终达到某种程度的内在融贯性。纽拉特认为,要从信念体系内部对信念进行修改以达到相互融贯的程度,这便是融贯论的基本精神之所在。

尽管融贯论没有给出具体的信念融贯的方式,但融贯论的中心思想是,每个信念在体系中的地位都是一样的,每个信念都与体系中的其他每一个信念存在联系且相互融贯,而非像基础主义那般存在一类具有特殊地位的信念,决定了其他信念是否得到确证。要验证一个信念是否获得确证,不仅要考察这个信念,更要考察这个信念所在的整个信念系统,如果整个系统是确证的,那么这个信念就得到了确证,而这个确证的关键就在于它是否融贯。如果我们要确证一个信念,我们就得求助于这样一个整体的信念系统。

但是,在这里,我们不能简单地将基础主义与融贯论草率归为内在主义,因为无论是基础主义还是融贯论,所呈现出的都是一种信念在结构上的特殊化。基础主义试图以基础信念为信念确证的起点,从而以推论的方式为其他非基础信念以确证。融贯论以"网状"的信念结构取消了基础信念的特殊地位,而以信念相互之间的融贯性、一致性来作为信念确证的标准。抛开对信念知识的结构分层,就尤其是融贯主义所表现出的知识确证围绕信念持有者内在信念所展开的讨论范围而言,则表现出一定程度上的内在主义特性。

4. 外在主义对内在主义的反驳。对于知识的确证,外在主义的态度与内在主义截然不同,内在主义对待确证的态度是,将其视为由人们的内在状态所决定的,内在于认知者同时可以由认知者直接把握;外在主义对待确证的态度却是,尽管信念来自认知者,但信念的确证除了与认知者的内在状态有关之外,还要考虑外在因素对信念的影响,单靠内在信念并不能构成对知识的确证,我们对自己信念的原因并不总是有意识地把握,关于这些信念的根据我们常常是错误的，我们认为是自我呈现或自明的东西可能是假的，它们指明我们关于自己内省报道的可靠性是错误的以及我们可能对我们信念的原因并未把握。[①] 正是由于内省的不准确、不稳定，使得内在主义对信念确证的内在把握标准一直呈现模糊不清的状态，这种模糊的内在把握对知识的确证无益，因此必须进一步予以补救。于是，引入外在确证标准成为人们尝试解决知识确证问题的一个办法，外在主义应运而生。它表现为两种类型：概率主义和可靠主义，前者以贝叶斯（Thomas Bayes）为代表，坚持用某一信念及相关的其他信念确定的可能性来刻画确证的特征，引导人们用概率演算来研究认知的确证。后者则以阿尔文·戈德曼、马歇尔·施旺（Marshall Swain）和恩斯特·索萨（Ernest Sosa）为代表，他们主张可靠过程是确证信念的必要条件。信念是确证的并且产生知识，是当它们被联系到以正确方式即用可靠过程或机制使它们成真的东西时才会如此。与内在主义者不同，可靠主义否认认知者必须处于某种内在状态或能把握他或她的信念的根据。另外还要提及普兰廷加的"恰当功能理论"，他通过用保证来代替确证，将"恰当发挥功能"作为可靠信念的依据，因此亦作为外在主义的另一代表。

综上所述，笛卡尔对信念的依据有着严苛的标准，在笛卡尔看来，只有两类东西才具有这般毋庸置疑的确定性：一类是认知主体自己的有意识地自我把握的精神认知内容；另一类是在先验的基础上自明的事实或真理，以数学公理为代表。这两类恰恰反映出了内在主义的"内在"特点——内在于一个人的第一人的认知视野。因此，内在主义者提出，认知确证取决于那些高标准的通过认知者的内省而认识到的因素，这些因素充当了信念的根据。

当你对某一事实具有一定把握时，它某种程度上可以作为你形成基本信念的依据，如果这个事实恰好能够解释你的命题，那么有关这个命题的信念就被视为是得到了确证。这里有这样一个例子：警察在偷窃犯罪现场找到了 A 男子的指纹与脚印，而在 A 男子家中也找到了失窃的物品，那么最好的解释就是 A 盗窃了该物品，当然，前提是 A 没有可靠恰当的不在场证据。而即便是如此苛刻的确证标准却还是引起了怀疑论的抨击。怀疑主义认为，当我亲眼所见某物品切实存在于那里时，也可能无法合理持

---

① 波洛克：《认识论导论——我们能知道什么》（第 2 版），第 141 页。

有某物品真正在那里的信念,因为我可能受邪恶精灵所欺骗。在这里,我
们自身的内省能力和对信念的把握能力已然受到了质疑,内在主义"亲
知"的确证性受到了挑战。如果像刚才的犯罪案例,一旦内在主义在确
证过程中引入了间接知识或证据,那么他们的确证就可能无法排除某些外
在主义的趋势。因为我们对自己的信念的有意识的把握可能是错误的,我
们认为是自我呈现或自明的东西可能是假的。这些内在的证据令人感到不
可靠,特别是当外部证据加入时,人们更倾向于信任外部证据而不愿相信
内在论的说法。内在主义面临的这些问题是导致外在主义出现的一个主要
原因。当内在主义在怀疑论的撼动下摇摇欲坠时,外在主义似乎为认识论
的信念辩护开辟出一条新路。这时我们面对怀疑主义的质疑便不会无所适
从,即便当我们被笛卡尔的邪恶精灵蒙蔽了双眼,又或是变成缸中之脑,
我们只需要确定我此刻的信念是真的,它是可靠过程形成的或以恰当方式
发挥作用。外在主义不再考究能否把握你的确证,而是看信念是否由其他
外在于信念的因素所决定(或支持)。

概率主义的确证观。概率主义,即力图用某一信念及与之相关的一些
信念的"概率"(或可能性)以表示确证,化解为公式表达即是:当且仅
当 P 的概率是足够高的时候,P 得以确证才会被认知者所相信。

概率主义用信念确证的可能性程度来描述信念的确证问题,即一个信
念是否得到确证,主要是依赖于它的概率高低(可信度)来判断。概率
主义认为,当且仅当一个信念的概率非常高时,一个人才会相信 P 得以
确证。这条规则被称为"简单规则"。波洛克坦言,这条规则直觉上似乎
让人不得不接受,还有什么东西比这一主张更为直观:在决定相信什么的
时候,我们应当尽量保证我们的信念概然为真?[1] 简单规则看似简单,其
实它却能够联系起认识论与数学的概率推演,这两者结合的结果往往十
分惊人。可问题是:实践的认识情境不是固定不变的,当新的数据出现
时,"简单规则"似乎就不足以应对变化的情况了,如此一来,概率会
发生什么变化呢? 在这方面,概率主义者诉诸贝叶斯定理来解决。按照
其定理:

$$prob\ (P)\ = prob\ (Q)\ \times \frac{prob\ (P)}{(prob)\ (Q)}$$

---

① 约翰·波洛克:《当代认识论》,陈真译,复旦大学出版社 2008 年版,第 126 页。

命题 $P$ 是将从认识论意义上进行评价，$Q$ 是新的证据，$prob$（$P/Q$）是当新证据出现时命题 $P$ 的概率，即已知 $Q$ 发生后 $P$ 的条件概率，也被称作 P 的后概率（posterior probability）；$prob$（$P$）意味着新证据出现之前的 P 的概率，也叫作 P 的前概率（prior probability）；$prob$（$Q$）是获得该证据的前概率；而 $prob$（$Q/P$）则假设 P 为真的情况下，获得证据 $Q$ 的前概率，即已知 $P$ 发生后 $Q$ 的条件概率，也被称作 Q 的后概率。这一定理告诉我们在面对新证据时怎样改变我们的概率赋值。贝叶斯定理是关于条件概率的定理，命题的证据依赖于与那些命题有关的证据。就好比在赛马赌博中，赌家根据分析每一匹马之前的赛场表现来决定赌哪一匹马胜出，那么每一匹马的过去表现就决定了每一匹马在这场赌局中被赋予的概率。当然也会有新的证据出现，例如当赌家发现在到达跑道终点时其中一匹马大汗淋漓、虚弱不堪时，他就会根据这个新证据来改变这些概率。所以，贝叶斯的定理所规定的是，认知者在认识过程中如何根据新证据的出现来改变某一命题的概率。

众所周知，概率主义最大的问题在于贝叶斯主义关注的是数学细节，而不是我们在解释概率时如何获得新的数据。然而，一旦我们解释信念的数据来源时，我们依赖的是什么呢？显然是知觉，我们是通过知觉输入而获得一个新的信念。这样就必然会涉及认识论的基础问题。"贝叶斯主义认识论是非信念的，是因为它诉诸概率，而不是因为它诉诸不同于信念的内在状态。因此，贝叶斯主义认识论所遇到的正是信念理论在接纳知觉时所遇到的同样类型的问题。"[①] 再者，根据贝叶斯定理可推出，当我们获得新证据时，它的概率将会是 1，因为 $prob$（$Q/Q$）=1。同时，如果 $prob$（$Q$）=1，那么通过概率演算，对任何命题 R，$prob$（$Q/R$）=1。这说明了，如果对知觉信念的概率赋值为 1，这样一来，任何新证据的出现都无法动摇这一概率，它的数值永远为 1。贝叶斯主义所诉求的概率是确定的概率，但实际生活中我们通过知觉获得信念，所遇到的概率则是更为不确定的，都有个人意见的介入，我们不可能保证那些影响概率的因素是确定不变的，因此概率为 1 更显得不可思议。如此一来，贝叶斯定理诉求概率来为信念确证的方法则变得并不普遍适用了。

格里默（Glymour）提出旧证据问题来质疑贝叶斯定理，埃尔曼

---

① 约翰·波洛克：《当代认识论》，陈真译，复旦大学出版社 2008 年版，第 127 页。

（Earman）则更是旧证据问题看作贝叶斯理论中的"污点"①。格里默是这样描述旧证据问题的：假设证据 e 是假说 h 的旧证据，即在提出假说 h 之前就已经被认知，那么 e 的概率则是 $P(e)=1$，因此 $P(h/e)=P(h)$。可见，h 的概率既定，证据 e 无法提高 h 的概率。从旧证据问题中可以看出，贝叶斯定理不能完善概率的所有情况，旧证据无法确证其理论。这便意味着某一理论的过往表现对理论的确证没有任何参考价值，这明显与认知科学的发展不相符合。对重言式命题的分析也同样使贝叶斯定理陷入困境。因为根据重言式命题，设 A 为任一命题公式，A 在它的各种赋值下取值均为真，按照概率演算，重言式的概率都是 1，从贝叶斯定理我们可以得出结论说，我们确证地可以相信每一个重言式命题，但实际上我们却没有从重言式中获得任何新的知识。

　　综上所述，概率主义面临的难题是，概率演算无法反映认知确证的结构，确证的程度也无法完全与概率演算相一致。贝叶斯理论并不能很好处理知觉问题，其赋予命题的可信度也不能很好解决知识确证的问题。"假设 Q 是一个非常复杂的逻辑真理，但你却不理解、不欣赏。如此一来，这个假设就无法确证你赋予它的主观概率。所以，贝叶斯定义只能表现为数学公式而无法承担知识确证的问题。事实上，对贝叶斯论的坚定的批判意见会认为，它根本没有解决任何认识论问题。"② 按照波洛克的观点，贝叶斯主义的简单规则是自我否定的。"一方面，它不让一个人根据概然无效的演绎推理推出结论，相反，它要求一个人通过计算结论的概率来决定是否相信人们所认可的结论。但另一方面，它使得计算这些概率变得不可能，因为所涉及的计算是概然无效的。不可能避免的结论便是简单规则破产了。"③ 概率主义者强调，我们之所以相信 P，是因为相信 P 比相信 Q 具有更高的概率。因而，简单规则并不一定要与贝叶斯定理相结合，它可以与更为准确的知觉解释相结合，在驳斥贝叶斯定理的同时不需要剥夺简单规则自身内在的力量——就是那种对认知信念进行评估时应然选择具有概然性信念的直觉力量。然而，这个更高的概率究竟是根据什么来确定的呢？人们对其所拥有的概率往往持怀疑的观点。存在着这种概率吗？这

　　① J. Earman, Bayes or Bust? —A Critical Examination of Bayesian Confirmation Theory, MIT 1992, p. 135.

　　② 欧阳康:《当代英美哲学地图》，人民出版社 2005 年版，第 225 页。

　　③ 约翰·波洛克:《当代认识论》，陈真译，复旦大学出版社 2008 年版，第 35 页。

是一个概率主义者所无法解决的难题。

可靠主义。有一些哲学家建议说，我们不应该把知识与确证强迫性地置于充要条件框架中，知识成立可能存在其他的条件而并不一定是确证。出于这种想法的启示，一些哲学家近来已经从信念外部寻求知识的影响因素，这种趋势也被称为"认识论的外在主义"转向。其中最具代表性的就是认识论中的可靠主义（Reliabilism）。它与"概率主义"之不同，可靠主义寻求用更普遍的、并非仅属于所涉及的某一信念，而是与该信念产生过程的可靠性有关的更一般的、不定的（indefinite）性质来阐述确证，可靠主义认为要在认识论上确证某一信念，就要将它与真理之间建立起可靠的联系。正是由于这种外在于相信者的真理，使得可靠主义一般被归为外在主义。换句话说，当某一信念为真，认知者具有充分理由相信该信念为真，从而该信念成立，此时这一信念才获得了成为知识的合格证明。可见，可靠主义十分看重认知者所相信的确证的心理影响因素，认知者将信念的确证视为由可靠的信念产生过程导致的结果。因此，可靠主义回应传统的 JTB 模式，要是真信念与知识相等，并不需要为信念的确证寻找多少证据，而是要看信念产生的方式是否可靠。如果信念的产生是经由一个可靠的方式或可靠的过程，那么这个信念就得到了确证。

戈德曼是可靠主义的主要代表人物之一。他指出："如果一个信念要算作知识，它必须是由一个一般来说是可靠的认知过程引起的。"[1] 一般而言，人产生知觉信念的过程不会对认知者产生多大的欺骗性，这个过程通常是可靠的，由于认知者对知觉信念拥有信任，于是可靠主义者将这种可靠过程的范围进行扩大，从知觉推广到内省以及理性直观，可靠主义者认为，只要认知者认识的过程是可靠的，那么这个可靠的过程产生的信念就是可靠的。因此，按照可靠主义的观点，我们就可以说，把真信念转变为知识的就是我们认知过程的可靠性。[2] 戈德曼是这样描述可靠的信念形成过程的：

"……我举了一些例子来描述产生虚假信念的过程，由于信念是虚假的，因此信念的产生将不是确证的。例如臆想、胡乱猜测、不求逻辑的推理、不完整的概括总结、情绪冲动的结果等等，这些错误信念产生的过程

---

① Alvin I. Goldman, *What is Justified Belief?* in Epistemology: An Anthology, 1979, p.345.

② 徐向东：《怀疑论、知识及其辩护》，北京大学出版社 2006 年版，第 264—265 页。

有着共通点，即产生信念的过程都是不可靠的，它们所产生的信念往往都是经不起检验的。那么反过来，什么样的信念产生过程才是可靠的？什么样的过程能产生确证的信念？一般来说包括认知者的知觉、严谨的推理、内省等。这些过程往往表现出可靠性，而可靠的过程才能产生确证的信念。"①

根据戈德曼的描述，波洛克称其观点为"过程可靠主义"。这种观点通常认为，可靠的信念形成过程才能形成一个确证的信念。认知过程有两种：一类是依赖于信念的认知过程，即从某一信念出发推理得出认识的过程；另一类是不以信念为前提的认知过程，即通过知觉为前提的认知过程。在任何一个认知过程中，都存在着有条件地可靠，即当且仅当我们输入的信念为真时，我们通过推理得出的结论才是真的，或者换句话说，推理得出的信念就得到了确证。所以，无论演绎还是归纳，都是有条件地依赖于信念的可靠性的。

阿姆斯特朗则从非推理性的信念入手对可靠主义进行确证。阿姆斯特朗认为，在传统的知识分析中，无线回溯的问题必然导致"非推理的知识"的结论，他在其1973年出版的著作《信念，真理和知识》一书中试图寻找解决无穷回溯问题的方案。他用温度计例子来说明非推理的知识的存在，假如P为真，且S相信P，但其信念仍然未得到充分理由的支持，那么是什么使得该信念称为知识的呢？阿姆斯特朗认为，是事件的状态（S相信P）与使得P为真的状态间存在着相似定律的关联，正是这种关联才起到了确证的作用。例如，一支温度计的读数也许与实际的环境温度并不一致，这种不一致有两种情况：或者温度计有问题，可能坏了，其读数或者是错误的，或者偶然与环境的温度相吻合。另一种情况是温度计正常，其读数确认了环境的温度，该读数相当于非推论的知识，即当一个没有任何理由支持的真信念反映的情形，与一个正常的温度计反映的实际温度的读数类似时，我们就有了非推论的知识。相反，有些温度计功能比其他温度计好，在某些情况下，即使好的温度计也能给出一种不符合实际温度的读数。这种读数就类似于非推论的假信念。根据温度计模型，对于特定情况下显示温度的正常温度计，一般是正确的，除非温度计有好有坏，那样的话，温度计的读数就是不可靠的，但是对于特定情况下正常的温度

---

① Alvin I. Goldman, *What is Justified Belief*? in Epistemology: An Anthology, p. 345.

计显示实际的温度这个定律的概括，是对非推理的知识的确证。① 因此，我们不仅由于可靠过程对我们的信念确证，而且我们也具有知识。知识只是这种由可靠过程所形成而被确证的真信念。

然而，凯特·莱勒认为，温度计模型是失败的，温度计所报道的精确读数并不能确证，也不能成为知识，因为温度计并不知道它所提供的信息。凯特·莱勒的 Truetemp 例子是这样的："Truetemp 是一位先生，他正在由一位实验外科医生为他进行脑外科手术。医生手术中所使用的仪器是一种新的发明，它是一支温度计，而同时又是一种计算机设备，它能够通过计算机来分析概括人脑的思想。这种新设备被称为温度器（tempu-comp），外科医生通过手术将温度器移植到 Truetemp 先生的脑子里，使温度器的感应触角附着在他的头皮上却不被人发现，这样一来，温度器就能够感应温度再将温度数值传递到 Truetemp 先生的大脑，通过温度器的计算机设备进行分析，使他对感应器所传递的温度进行思考。假设温度器十分可靠没有故障，那么 Truetemp 先生所形成的思想就是正确的有关温度的思想。因为这是一种由可靠过程形成的思想。如果再假设一下，他根本不知道外科医生在他的脑中安插了这样一个能够分析思想的计算器，他认为自己对温度的感受和观念是自然而然的，从不受任何其他外力的控制。因此他温度的结果，即正常温度计显示的温度。当他看到温度计显示的温度是 104 度时，他对温度的观念是可靠的没有任何想法，可是他根本不知道可靠的温度观念是由温度器所操控的，他所产生的温度的观念是由温度器传递的，而他完全不知道他的脑中被安插了这样一个温度器。"②

所以，Truetemp 先生并不知道他报道的温度是正确的。我们可以说 Truetemp 对他的温度的信念没有加以确证，尽管它们曾经是以正确方式形成的是个事实。因此，在这种情况下，即使认知者的信念是通过可靠的过程形成，但这个信念却不是被确证的，因为他不相信这一过程，或者说他没有理由来相信它。所以，可靠性并不是确证的充分条件，更不是知识的充分条件。

恰当功能论。赵敦华认为，在解决"什么是知识"问题上，主要是解决何为"justify"？逻辑经验主义提出"证实原则"，认为有意义的命题

---

① D. M. Armstrong, *Belief, Truth and Knowledge*, Cambridge University Press, 1973, p. 166.

② Keith Lehrer, *Theory of Knowledge*, Boulder, CO: Westview, 1990, pp. 163 – 164.

可被证实，被证实为真的属于知识，被证实为假的便不属于知识，但仍为有意义的命题；而不可证实的则根本没有意义，只有一个命题的外壳而已，应属于"伪命题"。① 但后来发现，"证实原则"只是一个理想的方案，因为"证实"概念本身的意义是不确定的。于是，卡尔纳普建议用"证明"（confirmation）代替"证实"，艾耶尔主张区分"强证实"和"弱证实"，然而强弱的程度仍存在难以解决的标准问题……除了"证实""证明"等特别意义之外，"确证"就是一般意义的"正当理由"。认识论中的 justification 是用理由、证据使命题正当化，这就是证明一个命题为真的意思。最近，杜米特企图确定"确证"的标准，他认为作为真理的充要条件，确证是合理证据建构出来的。他强调证据和合理性不是被给予的，而是理性主动构建出来的。但是，"构建"不纯粹是理性的工作，认识论以外的各种条件在某种程度上都影响着"构建"的过程和结果。如果考虑这些因素，确证的意义仍然是不确定的。

　　而普兰廷加在解决知识问题上，对 true 和 believe 两个要素都不持异议，其主旨是用 warrant 代替"确证"。他认为，从柏拉图到齐硕姆、艾耶尔，普兰廷加认为，关于知识的定义都没有脱离"确证"的基本范式，把"确证"当作知识的要素，使认识论从近代开始就陷入了不能自拔的困境。直到葛梯尔问题的出现，才突破了认识论的樊篱，"使我们了解到自己一直站在黑暗的角落里"。② 传统 JTB 的知识三元定义无法应对葛梯尔的反例，这意味着信念、真理、确证还不能完全作为知识的充分条件。因此，有认识论者提出了"JTB + X"的知识定义模式，为知识寻找"第四个条件"。普兰廷加拒绝整个确证概念，他强调认知责任性的体系称为"去道系统"（deontological system），如同伦理学中的去道主张——我们有责任以某种特殊方式行动并对自己的自愿行为负有责任一样。认识论的去道则强调，我们有责任根据证据去相信，并对我们的信念负有责任。按照笛卡尔、洛克、齐硕姆等基础论者的观点，我们能够在某种程度上直接或间接地控制我们的信念状态，并且对这些最终所采取的信念负有责任，我们有责任按照证据去相信。正如克利福德（W. K. Cliford）所说："无论

---

① 阿尔文·普兰廷加:《基督教信念的知识地位》，赵敦华译，北京大学出版社 2005 年版，"序言"。

② Alvin Plantinga, *Warrant and Proper Function*, Oxford University Press, 1993, p. 31.

何时何地，任何人都相信没有充分证据的事物就是错误的。"① 但普兰廷加认为，因为我们无法控制我们的信念，所以我们没有责任去相信某些事物，故而反对认知的去本体论。根据克利福德所说，具有证据是"保证"的充要条件，普兰廷加却反对这一观点，认为如果人们可以从笛卡尔、休谟和里德的近代哲学中学习到教训的话，那么就是，许多信念"不可能"被视为得到满足严格、基本经典条件的信念的支持②。其实，人们的大多数信念都没有经过"确证"，在当我们拥有这些信念时，我们并不违背或蔑视所谓的"认知义务"。按照普兰廷加的观点，一个人完全可以按照基本的方式去相信，"此时此刻在他房子后面的院子中有积雪"；"他昨天上课"；"他早餐吃的是面包夹鸡蛋"等。人们并不是根据某些满足严格基本性条件的命题来相信所有这一切的。"实际上人们日常生活中所相信的东西多数上都无法被确证"③。可是人们仍然相信它们，因为它们是有"保证"的，是"基本的信念"。"那些因为我们基于其他信念作为证据才能获得保证而成为我们信念的东西，其实在人的认知生命中只占很小一部分。"④ 一个人或许有证据，但因为他的认知能力有所缺陷或无法正常运作，所以他不能获得对自身信念的保证。笛卡尔的魔鬼和普特南的缸中之脑都能反驳认知的去本体论。

普兰廷加提出的认识论观点，其中的关键概念是"保证"（warrant）与"恰当功能"（proper function）。他以保证观念取代知识分析中的确证观念，保证被刻画为这样一种性质：当这种性质被加到真的信念上时就产生了知识。普兰廷加指出，"warrant"的主要内容由四个基本条件构成："恰当功能""认知环境""设计蓝图"（design plan）以及"朝向真理"（aim at truth）。亦即：认知官能是有着其设计蓝图的运作路径的，当其处于恰当的认知环境中时，认知官能就能恰当发挥原本所设计的功能，从而成功朝向真理。这便是真信念得到"保证"的条件。

普兰廷加的"恰当功能"概念的意思是指"一个认知机制恰当地发挥功能"，就是说"它是按照它被设计出来的那个样子来发挥功能的"。"恰当功能"的观点亦能解释"保证"：一个得到保证的信念，就是产生

---

① W. K. Cliford, The Ethics of Belief: Lectures and Essays, Macmillan, 1879, p. 183.

② Alvin Plantinga (1993), p. 98.

③ Ibid., p. 178.

④ Ibid..

于恰当发挥功能的认知官能的信念。而一个认知设备恰当发挥功能,就是指它按照它被设计出来的样子来运作、发挥功能。因此,普兰廷加认为,在我们的认知官能的各个部分都有一个"设计蓝图",保证就在于我们的认知官能按照它被设计出来的样子恰当地发挥功能。① "保证"不是证明或证实、确证,而是在一定的认识条件和环境中获得的可靠保证。这种保证既有恰当的用途,又有正当的理由,还有真理的作用。"保证"不是与"信念"和"真"相隔绝的要素,而是能够把知识的其他要素综合在一起的认识论的整体条件。因此,赵敦华认为,warrant 可以译为"保证",这是一个平常的现代汉语词汇,但我们把它拆开理解,"保"者,担保也;"证"者,验证也;"保证",即可靠的、有合理证据的担保。

如果一个信念是由恰当发挥作用的官能在"认知环境"中形成的,同时,如果制约着该信念产生的"设计蓝图"成功地"指向真理",那么该信念便具备某种程度的担保。然而,人们的认知官能并不能最大限度地发挥作用,不仅仅是因为许多东西是人类无法知道,而且也因为人们经常会犯错误。某种情况下靠"运气"或"机遇"偶然形成的真信念,即使真的具备某种程度的"保证",对于知识来说仍然没有充分的"保证"。同时,必须要注意的是,现实的认知情形是复杂多变的,因此我们不可能通过简单的条件就能够作为"保证"的情形从而来说明"保证"所包含的一切问题。打个比喻,构成"保证"的主要四个基本条件——"恰当功能""认知环境""设计蓝图"以及"朝向真理"——只能作为"保证"的概念内核。"在该内核周围还有一大片明暗交互的地带,其中存在着核心部分的无数延伸。而在阴影地带的外边,还存在着其他模糊不清和不确定的地带,大量的可能出现的事例和环境都让人难以回答究竟什么才具有'保证'。也就是说,存在着大量的特殊情形,需要人们进一步区分和解释。"②

普兰廷加对知识的探索区别于传统的内在主义认识模式,他对有关知识的认知活动的探索更精细、更具体,而传统的内在主义认识论路径更多的是集中在对信念与信念之间的内在关系的探讨,比如,各个信念之间或某一信念与信念整体之间是否融贯等。而普兰廷加的认识论路径则表现为

---

① 徐向东:《怀疑论、知识及其辩护》,北京大学出版社 2006 年版,第 334 页。
② 梁骏:《普兰廷加的宗教认识论》,中国社会科学出版社 2006 年版,第 120 页。

一种外在主义认知模式，他对信念的讨论除了考察认知者的感官之外，还引入了认知过程、外界环境等外在因素。可以说，这样的认识模式相比较传统的认识论更为全面、更为丰富。

## 二 内在主义与外在主义争论的主要分歧

内在主义与外在主义的争论集中在知识辩护的视角这一问题上。然而，不可否认，知识或认识的确证极为复杂，涉及认知主体从事确证活动时能具有的证据，而且也涉及认知主体与世界，以及与其他认知主体间的关系。不过，有一点比较明确，就是从认知主体的角度提出的确证与从第三人称角度提出的确证应该是有分歧的。那么，我们应该从哪一角度应对信念的可确证性问题呢？面对这个问题，会产生两个相对立的看法，一是认为认知或认识的确证应该从认知主体自己的观点来处理；二是认为不应该仅从认知主体自己的观点来处理，而是从其他了解相关事实的人的角度来处理，甚至完全从第三人称的视角来处理。在外在主义者看来，除非信念是可能的，否则我们不会持有它。这种可能性即属于一种外在的考虑，无论它是多么精确地被用来影响观念的选择。由于我们信念的可能性，或产生它的认识过程的可靠性，并不是像内在主义所说的那样是可以直接把握的，因此我们被引至外在主义的理论，即主张对于信念的确证的评价至少是部分建立在有关可能性的外部考虑上。

当我们说"某人知道 P"，我们意在表达什么呢？我们说，某人知道 P 并不是我们对于其信念能够做出的唯一价值判断，甚至即使我们都认为某个信念不足以成为知识，我们也许仍然会判断它是确证的、合理的，或是负责任的。[①] 除此之外，在类似情形中，也存在某种更符合规范性的东西，正好相对于单纯的意见或真意见的情形。规范性问题在认识论中被某些人看作是根本，并且内在主义似乎跟规范性关系更紧密，内在论者主张信念的认识地位完全取决于某些"内在于"信念持有者对该事物的视角的因素，并描述为："某人 S 之拥有信念 P，完全是那些相关地内在于 S 视角的因素之功能，而不管对 S 来说 P 是否确证的（或理性的、或合理

---

① 方环非：《知识之路：可靠主义的视野》，上海人民出版社 2014 年版，第 114 页。

的、或负责任的）。"① 与之相比，认识论中的"外在论者"则否定这一
点，认为某信念的认识状态不完全取决于那些内在于信念持有者 S 的视角
的因素。因此，外在论者对内在主义强调内在于主体视角的观点持否定
态度。

内在论者要求确证的条件或内在的确证因素必须为主体所知，因为他
们认为，即使是主体自身的生理过程，而主体一无所知的话，也不被内在
论者所承认。如此一来，可靠主义所依赖的可靠过程就显然被排除在外
了。这里关键还是所谓的"内在"究竟是一个什么样的概念，或者怎么
样才是真正意义上的"主体内"（in the subject）。按照阿尔斯通的分析，
为了能得到确证，它必须是主体对世界的视角。② 在某种意义上说，应该
是主体所知、相信或有理由相信的东西。同时，它一定是某种处于主体的
视野之内，并且主体已经注意到或者意识到的东西。此外，为了赋予确
证，某种东西必须是主体通过特殊的方式可把握的，比如直接可把握的，
或者毫无错误地可把握的。科内和费尔德曼对内在主义的基本立场是，它
从认识主体第一人称的观点内部产生，那么就必须通过诉诸认识主体的某
个观点，在认识上可把握的对象来加以处理，要求在认识上可以把握、获
得或接近。对于邦久来说，确证理论的内在主义观点意味着，所有确证信
念的因素，对当事人来说应该是认知上可以把握的，且内在于他的认知视
角。③ 奥迪也认为，确证完全内在于心智，意味着主体对内省和反思都是
可把握的。波洛克则强调，只有认知者的内在状态才能相关于信念的确
证，或者才能决定认知者的信念是否得以确证。④

反之，我们再看外在主义对信念确证的视角，它是区别于内在主义而
从认知主体的外部因素出发的，从第三人称的视角来看待信念与知识。外
在主义者要求在获得知识时，需要为真信念增加一些东西，而比较合适的
便是信念与真之间的关联。在外在主义者看来，信念与真的关联，是使知

① John Greco, *Justification is not Internal*, in Matthias Steup & Ernest Sosa (eds.), Contemporary Debates in Epistemology, Blackwell Publishing Ltd., 2005, pp. 257 – 260.

② William Alston, *Internalism and Externalism in Epistemology*, in Hilary Kornblith (ed.), Epistemology: Internalism and Externalism, Blackwell, 2001, pp. 68 – 69.

③ Laurence Bonjour, *Externalism/ Internalism*, in A Companion to Epistemology, edited by Jonathan Dancy& Ernest Sosa, Oxford: Blackwell, 1992, pp, 132 – 136.

④ John Pollock, *At the Interface of Philosophy and AI*, in John Greco and Ernest Sosa (eds.), The Blackwell Guide to Epistemology, Malden, MA: Blackwell, 1999, pp. 390 – 395.

识成其为真的关键，而这些被认为与确证有关的那些要素则无须认识主体在认识上可把握，它们是外在于主体的认知视野的。从阿姆斯特朗开始，便强调"信念与世界之间存在某种关系"①，从而使得对信念的探讨开始脱离认知者本身而考虑外部世界的因素。到戈德曼这里，已经开始对确证进行外在主义的改造，他坚持认为，"源于可靠信念形成过程的确证信念不能受到主体所拥有的其他证据削弱"②，信念的确证所依赖的就是信念形成的过程是否可靠，也即信念具有那种通常产生真信念的历史记录是否可靠。从传统的认识论理论体系看，内在主义占有主导地位，强调以自我为出发点，第一人称视角的优先性和权威性，大致因为信念的特殊性质使得从认知者内在出发的内在论解释占据了知识确证的有利位置。但现代认识论的发展越来越表现出外在主义的趋势，尽管内在主义和外在主义都是通过预设性前提从自身理论逻辑来进行确证的，除了传统外在主义中的概率论、可靠主义和恰当功能论等，外在于认识者的环境因素对认识的影响也已经十分明显，认识论的发展也逐渐从对信念确证的哲学考虑发展到对心理认知机制、影响认知的社会文化、知识的实践效果等非哲学因素来考虑。

　　除了以上对立之外，还有评价性问题，认识论中的认识规范性总是与认识的评价相对应的。无论是内在主义还是外在主义都就自身的理论给出了确证的标准，内在主义倾向于内在信念的"自明"特征，无论是不可错的基础主义还是一致性的融贯论，内在的信念都必须满足"内在可确证"的评价标准。但是，在解决怀疑论基础上产生的内在主义却最终仍深陷怀疑论的桎梏，自省的自身弊端常常遭到外在主义的嘲笑，批评者们认为，如果内在信念的评价为真，只能说是一种没有受到"邪恶精灵"欺骗的幸运之果。因此，信念确证的标准，表现出了以下缺点：一是局限性，二是不完全。就前者而言，它们虽然提出了一系列认识的规则，但却没有系统地说明为什么这些规则是正确的；就后者而言，它们没有提供关于认识确证的有启发性的说明。③ 内在主义的方法论被称为有关推理的描述，而不是确证或解释它。而外在主义则不同，它寻求的正是有关确证的

① D. M. Armstrong, Belief, Truth and Knowledge, Cambridge University Press, 1973, p. 157.
② Alvin I. Goldman, Epistemology and Cognition. Harvard University Press, 1988, pp. 62–63.
③ J. Pollock and Joseph Cruz, Contemporary Theories of Knowledge, second edition, 1999, p. 93.

解释。这种解释反对内在主义只从内在状态寻找知识确证的基础,它为知识的确证开放了更多的途径:一种是通过数学上的"可能性"概率寻求确证;另一种是通过产生信念的可靠过程寻求确证。概率主义与可靠主义的最大区别就是,概率主义确证知识的概率是一种数学值(概率的百分比),即是一种确定的"可能性"概念;而可靠主义对知识的确证则表现为不确定的"可能性"。这两者之间的区别在于,确定的"可能性"是关于特殊命题的可能性,不确定的"可能性"是有关概念或性质的可能性。比如,当我们在夏天谈及天气炎热容易引发中暑的时候,这涉及的是不确定的可能性,因为它不指定某个特殊的对象。"认识论的可能性总是确定的可能性,因为它是有关具体命题的;物理的可能性则可以是二者。不过虽有此不同,但概率主义与可靠主义两者同为外在主义,其相同之处在于,它们都反对单纯从内在意识中寻求确证性的根据。"① 普兰廷加的"保证"概念也是从恰当发挥其设定功能的角度来确定信念的确证标准,某种程度上,恰当功能论是对可靠主义的一种补充,当信念产生于可靠的过程面临具体的质问时,怎样的过程才能称其为可靠的过程成为可靠主义的弱点,因此恰当功能论给出了自己的可靠标准。

　　内在主义寻找知识或信念的坚实基础,最后发现这个基础只能来自认知主体的内在视角,然而,内在基础主义一开始提出的对世界的完全准确理解的高标准和严要求在面临重重困难之后不得不对确证标准做出退让,例如克利福德,对基本信念的概念则求助于经验的解放:信念 B 对于某人 S 是真正基本的,当且仅当 B 是不可怀疑的或自明的,或对感官来说是显而易见的。但是,对感官来说显而易见是否真正是不可错的呢?这是有争论的!雷勒那里有个反例,说的是:一位肩膀疼痛的易受骗的妇人来看医生,医生认为这妇人是疑病症患者,并告诉她,她关于自己所感受到的疼痛实际上是误解了,"它们其实是瘙痒",医生说。"瘙痒有时类似于疼痛,但它们其实是更舒适的。"这位易受骗的妇人相信医生的话,并在第二天告诉了她的丈夫,在她的左肩膀处有瘙痒感觉。大多数内在论者被这些反例的力量所说服,都抛弃了这一论点,即我们所有真正基本的信念必须是不可错的、不可纠正的、自明的或对感官是明显的。由此,内在主

---

① 陈嘉明:《知识与确证——当代认识论引论》,上海人民出版社 2003 年版,第 153—155 页。

义发展的倾向变得更温和，并丢弃真正基本信念必须是不可错或不可纠正的这种苛刻的必要条件，他们反而采取一种可错论，即几乎我们所有的基本信念都是可错的这一论点，但内在论者仍然坚持信念的确证仍需从其他信念出发。到了外在主义，尤其是概率主义，信念的确证开始向概率退却，百分之百为真的标准一去不复返，而是以最大可能性来代替。外在主义尽管声称是在批判和汲取内在主义错误的基础上发展而来，但是，他们在确证标准上的转变，实际上是各类反例对原理论的推翻过程中发生的。然而，在经历了怀疑论等如此之多的反驳之余，外在主义在确证标准上的表现却不尽如人意，模糊性并不能真正解答实际中遇到的具体问题，个别反例仍然比比皆是。因此，内在主义与外在主义之间不仅存在巨大分歧，其各自亦有亟待解决的问题。

## 三 内在主义与外在主义争论的主要问题

1. 内部信念的融贯如何走向对外部世界的认识？

内在主义的论证并不适用于所有认知者，对于心智简单的认知者，如幼童，就难以理解对于外部世界的归纳性描述为何需要寻求理由作为支撑或证据。在实际生活中，一般人不会为这种问题所困惑，同时也难以解答，让自己的知识体系称为一个融贯的体系是非常困难的。既然如此，内在主义如何能够使内部信念的融贯走向对外部世界的认识呢？但我们的直觉告诉我们，在不考虑内部信念是否融贯的情况下，普通人对于外部世界的知识基本上都是认可的，可见信念的内在确证是有效的，对内在主义的批判并不在信念确证的内在性，而是认知者无法理解和把握这种确证的内在证明。

更有甚者，外在论直接否认了基础主义成立的可能性。基础主义欲以基础信念的概念解决无限回溯（或无穷后退）问题，而无限回溯的推理形式表现为：如果认知者相信某一信念 $A$，我们需要通过另一个信念 $B$ 来确证我们对信念 $A$ 的相信，如果信念 $B$ 可以推论出信念 $A$，那么信念 $A$ 就得到了确证，但同时作为信念 $A$ 的推论的信念 $B$ 也有待确证，需要另一个信念 $C$ 来推论出信念 $B$，如果信念 $B$ 能够从信念 $C$ 中推论得出，那么作为信念 $B$ 的证据的信念 $C$ 仍有待确证需要其他的信念来推论出它，这样信念的推论就陷入了一种无限回溯的过程。回溯问题在认识论中是一个经典难题，按照内在主义，认知者的许多信念都未得到充分确证，如果按照基础主义的要求，这些没有充分确证的信念就不能够被称为知识，这样一来，我们除了一些自省的基础信念以外，知识的数量所剩无几，这个结果似乎不合常理。这些对内在主义的指责都可以归结到同一点上，即如果关于知识成立的条件是内在确证的话，那么人们实际上拥有的知识只能是经由内在主义者充分确证过的真信念，这对认知者的认知常识而言是不合理的。

对内在主义的指责除了说明内在确证的困难以外，另一类指责指向了内在信念确证的不确定性，亦即内在主义的确证对知识而言不是充分条件，即使获得了内在主义确证，信念也未必是得以确证的。实际上这也是对内在信念可把握性的挑战。内在主义者通常认为认知者具有不可错的内省把握或一组自明的信念。他们认为，对信念的把握无须外在客观因素的作用，在认知主体内部就可以获得相信信念的理由，这种理由就是自省，"我自省地知道我很生气""我知道我有痛的感觉"。对于内在主义者而言，这些自省得出的信念是自明的，无须其他证据证明。但对于外在主义来说，可靠主义认为这种"可把握性"并不像想象中的那么好把握。认知者的心理是极为复杂的，心理学证明人的内省并不可靠。可靠主义提供了一个有趣的心理实验来反驳内在主义对内在状态的可把握的盲目相信。① 约翰被带到一个房间参与心理实验，房间里共同参与实验的还有他的 10 个同伴。实验房间里放置了一盏灯，心理学家要求约翰观察灯泡闪烁的情况并报告灯泡一共闪烁了几次，当约翰回答灯泡闪烁的次数是 11 次时，他的同伴不约而同地纠正他其实是 10 次。心理学家要求约翰再仔细观察一次，约翰再次给出结果仍是 11 次，同伴们再次告诉约翰答案是错误的，正确答案是 10 次，并要求约翰再次仔细观察，最终约翰将自己的答案修改成了 10 次，声称自己观察到灯泡闪烁了 10 次，但实际上灯泡闪烁的次数应该是 11 次。这个实验类似于答题类电视节目中，当参赛者选定某一答案选项时，主持人再次问及"你确定吗？"比赛过程中，有不少选手则修改了自己的选择，尽管最初的选择是正确的。所以，实验表明，内在主义的这种可把握的自明是不确定的，并非不可错，认知者的内

---

① S. Bernecker and F. Dretske, *Knowledge Reading in Contemporary Epistemology*, Oxford University Press, 2000, p. 40.

省也不可靠，所以内在主义的信念的内部确证并不完全准确。

阿尔文·戈德曼认为，融贯主义的观点也存在些许问题。按照融贯论的观点，一个信念受到确证时因为它与整个信念系统保持着逻辑的一致性。而对于内在主义来说，目标信念是否与主体所持有的信念系统融贯一致，必须依赖于主体的直接可把握性（accessible），而要成为主体直接可把握的，那么只有当主体能够想到他的全部信念并确定目标信念与其他信念融贯一致才有可能。然而，没有人会同时激发所有储存的信念，所谓与其全部信念系统融贯一致是一个不可能的命题。因此，内在主义要求的直接可把握性是不可能的。对于奥迪所说的"自省与反思"也同样如此。因为，奥迪的心灵自我反思与反省也仍然是一个对确证的信念有个直接可把握或直接理解的问题。①

某种程度上而言，外在主义的出现恰恰是内在主义弊端的显现。外在主义坚持认为，信念的确证其主要依据是外在的因素，而非心灵因素。内在主义者强调主体信念的内在根据，外在主义者强调客观的外在证据，而不管相信者是否把握这种证据。波洛克认为："在一个内在主义理论的语境里，认知确证的分析已经被证明是一个极其困难的问题。在这一方面，外在主义理论似乎有着显著的优势。如果一个信念的确证性可以部分地由外在的考量所决定，那么根据概率进行分析就变得是可行的。这似乎是一个非常有希望的研究路径。"② 且不论外在主义对内在主义的种种驳斥，内在主义局限于内在信念的讨论模式本身就无法与知识建立充分的联系，因为知识是对外部世界的认识和反映，一味强调信念的第一人称观察角度能够有益于理解信念，换句话说，只有信念才能确证信念，却忘了仅仅围绕内在信念展开的知识确证如何能够认识外部的世界？如若不引进外部客观的确证标准，"从内到外"这一层隔膜将永远无法捅破，亦将永远无法企及真正的知识。

2. 外在主义的问题：理论如何普遍运用于变化的客观世界？

内在主义对内在信念的分析似乎困难重重，基础信念的确定仍受困于循环论证而难以寻得关于基础信念的确证标准。如此一来，知识完全取决

---

① 郑祥福：《当代西方科学哲学的非哲学化趋势研究》，中国社会科学出版社 2011 年版，第 168 页。

② 约翰·波洛克：《当代认识论》，陈真译，复旦大学出版社 2008 年版，第 113 页。

于人内在信念的确证方式似乎难以让人信服。波洛克说道，"在一个内在主义理论的语境里，认识确证的分析已经证明是一个极其困难的问题。在这一方面，外在主义理论似乎有着显著的优势。"① 但是，事实上，尽管外在主义为了避免内在主义的假设前提——基础信念——而引入诸多非认识论概念（如数学的概率、心理学的可靠性、无关信念的恰当功能等）来解决确证的标准和条件问题，但其欲表现出来的优越性却并不持久，它所涉及的各方理论仍存在诸多问题，受到各方质疑。

对概率主义而言，简单的数学公式的数值演算远不能代表知识确证的完整结构，同时，公式计算所得的概率值也无法替代知识确证的程度。概率主义试图按照一个人信念的确定概率来表征认识确证，然而一个人的心理机制是复杂多变的，信念的确定概率无法如贝叶斯所设想那般通过一系列数学公式计算得出，贝叶斯的概率是确定的概率，但实际生活中混合着主观概率、认识概率，有多方因素的介入，表现为一种不确定的概率。无论是上文提及的重言式命题，还是格里默提出的旧证据的质疑，都意味着单纯关心数学的概率主义是不能解决认识问题的。

可靠主义作为外在主义的一种形式，自称打败了几种形式的怀疑论而受到诸多认识论研究者的青睐，然而可靠主义也存在诸多问题：可靠主义对于可靠形成信念的机制的描述是含糊的，在过程被承认为可靠之前它一定能产生真信念的比例究竟有多大？情况似乎是，某人经由一个可靠过程首先获得一个信念，但却不能说这信念已经是被确证的，因为可靠性决定性因素并不确定。可靠主义在可靠性条件和可靠过程类型的区分上存在一定的困难，可靠主义者既没有对可靠过程如何详尽地起作用给出说明，对可靠的标准的解释也是模糊不清的。一个信念的可靠形成过程往往是复杂的，杂糅了许多因素，在这样的复杂因素面前，我们究竟如何确定一个信念的形成过程是可靠的呢？究竟哪些因素是在可靠过程中起决定作用的呢？我们无法回答。如此，每一个可靠过程所形成的信念则都成为特殊的信念，因为每一个信念形成过程都是个别的、特殊的、不可复制的。如若信念形成过程中某一微小因素发生变化（天气、温度、观察者状态等），那么便难以保证该过程是否如先前般可靠，其信念亦难以保证是否如先前般为知识。洪汉鼎认为，"可靠的运作过程的标准条件问题，可靠主义者

---

① 约翰·波洛克：《当代认识论》，陈真译，复旦大学出版社 2008 年版，第 113 页。

未给出清楚答案。他们一般给我们一种期票，即心理学将实际解决这些问题。"① 因此，可靠主义面临的最大问题则是普遍性难题。这也注定了我们在探讨可靠性时无法问及产生信念的具体的特殊过程。

对普兰廷加的恰当功能论而言也是如此，他原本的主张是以恰当功能理论来避免可靠主义的"普遍性问题"，即以一组按照"设计蓝图"所指定的功能恰当的认知过程来作为真信念的"保证"，以此来解决不同情况中的"普遍性问题"。但问题是，一组功能恰当的设计蓝图并不唯一，我们可以用不同但都可以接受的方式（即功能都发挥恰当）来描述一个设计蓝图，那么对于一个特定的认知信念而言，我们就可以给出不同的解释和评价，这样，普兰廷加就无法对这个信念是否得到确证给出一个确定的答案。问题的关键在于，普兰廷加并未对"设计蓝图"做出清晰的界定，因为人的认知结构和体系颇为复杂，难以将认知结构一一划分为产生某类特定信念。甚至我们的认知体系常会犯错误，如记忆和推理。一个患了老年痴呆症的长者记不清亲人的名字、家的地址和电话，我们往往将其理解为脑功能衰退，这是记忆功能没有恰当发挥作用的表现，但当一个正常健康的年轻人出门忘记带钥匙或做错简单的算术题时，这种"粗心、不经意"的差错实际上并不能直接被归为"功能紊乱"。因此，普兰廷加的恰当功能论中的各方概念仍存在模糊不清的问题。

认识论问题的提出，是从认知主体出发的，外在主义从认知的外部因素入手来考察知识的确证问题确实是存在一定难度。就信念而言，无论外在主义如何以可靠的过程、恰当的功能来为知识的确证添砖加瓦，若这种认识方式不被认识者所相信，一切皆为徒劳。而恰恰个体认识者所产生的认知都是个别的、特殊的，我们所要认识的世界是运动的、千变万化的，因此知识确证的外部因素也同时面临着千千万万种变化，应对这种变化，外在主义对此难免手忙脚乱。因此，外在主义的缺陷则集中于"普遍性难题"，亦即普遍性理论如何应用于变化的具体的客观世界。知识是世界的图景，当我们通过自身的实践或逻辑推理去寻求知识时，其实便是在寻求世界图景中的规律的过程，因此，定义知识也就意味着给世界确定规律，以便于让理论成为自然规律的再现。外在主义试图以某一机制来解释知识的确证，但面临具体的实践时，变化的外部条件使得他们的机制无所

---

① 波洛克：《认识论导论——我们能知道什么》（第 2 版），第 159 页。

适从，因而外在主义只能对确证方式采用模糊的阐述。但是，某种程度上，外在主义的切入点似乎并没有问题，知识既然是对外部世界的描述和反映，那么将外在的客观影响因素纳入考察范围便是必要的，而普遍理论如何适合于变化的客观世界这一难题的解决将诉诸具体的实践，即对知识理论的实践验证和对实践结果的评价上，而非外在主义者的理论推理。将理论付诸实践才能弥合固定的理论与变化的客观世界之间的鸿沟。

## 四　内在主义与外在主义争论的基本解决方案

内在主义与外在主义之所以形成争论，关键的问题在于两者在知识辩护的标准的确定上没有一个统一的依据。内在主义认为知识辩护的标准是内在于主体的，而外在主义认为这个标准应当诉诸形成知识的某些外部条件。归根结底就是围绕表象与实在的关系，我们如何找到一个第三者来评判我们的知识是否真实地反映了实在对象。而离开表象与实在的关系来寻找知识辩护标准，则对于知识的辩护是无益的。

如果一个信念的可确证性取决于某些条件，那么一个认知主体在持有那个信念上是否得到确证，也就取决于他是否以某种方式正确把握了那些条件。内在主义与外在主义则是从不同的确证方式上来把握确证的条件。内在主义的内在性主要表现为，信念是认知者内在心灵活动的产物，那么信念的确证也只能发生在认知者的内在状态中，是一个第一人称视角的心灵活动过程。这样，信念的确证就是认知者通过内在心灵活动在认知者内部内省所获得的信念作用。外在主义则主张一个信念确证的部分因素是外在于主体的认知视角的。信念的确证不仅仅与认知者的内在状态相关，更主要的是信念与外部世界的联系，以及产生信念的过程或程序的可靠性。然而将内在主义和外在主义联系起来看，两者似乎将对信念确证的把握与外部世界相隔离了，或者说，连外在主义也陷入了"认识的内在性限制"，这意味着，无论是内在主义还是外在主义，都似乎遗忘了知识是与外在世界紧密相连的，知识是对客观世界的反映，这才是科学知识的本质。作为知识，其正确与否的标准肯定不在知识本身，我们评价知识是否正确、信念是否得到确证，主要依据不在于知识内部，而在于它的外部。而对于知识反映的对象来说，则是一个游离于我们认识之外的实在，它不可能自觉地确证知识。因此要对知识进行确证，那就必须诉诸将两者联系起来的实践。实践一方面是连接主体与客体的桥梁；另一方面，实践结果是可以通过人们的比较来进行分析的，这个结果是外在的、客观的、可评价的。

科学知识是什么？经验论者曾把经验作为知识的来源，并要求知识要具有高概率的证明，知识是否来自经验成了确证的标准。常识科学观认为，"科学知识是已证明了的知识。科学理论是严格地从用观察和实验得来的经验事实中推导出来的。科学是以我们能看到、听到、触到……的东西为基础的。个人的意见或爱好和思辨的想象在科学中没有地位。科学是客观的。科学知识是可靠的知识，因为它是在客观上被证明了的知识"①。

科学哲学的认识论发展从强调将观察作为区分科学与非科学的标准的逻辑经验主义发展到强调科学理论是统一的、普遍的科学实在论，再到本文所提及的内、外在主义，科学认识论似乎总是在理论和逻辑之间徘徊，它们总是拘泥于逻辑的讨论而把认知的实践活动置之一旁，总是试图从理性本身找到一个普适于一切科学认识的一般原则。而科学认识论的研究，不能仅限于研究科学理论的本质与科学理论的成长，而应该结合科学活动本身，从科学家活动的各种实际情况出发来研究科学认识。尤其是对知识的研究，认识论者们似乎忽略了知识在实践中的应用。强调实践具有重要作用的马克思认为，"人应该在实践中证明自己思维的真理性，即自己思维的现实性和力量，自己思维的此岸性。关于离开实践的思维的现实性或非现实性的争论，是一个纯粹经院哲学的问题。"② 当认识论试图寻求确证条件时，实践恰恰具备了"检验"知识的功能。在实践活动中，实践的检验会不断反馈信息给认知主体，从而考察理论是否符合实践效果，这样一来，实践检验活动又具有了评价效果。如此，检验似乎以一种外在主义的形式对人所接受的信息进行处理，因此，实践检验又可视为一种认识过程。

来自实验累积的科学知识免不了有着归纳的基础，但实验累积过程中，观察和实验因素都多多少少带有个人意见，或者无形地渗透入理论。认识过程发生时，人总是以第一视角看待世界，甚至可以说，科学实验中

---

① 查尔默斯：《科学究竟是什么？》，查汝强等译，商务印书馆1982年版，第10页。
② 马克思：《关于费尔巴哈的提纲》，见《马克思恩格斯选集》第1卷，人民出版社1995年第2版，第58—59页。

的观察和证据都发生于特定的条件。怀疑论者在这些意见不能取得一致时，便会以此来质疑科学理论的客观性。但反过来，正是怀疑主义的存在才让科学家时刻警醒不能只以观察来归纳世界，仍要坚持理性反思。认知者主观的个人意见虽然掺杂于我们对客观世界的认识中，可关于客观世界的理论最终是以实践的检验作为真假评判标准的。经过实践检验下的理论才具有无可怀疑的客观性。恩格斯认为："对这些以及其他一切哲学上的怪论的最令人信服的驳斥是实践，即实验和工业。既然我们自己能够制造出某一自然过程，按照它的条件把它生产出来，并使它为我们的目的服务，从而证明我们对这一过程的理解是正确的"①。所以，真信念是否为知识的证明的关键，还在于实践，将实践作为知识确证的依据与标准更凸显了科学的客观性。

知识与信念都是认识世界的结果，但知识不仅有理论知识，也有实践知识，传统认识论研究的是知识的确证问题，强调知识、信念、确证条件等之间的关系，但对知识的研究除了逻辑、语言分析以外，还需知识的实践分析，因此把认识论建立在实践的基础上是必然的。

克雷格（John Greco）和内塔（Rame Neta）等人则试图从认识实践的视角来消解内在主义与外在主义之间的对立。所以，对克雷格来说，认识论就是用实践来解释我们的认识过程，所以认识论是一种实践性的解释，它的特征来自认知概念，对知识概念的评价能够解释认知概念，知识的信息来源是受到认可的，是能够正确指导我们行动的，因此对真信念而言，要成为知识就要去考察产生真信念的信息源。获得信息源以后，我们还需要一定的方法来对信息和信息源进行评价。比如，当某人找到某个信念的信息源后，这个信息源应该能够被其他人察觉，并经得起其他人的检验，在经过他人的检验之后我们才能断定这个信息源是可靠的，这个信念是真的。② 克雷格的观点与萨普的观点具有明显的相似性。1989 年，萨普（F. Suppe）在他的《语义学的理论观与科学实在论》一书中提出，理论是一个关系系统，是一切逻辑上可能发生的状态的集合，在理论与现象之间起中介作用和评价作用的是实验，"理论从来脱离不开大量的实验的检

①　《马克思恩格斯选集》第 4 卷，人民出版社 1995 年版，第 225—226 页。
②　Edward Craig, *Knowledge and the State of Nature*: *An Essay in Conceptional Synthesis*, Oxford University Press, 1990, p. 11.

验，在检验中才能够把理论预期的见地与物理体系内的观察相互比较"。①
在萨普看来，"科学是一种共同协作，它包含了无数科学家的相互评价，
于是实践者们根据他人的发现进行行动。科学不可能是由单一的科学家所
创造的，它必须是科学家们共同劳动的结晶。所以科学的发现和结论都要
得到其他实践着的支持和评价"。② 其实，不管我们对知识的确证采取何
种方式，都离不开人们对它的评价，如果一个信念得到了普遍的认同，那
么这个信念就具有较高的可靠性。这种实践评价的观点可以被视为知识确
证中的新思路。但克雷格的理论作为一种变相的"可靠主义"——将可
靠性从可靠的过程转换成可靠的信息来源——并没有切中实践评价。

　　马克思提出，"人应该在实践中证明自己思维的真理性，即自己思维
的现实性和力量，自己思维的此岸性"。③ 这意味着，对知识的探索和研
究，要通过实践来实现信念认知与客观世界的相互作用。实践检验活动与
实践改造活动既是同一的，又是可区分的。在主客体相互作用中，主体的
能动性始终与物质性对象进行反馈性的变换活动。……不断的信息反馈调
整（检验）了自己的目的理性。④ 马克思主义认识论是一种宏观的认识
论，在通过实践检验解决内、外在主义所纠缠的认识主客体的矛盾上具有
一定的优越性，实践概念对认识论的启示是不言而喻的。但是，除此之
外，传统的宏观认识论在研究方法上还需要更多的创新，特别是在认识的
形成过程、主体性因素对认识过程的影响、语言研究、逻辑方法、具身认
知、实践标准的解释等方面的研究尚需进一步得到补充和发展。⑤

---

① F. Suppe, The Semantic Conception of Theories and Scientific Realism, University of I. llinois Press, 1989, p. 141.

② Ibid. , p. 382.

③ 《马克思恩格斯选集》第4卷，人民出版社1995年版，第55页。

④ 郑祥福：《实践标准与元标准》，载《浙江社会科学》1993年第3期，第69页。

⑤ 郑祥福：《从当代西方科学哲学走向看当前马克思主义认识论的任务》，载《浙江师范大学学报》（社会科学版）2007年第3期，第25页。

# 第 六 章

# 语境证据主义

　　类似基础主义与融贯论、内在主义与外在主义之间各执经验与逻辑中一端的理论、流派之争，在整部哲学史中并不少见。中世纪便有唯名论与唯实论之争，近代则有唯理论与实在论之争，现代更有科学实在论与反科学实在论之争。然而，值得人们深思的是，以上种种争论均没有在漫长时间中得出结论，它们要么作为虚假问题而被抛弃，要么走向融合，或者不了了之。而同样，如今当代知识论中基础主义与融贯论之争、内在主义与外在主义之争似乎也在向着这种趋势发展。

　　在很长的一段时间中，一个知识论哲学家似乎都要被迫在基础主义与融贯主义之间、内在主义与外在主义之间做出一种选择。从现实的实践角度来看，这样的选择绝非如同他们自己所宣称的那样是基于对真理的坚持，或者基于对于现实的彻底涵盖。

　　汉森的"经验负载理论"早已明确指出，任何观察不可能是绝对中性的，理论必然渗透在观察之中。也就是说经验（观察）和理论间并不存在绝对分明的界限，观察是受到理论的影响的，同时理论也会反过来受到经验（观察）的制约。因此，同样，对于一个理论的接受来说，也不可能是源于绝对客观的理性，而是会受到个人内在主观因素、外在客观因素的影响的。任何一个哲学家都是生活在现实世界当中活生生的人。既然如此，作为一个人就不可能避免内在因素与外在因素对于他的影响。而内外在因素影响之下产生的对于理论的接受，显然只可能是出于某种局限的偶然接受。也就是说，一个知识论哲学家成为一个持有基础主义观点或融贯主义观点，或者一个持有内在主义观点或外在主义观点的知识论哲学家，这仅仅是出于一种经验的偶然而已。这从根本上摧毁了知识确证中所有理论对其内在真理性的宣称。

纽拉特用"知识之船"的比喻试图说明人只能如大海上水手修补海船那般,对其知识进行"修补"。然而,知识之船的比喻其实能引申出更加深刻的含义。一方面,大海之上远不止一艘海船,任何一个水手登上一条海船并非是必然的。引申到关于知识论的理论,仔细考察任何知识论哲学家的生平与知识学习、理论发展等种种经历,可以得出,一个知识论哲学家似乎并不是在他们所谓追求真理的意义上去接受他们现有的知识论。这就如笛卡尔、洛克之后很长一段时间内,哲学家们无法跳出唯理论和经验论的局限,不得不在两者之间选择自己的立场;就如康德不可能在唯理论与经验论出现之前建构出其伟大的康德哲学一样;就如黑格尔不可能在康德哲学之前,以其"无所不包"的黑格尔哲学对西方古典哲学做出"总结性"阐述一样。任何哲学家总是受到自身经历、学识、思维方式、所处时代等一系列内、外在因素的影响,借助于此,才能接纳或发展出他们自身所接受的理论。另一方面,水手总在海船之上去修补海船,这并不是等同于翻覆,引申到关于知识论的理论,也就是说知识论哲学家总要基于自己的理论去为自己的理论做辩护工作。简单地说,我们不妨借鉴汉森的"观察负载理论"的论断来说明,汉森认为没有中性的观察,观察中总是渗透着观察者的理论,而知识论哲学家的对于自身理论的辩护中,未尝也不是渗透着知识论哲学家先入之见。知识论哲学家们并不是在他们认为的所谓坚持真理意义上去坚守他们现有的知识论理论,最多他们只是在坚持他们自己所谓的真理罢了。

知识论中基础主义与融贯主义之争,内在主义与外在主义之争的发展现实也能从侧面做出论证。一方面,当前的主流知识确证理论之所以能够成为一种主流理论,其部分原因在于它们确实能够解决现实当中人们关于知识的部分困惑。至少在基础主义、融贯主义或是内在主义、外在主义自身所提及、营造的那些境况中,它们能够解决知识确证的问题。另一方面,基础主义、融贯主义或是内在主义、外在主义之所以不能够令人满意,是因为它们在其他竞争理论所指出的境况中无法凭借其自身理论以合理的应对。

综上所述,基础主义、融贯主义或是内在主义、外在主义都存在着可取之处,但又并非完全可取。而这也为知识论哲学家知识论观点选择的偶然性提供了逻辑前提。既然基础主义、融贯主义或是内在主义、外在主义中的任何一种理论都并非知识确证的终极答案,那么似乎选择任何一种理论在逻辑上都是被允许的。有鉴于此，持有基础主义、融贯主义或是内在主义、外在主义立场的知识论哲学家更应该在反驳对立观点之时，反省自身，而不是自身站在"真理"的高度对其他竞争理论大加责罚，却拒不对自身存在的问题进行反省与改进。

知识论确证理论的偶然性与知识本身的偶然性有着相当程度的关联。知识偶然性与逻辑一贯性的矛盾正是多种确证理论并存且无法相互说服从而导致当代主流知识确证理论陷入困境的根本原因。自从知识论出现以来，各式各样的对于知识的知识论讨论，非但没有使得有关知识的问题更加清晰可辨，反而让有关知识的问题更加含混不清了，甚至连对于最基本的知识之内涵、外延、标准等问题，知识论哲学家也无法达成共识。从葛梯尔反例的提出，柏拉图"确证—真—信念"的传统知识三元定义受到严峻挑战以来，关于知识的一些基本问题就显得更加莫衷一是。而基础主义与融贯主义间以知识确证为核心的长期争论，内在主义与外在主义间关于信念论与非信念论的激烈争论，两者纠葛在一起使得部分知识论哲学家不得不哀叹：知识论正处于死亡的痛苦之中，并且主张所有心智健全的哲学家都应当把知识论当作毫无希望的东西而摒弃。①

但哲学发展总是如此，每当看到解决问题的曙光时，也是更大更多问题出现之时。然而，面对着更多更大的问题，同样也意味着哲学的突破就在眼前，虽然从柏拉图到黑格尔，从理想国到绝对精神，每一次哲学历经辉煌巅峰后便会堕入无尽深渊，直至当代，哲学终结的论调也从未止歇。但哲学的发展却从未中断，因此面对知识论这种莫衷一是的局面，首先应做的不是断然的摒弃，而是回过头去从现实实践展开审视反思。现实实践证明，知识是一个不断随着社会历史发展变化的概念，对于这样一个僵化、唯一企图一劳永逸的给予知识以真理性定义的做法，最终只能徒劳无功。知识在现实实践中的无限性意味着逻辑一贯性概括的尝试，一定会遭受知识现实实践的反驳，而究其根本，逻辑一贯性的坚持，实际上只会落入自相矛盾的境地，一种缺乏证据的"信仰"之中。

以基础主义和融贯主义对于无限回溯问题的回应为例，宣称存在非推论基础信念的基础主义以自我确证的基础信念终结无限回溯问题，而宣称

①　Susan Haack, *Evidence and Inquiry*: *Towards Reconstruction in Epistemology*, Oxford: Blackwell Publisher, 1993, p. 10.

确证只能依靠信念间的推论或相互支持的融贯主义则认为能最终返回自身的信念确证网以终结无限回溯问题。在此无论是线形的基础主义确证，还是环形的融贯主义确证在逻辑上都存在可行性，而在实践中都存在着很大问题。综合来看，对于选择是以基础主义的方式去回应无限回溯问题，还是以融贯主义的方式去回应无限回溯问题，从根本上来看只不过是基于经验局限上的一种偶然选择。一个不太恰当的比喻是对于一个原本无信仰的人来说信仰任何一种宗教都是偶然，而信仰之后对于自身信仰的坚持则更多的是一种"惯性"。这种"偶然"实则等同于一种类似信仰的无理由之轻信，这对于逻辑一贯性来说无疑是走向了其自身的反面。因此任何一种知识确证理论以断言其自身的真理性而否定他人信仰的强权行为是不存在合法性根基的。针对知识论的理论结合知识论发展的状况，不难发现任何原初"较强"的知识论理论都在趋于弱化。这种弱化表面上是出于其他该理论反对者的诘难，根基上未尝不是出于原本理论选择的偶然性，出于其自身真理意义的难以名状。

　　基于这种偶然性，知识论的理论一方面因自始至终保持一种妥协宽容的心态来对待其他知识论的理论，而非站在自身角度，对于其他知识论理论横加排斥；另一方面，知识论的理论应该强调对于知识实践的追求而非对于知识真理性的强调。出于这种偶然，知识论的任何一种理论都从自身根基上驳斥着那种对于理论自身真理性的标榜。知识本身就是复杂多样，以唯一的、高标准的真理性、逻辑一贯性去一刀切地对知识做出衡量，其结果只能是使得知识论对于知识的讨论脱离生活实践，成为一种无意义的奇谈怪论、空中楼阁。反过来使得知识确证与真理追求渐行渐远。

# 一　证据主义对基础主义与融贯论的调和

　　证据主义的最初表现是对于基础主义和融贯论的调和，是基础融贯主义。证据主义明确主张：确证完全取决于证据，认为在认识上的确证，是由认识者有关该信念的证据的性质所决定的[①]。另外，还有一种所谓的新证据主义，代表人有费德曼（Richard Feldman）和柯内（Earl Conee），

---

　　① 陈嘉明：《知识与确证——当代知识论引论》，上海人民出版社 2003 年版，第 222 页。也见陈莹、丛杭青《从传统走向现代——当代证据主义述评》，载《哲学分析》2012 年第 3 期。

他们认为，新证据主义首先是一种改良了的内在主义。总之，证据主义虽然在对于知识确证的表述上可能同基础融贯主义存在着差异，但两者却共同将内在信念作为支撑知识确证的唯一因素。由此看来，将基础融贯主义当作一种证据主义，存在着理论上的可行性。

另外，从齐硕姆、诺齐克（Robert Nozick）在《知识论》《哲学的解释》等书中提及证据主义的论述，到费尔德曼和柯内在《证据主义》《内在主义辩护》等文中明确提出证据主义的理论，其中的种种阐述，总结起来看，无非对于当代知识论现存主流知识确证理论的分析和归纳。这种分析和归纳以"证据"作为联结，而根据这一联结，基础融贯主义的对于知识的确证理论同样能够被包含在"证据"这一证据主义的核心概念之中。可见，证据主义是在调和基础主义和融贯的过程中产生的。

1. 调和基础主义。对于主流知识确证理论所面临的困境，知识论哲学家从不同方向进行了解决的尝试。虽然在此解决尝试中仍旧存在上文忽视只是偶然性等一系列问题，但这些解决尝试并非一无是处，至少这是推动知识确证理论发展的一个阶段。

有鉴于基础主义在基础信念区分等方面受到批判，基础融贯主义对基础主义进行了批判性借鉴。一方面基础融贯论对强基础主义进行了批判，另一方面基础融贯论又对弱基础主义进行了借鉴。对于强基础主义来说以下两个特征是不可或缺的：第一，基础信念的自我确证。强基础主义强调基础信念是知识确证的最终根据，基础信念的自我确证保证了知识确证链条终止于基础信念而不会陷入无限回溯。第二，从能否自我确证出发推导基础信念与非基础信念间的区分。强基础主义认为，存在基础信念与非基础信念的区分，使得非基础信念依赖基础信念来进行知识确证。基于这种"倒金字塔"形的知识确证模型，基础信念的不可错性就成为知识确证真理性的保证。简言之，强基础主义从坚持知识的真理性，从而导致其对于基础信念不可错性的坚持。

但正像融贯论及其他知识论理论所批判的那样，强基础主义对于基础信念不可错性的坚持与知识的现实境况间有着迥然区别。如果像强基础主义那样，认为基础信念必须是不可错的，那么人们现在实际拥有的绝大多数信念都将被排除在这个基础信念之外。这其中包括了基础主义中那些源自感觉经验的基础信念，由于在黑暗中人可能将灰色错认成黑色，因此感觉经验就是不可靠的，依照这种情况，基础信念的界定就成为一个极为困难的问题。强基础主义知识论在不可错性的要求下，现实境况中的绝大部分知识也将因为其没有建立在"绝对不可错"这一基础之上，而被划入非知识的行列。显然，这是不能被学界所普遍认同的。

因此，基于对强基础主义提出的以上诘问，弱基础主义在保留存在基础信念与非基础信念区分的基础上，修改了对于基础信念的界定。弱基础主义认为，基础信念是可错的，而非不可错的。这样，也就避免了将感觉经验的信念排除出基础信念的问题。依旧把之前的黑暗中将灰色错认作黑色为例，由于基础信念是可错的，因此在灯光下看到灰色时，前一次在黑暗下错认的情况便被纠正过来。于是，感觉经验的偶然性不再成为其支撑基础信念的障碍。基础融贯主义显然认同了弱基础主义对于强基础主义在基础信念上的修正，从而试图对基础信念的问题做出让步，以之来调和其与融贯主义的矛盾，最终达成知识确证上的共识。

2. 调和融贯论。在某种意义上说，基础融贯论是对基础主义和融贯主义之争的一种折中，因此在其对基础主义进行批判时，也包含了对融贯主义的批判。同样，一方面，基础融贯主义对强融贯主义进行了批判，另一方面基础融贯主义对弱融贯主义进行了借鉴。与基础主义相反，强融贯主义认为，信念间不存在基础信念与非基础信念之分，所有信念间的地位是平等的。由此，强融贯主义认为，信念间的相互推论是知识确证的唯一手段。然而，从现实来看，以信念间的融贯作为知识确证的唯一手段显然是存在问题的。在现实的科学实践中，似乎确实存在着如"所与"论认为的那般被感觉经验直接给予的信念，比如，在用眼睛看到红色由此产生"红"这一信念的例子中，就很难以信念间的融贯来进行阐释。

更有甚者，对于现实中的知识确证来说，保持信念与信念系统间的绝对融贯也同样是一个难以达到的要求。由于现实的科学实践的复杂性，某一信念可能在某些现实状况下被信念间的相互推论所支持而与信念系统相融贯，在某些现实状况下被信念间的相互推论所排斥而与信念系统不相融贯。因此，强融贯主义要求以信念间的相互推论作为知识确证的唯一手段，就如同强基础主义要求基础信念的绝对不可错一样，会使现实中大部分原本作为知识的信念被排除在信念之外，从而无法令人接受。

因此，弱融贯主义不再以单纯的信念的融贯作为考量知识确证与否的唯一手段，而是提出了在知识确证过程中可以给予经验以特殊的权重。在弱融贯论看来，关于用眼睛看到红色而产生"红"这一信念的例子便不再成为问题，我们可以用经验的特殊权重对此加以阐释。显然给予相似的理由，基础融贯主义认同了弱融贯主义对于强融贯主义的修正。与弱基础主义对于强基础主义的修正一样，这种修正在实质上模糊了基础主义与融贯主义之间的界限，是一种对于两者之争的折中。在此意义上，弱融贯主义与弱基础主义一起构成了基础融贯主义的理论核心。

3. 基础融贯论的问题。在调和基础主义和融贯论后，形成了基础融贯论。然而，这种调和并未从根本上解决基础主义与融贯主义间的内在矛盾。就基础融贯论对于基础主义融合方面来看，在基础融贯主义动摇了基础主义关于基础信念与非基础信念间的明确划分的同时，却也丧失了知识确证所追求的对于知识确定性之基础。弱基础主义为了回应其他知识论哲学家尤其是融贯主义哲学家对于基础信念不可错观点的批判，将基础信念不可错的观点修改成了基础信念可错的观点。这种修正固然使得基础主义的基础信念不再难以与现实相适应，但是这同时也使得基础信念与非基础信念间本来明晰的界限变得模糊，基础主义原本建立在不变基础信念之上的知识确证也随之倒塌。因为，既然基础信念是可错的，也就意味着基础信念与非基础信念间是能够发生转换的。例如在黑暗中错误的将灰色看作黑色时，这是"黑色的"这一感觉经验所产生的信念并非基础信念，而在黑暗本身中经验到的"黑色"则是作为基础信念而存在的信念。同样，作为"黑色的"这一感觉经验的信念，一方面是作为基础信念而存在的信念，另一方面也是作为非基础信念而存在的，这在一定程度上是取消了基础信念与非基础信念区分。

同样就基础融贯主义对于融贯主义的融合来看，其中也存在着类似的问题。弱融贯主义为了应对其他知识论哲学家尤其是基础主义哲学家对于融贯主义以信念融贯作为知识确证唯一标准的批判，将强融贯主义主张的信念融贯是知识确证的唯一标准，修改为可以"适当增加经验的权重"，这种"经验权重"实际上是一种另类意义上基础信念与非基础信念的区分。这也就模糊了融贯主义与基础主义的界限。

因为既然在知识确证当中开始考虑经验的权重，也就意味着原本融贯主义所主张的信念间的完全平等成为空谈。实际上，承认经验权重的增加也就意味着这部分弱融贯主义哲学家开始承认基础信念的存在，即使这种承认是在经过一系列语言修饰包装之下表达出来的。

综合考量弱基础主义与弱融贯主义两种理论，两者都可以在一定程度上看作是基础融贯论的一种理论表达。因此，在具体的理论阐述上，两者表达了基础融贯主义的基本观点。即基础融贯主义所认为的：基础主义与融贯主义两者并不是非此即彼的关系，且基础主义与融贯主义两者都存在着问题，这种问题的解决需要依靠对方的理论优势来加以弥补。可是，问题在于基础融贯主义虽然以牺牲基础主义、融贯主义理论基础为代价，一定程度上弥合了两者间的争端，但这种弥合其实并未做出理论上的根本创新，在面对现实当中千变万化的知识确证问题时，基础融贯主义依旧会在基础主义与融贯主义的选择间陷入摇摆。

从基础主义的关于基础信念存在的基本观点来看，基础信念意味着存在不需要依靠其他信念确证而可以自我确证之信念。而从融贯主义关于信念是依靠相互间的推论而得到确证来看，意味着不存在自我确证之信念。因此，或者基础融贯主义承认自我确认信念的存在，而否定融贯主义对于不存在自我确证之信念的主张；或者基础融贯主义承认信念依靠相互间的推论得到确证，而否定基础主义对于存在自我确证之信念的主张。基础融贯主义的调和只是对于其内在矛盾的掩盖，而非根本性解决。基础融贯主义作为一种内在主义更存在着内在主义所具有的一系列问题。基础融贯主义作为对基础主义与融贯主义的融合、协调无论是以基础主义的方法还是融贯主义的方法去进行知识确证，其以内在信念去把握知识的这一根本前提并没有发生变化。而在内在主义与外在主义之争中可以看到，内在信念能否成为确证知识的唯一条件有待商榷。退一步说，基础融贯主义即使能够解决基础主义与融贯主义的矛盾，也难以回应外在主义对于内在主义的种种诘难。

## 二　证据主义对主流确证理论困境的应对

1. 证据主义与基础融贯主义的比较，主流知识论确证理论的困境，迫使部分知识论哲学家尝试在基础主义与融贯主义、内在主义与外在主义之外，另辟蹊径来摆脱困局。证据主义的出现与发展同基础融贯主义的出现与发展存在相似性。甚至一定程度上，基础融贯主义也被看作是证据主义的一种表现形式。作为一种内在主义理论，证据主义具有超出基础融贯主义的更大的包容性。正是因为这种包容性，证据主义也被看作基础融贯主义的进一步理论之发挥。

　　深入分析来看，基础主义与融贯主义之间虽然存在竞争关系，但在坚持完全依靠信念进行知识确证这一点上却保持着一致性。由此可以得出，基础融贯主义作为尝试协调、融合基础主义与融贯主义之争的一种知识确证理论，同样坚持的是完全依靠信念来进行知识确证。而在这一点上，证据主义如出一辙。

　　具体来说，以费德曼和柯内的新证据主义为例，他们的新证据主义主张，对任何人 S、时间 t 与命题 P 来说，如果 S 在 t 时具有适当的趋向于 P 的态度，并且 S 在 t 时的证据支持 P，那么 S 在认知上的态度应该趋向于 P，其在 t 时的证据支持了 P。[①] 无独有偶，哈克（Susan Haack）的基础融贯主义也有类似主张，A 在时间 t 或多或少有理由地相信 P，依赖于他是否具有好的证据。[②] 在此，哈克基础融贯主义的对于好证据的寻求，同费尔德曼和柯内新证据主义对于契合信念态度之证据的寻求，显然可以被看作一种包含与被包含关系，即哈克基础融贯主义的确证途径是一种证据与信念相契合的途径。

　　证据主义虽然是种内在主义，但是自新证据主义出现以来，证据主义与外在主义之间的互相抵斥也开始趋向缓和。新证据主义以"完满证据"的理论尝试将可靠主义这种外在主义的典型代表理论包含其中。而这种尝试，从基础融贯主义无力解决知识论中内在主义与外在主义之争这一点来看，无疑是一种弥合基础融贯主义理论缺陷的尝试。因此，一方面，由于基础融贯主义与证据主义同属于内在主义，且基础融贯主义知识确证理论能够作为一种"证据"获得其方式，因此基础融贯主义能够被认作证据主义。另一方面，由于证据主义特别是新证据主义做出了解决内在主义与外在主义之争这一问题的尝试，而这一问题却是基础融贯主义未能提及的，因此证据主义包含了基础融贯主义却并不与基础融贯主义相等同。最广泛意义上，基础主义、融贯主义等一系列内在主义的知识确证理论都可以视作证据主义知识确证主张的一种表达。

　　2. 证据主义与内在主义的关系。证据主义虽然可以被视为一种内在主义，然而在当前以新证据主义为代表的证据主义却对内在主义进行了改

---

　　① E. Conee & R. Feldman, *Evidentialism*：*Essays in Epistemology*, Clarendon Press, Oxfoed, 2004, p. 178.

　　② 苏珊·哈克：《证据与探究：走向认识论的重构》，中国人民大学出版社 2004 年版，第 2 页。

良。古典经验论的基础主义代表洛克在其《人类理解论》中写道：作为我们的义务，如果信念不能基于好的理由而得到规范，它就不能赋予任何事物，所以信念不能和理性相悖。① 而这恰恰与普兰廷加"确证从本质上来说是义务论的，这构成了 20 世纪英美知识论的一种共识"② 这一论述相互呼应。也正是这种对于确证与认识义务关系间认识，使得义务论在当代内在主义知识论中滥觞。因此，义务论作为一种基本共识在内在主义知识确证理论中曾长久占据主导地位。内在主义也因此受到其他知识论确证理论的批判。

所谓认识的义务论，概括来说即认为认识过程须遵循相信应基于充分的证据，而不应再根据不充分证据情况下的轻信等认识义务。但是，认识的义务论常因为其潜在的意志论倾向而受到批判。因为在逻辑前提上认识的义务论要求对于认识加以控制，即要求认识主体有控制自身相信何种信念或不相信何种信念的能力。然而，这种对于认识的控制却在现实当中存在极大问题。例如在现实中，面对着一辆飞驰而来的卡车，人无法能动地控制自己去相信或者不相信这一信念。正是认识到这一点，新证据主义从心灵主义的角度出发，认为内在主义的义务论并非内在主义的前提，抛弃义务论能够避免与之相关的由意志论带来的问题。证据主义对于内在主义的改良由此作为切入点，以心灵主义取代义务论，试图在不放弃内在主义基本原则、观点的情况下，对内在主义存在的问题加以辩护。

3. 证据主义与外在主义的关系。基于同样的原因，新证据主义并未一味对外在主义加以排斥否定，而是试图在对内在主义加以理论改造后，与外在主义相融合。对此，费尔德曼和柯内的新证据主义是通过"完满证据"的概念来实现的。所谓"完满根据"（well-founded）即：

"WF：$S$ 在 $t$ 的有关命题 $p$ 的信念态度 $D$ 是有完满根据的，当且仅当

（Ⅰ）对于 $S$ 在 $t$ 而言，具有与 $p$ 相关的态度 $D$ 是正当的；

（Ⅱ）$S$ 在某证据集 $e$ 的基础上，具有与 $p$ 相关的 $D$，使得

（a）$S$ 在 $t$ 的 $e$ 为证据

（b）与 $p$ 相关的 $D$ 契合于 $e$；并且

---

① Locke, *An Essay Concerning Human Understanding.* A. C. Fraser（eds）, New York：Dover 1959, pp. 413 – 414.

② Alvin Plantinga, *Justification in the 20th Century.* John L. Pollock（eds）, N. J.：Princeton University 1975, p. 771.

(c) $S$ 在 $t$ 并不具有证据集 $\acute{e}$，使得与 $p$ 相关的 $D$ 并不契合于 $\acute{e}$。"①

而可靠主义则认为：对于 $S$ 在 $t$ 的有关命题 $p$ 是否得到确证，那要看：当且仅当，对于 $S$ 在 $t$ 而言，具有的 $p$ 产生于一个可靠的信念过程。费尔德曼与柯内则认为，可靠主义主张的知识确证的"可靠过程"与"完满根据"是等值的。在他们看来所谓产生信念的可靠过程就是一种完满根据，两者之间只是概念说明上的差异，并没有实质上的差别。

但是，如果做进一步的分析，新证据主义其实并没有在缓和内在主义与外在主义之争的问题上有任何新的建树。费尔德曼和柯内在将认知的"可靠过程"与"完满证据"的提法进行等值后，同时提出要使得这种等价性具有事实的可操作性，可靠主义就必须解决普遍性问题、可靠性问题等外在主义必须解决的问题。反过来看，如果可靠主义能够解决普遍性问题、可靠性问题，那么实际上可靠主义不需要依靠所谓的与其等值的完满证据解释便能够自行成立。外在主义与内在主义之争的长期存在，正是由于两者都无力自圆其说地对己方理论中存在的重大缺陷进行实质性辩护。新证据主义表面上提出完满根据与可靠认知过程相等值的提法，似乎跨越了内在主义与外在主义间难以弥合的鸿沟，但之后新证据主义对于可靠主义解决普遍性问题、可靠性问题的要求，却又回到了质疑外在主义的既有思路之上，充其量只是在言辞上有所缓和，究其本质不过仍旧是站在内在主义的立场，坚持以信念作为确证知识的唯一要素而对外在因素加以排斥。

# 三　新证据主义

证据主义的见解虽然具有一定的理论价值，但并非证据主义在对知识确证过程中都能如人所愿，它本身存在的矛盾以及证据的认定模糊不清，都造成了其他人对它持批评的态度。

## （一）"证据"界定中内在矛盾性

新证据主义通过对于内在主义、外在主义等所存在问题的回应，自矜为当前解决知识论问题的最佳理论。在《证据主义》中，费尔德曼和柯

---

① E. Conee & R. Feldman, *Evidentialism*, In Epistemology: An Anthology, p. 175.

内均明确表示：证据主义不求哗众取宠或立意创新，我们把它视为关于确证本质的最可行的观点。[①] 但是，新证据主义真的能如他们所认为的那样是一种关于当前知识确证理论之讨论的最好理论吗？这一点有待商榷。

第一，新证据主义在关于证据的论述上就会令人产生相当大的困惑。纵观费尔德曼与柯内对于新证据主义的诸多文献，其中却没有对于"证据"这一理论核心观念的明确定义。虽然在《内在主义辩护》中，费尔德曼与柯内论述到：内在状态或内在证据因素只能局限于个人当下的和倾向性的心灵状态、事件和条件。[②] 援引陈英涛在《确证·证据·怀疑——评费尔德曼与柯内的新证据主义》中对于费尔德曼与柯内证据主义具体内容的总结，我们就可以看到，新证据主义将"感觉经验""回忆反思""逻辑推理"等统统当作证据，甚至将非理智的"冲动""先验洞察"等也纳入其中。这种对于证据的理解方式，其实也就在一定程度上解释了为何新证据主义能够对内在主义与外在主义进行包含。因为在对证据的定义上新证据包含了内在主义与外在主义关于证据的所有提法。但正如上述对于基础融贯主义的分析那样，新证据主义对于证据的模糊化界定，虽然能够在一定程度上解释内在主义以及外在主义的相关问题，但总体来看，其内在逻辑上的自相矛盾是无法解决的。而从现实来看，就像可靠主义中认知过程的可靠性存在疑问一样，新证据主义中被当作证据的诸多内容，在知识确证过程中是否能够成为知识确证的有效方式，存在的很大的不确定性。那么，依据这种不确定性所进行的知识确证之有效性，显而易见也存在着疑问。

第二，新证据主义作为一种对于内在主义的沿袭理论，其理论中的"所与论"倾向同样应该受到批判。"所与论"根源于基础主义，基础主义在对于基础信念问题的论述上常采用"所与论"的策略，他们认为，作为基本的经验信念既不必诉诸其他的信念，也不必依靠所谓的外在事实就能够得到证实，因为它们的证实可以直接地来自如下认识状态，"当下的经验""直接的体认""直观"等。[③] 而在这一点上，从比较来看，新证据主义对于"同时并发"的阐述，无异于一种对于"所与论"的另类

① E. Conee & R. Feldman, *Evidentialism*, Philosophical Studies, 1985, p. 16.

② E. Conee & R. Feldman, *Internalism Defended*, Hilary Konblith (eds.), Epistemology: Internalism and Externalism, Blackwell Publishers. 2001, p. 234.

③ 胡军：《知识论》，北京大学出版社 2006 年版，第 164 页。

表述。在现实的认识过程中，绝大多数情况下，人们并不会借助于有"当下的经验""直接的体认""直观"等产生的现象信念来进行知识确证，因为人们在认知过程中往往不会有所谓现象信念的意识。塞拉斯在其《科学、知觉和实在》一书中对于"所与论"进行了深刻批判，"所与论的神话"也就自此破灭。因此，新证据主义必须在"所与论"之外寻求途径来对其自身理论加以完善。

### （二）基于语境主义的批判

证据主义明确主张确证完全取决于证据，认为一信念在认识上的确证，是由认识者有关该信念的证据的性质所决定的。[1] 而从广义的"证据"的角度看，基础主义的基础信念支持、融贯主义的信念融贯，都能够视为某种认识者有关某一信念的证据而被证据主义接纳为一种知识确证的方式[2]。事实上，在对待外在主义的典型代表——可靠主义上，费尔德曼与柯内就是采取了这种相同的逻辑。可靠的认识过程在证据主义的视角中同样被接纳为一种有助于知识确证的方式，并因此而被纳入证据主义的理论阐述中。

然而，问题在于基础主义、融贯主义、内在主义、外在主义作为存在竞争的几种当代知识确证理论，证据主义在将它们进行统合的过程中，并没有提出消弭它们之间冲突的方法。在一定程度上，这其中的每一种理论的阐述都能在现实中获得依托，但同时，每一种理论又无法对其竞争理论所提及的现实之诘难做出令人完全信服的阐述。固然，基础融贯主义、新证据主义已经看到在现实的知识确证当中，基础主义、融贯主义、内在主义、外在主义中任何一种理论都存在着问题，也都存在着可取之处，但是其关于当代知识论困境解决之思考也就仅仅止步于此。要解决基础主义与融贯主义之争、内在主义与外在主义之争，其有效方式，并非应该是像基础融贯论或新证据主义那样，看到可取与不可取之处后，将几种存在竞争与冲突的理论简单地杂糅到一起。面对当代主流确证理论的困境，更为关键的是，进一步地找到使这些存在竞争与冲突的理论能够共容共存的方法。

---

[1] 陈嘉明：《知识与确证——当代知识论引论》，第 222 页。
[2] 陈莹、丛杭青：《从传统走向现代——当代证据主义述评》，载《哲学分析》2012 年第 3 期。

在这方面，语境主义恰恰为证据主义所存在的理论杂糅问题的解决提供了一种有益的启示。对于知识的确证来说，语境往往被人忽略。一方面，这是由于语境自身无所不在又隐而不显的特点所造成的；另一方面，则是由于西方知识论从一开始就一如既往地追求确定性，而语境的讨论恰恰在表面上与这种确定性的追求相背离。然而，正是语境的这种无所不在，也正是语境这种对于绝对确定性的表面悖反使得语境成为融洽、协调基础主义与融贯主义之争、内在主义与外在主义之争的最佳选择。对于语境来说，基础主义与融贯主义之争、内在主义与外在主义之争中，任何一种理论对于解释所有现实知识论问题的企图都可以被视作一种超语境的僭越，这种僭越必将受到知识论研究现实的无情反驳。而基础主义与融贯主义之争、内在主义与外在主义之争中任何一种知识论理论的合理性，都是在特定语境之内的合理性，这种合理性受到语境主义的支持。由于语境论的协调，基础主义与融贯主义之争、内在主义与外在主义之争中各种理论间的竞争便能够以语境加以限制，这就达到了基础融贯主义、新证据主义所希望达到的相互间的融合、协调，且这种融合、协调并非简单地堆砌杂糅，而是一种有机的理论探索。但是，语境证据主义这样一种容纳了证据主义与语境主义的知识确证理论能否作为当代知识论的一条进路，是个复杂的问题，要使得语境证据主义这一理论获得成功，就免不了对证据确证问题、语境主义问题、语境证据主义自身理论的探索等一系列相关问题进行详细讨论。

# 四　语境证据主义

## （一）语境证据主义的概念

1. 语境证据主义的形成。正如语境实在论者施拉格尔（Richard H. Schlagel）所说的："所有经验和知识都是相对于各种语境的，不论是物理的、历史的、文化的还是语言的。由于语境的变化，因此人们审视这些问题的角度也是变化的。"① 施拉格尔这种对语境因素的考虑，为陷入基础主义与融贯主义之争、内在主义与外在主义之争的主流知识确证理论

---

① Richard H. Schlagel, Contextual Realism: A Meta-Physical Framework for Modern Science, New York: Paragon House, 1986, pp. xxxi – xxxii.

提供了有益的启示。

内在主义主张知识确证由内在状态来决定,但是对于处在复杂现实之中的知识来说,内在状态并非决定某一信念是否得以确证为知识的唯一因素。以基础主义为例,基于我听到夜里雨滴拍打窗户的声音,我关于昨夜下雨的信念可以得到确证。但这种确证并非在所有语境中都是成立的。因为在其他情况中,我所听到的雨滴拍打声可能只是邻居电视中放出的声音。同样,以融贯主义为例,如果"我是在夜里梦中听到雨滴拍打声而推论出昨夜下雨",那么尽管在梦中这个推论是正确的,但其也并不能够作为知识而被确证。

对于内在主义中两个具有典型代表性的理论,基础主义和融贯主义在现实语境中所遇到的问题,正是内在主义主张知识确证完全由内在状态决定所导致。对于现实的知识确证来说,外在因素的考量是必不可少的,但这也并不意味着,反对完全由内在状态决定、主张凭借认知过程的可靠性等外在因素介入的外在主义一定符合语境考量的要求。

尽管外在主义在反对完全由内在状态决定上与语境的考量保持一致,但是在具体运用外在因素进行知识确证时,两者却体现出了本质的不同。外在主义特别是以可靠主义为代表的外在主义,对于认知过程的归纳,对于认知过程可靠性的诉求,明确地表现为一种超语境性。换言之,以可靠主义为代表的外在主义,要求的是寻求能够涵盖所有的知识确证方法,这实质上与内在主义从内在状态角度寻求一种超语境的涵盖一样,在逻辑上是同质的。也正是因为这种诉求,使得普遍性、可靠性等问题成为横亘在可靠主义面前的难以解决的问题。

而这些问题在对语境进行分析之后,便能不攻自破。普遍性、可靠性问题都要求从广泛的知识确证出发,对认知过程加以分类,形成认知过程可靠性的标准。但是,语境分析却是反其道而行之,它要求的是在具体的知识确证场合中去思考问题。这样,可靠主义的普遍性诉求便被消解,而可靠性诉求则融入具体的确证语境之中。同时语境因素的介入,使知识确证过程中的相关因素进一步符合具体现实。知识的发展与人类社会的发展相伴随,人类的社会实践从总体上决定着知识的确证,因为知识的形成绝非个人的事情,它是人类社会实践的产物,社会实践推动着人类知识的发展。任何内在主义、外在主义的假定都将无法说明知识与实践之间的关系。语境分析的分析优点是顾及人类生活实践中的因素,就这一点而言,语境论在知识确证问题上具有一定的可取性，它考虑到了社会、历史、文化因素在知识形成中和解释中的作用，从而使知识的确证更为全面。

2. 语境主义的确证观。要将语境因素加入知识确证过程，就需要先对语境做出一个比较全面的掌握，对语境有个初步的了解。由于语境所包含的因素纷繁复杂，因此根据不同分类标准，就会出现不同语种类的语境主义。例如，根据知识归因的真值决定条件不同，我们可以把语境论区分为：主体语境主义与归因者语境主义；根据改变语境的动力不同，可以分为：对话语境主义与认知语境主义；根据语言学基础不同，可以分为：标识语境主义与相关语境主义；根据确证基础不同，可以分为外在主义语境主义与内在主义语境主义等。① 在这一系列分类当中，主体语境主义与归因者语境主义是当前语境主义的主流形式，正如布拉迪（Michael Brady）所说："当代知识论中发生的最重要的运动之一是知识论的归因者语境主义。"②

所谓归因者语境主义，即认为决定知识确证的关键在归因者的语境。而主体语境主义则认为，决定知识确证的关键在于主体的语境。但是，就现实来看，归因者和归因主体间并没有存在着绝对的区分。例如，在 $S$ 知道 $P$ 这样一个语境中，归因者和归因主体均为 $P$。但是在 $S'$ 知道"$S$ 知道 $P$"这样一个语境中，归因者 $S'$ 和归因主体 $S$ 是相互区分的。归因者语境主义与归因主体语境主义的分歧就在于：当在诸如"$S'$ 知道 $S$ 知道 $P$"这样一个语境中，到底是归因者还是归因主体对其知识确证起了决定性的作用？

就如之前对于基础主义与融贯主义、内在主义与外在主义之争的分析一样，在此，归因者语境主义与归因主体语境主义之争似乎在逻辑上犯了相同的错误。即在现实语境当中，时间、地点、场合、来源、途径等归因对象以及主体的归因标准、背景知识、归因方法、归因理论、心理素质、功利程度等因素，都是影响知识确证的因素。由于它们在不同的语境中发挥着不同的作用，因此不应该片面地将归因者或归因主体中的任何一者作为语境主义知识归因中唯一的决定性因素，这样一种不顾知识现实的企

① 参见曹剑波《知识与语境：当代西方知识论对怀疑主义难题的解答》，上海人民出版社2009年版，第209—210页。

② Michael Brady, *Epistemological Contextualism: Problems and Prospects*, in *The Philosophical Quarterly*, 2005 (219: 55), p. 161.

图，同样是一种超语境的僭越。有鉴于此，采用语境补全原则与最佳语境原则，将归因主体语境主义与归因者语境主义相结合，才是语境证据主义结合语境来进行知识确证的应有之意。

3. 语境证据主义。证据主义认为："对处于时间 $t$ 的 $S$ 而言，有关命题 $p$ 的信念态度 $D$ 是认识上确证的，当且仅当有关 $p$ 的 $D$ 契合与 $S$ 在 $t$ 的证据。"[①] 也就是说，证据主义认为一个信念当且仅当其为相契合的证据所支持时，它才算得上是得到确证的知识。但实际上，换个角度来看，无论是基础主义、融贯主义，还是内在主义、外在主义，它们都只是论证自身作为相契合证据的合法性。因此，证据主义仅有这样的论证是不充分的。证据如何界定？证据又如何在实践中获得进一步的确证？这些都需要做出进一步的论述。语境证据主义正是看到证据主义的上述不足，才将自身表述为："对处于特定语境 $c$ 中的 $S$ 而言，有关命题 $p$ 的信念态度 $D$ 是认识上确证的，当且仅当有关 $p$ 的 $D$ 契合于 $S$ 在特定语境 $c$ 中的证据。"

在此，由于证据是特定语境 $c$ 中的证据，因此它不仅与证据主义中所表述的时间性有关，它还与经验性、主体性、关联性等因素相关联。对于语境证据主义来说，基础主义与融贯主义之争，内在主义与外在主义之争中关于何种确证理论是唯一正确的争论，在此被搁置起来。对于仅限于特定语境 $c$ 的知识确证来说，基础主义、融贯主义、内在主义、外在主义中的任何一种确证理论都可能在这个特定语境中使得信念态度 $D$ 与证据相契合。借助语境的讨论，将使基础主义、融贯主义、内在主义、外在主义等主流知识确证理论的排他性得以消除。与此同时，随着这种消除，知识确证理讨论的焦点将被引向关于证据的如何进一步确证这一方向。

对于语境证据主义来说，虽然能够运用语境来消除基础主义、融贯主义、内在主义、外在主义等主流知识确证理论的争论。然而，作为一种新的知识确证理论，它同样必须像基础主义、融贯主义、内在主义、外在主义等一样，对具体的知识确证问题加以阐述。而语境证据主义最需要说明的，便是如何运用语境来解决证据主义特别是新证据主义关于"杂糅"各种当代知识论主流确证理论的问题。举例而言，语境证据主义需要说明，在运用该确证理论的过程中，为何在语境 $c1$ 中是采用基础主义的，而在语境 $c2$ 中却要采用融贯主义理论。而虚拟条件的语境主义、相关选

---

① E. Conee & R. Feldman, *Evidentialism*, In Epistemology: An Anthology, p. 170.

择的语境主义等对于语境主义方法的探讨，正是对语境证据主义说明如何运用语境进一步进行证据确证的问题做出的有益探讨。

**（二）语境证据主义的理论方法**

1. 虚拟条件与知识确证。知识论之所以要对知识加以确证，是因为要对怀疑主义知识论做出回应。因此，从这个角度看，知识论对于知识之确证与怀疑主义对于知识之怀疑，是一而二，二而一的问题。因此当代知识论的发展，实际上是在当代知识论应对怀疑主义的基础上逐步展开和发展的。因此，要使得语境证据主义成为当代知识论的一条路，就需要让语境证据主义的理论能够经受住怀疑主义的诘难。

德雷兹克（Fred Dretske）认为，怀疑主义的论证方式与闭合原则密切相关，"几乎所有怀疑主义的挑战都是利用这一原则"[①]。闭合原则认为："1）$S$ 知道 $p$，2）且 $S$ 知道 $p$ 蕴含 $q$，3）则 $S$ 知道 $q$"，换言之，如果 $S$ 知道 $p$，也就一定知道 $p$ 的一切逻辑后承。德雷兹克等知识论哲学家认为，怀疑主义的论证正是建立在闭合原则这种逻辑推理之下的。但是，在现实中，$S$ 知道 $p$ 并不能意味着 $S$ 知道 $p$ 的一切逻辑后承。怀疑主义利用闭合原则提出了一种不合现实的过高要求。针对这一点，语境证据主义尝试以虚拟条件语境主义所采用的方法予以应对。所谓"虚拟条件理论"即："$S$ 知道 $p$，当且仅当 1）$p$ 为真；2）如果 $p$ 为假，那么 $S$ 不相信 $p$；3）如果 $p$ 为真，那么 $S$ 相信 $p$。"虚拟条件语境主义的这种理论在实质上是借助于虚拟条件的阐释来反驳闭合原则，从而将怀疑主义高标准的知识要求限制在怀疑论语境之内。

虚拟条件理论认为，当在日常语境下进行讨论时，对于所讨论信念的追踪只需要到达日常相关的可能世界，而怀疑主义语境下的讨论，则要追踪到怀疑主义的可能世界。由此，虚拟条件理论借助信念对于事实的追踪，将日常语境同怀疑主义语境予以分割，使得两者能够并行不悖。

2. 相关选择与知识确证。相关选择理论与虚拟条件理论有着相同之处，它同样是借助于对闭合原则的反驳来展开自身观点的。简单地说，相关选择理论认为 $S$ 知道 $p$，与任何非 $p$ 的选择项不被排除是不一致的。也就是说，相关选择理论同样反对怀疑主义借助闭合原则所提出的关于知识

---

① Fred Dretske, *Epistemtic Operators*, Keith DeRose & Ted A. Warfield（eds.）, Skepticism：A Comtemporary Reader, Oxford University, 1999, p. 135.

的过高标准——$S$ 知道 $p$，$S$ 一定知道 $p$ 的一切逻辑后承。相关选择理论认为，$S$ 知道 $p$，仅仅需要知道相关语境内所有与 $p$ 相关的逻辑后承便可。

举例来说，当 $A$ 在动物园内参观斑马时，根据怀疑主义借助闭合原则所提出的要求，$A$ 必须排除诸如"他看到的可能是画上条纹的马"等所有非斑马的可代替项，才能够确证地认为他看到的是斑马。而相关选择理论借助语境主义则认为，在日常语境中，$A$ 并不需要排除所有可代替选项，诸如"$A$ 看到的可能是画上条纹的马"等可代替选项在日常语境中是非相关的选择项，因此不用加以考量。由此，相关选择理论运用"相关选择"对怀疑主义语境与日常语境进行区分，认为怀疑主义与日常常识能够并行不悖。

总之，无论是虚拟条件理论还是相关选择理论，其理论目的都是想要借助对语境的分析来划分日常语境与怀疑主义语境，使得怀疑主义对于知识的高标准要求被局限在怀疑主义语境之中，借此达到日常语境与怀疑主义语境两者间的并行不悖。但对于语境证据主义来说，虚拟条件理论、相关选择理论虽然为其提供了语境运用的启示。不过，语境证据主义要成为一个成功的知识确证理论，它还需要解决以下两个问题：第一，即虚拟条件语境主义、相关选择语境主义等语境主义自身理论所面临的问题；第二，即如何将这些理论与当代知识论的主流确证理论进行有机结合。

### （三）语境证据主义的局限性

1. 针对语境问题的批判。知识论中对于语境的批判，归根结底是由于西方知识论坚持求"真"的传统。语境对于知识之"真"的局限，以及西方知识论中对于知识超语境之"真"的要求，构成了知识论中语境主义与非语境主义争论的一个重要焦点。

在知识论讨论焦点转向"确证"的当今，知识本质的探讨同样不容忽视。柏拉图以来，以"确证—真—信念"的知识三元定义将知识与真相相联结，到葛梯尔反例对这一知识论经典定义构成的挑战，知识论以真为核心的本质受到严重的挑战。对于古典知识论来说，追求真知识、趋向真理，似乎是毋庸置疑的。然而，对于当代知识论，特别是语境主义，却对这样一种认识论提出了异议。语境主义认为，知识应该局限于语境的范围之内，由此知识的真理性或是似真性似乎便被消解一空。

知识与真的"断裂"，使得知识难以为自身的存在寻找到坚固的基石。而按照知识限于语境的观点，科学知识的客观有效性问题似乎变成了沙滩上的房子，成了只是建立在语境上的飘忽不定的观念，这正是科学家们所无法认同的。因此，对于语境证据主义来说，要构建自身理论，就必须应对这种"语境"与"真"之间的矛盾。如果"语境"和"真"之间只能二者取一，那么对语境证据主义来说，如何克服知识与真之间的断裂所带来的问题就成为所肩负的重任。如果"语境"和"真"之间能够共存，那么这两者应该以何种形式共存？

2. 针对语境主义的批判。语境主义以语境为策略来平息当代知识论中各种知识确证理论的争端，同时也以语境为策略来平息怀疑主义对于当代知识确证理论的质疑。然而，语境并非解决一切问题的万能良方。以怀疑主义为例，部分怀疑主义者认为，语境主义并没有解决怀疑主义的问题。语境主义以怀疑主义语境与日常语境为区分，对怀疑主义做出的语境限制，实际上是一种以歪曲怀疑主义原初目的为代价，从而使得常识与怀疑主义共存的本末倒置的方法。如费尔德曼所言怀疑主义的关注焦点是"日常的语境，我们是否能满足知识的标准，而不是在语境主义所认为的，在某些知识论的语境下，我们能否满足一些所谓更高的标准"①。从这一点上来看，语境主义的批判者认为，语境主义是无用的。

即使语境主义并不如上述所批判的完全无用，部分批判者也认为语境主义是存在缺陷的。当语境主义以语境阐述知识确证问题之时，不同语境的变化可能会使同一信念的知识确证出现截然不同的结果。例如，在日常语境里"我知道我有手的信念"能够被确证为知识，而在怀疑主义语境中这一信念却不能够成为知识。在这种语境的转变中就会出现"我既知道我有手，我又不知道我有手"这种自相矛盾的情况。实际上，无论是对于语境主义无用的指责，还是对于语境主义存在缺陷的指责，其共通之处都在于语境主义带来的相对化倾向与知识确证传统中坚持确定性倾向之间不可避免的矛盾。因此，针对语境主义的这一主要缺陷，语境证据主义在运用语境主义方法的过程中必须做出回应。

从当代知识论的理论发展来看，语境证据主义是对证据主义特别是以费尔德曼、柯内为代表的新证据主义的一种语境化阐述。因此，不可避免要对新证据主义存在的核心问题做出语境主义化的回应。对于新证据主义

---

① Richard Feldman, *Contextualism and Skepticism*, Philosophical Perspectives, 1999 (13), p. 91.

来说，其存在的最大问题之一就是对于当代知识论主流确证理论的杂糅。这种杂糅使其理论自身存在着难以克服的内在矛盾。而语境证据主义必须以具体的语境分析来对这一问题做出回应。但是，借用虚拟条件、相关选择等方法进行的语境主义分析却存在着自身的问题。

无论是虚拟条件还是相关选择在涉及具体的语境案例分析之时或许能够做出符合情理的应对，但当进一步牵涉到具体理论的讨论时，问题还是会随之出现。以相关选择的理论为例，在究竟何为与问题语境相关的相关选择项？究竟排除不相干选择项中的"排除"如何理解？在这些问题上，不同的哲学家往往有着不同的见解，而且在这诸多见解之间并不存在着一种绝对压倒性的理论。对于语境理解的不同会导致对相关选择理论理解的不同。语境证据主义要进行自身理论的构建，就必须对用语境主义方法回应证据主义存在之问题的同时，对语境主义理论方法自身存在的问题做出分析。

# 五　语境证据主义的历史命运

语境是基于现实的语境，因此语境和实践间存在着密切的关系。尽管如此，在具体的追求中，这两者却会导向不同的方向。以真理去衡量知识，必然是追求一种不可错论的高标准，使得原本因与实践密切相连的知识趋于形而上的冥思。当代知识论不可避免地走向一种思维的游戏，如同空中楼阁般失去了现实的基础，其中一部分责任不得不说是这种趋向不可错论的类似真理的知识追求所导致的。

粗略看来，在此以"知识是和实践紧密相连"作为知识确证之论据是一种逻辑上的循环论证，但是若将知识与人类文明的发展史紧密相连，那么就不会再是个恶性的循环论证。回溯原初，知识的出现并不需要用所谓的逻辑上严密的考虑去定义和推理。

当现代知识论陷入沉冗繁复的逻辑推理的变幻之中时，其已经忘掉对于知识的原初考量，当知识论哲学家试图去越俎代庖地规定知识的时候，其自身已经陷入了一种狂妄。人类知识发展的几千年历史往往被漠视，确证理论家往往用简洁的逻辑公式来涵盖整个知识集合体的行为，显然是从来都不会成功的。就如同人工语言学派建立人工语言的失败那样，用逻辑推理的方式解决知识确证，也只是一种前车之鉴。

知识不可能获得超语境的完美逻辑定义，从知识论内在主义的基础主义到融贯主义，再到知识论外在主义的可能主义到可信赖主义就足以说明这个问题。上述的任何一种主义都借着现实的反例来对其他理论进行反驳。而超语境的知识定义，实际上源自对于知识的高标准要求，以知识的不可错论为基础的标准即是这种标准的核心所在。知识到底是可错的还是不可错的，这一点其实并不需要逻辑的推理，现实中知识不断更替发展的历史已经做出了极佳的证明。

在此应该指出的是，知识的可错论指的是知识存在出错的可能性，而非认为知识一定会出现错误。因此，由知识的可错论来推导知识的怀疑主义是值得质疑的。对于语境主义的反驳者来说，其常有的观点之一是认为：语境对于知识之真的变相否定会导致相对主义的盛行，或者干脆认为语境主义对于怀疑主义语境的区分实际上是对于怀疑主义者原初目的的一种歪曲。

在此一方面，若是如部分知识论哲学家那样以怀疑主义为手段来促使知识论理论的完善，那么怀疑主义显然就是一种与日常语境相区别的特殊语境。此语境并不以驳斥推翻日常语境为目的，且受其自身使用范围所限，并不会与日常语境混淆而导致相对主义。另一方面，若是怀疑主义如部分怀疑主义哲学家那样以取代日常语境为目的，那么这种怀疑主义就该受到驳斥。就对于知识的怀疑主义来说，对于知识的合理怀疑是推动知识发展的原动力，然而对于知识的不合理怀疑则会给知识带来灭顶之灾。

当然在此对于知识的合理标准可能存在一些异议，就现实实践来看，在此不存在所谓唯一不变的标准，否则会成为一种超语境的僭越。关于知识的合理标准，本身就应该置入具体语境之中进行讨论。这并不是说不能有抽象的逻辑标准存在，但是就现实而言，坚持基于知识的可错论的语境主义更符合知识发展的历史和现实的实践。

无论是以无用抑或存在缺陷等来对语境主义进行批判，其实质都是指向语境主义相对化倾向这一局限性，而对这个相对化的局限性，上述分析已经做了说明。仔细端详这种批判的观点，我们仍然可以发现这种批判是苍白乏力的。

一方面，语境主义并不等于相对主义。相对主义认为一切都是相对而言，绝对确定不变的真理并不存在。但是，语境主义却认为，只要在一个语境中，一切都是具有确定性的，并非相对的。对于语境主义来说，相对主义由于其相对性导致的真理消解并不会在语境主义中出现,至少在语境所限的范围内真理仍有其存在的地位。因此,表面上看起来无法相容的语境与真理,实际上是可以相容的。就具体现实来说,任何对于真理问题的讨论也是在一定语境之内的讨论,真理问题的讨论在不同的历史语境中也会有不同的结果。所以,用逻辑上的一贯性来强调真理的绝对性最终只能是忽视现实,超越语境。限制在一定语境下的真理,反而能够使其在确证理论中对知识确证提供更好的支撑。

另一方面,以前后语境转换存在矛盾来指责语境主义的观点实际上同样是空洞的,无视知识确证的现实的。这种观点的本质仍是一种超语境的非法要求。我们仍然以日常语境中"我知道我有手"这个怀疑主义语境中"我知道我有手"的信念不是知识为例。语境主义批判者认为,"我知道我有手"这样一种信念不可能既是知识又不是知识,因此语境主义存在问题。但是应该看到,当语境主义的批评者做出这种分析时,他们实质上已经将怀疑主义语境同日常语境相混杂。而这种混杂的矛盾,才是这两者存在矛盾的根本原因。就现实情况来看,一种语境不可能既是怀疑主义的又是日常语境的,因此怀疑主义的这种质疑是不成立的。

进一步来说,这种对于语境的混杂,换个角度来看,其实是一种对于语境的超越。针对语境证据主义在运用语境主义方法中存在的问题,同样是这种以超越语境为实质从而提出的对于语境主义方法的批判。对于虚拟条件理论、相关选择理论的过细化的理论诉求,就是要求其在超越语境的基础上,提出一种针对一切知识论语境都行之有效的普遍的知识确证方法。但就语境主义而言,其本身在前提上就反对这种超语境的知识确证理论,因此这种要求同样是不合理的。

**(一) 语境证据主义知识确证理论的优越性**

道克斯(Nancy Daukas)认为,"最好的怀疑主义论证是无隙可击的,雄辩的,因而理论上是不可否认的,然而从'日常的'观点来看,怀疑主义的结论是绝对不可信的,甚至是荒谬的。"[①] 之所以怀疑主义呈现出以上两个看似矛盾的特点,是因为:第一,怀疑主义论证之所以是无懈可击的,是因为怀疑主义的论证在逻辑上的确言之有理。第二,怀疑主义的

---

① Nancy Daukas, *Skepticism*, *Contextualism*, *and the Epistemic "Ordinary"*, The Philosophical Forum, 2003 (33), p. 63.

结论之所以是荒谬、不可信的，是因为怀疑主义提出了超出现实情境之外的要求，这种要求不能与"日常"的观点相兼容。波洛克就说："知识论的任务并不是要去展现怀疑主义是错的，而是要去说明为什么它是错的。"① 而语境证据主义，实际上正是一种能够去阐释当代知识论中怀疑主义所具有问题的理论。

1. 语境主义对怀疑论论证做出了有力的驳斥。回溯本源，虽然当代知识论中以"你如何认识"为首要对象，注重对于知识确证的研究，然而知识的确证终究不能完全与知识割裂开来，因此知识依旧是作为知识论研究的一个前提性条件而存在。传统主流知识观预设知识具有确定性、确证性、不可错性、不可纠正性、不容置疑性。而这样一种追求绝对的不变性和确定性特点，恰恰是知识论视角下怀疑主义赖以存在的必要条件。只有关于知识的这种独断的预设之下，怀疑主义才能够理直气壮提出对于知识的怀疑。知识论视角下的怀疑主义，所表现出的并非对于传统主流知识预设的怀疑，而是基于这种知识预设之上的一种怀疑。无论是笛卡尔式怀疑主义要求寻找知识的确定不移的根基，还是休谟式怀疑主义对于因果联系等方面绝对永恒性的要求，都可以看作怀疑主义这种高标准知识预设的演绎。

第一，基于经验的怀疑主义论证，是从经验的局限性出发怀疑确定性知识的可确证性的。在逻辑上说，我们无法从"过去太阳每天都从东方升起"来推论"太阳始终会从东方升起"，然而当这一问题被纳入现实具体语境时，这种经验归纳的局限性自然不会成为问题。这就像我们并不会因为存在将红色错看成其他颜色的可能性，就怀疑一般情况下"我看到红色"这个经验事实。怀疑主义的问题是抽离语境后所产生的，是一种抽象的离开现实认识情境的观点。这就好比脱离具体的历史语境去考证"宋朝"到底是哪个朝代一样，自然这种考证会陷入一种"公说公有理，婆说婆有理"的争论。

第二，基于标准的怀疑主义论证，是从标准的循环性或无限回溯性来怀疑确定性知识的可确证性的。在逻辑上，若是确立一个标准，那就势必要解释这个标准是依据什么来确立的，也就涉及标准的标准问题，依此类推，那么就会导致标准的无限回溯或标准的循环论证。但是，在现实的具

---

① John L. Pollock and Joseph Cruz, *Contemporary Theories of Knowledge*, second edition, p. 10.

体语境中，这同样不成为问题。没有人会在日常语境下，因为任何的社会道德规范标准而无限回溯去寻找这个标准的由来，或者通过循环论证的方法去推翻这个标准。

第三，基于可错性的怀疑主义论证，是从认识结果的可错性来论证确定性知识的可确证性的。任何知识都是可错的，但一旦我们把知识转入一个选定的语境时，这个知识在此语境中是正确的。从发展的眼光看，知识总有一天会被发现存在着错误，但这并不能构成怀疑所有知识的理由。在现实具体语境之中，这种怀疑论论证自然不会被纳入人们的视野。

第四，基于非充分性的怀疑主义论证，是从现实往往"用少于证明或确信所需要的证据数量来说明一个理论或现象的性质或状态"① 来怀疑知识的可确证性的。在逻辑上，若是无法证明太阳明天从东方升起的可能性超过太阳明天不从东方升起的可能性，那么我们确实不应该去相信太阳明天从东方升起。然而，现实具体语境之中，即使无法有逻辑上充足的证明，这种情况也同样不会对人的实践造成阻碍。一旦太阳明天不从东方升起，那么人们也一定会找到不能升起的理由与依据，而不会按照怀疑论那样去怀疑太阳不会从东方升起。

从以上具体分析可以看出，怀疑主义通过提高知识标准而展开的怀疑主义论证，实际上是通过逻辑来推断知识的定义，由此在所定义的"知识"与现实存在的"知识"间划出一条巨大的鸿沟，从而完成怀疑主义对于知识的质疑。

这也就导致了文章开头道克斯对怀疑主义特点的论述。虽然从现实实践、从常识对怀疑主义进行拒斥早非什么鲜见。但是，在此要做出说明的是，从现实具体语境出发对于怀疑主义的进行回应，并非传统意义上对于怀疑进行否决或拒斥，而是从现实具体语境角度出发对怀疑主义所做出的回应，它应当被看作对怀疑主义知识高标准要求的包容，至少在哲学研究的语境中是如此。

然而，我们也应当看到，在这种西方哲学固有的形而上传统下，对知识的高标准要求同时也对知识论研究产生负面影响。逻辑不可能全面涵盖现实，逻辑也不可能完全规范现实，逻辑上成立的并不意味着现实中就是

① J. A. Simpson & E. S. C. Weiner （eds.）, *The Oxford English*, Oxford：Clarendon Press, 1989, p. 960.

成立的。而知识本来就是与实践相关联的，二者不可或缺。因此，对于知识的研究不能以逻辑作为唯一不可违逆的标准。事实上，当代知识论中的内在主义、外在主义、语境主义等流派在其自身发生与发展过程中都与现实实践有着密不可分的关联，在其论证某些问题时，必然会使用科学史或科学实践中的事实。语境证据主义正是看到了这种关联，所以主张以语境主义的方法，以"证据"为共识，对当代知识论中主流知识确证理论进行有机统合，使得当代知识确证理论能够更加符合现实的科学认识的实际。

2. 语境证据主义解决了葛梯尔难题。采用语境证据主义就能够对知识确证中诸如葛梯尔（Edmund Gettier）的知识定义、知识确证的根本性难题做出可接受的阐释。葛梯尔问题其本质是对于"知识是什么"的追问，而这一问题的解答则直接关系到知识确证问题本身。葛梯尔在其《确证的真信念是知识吗?》一文中对于传统知识论"确证—真—信念"之三元定义提出了质疑。葛梯尔的质疑主要集中在以下两点：第一，即使 S 知道 p 是确证的真信念，但是针对 S 知道 p 的确证来说，这种确证可能是存在缺陷的。第二，即使 S 知道 p 是确证的真信念，但是针对 S 知道 p 的确证来说，这种确证可能只是碰巧为真。传统知识确证的三元定义之所以能够在知识论中占有长久的统治地位，与西方哲学以逻辑一贯性作为根本标准、追求知识的确定性有着重要的关系。而葛梯尔问题之所以能够对传统知识的三元定义造成如此巨大的冲击，与它反其道而行之从现实出发看到知识确证中存在的偶然性有着重要的关系。葛梯尔问题的出现对传统知识论有重大冲击的根本原因是：葛梯尔问题揭露出现实知识确证并不能够带来绝对的确定性，知识的确证存在着偶然性的成分，"知识"和"真"之间存在着"断裂"。

针对葛梯尔问题，语境证据主义对于语境的诉求正好与之不谋而合。语境证据主义借助语境能够恰当地面对"知识"与"真"之间的"断裂"，并对此做出语境主义的解释。而这种语境主义的解释又不以完全推翻主流知识确证理论为代价，因为它并不排斥基础主义、融贯主义、内在主义和外在主义等知识确证理论，只是将知识的确证限制在具体语境之中。

因此，葛梯尔问题的意义不在于推翻传统"确证—真—信念"的三元定义，使其由 JTB 变为 JTB + X，葛梯尔问题也并非混淆主体与归因者的一个错误。对于葛梯尔问题这样一种质疑,与语境主义的观点相结合给出的重要启示在于:现实之中总能出现超出惯有定义之外的反例,葛梯尔问题正好是这种现实的体现。再完美的超语境定义,总会存在基于语境的现实的驳斥。一旦我们回归具体语境之后,葛梯尔问题中对于知识的质疑就不再成为一个问题,采用相关选择论等方法,葛梯尔问题中的运气问题自然能够得到解决。对于语境证据主义来说,葛梯尔问题并非一个实际存在的问题,而仅仅是传统知识理论对于不可错知识之诉求所导致的,而借助语境主义对于可错知识论的说明,葛梯尔问题也就自然而然的得到说明。

3. 语境证据主义可以解决知识的回溯问题。"知识回溯问题"是知识确证中的一个关键问题,它直接牵涉到当代知识论中基础主义与融贯主义、内在主义与外在主义之争。当代知识论中的主流知识确证理论,在某种程度上可以看作通过对于知识回溯问题的回应建基而成。通过下面的例子,我们可以说明语境证据主义的理论是对知识回溯问题的一种有力回应。

我:明天天气如何?

朋友:明天会下雨。

我:你怎么知道?

朋友:我看了明天的天气预报。

从以上对话可以分析得出:第一,以获取知识用途为目的的信念确证不会陷入无限回溯。我对于"明天会下雨"这一信念的确证,是通过"朋友说明天会下雨"以及"朋友说他看过明天的天气预报"这两个证据、理由所得到的。尽管在对于"明天会下雨"这一信念确证的过程中,仍存在着诸如朋友撒谎、天气预报出错等可能性,使得我对于"明天会下雨"这一信念的确证不能达到逻辑上绝对确证的要求,但此语境当中,这种绝对的逻辑上的要求却是不必要的。在具体语境之中,对于"明天会下雨"这一信念的确证是足够的。第二,逻辑上这种对于知识确证的绝对性要求,是一种超语境的不合法要求。就语境本身来说,语境为对话的持续提供了一套默认的规则,无限回溯则恰好是对于默认规则的破坏。继续以上述对话为例,我如果继续质疑朋友说:"你怎么知道天气预报就是正确的"或者"你怎么证明你不是在撒谎",那么朋友无疑会怀疑我所提出的"明天天气如何"这一问题之诚意,而停止对于此问题的讨论,回答说："既然不相信我哪你问我干什么"；或干脆直接转移到我问题用意的讨论之上，回答说："你什么意思，消遣我吗?"在此，对于朋友确证条件之前提的持续不合理质疑超越了语境本身，是对于知识目的的一种偷换。第三，知识的获取总会带有一定功利的目的，然而以无限回溯为手段的怀疑主义的质疑，则在实质上已经将知识原本的实践目的扭曲为对于知识本身绝对确定性的追问。有意义的探讨不应该陷入无限回溯当中，因为无限回溯的最终结果无非陷入一些诸如"外部世界是否存在"的无意义的终极信念之争。况且，这种对于知识绝对确定性的预设在逻辑上就是独断的。其实，在我们的日常生活中，这样一种对知识的绝对确定性要求从未在根本上说明其自身的合法性，更多的只是一种同语反复。当然，这种以逻辑驳逻辑的论证，在此看来更像是一种文字游戏。

因此，更进一步看，对于以上问题其实可以借鉴奎因对"经验主义两个教条"批判中的还原论批判的部分思路，由此来对逻辑绝对性问题展开批判。根据奎因对于"单身汉"与"未婚男子"这一例子的说明，可以看到对于所谓的逻辑与经验的鸿沟，并非"先天"不可跨越的。逻辑和经验之间实际上不存在明显的界限，逻辑的边界就是经验。即使是如数学公式之类，也不过是人类文明发展后依托经验发展而来的产物罢了。无限回溯问题的产生，可以从某一角度上说是基于对经验有效性的质疑，然而通过上述分析来看，逻辑自身依旧需要回溯经验。这也就意味着知识确证的最终标准不应该是逻辑上的绝对一贯性，仍然应当基于外部的经验。

知识应该是可错的，这一点不需要从逻辑上加以证明，因为知识与外部世界是相关联的，所以我们应当从实际的具体语境中找寻依据。知识并不需要以绝对超语境的确定性来保证自身的地位，而只要依赖于知识在实践中的成功就完全可以证明了。就上述例子来讲，一味追求对于"明天天气"的绝对确定，将使得我因找不到答案而变得无所适从，从而影响到我的决定。舍本逐末是不需要的，知识的存在本就是为了服务实践，而怀疑主义以及当代主流知识确证理论却将知识的确证置入一种脱离实践，超越语境的空洞逻辑当中，这自然就使知识的确证陷入一种缠夹不清的困境之中。而语境证据主义正是悖逆了主流知识确证理论的这样一种发展趋势，从语境的分析入手，一方面并不绝对地否定当代主流知识确证理论的各种成果，另一方面又对当代主流知识确证理论中知识不可错论的倾向加以扭转，使得知识确证更加符合客观实际的境况。

因此，对于当代知识论来说，语境证据主义有着特殊的理论地位。

一方面，语境证据主义以语境为手段，调和了当代主流知识论在知识确证上的各种不同观点，为当代知识论的理论发展、理论融合做出了贡献。语境证据主语通过语境将基础主义、融贯主义、可靠主义等内外在知识确证理论进行了调和，认为在一定语境之下其都有自身理论的正确性，均能对部分知识确证问题做出正确阐释。而这就弱化了当代主流确证理论在知识确证中关于抽象"证据"的争论，使得知识确证问题转向了具体的确证"条件"。

另一方面，语境主义以语境为基础，强调了从具体实践出发来讨论知识确证问题，从而将当代主流知识所忽略的道德、习惯、思维方式等非逻辑因素纳入到知识确证的考量范围之内，使得知识确证问题不再完全着眼于知识的理性思辨。语境证据主义强调从语境出发，以实践为考量的知识确证，使得类似当且仅当 S 因为 P 而确证 Q，且 P 必须是充分确证这种单纯的逻辑判断不再成为知识确证的唯一根本性标准。因为，就现实来看，即使部分情况下，逻辑上的成立能够对知识的确证起到作用，但这种决定性也必须受到语境的限制。一个很简单的例证是，如果脱离语境，"一加一等于二"这样一个简单的数学题也不可能成立，因为在一公升体积的水加一公升体积的酒精这个语境中，一加一并不等于二。因此，语境证据主义跳出了当代知识确证必在理论与经验、主观与客观执其一端的樊篱，创造性地从理论与经验、主观与客观的关系着眼，避免了当代主流知识确证理论中因偏执一端所带来的理论与现实相脱节的问题。由于现实当中人们在相当多数的时候都可能因为不充分的确证理由去相信一件事情，所以在日常生活的相当一部分情况下，即使是一个学术上最为严谨的科学家或哲学家也没有精力去完美地确证他所触及的所有知识，要求其中的确证在逻辑上必须找到绝对确定不移的根据。

试想如果按照严格的当代知识确证标准来对知识进行考量，那么现实生活中我们绝大多数的知识将被排除在这个定义之外。例如，我拥有"中英两国在 1840 年爆发鸦片战争"这一信念，而这一信念是很久之前我从中学历史课本中获得的，而我现在却只记得该信念的具体内容，却忘记了它的出处。那么，显然我关于"中英两国在 1840 年爆发鸦片战争"的信念就没有获得"充分确证"，因此就不能算作知识。更何况，即使我记得"中英两国在 1840 年爆发鸦片战争"这一信念是源自中学历史课本的，但这一信念也不是充分确证的，因为我同样不可能去充分确证中学课本中"中英两国在 1840 年爆发鸦片战争"是源自何处。语境证据主义正是看到了当代知识确证理论过于强调"逻辑一贯性"的这一致命缺陷，以语境为根本将知识论中各种知识确证作为"证据"进行成体系的探索，从而跨越了理论与实践，逻辑与经验的鸿沟，成为当代知识确证理论的一条进路。

**（二）语境证据主义的局限性**

语境证据主义这种以语境为依托、以证据为核心的知识确证观，固然为当代知识确证的发展提供了新的启示，在当代知识确证理论中有着承前启后的重要位置，但这并不是说语境证据主义就是一个完美无缺的知识确证理论。对于语境证据主义来说，其自身的理论发展具有沦为相对主义和实用主义嫌疑。

一种质疑就是认为，语境证据主义将会沦为相对主义，认为语境证据主义从语境出发对当代主流知识理论做出的调和并没有解决知识确证理论所关注的"证据"这一焦点，相反，以语境为根本的语境证据主义之确证方法进一步模糊了"证据"的界限，使得知识确证趋向于不确定的相对主义。这种观点认为，语境证据主义实际上在知识确证的讨论中陷入了琐碎个例，而语境证据主义依赖语境对知识确证中各种问题做出的回答，更像是一种"具体问题具体分析"的万能式回答，可这种回答在实质上，不会对当代知识论问题的解决产生帮助。并且，由于语境证据主义这种在语境分析下形成的知识确证的相对性，使得语境证据主义理论难以形成前后一贯的完整理论。

另一种质疑就是认为，语境证据主义将会沦为实用主义，认为语境证据主义对于语境在知识确证中作用的强调，实质上会将知识确证导向一种"有用即真理"的实用主义。这种观点认为，在现实的知识确证中，如果以语境作为知识确证的根本性依托，那么其实就是以知识在现实中的"有用性"作为根本性依托。而这将会把知识的确证转化为一种对于知识实用性的讨论。但显然"有用性"并非知识的唯一特性，在巧合的条件下，错误的信念也能产生"有用性"。同时，并非所有知识都能立即作用于现实的实践，对于知识"有用性"的推崇也可能导致知识"功利化"的倾向。因此，语境证据主义显然在知识确证问题上与其他当代主流知识确证理论一样存在着不可自圆其说的重大问题。

因此，对于语境主义来说，如何避免来自相对主义与实用主义的质疑成为其理论能否成功的关键所在。对这些质疑的应对还是应该回到语境证据主义的根本——语境上来加以思考与说明。

深入分析来看，从相对主义与实用主义角度出发对于语境证据主义所提出的质疑，实质上依然没有脱离传统知识论延续至今的关于逻辑一贯性的坚持，而正是这种暗藏的、未经检验的对于逻辑一贯性的执着，产生了对于语境证据主义的一系列误解。

一方面，语境证据主义在知识"可错性"上的强调，是其被误解为一种相对主义的原因。然而，语境主义与相对主义其实有着根本性的不同。作为以现实实践为依托的语境证据主义，其对于知识的确证均以现实实践为根据，而并非如相对主义那般凭空玩弄空泛的逻辑。也就是说，语境证据主义在其语境限制之内是承认知识的存在的，而相对主义则在所有层面上都因相对性而消解怀疑知识的存在。进一步来看，语境证据主义将知识真理性的讨论限制在一特定语境之下，恰恰符合知识需要实践检验这一根本标准，而相对主义对于语境证据主义提出的超语境的逻辑一贯性标准则是一种惯性思维下的"僭越"。

另一方面，语境证据主义在知识"可错性"上的强调，同样是其被误解为一种实用主义的根本原因之一。然而，语境主义对于知识"可错性"的坚持，并不必然地导致知识确证的实用主义化倾向。把语境证据主义指责为实用主义的观点，其实是来源于一种逻辑一贯性的传统惯性思维方式，在这种思维方式之下，语境被当作僵化、抽象的衡量标准。但是，在语境证据主义中，语境与其说是知识确证的唯一标准，不如说是知识确证中的"枢纽"。因此，对于语境证据主义来说，并不能将之视为与基础主义、融贯主义、可靠主义等当代主流知识确证理论相并列的竞争理论，而是应该区别对待。

总体来看，语境证据主义在知识"可错性"上的强调，实际上就是要从自身理论出发区分个人语境与社会语境。相对于多变、琐碎的个人语境来说，社会语境更加稳定，更容易在知识确证中发挥作用。对于容易受到相对主义与实用主义攻击的个人语境来说，社会语境因其受到社会实践的支撑而具备了个人语境在知识确证中所不具备的稳固性优势。从社会语境出发，语境证据主义既能避免逻辑一贯性造成的知识确证在理论与现实间的鸿沟，又能应对相对主义、实用主义的诘难，从而能够成为当代知识确证理论的一条进路。

尽管如此，语境证据主义仍然存在着一些不尽如人意之处，因为在一个语境中，必须涉及使用知识的个人，每个人在使用知识时往往会从自己的需求出发，带着个人的意向性。正是由于这种意向性的存在，所以在当确证一个知识时，人们必须根据他使用知识时的情境猜测其意义，如果一百个人使用知识具有一百种语境，那么是不是对这个知识来说就具有一百种意义呢？所以，由于语境场合的可变性，对知识的确证也是可变的。假如，每一个语境都是不同的，我们就无法对知识加以确证，或者无法得到一个公认的确证证据。因此语境证据主义为了真正解决确证问题，就必须找到一个既相对确定又基于语境的确证办法。一个知识的意义总存在着其确定的一面的，哪怕是多义的，也是可以分类地得到确证的。逻辑一贯性有其优点，即它可以得到统一的确证依据，而语境的证据虽然多变，但却解决了知识确证的葛梯尔难题。最恰当的知识确证是通过把逻辑和历史、理论和实践相结合的方式来实现。

# 第 七 章

# 德性知识论

德性知识论（virtue epistemology），是当代知识论中一个新的研究方向，其出发点是把知识论视作一种规范的学科。实际上，西方哲学的整个发展中有很多哲学家都为当代德性知识论提供了重要的思想源泉和灵感，从柏拉图、亚里士多德到阿奎那，从笛卡尔、克尔凯郭尔到皮尔士，甚至在休谟、里德、罗素、塞拉斯那里也能找到德性知识论的一些线索。当代基本思路可以表述为：试图用认识主体的规范性质来理解信念的规范性，即以认识主体为根据，而非以信念为根据；借用伦理学的"理智德性（intellectual virtue）"来为主体的认识活动定位，将主体的认识能力界定为这样的"理智德性"，即一种获取真理、避免错误的能力。

德性知识论在当代知识论中的意义主要表现为以下几个方面。① 首先，把原先对于"确证理论"的讨论，转向为对于"德性理论"的讨论；其次，把知识论中以"知识本质"为焦点的讨论，转向为以"知识价值"为焦点的讨论；最后，把知识构成的基础条件问题，由"真信念"这个认知产物为导向的知态规范性讨论，转向为以"具有认知德性主体"为导向的认知状态规范性讨论。

德性知识论发展的历史可以追溯至古希腊时期。然而作为一种知识的理论形态，德性知识论源于 18 世纪苏格兰著名哲学家托马斯·里德。而当代德性知识论中，则由索萨（Ernest Sosa）首先提出这方面的思想，随后寇德（Lorraine Code）、蒙特马奎特（James Montmarquet）、扎格泽博斯基（Linda Zagzebski）、格雷科（John Greco）等人进一步阐发。②

---

① 米建国：《两种德性知识论：知识的本质、价值与怀疑论》，载《世界哲学》2014 年第 5 期，第 21—32 页。

② 陈嘉明：《知识与确证：当代知识论引论》，上海人民出版社 2003 年版，第 281 页。

1980 年，索萨在《中西部哲学研究》（*Midwest Studies in Philosophy*）上发表《木筏和金字塔：知识论中的融贯和基础》（The Raft and Pyramid：Coherence versus Foundations in the Theory ofKnowledge）一文，第一次提出德性知识论的核心概念"理智德性"，这标志着德性知识论的初步形成。①索萨认为只有诉诸理智德性才能超越知识确证的结构，来解决基础主义和融贯主义的矛盾，因此应该在这两种不同的理论之间架起一座桥梁，把两种理论统一于德性知识论中。于是在分析了传统基础主义和融贯主义知识理论后，索萨认为基本确证应用于理智德性，理智德性是通过我们获得真理、获得信念的稳定的秉性。而传统基础主义仅仅把理性直觉、反省和观察作为知识的来源明显是不足的。基于此，他将可靠的能力，如可靠的记忆、各种感官观察、各种归纳推理能力等都看成是理智德性。按照这样的思路，如果根据理智德性来定义知识的确证，我们就可以得到包括传统基础主义在内的各种确证的来源，索萨的德性知识论是一种"建立在卓越能力基础上之德性知识论"（competence-based epistemology），有时被称为德性可靠主义（virtue reliabilism），被视为对可靠主义理论的应用与发展。②

1996 年，扎格泽博斯基出版了《心智的德性》（Linda Zagzebski, Virtues of the Mind, An Inquiry into the Nature of Virtue and the Ethical Foundations of Knowledge），则标志着德性知识论的最终形成，她的德性知识论是一种"建立在人格特性基础上之德性知识论"（character-based epistemology），亦被称为"德性责任论"（virtue responsibilism）。扎格泽博斯基第一次详细地论述了伦理学和知识论的相似之处，并明确指出借用德性伦理学中的某些思想、观点，知识论可以避免很多其本身无法解决的问题。她认为，她之所以转向德性理论，其动机既是受到伦理学的启示，也是知识论需要。

## 一　德性知识论概述

德性知识论是当代知识论中一种比较新的理论形态，尽管主张这个理

---

① See Sosa E., The Raft and the Pyramid：*Coherence versus Foundations in the Theory of Knowledge*, in Midwest Studies in Philosophy, Blackwell, 1980, volume 5（1）：3 - 26（24）.

② 方环非：《知识之路：可靠主义的视野》，上海人民出版社 2014 年版，第66—68 页。

论形态的哲学家不在少数,但也不能将其视为一个哲学流派,他们在很多方面存在着分歧。一般认为,德性知识论领域的哲学家以索萨与扎格泽博斯基为代表,前者强调以知识理论为发展基调的知识论,后者则强调以智性伦理学为讨论焦点的知识论,他们之间的分歧同样表现在如何理解德性知识论中"理智德性"这一问题上,同样需要承认的是,对于这样的基本问题,依然没有一致的答案。

尽管如此,作为德性知识论的支持者,这个领域的哲学家均承认,知识是源于理智德性的真信念,而不是信念的评价。此外,在知识论的属性这一问题上,他们同样会认定知识论是规范的学科。

1. 德性知识论的兴起。在传统的哲学不同领域划分中,知识论通常与形而上学、逻辑学被认为是描述性学科,这与当下对知识论学科属性的理解完全相反。那么,知识论学科的规范性应该如何理解呢?显然,这里的规范不能被简单解释成原则、规则、标准之类,还应该关涉价值、责任、义务等。从当代知识论的发展过程看,其之所以有这样的变化,一方面是因为自然科学尤其是认知科学、心理学的迅猛发展以及由此带来的社会科学自然化的倾向;另一方面则是以确证为核心的原有知识论进路面临的困难及遭受的责难,德性伦理学为知识论的革新提供了新的理论资源。

从一定意义上说,知识论中之所以出现这种"德性"转向,乃是反对奎因的认识论自然化(Epistemology Naturalized)的结果。奎因认为,哲学家应该放弃相信什么是合理的问题,取而代之的则是把问题限制在认知心理学。这种强自然化的立场,对于德性知识论学者来说显然不可接受,他们均拒斥奎因的自然化倾向,认为关于构成信念的经验来自心理也来自历史。鉴于此,德性知识论学者宣称,其研究重点应放在理解知识的标准、价值、评价上。价值问题被作为一个核心问题提了出来,这既是当代知识论重要的理论转向,更是德性知识论最为重要的特征之一。① 德性知识论学者倾向于认为,德性知识论中的某些术语,如知识、证据、确证、义务和德性等,都不能用纯粹非规范语言来完全定义或充分解释,而知识论的终极目标应该是促进认知者的理智幸福(intellectual well being)。

---

① 对于当代知识论中讨论由"知识本质"(nature-driven epistemology)转向为以"知识价值"(value-driven epistemology)为焦点,可参考 W. 瑞格斯(W. Riggs)《知识论的价值转向》["*The Value Turn in Epistemology*", in New Waves in Epistemology, V. Hendricks and D. H. Pirtchard (eds.), Palgrave Macmillan, 2007]。

从实践上来说，知识理论有助于我们知道何时知道某事或在某一时间不知道某事，同样，知识应该帮助我们克服焦虑，而德性知识论则能够激发理智德性的不同方面，有助于提高文化发展和知识繁荣。这样看来，德性知识论所蕴含的丰富内容远非奎因的自然化所能涵盖。

从另一方面来说，德性知识论中的规范性还体现在理智德性和一致性是认识价值的主要来源，也是认识评价的旨趣所在。这个旨趣不仅包括个人和群体，也包括认知构成的特点。这使得德性知识论具有明显的分析特质。以伦理学的德性理论为模式来理解有关的规范，就像在伦理学中的德性理论是根据道德行动者（moral agent）的规范属性来理解行为的规范属性一样，伦理学中的德性理论被描写成以人而不是以行为基础。如在伦理学中，主体的行为是源自善还是恶的动机？在知识论中，信念持有者（认知主体）的认知是源于真或假的信念？德性知识论是根据认知主体（cognitive 行动者）的规范属性来理解信念的规范属性。因此，德性知识论是以人而不是以信念为基础，德性知识论学者把确证的信念定义为根据理智德性来表明的证据。

2. 德性知识论的理论分歧。上文中提及以索萨为代表的德行可靠论与以扎格泽博斯基为代表的德性责任论之间所表现出的不同理论取向。如果把这两种不同理论进路的差异加以适当拓展，会发现不同德性知识论哲学家之间的分歧主要表现为理智德性的本质和范围、德性知识论处理什么样的问题以及德性知识论所运用的是什么方法等。对这几个问题的不同回答，形成了德性知识论阵营内部不同的理论旨趣。国内有学者将其分为传统的德性知识论和非传统的德性知识论。①

传统的德性知识论遵循一般意义的知识论研究路径，它通过分析知识和确证的不同意义，构建反例，致力于解决知识论所面临的一些难题，如葛梯尔问题（Gettier problem）、彩票问题、怀疑主义难题、价值难题等。不过能否将这样的进路视为对知识的规范性研究似乎还不能完全确定。当然对于像索萨与扎格泽博斯基的德性知识论，其规范性特征还是比较明显的。比如索萨就把知识定义为源于理智德性的真信念，且致力于解决有关确证的内在主义和外在主义的争端；扎格泽博斯基也对知识给出了其定义，她认为知识是信念的形式之一、其对象是真命题、知识在知识论意义

① 参见郑辉军《德性知识论》，博士学位论文，厦门大学，2010 年，第 10—11 页。

上优于真信念等，[1] 她的德性知识论则是为了走出葛梯尔问题的困境而进行理论尝试。

相对于传统的德性知识论路径，还有些德性知识论学者努力解决非规范问题，或使用非规范的方法来研究知识论问题，这里将其称为非传统的德性知识论。他们认为传统的德性知识论去除了知识论中真正的精华，他们回避对知识论中的知识和确证的定义，不去分析这些问题，而是利用文学、历史和经文等，来探求理智。尽管他们同样关注深思、探究、理解、智慧，但他们追求个人德性的各个方面及其之间的关系，并关心认识的伦理和政治维度。而对于知识论中几乎无法避开的怀疑主义，他们所采用的态度则是直接忽略，或者至少不将其作为讨论的关键问题。非传统德性知识论领域的哲学家以罗伯茨（Robert Roberts）、伍德（Jay Wood）、柯凡维格（Jonathan Kvanvig）、以及瑞格斯（Wayne Riggs）等人为代表。比如柯凡维格就认为，应该抛弃像知识的范围和本质这样传统的问题，把注意力转向德性在练习和教育的运用上。瑞格斯也提出，德性知识论要超越命题、真理、知识的范围，集中在理智价值和善，如理解、智慧。

实际上，尽管对德性知识论按照哲学家所关注问题的不同区分了传统与非传统的阵营，但这并不意味着他们作为德性知识论哲学家内部发生了分裂。无论如何，他们都是以伦理学为摹本，积极引入德性这个概念来解释知识的本质和价值。同样，就这些哲学家对彼此的观点的态度来看，他们也是相互宽容的，而不是简单的拒斥。当非传统的德性知识论提出激进的反传统德性知识论时，他们的观点或多或少也融入了传统德性知识论的观点。如扎格泽博斯基、瑞格斯等人也谈论价值的问题。同时，传统的德性知识论也意识到非传统德性知识论提出的一些问题的重要性，比如关于理智和德性的社会传播。

德性知识论学者认为，德性知识论改变了当代知识论分析的方向。这似乎意味着德性知识论能够成为当代知识论的主流理论形态，不过有学者恰恰批判德性知识论中广泛运用伦理学的诸种概念，认为德性知识论"极大地加重了伦理的色彩"，如果说德性知识论有其意义的话，仅在于

---

① 方环非、徐婧超：《扎格泽博斯基的德性知识论：问题与前景》，载《科学技术哲学研究》2014 年第 4 期，第 38—43 页。

促使人们注意到认识的责任与规范的方面。<sup>①</sup> 当然，绝大部分德性知识论领域的哲学家对于德性知识论在当代知识论中的地位与作用还是很乐观的，他们宣称，德性知识论能化解内在主义者和外在主义者有关确证概念的争辩，它强调把内在主义和外部主义结合的必要性，用以解决有关怀疑主义的难题，同时也能有效解决葛梯尔问题。因此，德性知识论具有某些潜在的优点，能把规范和价值统一起来，同时，强调认识具有伦理规范和承担的社会责任。

## 二 德性知识论的"德性"概念来源及其演变

德性在所有希腊伦理学体系中都是最为根本的概念，其本义指任何事物的特性、品格、特长、功能，是使一事物成为该事物的本性。德性知识论的"德性"概念来自亚里士多德的《尼各马可伦理学》一书，在亚里士多德看来，德性是一种使人成为善的，以及能够运行他的真正功能的状态。因此它是使人成其为人的卓越（excellence）之处，是一个目的论的概念，人们通过对它的拥有与操作，能够实现某些目的。例如，通过对诸如仁慈、慷慨等德性的操作，不仅能够增加主体本身的道德的善，而且还会帮助提高周围人的福祉。因此，德性是有价值的、通常能够有益于他人的品质。亚里士多德区分了"道德的德性"与"理智的德性"，前者如智慧（wisdom）、聪明（intelligence）、谨慎（prudence），尤其是智慧，它是"把握第一原则"以及认识"这些原则的真理"的"手段或工具"，后者如慷慨、勇敢、大度、温和等。理智德性主要通过教导而发生、发展，因此需要经验与时间，道德德性则是通过习惯而养成，它不是由自然在我们身上造成。

这里不讨论亚里士多德对德性的具体论证，但从索萨、格雷科以及扎格泽博斯基等德性知识论学者对德性的基本理解来看，可以认为是按照亚里士多德对德性从实践性层面进行解释那种思路。亚里士多德在分析德性概念时用实践哲学对应于实践知识，并认为实践知识有两个关键的特征，即实践智慧的践行本身即是目的，使人趋善避恶；实践智慧考虑的是对人

---

① 对德性知识论的类似评价，可参考陈嘉明《德性知识论》，载《东南学术》2003年第1期，第116—123页。

的整个生活善或有益的事。因此，亚里士多德所称的实践知识是与善恶相关、合乎逻辑、能正确处理人自身善的品质。当代德性知识论学者所讨论的德性源头均在于此。扎格泽博斯基对德性的定义是以亚里士多德的道德性为模式。她说："德性可以被定义为，人们获得的深层、持续的卓越品质，涉及某个独特动机——它产生特定的、所渴求的目标以及在实现那个目标中可靠的成功。"① 这里以扎格泽博斯基对"德性"的理解为例，通过德性与善、德性与技能、德性与习惯以及德性与动机等方面的比较，深入探讨德性知识论的核心概念——"德性"。

1. 德性与善。德性是人的一种卓越品质，所以它与善（good）的观念直接相关，但这引起了一系列关于在什么样的意义上德性是善的问题。首先，当我们称一种德性为善的时候，我们可能指的是它使某人为善，或者指的是它是善的。在前一个意义上，德性对其拥有者来说可能是使其可敬的；在后一个意义上，它本身是可敬的。然而善的这些意义并不对等，例如虽然仁慈在前者的意义上是善，但是它在后者的意义上是不是善仍值得商榷。

而在德性的形而上学问题中，德性作为一种特质，可能被认为是抽象的对象，与此相关的问题则是抽象的对象本身是善，还是只因为它使得其拥有者为善，所以我们称之为善呢？阿奎那（Thomas Aquinas）认为德性是使得其拥有者为善，同时对于世界来说是善。② 扎格泽博斯基基于这个立场，提出德性应该被称为善，是因为它使得某物为善。因此德性就是使一个人为善的品质以及不能导致其不正当行为的品质，这也就暗示着德性对世界来说是善。更进一步说，我们开始于这样一个问题——讨论德性是否总是使得其拥有者为善，然后转向这样一个问题——讨论它对于其余的世界来说是否总是善。

扎格泽博斯基举了这样一个例子：一个有同情心但是有偏见的法官，他对于犯罪的受害者的同情心使得他更为不公正，相比于他没有同情心而

---

① Linda Zagzebski, *Virtues of the Mind*, *An Inquiry into the Nature of Virtue and the Ethical Foundations of Knowledge*, New York, N. Y. : CambrIbdge University Press, 1996, p. 137

② 阿奎那认为，"德性是指能力的完美，……现在有些能力本身是被它们的行为所决定，如积极的天生的能力。因此，这些天生的能力本身就被称为德性。然而人类所固有的理性能力是不被某一方面所决定，而是由很多方面混杂的有着联系，它们被行为所决定。"具体论述，请参见 John A. Oesterle, in St. Thomas Aquinas, Treatise on the Virtues, Notre Dame: University of Notre Dame Press, 1984。

言，甚至有可能，总的来说因为它而更加糟糕。这个案例的观点是，在其他事物相同的情况下，增加法官的同情心的品质使得他在道德上更加糟糕。① 在此扎格泽博斯基得出的结论是：德性是值得拥有的，即使在这里它使人变得更加糟糕。因为没有它一个人需要更多道德上的努力去获得一个更高水平的道德价值。虽然有同情心但是不公正的法官可能会更糟，相比于如果他不那么有同情心。但他的同情心在其本身仍然是一个好的东西，同时是值得拥有的，因为有了它，他需要克服的仅仅是不公正；而没有它，他需要克服的就是不公正和缺乏同情心。一个具有德性的人更接近于成为一个具有高水平的道德价值的人，相比于如果他缺乏这种德性，即使在这种情况中德性使得他在道德上更加糟糕。所以如果我们将有同情心但是不公正的法官 A 和没有同情心且不公正的法官 B 同一个真正高尚的法官 C 相比较，A 比 B 更接近于这样一个法官，即使现在 B 比 A 更好，即使法官 A 比 B 做更多的错事。

扎格泽博斯基甚至做了这样一个类比。一个中等水平的大提琴演奏家可能弹得很好，但是在弓法技术上有缺陷。他致力于完善他的弓法，他可能会注意到，一段时间内他演奏得比他之前的要差，因为待改进的技术使得他的转调有些糟糕，或者可能它使得他的表演具有更少的表现力。然而，他对技术的学习是一个进步，因为它使得他更加接近于一个优秀的大提琴演奏家，相比于他没有它。事实上，没有它，在乐器演奏中他可能永远达不到一个较高的水准，同时他的老师也鼓励他获得技术是正确的。② 同样，作为不公正的法官变得有同情心，他的同情心可能暂时因为更多的不公正而使得他更加糟糕。不过，事实上他更加接近于一个有同情心的有德性的人，同时他不可能是一个没有同情心的有德性的人。这可能也是有时当一个勇敢的、坚忍的、忠诚的但是也致力于一个邪恶动机的人被转换和从事于一个好的结果的部分原因。因为这些品质能够使得他在很短的时间内在道德上有所突破，他的勇气、毅力和忠诚恰恰能够成为使他学习有道德的生活更加快速的品质，甚至可能非常快速地从一个恶的典型到一个道德英雄。

---

① Linda Zagzebski, *Virtues of the Mind*, *An Inquiry into the Nature of Virtue and the Ethical Foundations of Knowledge*, New York: CambrIbdge University Press, 1996, p. 92.

② Ibid. , p. 94.

　　因此,扎格泽博斯基认为在以下情况中德性使得其拥有者为善:在其他条件相同的情况下,任何拥有德性的人都比缺乏德性的人更加接近于触及一个高水平的卓越品质,同时这通常会导致一个人的整体道德价值的实际增长。拥有一种德性并不一定导致正确行为的数量的增加,因为有某些德性和恶的组合,其中的恶往往会产生许多不当行为。不过关于人所具有的恶这类品质的内容,我们这里并不展开讨论。

　　可能许多人认为不公正的法官的同情心能否真的成为德性并不那么确定,其主要原因不仅仅是这些品质似乎使得其拥有者很糟糕,更在于这些品质同样对世界有害。扎格泽博斯基认为这样一种思维倾向存在严重的问题,甚至大错特错。尽管作为整体的世界会因为不公正的法官之富有同情心,相比于如果他没有同情心,而变得更加糟糕。然而,在这样的情况下,法官所拥有的同情心仍然是一种德性,是一种卓越品质,因为如果他是有同情心的,相比于他是没有同情心的,那么世界会更加接近于一种幸福的状态。相比于如果没有同情心,他的同情心使得他自己的性格更加接近于一个可敬的人,同时使得世界本身更加接近于一个可取的世界。我们可以更加严密地考虑这个问题,考虑全世界都是如不公正但是有同情心的法官这样的人,同时将它同全世界都是如既不公正也不具有同情心的法官这样的人对比。哪个世界更加接近于既公正又具有同情心的人占优势的世界呢?当然,有不同的方式来衡量是否接近。如果这些世界的标准差仅仅根据法官行为的错误和它们的外部影响而被判定,那么第二个世界会被认定为更加接近于理想世界。但是如果标准差是根据为了成为一个理想的可取世界,一个世界被改变到何种程度而被判定,那么第一个世界会被认定为更加接近于理想世界,并因此具有更高的价值。究其原因,在第一个世界中,法官只需要学习如何公正;而在第二个世界中,法官需要学习公正和同情心。①

　　总的来说,德性在很多方面与善相关。一个人通过拥有德性而是善的,因为人拥有一种德性,那么相比于没有,德性的拥有者和世界都会更加接近于一个善的状态。一种德性通常导致拥有者的道德价值的出现实际的增加,同时它通常导致世界的善也表现出实际增加。因此德性是既值得

---

　　① Linda Zagzebski, *Virtues of the Mind*, *An Inquiry into the Nature of Virtue and the Ethical Foundations of Knowledge*, New York: CambrIbdge University Press, 1996, p. 101.

其拥有者称赞，又有益于他人的卓越品质。

2. 德性与技能。按照亚里士多德的观点，德性是一种习得的卓越品质。那么德性是否是一种技能呢？因为技能类似于德性，都是习得的卓越品质。而且我们的常用词汇在面对德性和技能区别的时候也常具有误导性。有时同样的术语适用于德性和一系列技能，例如"公平""谨慎""慎重"和"自控"这样的情况。另外，有时同样的术语适用于一种特定的情绪和受情绪支配的德性，没有任何必要指向外显行为，例如"仁慈"或"真诚"这样的情况。当然这也反过来表明德性的常用术语并不是一贯地指明德性。

一方面，同大部分学者一样，扎格泽博斯基认为，德性不同于技能，其原因如下。首先，能力不需要被运用就可以存在，但是德性则不是这样，除非它在适当的场合中被运用了。例如某人可能具有一个冰球运动员的技能或者一个演说家的技能，但是出于个人原因，在适当的场合中，他选择不运用它们。不过这并不表明他缺乏充分拥有这样的技能。而他并没有呼吁在公正或勇敢行为的场合中要产生这样行动，不过这一点同样表明他并不完全具备公正或勇敢这样的德性。当然，在这样的德性例子中，要判定什么是被算作呼吁这样的行为的场合存在一定困难，不过我们并不在此展开讨论。其次，技能更倾向于是一种技术，它与行为相关，这样的行为在某种程度上对其自身来说有技术上的困难，因此，技能是对这样的一种技术的掌握。与之相比，德性则完全不是，虽然一些德性能够做困难的事情，但是所涉及的困难并不是行为本身的技术困难。再次，技能可以被人所忘记，而德性却不会。即使我们会失去例如勇气这样的德性，但我们不是因为忘记如何作为勇敢的人而忘记它。最后，一个不具有德性的人的行为方式完全具有该德性的特点是有可能的，而技能却不适用于这样的情形。

另一方面，对于德性不同于技能的理由，扎格泽博斯基提出了自己独有的观点。[1] 她认为，首先，恶与德性是相对立的，而技能一般来说没有这样的对立面，如果要有的话，那么其对立面的唯一选项是技能的缺乏，

---

[1]　Linda Zagzebski, *Virtues of the Mind*, *An Inquiry into the Nature of Virtue and the Ethical Foundations of Knowledge*, New York: Cambrlbdge University Press, 1996, p. 113.

而恶不是简单的缺乏德性。① 因为恶，类似于德性，都是习得的。譬如儿童和那些天真的人，因为缺乏经验，所以既不是有德性的也不是恶的。正如亚里士多德所说，每种德性都有两种相对立的恶，而一种技能却没有两个对立面。

其次，我们在训练技能的时候，所进行的行为从某种意义上来说没有关联至任何有价值的东西。德性则相反，它在本质上就是有价值的，它在训练中所进行的行为同样具有一定的价值。

最后，扎格泽博斯基对德性和技能进行了对照，认为存在道德德性和道德技能以及理智德性和理智技能。技能通过承认一个自身有德性的动机对其行为起作用的人而服务于德性。首先考虑道德德性和道德技能之间的关系。通常情况下，道德德性有许多与之相关的技能，例如仁慈、道德智慧、公平、自我完善、慷慨以及勇敢这样的德性，通常伴随有仁慈、道德智慧、公平，自我完善、慷慨以及勇敢这样的技能。当然不是每种道德德性都有与之完全对应的技能，例如谦逊和真，以及基督教徒关于信念和希望的德性就在此范畴中。然而，需要承认的是，也有一些道德技能可能与一种特定的德性无关。例如，机智是一种有助于许多德性的技能，包括一些非道德的；或者当我们说到自我控制的时候，我们可能意味着节制的德性或者一个能够自我控制的人所使用的一系列技能。

当然，这也同样适用于理智德性和理智技能之间的关系。许多理智技能都没有与特定的理智德性密切相关，但有一些属于这种情形。例如，感知敏锐的技能，可能与对细致敏感的德性以及理智上的关心和彻底性相关。空间推理技能、数学技能以及机械技能在许多生活角色中具有重要意义，一个有德性的人处于这样的角色之中，如果没有相关的技能，将是不起作用的。即使是要成为一个有德性的父母，其中也可能涉及一系列技能。

除此之外，也存在与道德德性有关的理智技能和与理智德性有关的道

① 扎格泽博斯基对于恶的这种解释在西方哲学中并不常见，尤其是对很多早期的西方哲学家来说，他们大多持有不完全一样的观点。比如苏格拉底认为恶是无知的结果，柏拉图将恶视为无知或遗忘，亚里士多德主张道德行为是自愿的，如果恶是因为人们无法控制自己的理智的结果，那么他们对恶就不负有道德责任，诸多基督教哲学家认为恶不是一个事物，它是某种东西的缺乏，包括善在内，持这种主张的如阿奎那，而奥古斯丁认为恶的原因是自由意志。当然，善、恶视为一种习得性的品质，能够反映出扎格泽博斯基在人类天性问题的基本立场，人类在开始之初似乎无所谓善恶，后天教育、环境、行为交互等将对他们的善、恶品质有着更显著的意义。

德技能。例如，诚实和坦率这样的道德德性包括沟通的技能——不是误导他人——但是它们是理智技能；理智上的毅力这样的德性可能包括知道如何对抗折磨或恐吓的技能等。

因此，扎格泽博斯基认为，德性和技能有着千丝万缕的关系，但是德性在本质上优于技能。德性通常具有比技能更广泛的应用范围，而技能更加倾向于特定的对象，特定的语境，和特定的角色。技能和外部行为的更直接联系使它们比德性更容易被教授，虽然这并不是说德性不能被教授。由于技能通常和某一类特定的行为相关，因此行动中的有效性要求技能。并且在一定程度上，一个有德性的人被激发产生出从德性观的角度来说是可取的外在结果，他也会被激发去获得与行为中的这样的有效性相关的技能。例如，一个勇敢的人处于一定的角色之中，会被激发去获得有效的战斗技能；作为一名老师的公正的人，会被激发去学习公正评分的过程，如果他不学习这样的过程，我们可能会质疑在何种程度上他拥有公正的德性。同时，许多德性虽然具有与之相关的能力，能够让具有德性的人在其行为中更加有效。我们通常期望人们拥有德性来发展相关的能力，但人们拥有德性而缺乏相应的能力也是有可能的。因此，基于上面的理由，总的看来，德性是优于能力的。

3. 德性与习惯。德性是一种习得的卓越品质，与之相对，恶则是一种习得的缺陷。正因为习得是一个过程，因此德性和恶的发展是需要时间的，同时这一特征与我们认为人们应该为这些特质负责这一事实相关。①一旦一种德性或恶得以发展，变得根植于一个人的性格，就会成为一种第二天性。这就意味着面对它，人们需要有一个更加完全的责任心。所以一个人对自身的德性和恶的职责与它们通常是习得的和相对永久的这一事实相关，"永久的"这个属性和渐进的习得是不独立的。德性和恶构成使一个人成为他这样的人的事物的一部分。渐进的习得的特征表明，德性是一种习惯，而这一点也正是亚里士多德所坚持的。然而，又不能太过草率地得出这样的结论：德性与习惯可以相等同。毕竟，习惯无论如何只是一种"第二天性"，一种更高级的倾向，例如技能和德性不是纯粹无意识的，而是在它们的运作中表现出智慧。纯粹的反射性的习惯和德性都是通过一段时间的重复过程而习得，同时它对于考虑它是否是以这样的方式获得，

---

① Linda Zagzebski (1996)，p. 116.

是德性的本质所固有的。倘若确实如此的话，我们是否能够想象通过某种其他的过程而不是通过亚里士多德所描述的训练来获得一种德性呢?

扎格泽博斯基在这里借用了罗伯特·诺奇克（Robert Nozick）的转换器理论来表明这是不可能的。诺奇克将转换器视为一种克服道德上的弱点，或是无自制力现象的策略，同时它似乎在逻辑上是可能的，这样的一种机器给予一个人以动力。然而，实际上，我们知道，道德力量（自制）与德性是不同的，这种区别从表面上更加毋庸置疑。有德性的人和道德上强的人之间的一个差别在于，后者仅仅能克服那些例子中的诱惑，在那些情况中他知道要做的正确的事情以及通常有动机去做正确的事情。鉴于前者已经形成一种感觉和行为习惯，一种以某种方式被激励的习惯，同时他只是不受制于道德上强的个体的诱惑。① 然而，这与当前观点的一个更重要的区别是，有德性的人具有道德知识的更高级形式，他通常能够以一种无法事先预测的方式知道要做的正确的事情。而亚里士多德声称道德德性在逻辑上与实践智慧相关，同时实践智慧涉及对可能无法通过任何一般规则完全获得的细节的洞察。这也意味着实践智慧在逻辑上与经验相关，至少对于人类来说是这样的。所以人类在缺乏经验的情况下获得德性在逻辑上是不可能的。这种转换器不能给一个人以勇气，但是它能够使得她较少地受恐惧的影响；它不能给他以节制，但是它能够使她较少地受渴望快乐和厌恶痛苦的影响；它不能给她以慷慨，但是它能够让他感到更多关于他人需要的关心。那么，该转换器加强预先存在的动机在逻辑上是可能的，能够允许一个人克服诱惑，该机器甚至可以给予一个人一定的情感，例如同情心。

然而，实际上，一个人的道德认同从本质上说与他同他周围的世界之间的一系列互动经验相关。当然，这也是有可能的，类似于我们的存在和他们的环境之间的关系是不同的；甚至有可能在宇宙的其他部分，存在一个不同物种的真实的智慧生命，其性格并不是同我们一样，随着一系列与他们环境的相互作用而发展。因此，在这个意义上说，存在其德性与习惯无关的生物是有可能的。不过，就我们目前所知而言，在普通人的环境中，人类的德性至少部分是通过情感和行为的一定习惯的获得而习得的。这也意味着，如果它意在产生人类德性的话，诺奇克的转换器是不可能

---

① Linda Zagzebski（1996），p. 118.

的，甚至在概念上都是不可能的。原因在于，一种德性如果是通过按动开关而获得的，那就不是人类的德性。

扎格泽博斯基持一种德性通过渐进的习惯化获得的基本立场。尽管可能存在这样一类似乎完全不是通过习惯而获得的独特、负有创造性的德性，但这些卓越品质不仅不是通过习惯来获得的，而且它们似乎只在一种缺乏的状态下时才活跃。不过，似乎很难看到这些能力如何在科学界产生新颖的观点，或者艺术如何能够通过习惯性反应的渐进获得而被培养。在其他领域中，有些天才因为突然打破思想和行为的旧有习惯而产生一些创造性观念或新事物，进而被大众所知晓，当然打破旧思想、旧行为或许同样可以被视为是他们天赋的表现。也许道德转换器可以被相应地理解为在道德生活中的一种创造性的天才。如果是这样的话，这可能让我们能够解决前面已被解决的问题——如何评价人们的品质，这些人遭遇突然转换或者执行力突然惊人的好且似乎也是出于这些品质的行为。虽然德性和道德品质的概念不允许德性瞬时发展或者品质瞬时变化的情况，但是如果存在类似于艺术独创性那样的道德德性，它甚至可能是在转换之前出现，那么道德转换就拥有某种德性，这种德性给予他以一定的特质，使得他能为洞察并热情地接受它们做好准备。

对于这一问题，扎格泽博斯基回应称，要从这类德性中将独创性的品质排除出去。尽管在对德性的完整描述中这些独创性的品质不应该被忽略，但排除它们只需要一个理由，因为相比于习得的卓越品质，它们似乎更接近于自然天赋，或者说得更糟糕一点，就是运气，那么在这个意义上说，这些所谓的独创性特质实际上应该在德性的领域之外。

扎格泽博斯基认为，在通常情况下，德性通过一个习惯性的过程而被获得，这是德性本质的一部分，是一个被牢固确立的品质，也是基于人类行动者的一部分道德工作的结果。[1] 当然这并不是说德性的这一特征是没有例外的，而是说在这种方式中，德性的获得与我们去评价道德行动者的方式相关。习得方式的不同导致责任的程度和类型的不同。更为重要的是，我们认为这种责任作为特殊的道德、赞誉，伴随它的是与之相关的品质，这些品质通常在形成习惯的过程中获得。如果这类品质确实包括的独创性，那可能是一个有趣的例外，因为并不是每一种品质都有这样的

① Linda Zagzebski (1996), p. 125.

例外。

　　4. 德性与动机。扎格泽博斯基表示德性可以被理解为灵魂的一种状态，它是习得的，它是或者至少通常是习惯的结果。不过她同时也意识到，德性是与动机密切相关的，正是这一点使得它们区别于技能。倘若要真正透彻把握德性和动机之间的关系，我们不得不先尝试对德性和情感做一比较。

　　在扎格泽博斯基看来，德性与情感完全不是一回事，当然德性更不等于情感。其主要原因是，情感如同行为，在可确认的时间内发生，与此同时，这段时间能有一个持续，通常从几秒钟到几个小时不等。因为情感发生在这段时间内是可确认的，其自发性的测试更接近于行为自发性的测试，通常用反事实的形式表达：一个行为 A 在时间 t 中被执行是自发的，以防行动者未在 t 中执行 A。根据这种标准，一种情感通常会在自发性测试中失败，而一种出于习惯的行为会通过。当我早晨起床打开咖啡机的开关的时候，我的选择可能是不这么做。我在那个时候可能完全没有意识到我的行为，尽管我已经克制这个行为的发生，但是这个行为还是发生了，那么我们只能将这个行为视为可能是自发的。习惯本身是自发的衍生物，因为它是一系列行为的结果，其中许多都是自发的。当我们将德性置于以上类似的情境时，其自发性不同于打开咖啡机的开关的自发性，因为德性不是一种行为，但是它类似于打开咖啡机的习惯的自发性。正如我们已经看到的，德性具有习惯的很多特征，在它们很长一段时间的发展中，同时也是在这个具有因果特征的过程中，有许多行为导致德性的发展，行动者可能没有执行他这样选择。因此，一种德性是自发的，就像在早上打开咖啡机的习惯是自发的一样。这些都是一系列行为的结果，这些行为都是通过上面给出的自发性标准。此外，也存在这样的情况，情感与称赞或指责相关，只是我们并不先将它们看作卓越品质或缺陷，而德性始终是卓越品质。于是扎格泽博斯基得出这样的结论：德性不是情感，但是德性与情感之间存在联系，而动机能帮助我们看到德性和情感之间的真实联系。

　　在与德性研究相关的意义上，"动机"是一种情绪或情感，发起或引导着行为指向一个目标。与此同时，动机与德性相关，因为有德性的人往往有某种情感，然后引导他们以某种方式想要改变世界或者自身。同样可以认为，有德性的人具有与特定的德性相关的动机。例如一个公正的人受情绪的激励，使得他喜欢看到别人被公正的对待，这导致他想要制造这样一个状态，使得人与人之间的关系具有这一特性。①

扎格泽博斯基认为，我们通常说动机是一种被用来解释一个特殊行为的事件。在这样的用法中，动机被理解为在某一特定时刻或者时间段中的所发生事件。那么，在这种意向性意义上，通过某种动机移动，就需要将动机定义为一种持续的趋势。一种德性具有确定于讨论中的德性动机的组成部分。所以例如仁慈的德性涉及通过仁慈的动机移动的趋势，也就是说，它涉及具有特定情绪的一种倾向，这种情绪直接作用于某个特定的方向，可能是别人的幸福或者其他目标。而一种有德性的动机使得行动者想要有效地行动，并且通常具有一般和特殊两种结果。前者包括获得知识的期望，适合于作为德性的重点的生活区域，同时在这种生活区域中有效地发展与德性相关的技能。后者包括发现关于遭遇特定情况的非道德事实的渴望，这种情况是行动者基于这种有德性的动机而可能遭遇到的。

当然，扎格泽博斯基也表示，获得某种特定的知识的动机和以某种特定的方式行动的动机不能完全可靠地导致成功这样的最终结果，虽然它可靠地导致行动者尽其所能追求成功。动机和成功之间的联系可能不同于德性和德性之间。例如，坚持的动机可能可靠地导致坚持不懈的行为；公正地对待他人的动机可能可靠地导致公正的行为。这就表明，一些德性已经有一个构建于德性本质中的弱的可靠性组成部分，这些德性是通过单独的动机性组成部分引起的。不过扎格泽博斯基也表示，这是否对所有的德性都适用仍然令人怀疑。例如一个具有依赖性人格的女人被激励成为有一个有着独立自主意识的女人，可能不是太困难，但是让她自己成为完全意义上的，有着自主权、独立性人格就困难得多。因此，德性的"成功"特征是一种不同于动机的组成部分。拥有某种德性需要实现德性的动机组成部分都指向可靠的成功。这意味着在行动者中，她在与德性的应用相关的技能和认知活动中必然要取得可靠的成功。例如一个勇敢的人善于了解如何评估在某种情况下的危险程度，了解各种行动方针的结果，知道以某种方式来评价哪些危险是值得面对的而哪些不是；一个公正的人了解什么是正义所需要的，同时善于感知与权利和义务的运用相关的特定情形的细

---

① Linda Zagzebski（1996），p. 131.

节；一个富有同情心的人要能够了解他周围的人的对同情的需求水平，同时可以预测对不同个性的人表达各种形式的同情所产生的影响。① 这也就是说，无论是在一般还是特殊情况下，德性涉及知识以及在适用领域中理解世界。当然，这并不是说，德性与关涉某一情形的任何为假的信念不相容，而是说一个有德性的人不可能在他的关于世界的判断中会出现系统性错误，因为它们适用于他的情感和选择。

　　总之，德性在上述情况中是与情感有些极为密切的关联。德性具有动机的组成部分，是具有某种动机的趋势或倾向。这里的动机是一种发起行为和指导的情感。因此，它是一个意向性的状态，并且指向某一结果。此外，动机还包括期望性的要素。换句话说，产生某种结果的期望会导致行动者发现那些与有效地产生这样的结果相关的非道德性事实，同时发展那些与德性相关的技能。因此，达到一种有德性的动机的内在或外在结果的可靠成功是德性的组成部分。

# 三　索萨的德性知识论

　　当代知识论之区别于其他知识论分支的地方在于，它改变了知识论的分析思路，将理智德性作为其理论的起点与根基。索萨被认为是最早提出知识论中的理智德性概念的哲学家，很多人将其视为德性知识论的先行者，甚至是奠基者。索萨从德性视角出发，把知识定义为源于理智德性的真信念，这个定义基本被其他德性知识论学者所接受。

　　1. 索萨德性知识论的缘起。当代知识论的主流理论中，无论是内在主义、外在主义，还是基础主义融贯主义，抑或是可靠主义、语境主义、证据主义，乃至苏珊·哈克（Susan Haack）的基础融贯论都面临着不同程度的困难，遭受种种质疑，尤其是前面几个理论，在它们围绕着"信念确证"这一问题进行知识论重构时，在某种意义上说都没获得成功。正是基于对这些理论的考察与批判，索萨提出认知主体的内在德性才是判断何谓知识之根据的理论。这里以内在主义、可靠主义以及基础主义、融贯主义为例来考察索萨的批判。②

---

① Linda Zagzebski（1996），p. 133.
② 相关内容可参见陈英涛《索萨的德性知识论》，《世界哲学》2011 年第 1 期，第 97—107 页。

（1）对内在主义的批判。

索萨将内在主义界定为：S 的某一信念 P 是得到确证的，当且仅当 S 是基于某种道义形成了该信念，且基于某种道义的 S 还应把信念的确证者置于自己的视角之下或者进行内在地把握。

然而索萨认为，从道义论（deontology）的逻辑前提无法推出任何形式的内在论。比如当恶魔的受害者产生某个信念时，他对该信念的确证一定是基于本身内在的某种属性，这与我们几乎无甚差异。那么恶魔的受害者与我们对信念的确证为何几近相同呢？在索萨看来，这里根本不存在道义论和内在论的任何逻辑联系，或者即便承认道义论是内在论的逻辑前提，它仍然无法解决指谓道义的信念无法得到确证、道义论不能对一些无法避免的信念或在当下无法判断真假的信念提供解释，以及根本无法对被洗过脑的人或一些原住民的信念有任何道义论的要求等诸如此类的问题。同样，索萨认为，内在主义是一种"当下时段"的确证理论，它根本无法解释"个人因果论"和"社会因果论"两种确证的情形，并且因为内在主义的最隐蔽之处在于它常常诉诸直觉为其辩护，但直觉本身就充满着悖论。因此内在主义充其量只是主观确证论，或许任何确证路径中都有外在的成分。

（2）对可靠主义的批判。

可靠主义作为外在注意的代表性理论，主张信念 p 是得到确证的，当且仅当该信念来自于可靠的信念输出过程，该过程产生的真信念的比率通常高于假信念。索萨认为可靠主义面临三个基础性难题无法解决，即涵盖性难题[1]、新恶魔难题以及元不融贯难题。[2]

涵盖性难题指的是可靠主义无法解决信念输出过程的范围问题，也即，在信念输出过程中，如果把信念的输出过程限定得太窄、太具体，那么认知主体所获信念完全可以做到唯一且唯一为真。然而，如果把信念的输出过程完全不加限定，这个输出过程产生的信念就既可能得到辩护又可

---

① 可靠主义的涵盖性难题可以被视为其普遍性难题的翻版。有关普遍性难题的讨论，可参见方环非《知识之路：可靠主义的视野》，上海人民出版社 2014 年版，第二章"可靠主义及其普遍性难题"；喻郭飞：《过程可靠论的"普遍性难题"及其解决方案》，《淮阴师范学院学报：哲学社会科学版》2012 年第 1 期。

② Ernest Sosa, "*Reliabilism and Intellectual Virtue*", in Knowledge in Perspective：Selected Essays in Epistemology, Cambridge：CambridgeUniversity Press, 1991, p. 132.

能得不到辩护。这样的话，信念输出过程的窄与宽就成为可靠主义无法解决的关键问题。新恶魔难题类似于孪生地球的情形：某一可能世界 W 里存在着我们的"孪生兄弟"，其经验或思想几乎和我们无甚差别，但对周围环境的认知，其感知与推理却完全错误。① 可靠主义面临的元不融贯难题中，假设 S 拥有千里眼的特异功能，并形成了"总统正在纽约"的信念，但 S 同时拥有许多证据反对该信念的存在，或者 S 拥有许多证据反对他拥有千里眼，或者 S 对是否拥有千里眼的功能既无反对的证据又无支持的证据。那么 S 的"总统正在纽约"的信念是否得到确证呢？在索萨看来，S 的这种千里眼的状况和新恶魔问题恰恰相反，拥有千里眼的 S 形成的信念却似乎是外在可靠的，但内在地没能得到确证。

(3) 对基础主义与融贯主义的批判。

基础主义中信念 p 之得以确证靠的是基础信念 q，而融贯主义中信念 p 得到确证是因为相互融贯的信念形成网络，相互支持。索萨认为，这种信念确证的理智主义无法避免循环论证的责难。在索萨看来，如果信念的确证采取基础论的形式，则会面临基础信念确证的悖论状况。同样，如果信念的确证采取融贯论的形式，则融贯性本身就会面临自我意识的需要，而这种自我意识的融贯主义就是视角融贯主义，但视角融贯论同样面临元确证的问题。因此，它们的有效性均会遭到质疑。②

在索萨看来，上述各种理论的共同缺陷在于，忽视了认知主体在信念确证中的支配地位，因此而没能找到信念确证的根源，也即认知主体本身就存在着的"理智德性"。同时，它们又忽视了动物知识和反思知识的二重划分。换句话说，索萨认为它们无一例外地都患上了（认知病）——"确证及其来源都要求一种认知的组成部分"，实际上确证的来源完全可疑是非认知的、规范的或非评价性。这也是德性知识论何以要将理智德性与认知视角这两个要素考虑进来的依据。

2. 作为一种改良的可靠主义的德性知识论。尽管索萨对可靠主义进行批判，但从确证的角度来看，可靠主义同样可以被理解为是从理智德性

---

① 在这个情形中，根据可靠主义，这些可能世界中的人的所有信念都不能得到确证，但是如果承认我们的信念是得到确证的，他们的信念都不能得到确证似乎又不合常理。

② Sosa E., The Raft and the Pyramid: *Coherence versus Foundations in the Theory of Knowledge*, In Midwest Studies in Philosophy, 1980, volume 5 (1): 3－26.

出发来进行解释的确证理论。① 卡凡维格（Jonathan Kvanvig）早在 1992
年就提出，可靠主义的早期形式最好被理解为德性知识论，当早期可靠主
义者们谈到可靠性的时候，他们均在指向认知特质，无论是阿姆斯特朗
（David Armstrong）、诺齐克（Robert Nozick）还是戈德曼（Alvin Gold-
man），概莫能外。

索萨认为戴维森（D. Davidson）开辟了理解自然化知识论的新进
路——避开理由进路（reason-avoiding approach），这条进路包含了他苦苦
寻找的不同于非论证性的确证观念，之前的基础主义与融贯主义则是论证
性的确证观念。同时，这条新进路强烈地暗示着一种可靠主义，对于这种
可靠主义来说，确证能够从所争论的信念（最主要的是知觉信念，尽管
戴维森也努力超出这些信念的普遍化）的可靠性获得。这样看来，索萨
的德性知识论正是一种在自然化知识论内部沿着戴维森的进路所形成的，
或者说，是对这条进路的一种实践和反思。

索萨将可靠主义以及奎因的替换性的自然主义都视为自然化知识论。
前者比较温和，它提供了一个指导原则，在这个原则下，常识和认知科
学能够补充对可靠的认知过程或方法越来越精密的解释。然而，它同样存在
缺陷，从一个更大范围看，这个缺陷表现为在这个知识理论大厦的衔接
处——要求融贯性（coherence）。与之相比，奎因的自然主义方案则更为
激进，因为他主张完全用心理学替代知识论。然而，索萨认为这个方案被
奎因自己关于证据关系、说话方式以及正当地确认和描述实在的讨论挖去
了根基，因为后者显然不属于心理学的范畴。因此，"温和的可靠论预示
全面的融贯性，而激进的自然主义则预示全面的不融贯"。不过索萨对可
靠主义的路径保持着同情态度，试图引入一种视角主义来弥补它在一致性
方面的缺陷。

索萨认为认知视角对在某个信念体中其成员的认知确证方面起着决定
性的作用，即它保证信念体本身的全面融贯。为此，他把戴维森关于真
（truth）的融贯性理论纳入到德性知识论的策略中。戴维森强调，如果要
使我们的信念的绝大部分都为真，那么它们就必须是依其本性（不是假
借其他信念）而可靠地形成，因此他提出，"了解信念的精细结构和特殊

---

① 下文中对德性知识论的可靠主义解释，可参见方红庆《索萨的德性知识论：问题与前
景》，载《自然辩证法研究》2013 年第 1 期。

特征的唯一途径,是通过说话者和对话者所说的话作出解释的人用来表达和描述信念的那些语句"。① 因此,索萨称,"戴维森的论证似乎事实上提供了一种特殊的优先性给可靠性,因为它试图维持融贯的方式表明它应该是一种理智德性、真的一个可靠来源。因此,正是通过这种形式,这个论证至少主张可靠性在认识上是更基本的,甚至一致都要诉诸它才被证实。"

从根本上来说,索萨的德性知识论之所以是一种改良的可靠主义,其根源如下,即为了构造知识,信念必须可靠地与世界关联。在索萨看来,奎因的自然化进路显然太过粗糙,自然科学的探究无法解决知识的本质问题,它只是有利于对象的精确描述,却无益于信念的确证。而以戈德曼为代表的过程可靠主义纠结于太过狭隘的信念形成过程或机制,尽管它在最大限度上使得信念与世界紧密相关。为此,索萨认为,我们需要一个更宽泛的观点,德性视角主义是这种观点的一个合适标签,这里的焦点在于更为一般的主体及其相关的能力,而不在于特殊的信念及其与其内容的真的因果或反事实关系,或在于在那种情况下信念产生的过程或机制。无论如何,索萨的德性知识论从一定意义上说仍然是在可靠主义的框架之下,因此又被称为基于德性与视角的可靠主义或者德性可靠主义。

3. 索萨德性知识论的两个要素。前文已然表明,鉴于诸多确证理论所面临的重重困境,需要将理智德性与视角作为信念确证时要考虑的两个关键要素,它们甚至可以被视为索萨德性知识论的两个支柱。而通过对这两个要素的解释,可以对索萨的德性知识论有个整体的理解。

第一,关于理智德性。索萨的德性知识论中的"德性"概念是从亚里士多德那里沿用而来,不过索萨认为,亚里士多德的德性概念为综合认知的主客观因素提供了启发。狭义地说,德性是一种结合环境做出审慎决定的倾向,而在宽泛意义上,德性则是产生真信念的类似于自然本能的认知保障,即使没有审慎选择也会如此。有鉴于此,从当代知识论面临的困境出发,索萨在亚里士多德的理智德性中增加了新的内容,强调理智德性首先是一种利真的倾向(truth-conducive disposition)。② 比如,理智德性与

---

① Davidson, Donald, *A Coherence Theory of Truth and Knowledge*, *Subjective Intersubjective Objective* (2001): 137 - 159.

② 对于理智德性的探讨,可参见索萨在论文集 Knowledge in Perspective: Selected Essays in Epistemology(Cambridge: CambridgeUniversity Press, 1991)中的相关论文。

能形成真信念倾向的官能，包括良好的记忆、清晰的推理以及有能力的感官等有着密切关联。认知者要获得知识，就需要认知者在特定环境中具有能够胜任的认知官能。我们没有理由可以脱离具体环境来讨论认知官能的可靠性，否则无法考察其产生真信念的效率高低。因此，为了体现理智德性的认知官能，可将其界定为"相对于特定认知环境的胜任力（competence），而不宜抽象地将其理解为普遍有效的能力（ability）"。① 可以看出，索萨强调理智德性与环境以及认知域有着密切关联。

当然，理智德性也是认知者的思维品质。索萨认为，认知者致力于求真和自我超越的思维品质，影响着认知者在认知上可能取得的成就。认知者倾向于保持心灵的一致，往往给予融贯的信念以较高的评价。然而认知评价的对象又多涉及超越主体更宽泛的语境，这就要求认知者不仅要有保持一致的思维品质，而且还要有超越既定经验和学科视野的进取心、面向新经验的开放性和犀利敏锐的自我批判力等思维品质。

此外，理智德性是信念的适切性（aptness）与确证的合理性的统一体。索萨主张，基于不同的认知视角，理智德性对知识所提出的要求也不同。索萨将知识区分为动物知识与反思知识，前者并不需要逻辑论证的理性确证，相对于环境来说适宜生存的信念，后者则需要相对于环境的适切性，也需要运用理性的论据和方法来予以充分确证。因此，动物实际上局限于适应环境的第一类知识，而人则因为依然保留着自身的生物性，因此就包括上述两类知识。索萨要表明的是，我们需要承认信念相应于生存环境的适切性在认知中有着重要作用。

正是因为这样的思路，索萨将理智德性界定为一种胜任力，由于这样的胜任力，我们能够在某条件或环境中，在某命题域内趋真避误、分辨真假。

第二，关于认知视角。从索萨对理智德性的解释中，已然表明认知视角在认识活动中的重要性，在他的德性知识论中，认知视角的意义体现得极为全面。② 首先，它是理智德性的必然诉求。在实际的认识实践中，经常出现偶然或碰巧拥有了真信念的状况，如果将其仅仅归于认知的运气显

① 郝苑：《理智德性与认知视角——论欧内斯特·索萨的德性知识论》，载《自然辩证法研究》2011 年第 4 期，第 20—24 页。

② 相关内容可参见陈英涛《索萨的德性知识论》，载《世界哲学》2011 年第 1 期，第 97—107 页。

然不是个办法，这个问题正是葛梯尔在他的那篇短文中提出的、让诸多知识论学者颇为头痛的问题。在这种状况下，索萨认为，要保证理智德性在认知和确证中的作用，必然要求"认知主体通过自己的认知视角把握理智德性生成的条件 C 及命题域 F"。

同时，认知视角是理智德性判定的依据。索萨认为，通常我们把知觉、记忆和直觉等视为理智德性，这些理智德性在既定的条件及命题域内能够帮助我们做到趋真避误。然而，仍然会出现一些可能的情形，假设我们的表面知觉、表面记忆等所获得的信念大部分为假，那么这些通过表面知觉、表面记忆等获得的信念的确证，和通过真正的知觉、真正的记忆等获得信念的确证是否一致呢？如果要回答这些问题，其中关键的一点就是要考虑到认知视角。索萨指出，从深层来看所谓确证地相信表面知觉或者表面记忆等，其实不过是人们确证地把信念归于真正的、可靠的知觉或记忆等而已。而真正的知觉或记忆等所形成的确证在本质上取决于通过这些理智德性获得的信念集合是否融贯，无疑这种对信念集合是否融贯的把握离不开认知视角。

第三，认知视角和知识与确证的理解密切相关。索萨认为，作为社会性动物，人类对知识、特别是确证的理解离不开与社会相关的标准。而确证的意义即在于，它表明了主体对社会重要且有利的状态。这种状态主要表现为：在既定条件及既定命题域内的是可靠的信息。索萨指出，既然这种信息是可靠的，为了能够得到这种信息并把其付诸使用，那么既定的条件 C 和既定的命题域 F 必须具有社会共同体中的任何正常成员都能够重复做到的性质。而为了达致这一点，就需要通过我们的认知视角对上述的条件及命题域进行把握，也只有我们把握了上述的条件及命题域，我们方能把握什么德性和我们相关，从而使我们自己成为可靠的信息源和认知者。

此外，认知视角益于应对涵盖性难题和新恶魔难题。索萨认为涵盖性难题本质上涉及命题域 F 和条件 C 的范围问题。换言之，在谈到命题域 F 和条件 C 时，需要注意 F 和 C 不能设定得太具体，以确保信念为真时主体总是可靠的和得到确证的，当然 F 和 C 也不能设定得太宽泛，以避免根本无法解释主体的同一德性何以能够析出两个不同信念。索萨认为，涵盖性难题最可能的解决方案是通过认知主体 S 所处的社会来设定 F 与 C，或者在认知主体 S 从动物性知识自导向反思性知识时，通过 S 本身来设定

F 与 C。这样的二重设定足以避免涵盖性困局的出现。

对于新恶魔难题，索萨的策略是通过引入认知视角，基于对动物知识和反思知识的区分，来辨析"确证"与"适切性"这一对概念。索萨强调信念之被确证，意味着它在信念持有者的头脑中具有推论的基础，或与其他信念有着融贯性的关系。然而，这不过是依据主体的某些认知原则就能达到的结果。相比之下，信念要达到适切状态，则要求它与特定的环境相关，而在这个环境中该信念还必须来自于理智德性，能够趋真避误。通过"确证"与"适切性"的划分，索萨认为，如果"确证"本身等同于某种认知视角之下内在融贯性，那么恶魔的受害者尽管身处恶劣的认知环境，但他明显具有某种内在融贯性的东西，而且相对于那样环境，这种内在融贯性足以使他们受到称赞。如果我们相信我们所处的世界不是恶魔的世界，那么相对于我们实际的世界，作为内在融贯性的"确证"是一种理智德性；相对于恶魔世界，则恶魔的受害者的信念就是不适切的，并且甚至是未经确证的；或者说，如果确证仅仅因为融贯性，那么相对于恶魔世界，辩护可能毫无认知价值。即便如此，相对于我们的实际世界，恶魔的受害者的信念仍然既是适切的也是得到确证的。

4. 索萨的德性知识论评价。在索萨的德性知识论方案中，他与戴维森一样，同样没有把二阶知识（我知道我有一个苹果）视为是在先知道的事情，而是把胜任力的可靠性知识作为在先知道的事情。正是这一点让他们与笛卡尔传统分道扬镳。

对于索萨而言，他的德性知识论依然存在以下问题需要回答，基于理智德性的知识是否需要反思知识这种二阶知识？完全由反思知识构成的认知状态是一种统一的知识吗？[①] 从索萨本人的论证进路看，无论是他对确证的重视，还是力图解决新恶魔难题都是对前一个问题的回应，同样在索萨的文本中出现的与德性相符合的值得赞赏性（praiseworthing）要素一般而言被当成是个人所具有的值得尊敬的品格，因为他总是把赞赏同德性或才能联系在一起，这些德性或才能当然不仅包括赞赏某个行动或判断，同时还包括反思性的才能或品格。对于后一个问题，索萨似乎会做如下回应，反思知识之所以是统一的，其原因在于我们是出于理智德性来把真信念刻画为反思知识，而他所提及的反思知识往往是由已经知道的命题的信

---

① 方红庆：《索萨的德性知识论：问题与前景》，载《自然辩证法研究》2013 年第 1 期。

念构成的。当然对于这个问题仍然存疑，或许一种更好的回答是，反思知识既是已知命题的知识，同时也是关于它的知识，因为除了这个命题，它还包括相应的二阶能力和本身就构成知识的意向性信念，这样刻画的知识既具备良好的德性，还拥有足够稳固的基础，因而没有理由不是统一的。

　　同样，包括邦儒、弗雷（Richard Folly）、格雷科、富默顿在内的很多哲学家对索萨的德性知识论提出不同的质疑。① 尽管他们的观点存在表述上差异，但矛头却共同指向了理智德性与认知视角这两个要素。邦儒认为理智德性不能充当知识和确证的基础，相反只有好的理由才是知识或确证的前提。弗雷认为，索萨的德性知识论的真正基础在于趋真避误的后果论，而不是真正来自于德性伦理学的类比，因此所谓的作为德性知识论基础的理智德性不具有合法性，他通过否定"涵盖性"问题，从而从理智德性设定的动机方面对理智德性进行了否定。格雷科虽然没有直接反驳理智德性本身，但从索萨的理智德性设定的错位，反驳索萨有关理智德性的基础在于认知主体内在本质的论断。针对认知视角，弗雷与格雷科主要通过两类把握的区分，反驳了认知视角存在的必要性，而富默顿主要通过对索萨关于融贯性理论论述的反驳，驳斥了认知视角设定的不合法性。

　　索萨自然没有回避来自不同方向的批判与质疑，但他仍然坚定维护其基本立场，即理智德性与认知视角对于其德性知识论的根本性意义。尤其是他抛弃原来简单的融贯论，将其发展为"扩展融贯论"，对认知视角进行了不遗余力的辩护。这种扩展融贯论指向信念与信念之间的关联，构成好的知觉的经验与信念之间的关联，而且包括构成好的内省的意识状态与信念之间的关联。根据这些关联，我们就达到了一个对心灵融贯性的广义理解。这样的话，它不仅涉及一阶信念之间的逻辑的、概率的以及解释性的关系，而且涉及信念与感觉或其他经验之间的融贯性。此外，这种广义的融贯性还涉及一阶经验、信念和其他状态与关于这些状态的元信念之间关系。

　　尽管索萨德性知识论依旧存有很多问题，包括其概念运用时表现出的模糊，但索萨从理智德性的角度来说明作为真信念的知识的做法是值得探索的一条理解知识的进路，他把能力的概念及其使用领域和使用条件引入到了知识的讨论之中，为我们处理怀疑主义提供了新的思路，尤其是重构

---

① 参见陈英涛《索萨的德性知识论》，载《世界哲学》2011 年第 1 期，第 97—107 页。

了笛卡尔的更高阶的途径中最好的东西，使之能够处理错误的可能性问题。

从总体上看，索萨通过吸收亚里士多德的德性伦理学的德性要义，将理智德性与认知视角引入知识论中，对于当代知识论中的主流理论摆脱困境已然达到了一定的效果，尽管索萨并非第一个意识到德性对人类认知有着重要意义的哲学家，比如米歇尔·福柯就在探究主体性与真理关系时，认为寻求真理往往要借助各种"精神性实践"来塑造自我，从而使主体在适当的生存方式下通达真理。① 索萨对理智德性效用的提升，激发了西方知识论对理智德性的兴趣，影响了后来出现的，包括扎格泽博斯基在内的诸多知识论学者，他们均以不同方式发展了德性知识论。

## 四 扎格泽博斯基的德性知识论

索萨的德性知识论基本上可以被视为从后葛梯尔的知识论传统中发展出来的理论，这个理论的出发点主要是对"知识"（其中也包含着"真"）这个概念进行分析，并强调解决知识本质问题的重要性，在利用规范性解决葛梯尔难题的同时，同时也解决了知识的价值难题。与之相比，尽管扎格泽博斯基虽然也重视真信念的基本认知状态要求，也重视获得知识的重要性，但她的最终着眼点在于强调个人作为一个行动者（agent）如何获得一个"美好（或幸福）的人生"，因此有些偏向伦理学。扎格泽博斯基是索萨之后德性知识论领域的集大成者，她详细论述了德性知识论和德性伦理学的相似之处，但在很多方面她的德性知识论都可以被视作完全不同于索萨的进路。

前文中在解释德性知识论中的关键词"德性"时，主要是通过德性与善等不同概念的对比来加以阐释的。对扎格泽博斯基的德性知识论，我们可以将其划分成两个不同的时期，前期可以表示为新亚里士多德主义的德性知识论，后期则是范例主义（exempalrism）德性知识论。

1. 新亚里士多德主义进路。与索萨一样，为了打破"确证"的困境，她将视角转向"德性"。以"德性"作为其立足点，提出了新亚里士多德主义的方法，以亚里士多德对德性的描述为模本，对理智德性和道德德性

---

① 米歇尔·福柯：《主体解释学》，佘碧平译，上海人民出版社 2007 年版，第 16—18 页。

进行统一的描述。这里之所以称其为德性知识论的新亚里士多德主义进路，其主要原因在于新亚里士多德主义是这样一种倾向："指道德与政治哲学中一条回向亚里士多德的方式来研究的方向……它代表了一种尝试的方向，想从亚里士多德的实践哲学中取出若干部分，用它们当垫脚石，跨过当代伦理学或哲学最主要的研究取向，提出全新的理论化模式予以取代"。① 显然扎格泽博斯基的论点与此相符，利用亚里士多德的德性观点，并否定亚里士多德认为理智和道德德性不同的论点，阐述两者的一致性。因此对于扎格泽博斯基的新亚里士多德主义，我们可以从以下两个方面来进行理解。

（1）对亚里士多德理智和道德德性的质疑。西方哲学普遍将人类认知和情感过程当作截然不同和相对独立的，与之相关的就是所谓的理智和道德德性的差异，这种来源于亚里士多德的主张认为，如勇气和节制这样的德性在本质上同智慧和理解这样的品质是不同的。不过仍然有许多哲学家反对这一主张。例如斯宾诺莎将激情与德性与上帝本质的充分理念联系起来，将道德和理智德性牢固地结合在一起；休谟提出道德和理智德性之间的区别仅仅是语言的。扎格泽博斯基同意他们的观点，认为虽然亚里士多德对德性和灵魂的其他状态的区分是重要的，但他对理智和道德德性的区分是不必要的，甚至理智德性应该被视为道德德性的一个子集。② 虽然这两种德性包含的情感和渴求的程度有一定的差异，但这种理智和道德德性之间的差异不会比两种道德德性之间的差异多，而且与理智和道德德性相关的过程也不是独立运作的，理智德性应该被视为道德德性的形式。

首先，在《尼各马可伦理学》和《优台莫伦理学》中，亚里士多德都认为灵魂的理性和非理性（或者部分理性）部分是理智和道德德性的基础。他将灵魂分为思考（理性的）和情感（非理性或者部分理性的）部分，认为思考是一回事，情感是另一回事，他相信思考和情感在结构上是非常不同的，而这种差异正能解释理智和道德德性之间的区别。同时，亚里士多德在《优台谟伦理学》中还表明："因为能力和状态都是关于激情的，而激情则被快乐和痛苦所区分，所以，出于这些理由，也出于前面

① 刘宇:《当代新亚里士多德主义实践哲学的理论建构及其困境》，载《哲学研究》2013年第1期，第67页。

② Linda Zagzebski, *Virtues of the Mind An Inquiry into the Nature of Virtue and the Ethical Foundations of Knowledge*, New York: CambrIbdge University Press, 1996, p. 139.

已经设立的假定，可以得出：一些伦理的德性都与快乐和痛苦有关。因为每个灵魂都被这样的东西影响而在本性上变得更坏或更好，正是相对于和相关于这些，才有这种状态。但是我们说，人是由于快乐或痛苦而坏的，他们追求或避免不应当的快乐和痛苦，或者采用不应当的方式，因此一切人都会轻而易举地把德性定义为对快乐和痛苦的无动于衷，而把恶视为源于相反的性质。"① 这就是说，道德德性（心灵的情感部分的德性）包括对快乐和痛苦的正确处理，必须与快乐和不快乐的事情相关。利用这种特征，就可以将理智和道德德性区分开来。

扎格泽博斯基对此表示怀疑。她提出，如果我们以此将道德和理智德性区分开来，那么我们能否将这类道德分为伴随着快乐和痛苦的"必须做的"和不这样做的呢？若是可以，那么前者看起来像是亚里士多德意义上的或者我们所谓的道德德性吗？② 答案显然是否定的。大多数情感的确经历了快乐或痛苦，但这并不表明所有的情感都是这样的，例如好奇心可能就不是。同时更重要的是，从任何意义上来说，处理那些快乐或痛苦的情感的德性常常是不涉及这种快乐和痛苦的。

当然也许亚里士多德做了较弱的申明：我们将感觉状态和认知状态区分开来，在快乐和痛苦伴随前者而不是后者的基础上，我们能够凭借这种道德德性与快乐和痛苦之间的间接关系而区分出它们，因为理智德性没有这样的关系。然而，实际上，一些理智德性可以伴有甚至比所谓感谢和尊敬的情感更强烈的愉快感觉。所以虽然这可能是真的，许多情感状态是伴随着快乐或痛苦的强烈感觉的，同时这通常不是伴随着理智状态的情况，但这并不足以区分理智和道德德性，亚里士多德以此来区分它们是没有说服力的。不过扎格泽博斯基也表明，存在这样一种情况，可以以此表明理智和道德德性的区别。就是当亚里士多德说，快乐和痛苦"致力于"感情，他可能意味着快乐或痛苦在感情的定义中被提及。例如在《修辞学》中他将愤怒定义为一种伴随着痛苦的欲望，将恐惧定义为一种痛苦或困扰。③ 如果这是亚里士多德所认为的，同时如果他是正确的，情绪状态的定义指称快乐或痛苦，而理智状态的定义不是，那么所有这一切让我们得

---

① 亚里士多德：《亚里士多德全集》（第八卷），中国人民大学出版社 1992 年版，第364—365 页。
② Linda Zagzebski (1996), p. 144.
③ Ibid., p. 145.

到一种区分思维和感觉状态的方法。同时基于在思维状态和感觉状态之间有一个简单直观的差异，那么如果我们忽视亚里士多德关于灵魂的部分和它们与快乐和痛苦的联系的主张中存在的问题，也许我们能够简单地区分道德和理智德性，理由是前者而不是后者涉及情感的正确处理，反之，后者而不是前者涉及认知活动的正确指向。但实际上这种主张只是一种假设的理想状态，实际是不可能的。

　　亚里士多德根据道德德性处理情感状态以及理智德性处理思维状态，而将道德和理智德性区分开来。扎格泽博斯基认为这里还存在这样一个问题：实际存在着思维和情感的混合物。例如好奇、怀疑和敬畏等。理智德性涉及情感，同时对情感的处理涉及理智德性，它们的运作表明理智和道德德性之间的区别是非常模糊的。例如，理智的偏见是一种理智的恶，作为其对立面的德性是公正，但在现实生活中，我们显然认为偏见是一种道德缺失，而公正是一种好的道德品质。偏见的理智形式和道德形式是同一种恶显然是可能的，同样这一点可以应用到其他情况中，一种理智德性具有与道德德性一样的名称，如谦虚、正直、忠诚等。我们可以断定，在任何情况下，如果在理智和道德德性之间存在一种区别，这种区别不可能是根据后者处理情感而前者没有。因为不仅对情感的正确处理涉及理智和道德德性，而且几乎所有的道德德性都包括适当感知和认知活动的方面。例如，没有人能够在缺乏对各自德性的现实处理相关的一般认知下，可靠地成功具有或公正或勇敢或怜悯的德性。在一种道德德性的控制下，我们可能考虑到信念或观念中的一些错误，但是没有人——在这样的情况下存在错误信念的人——可以说拥有控制这类情况的道德德性。例如，其行为经常在某种程度上造成他人痛苦的人很难说拥有怜悯的德性，不管他的意图和动机是什么。同样地，在分级中明显地采用有利于男性多于女性的政策的人，不能说拥有公平的德性，无论这些政策从他的观点来看如何。可以说，在特定的生活（life）区域中，合理地理智几乎是具有任何道德德性的一部分。

　　其次，在《尼各马可伦理学》中，亚里士多德指出，由于理智和道德德性通过不同的方式被学习或获得，因此两者是不同的。理智德性是可以被教会的品质，而道德德性是通过实践和训练获得的习惯。①

--------

① 亚里士多德：《尼各马可伦理学》，廖申白译，商务印书馆2003年版，第36页。

扎格泽博斯基对此持否定的态度。在她对德性的定义中，我们可以清楚看到，她认为德性不同于技能，而亚里士多德所主张的通过模仿和实践而获得的品质更接近于技能和德性的区分，不是理智和道德德性的区分。我们知道，既有道德和理智技能，又有道德和理智德性。能够被教授的是技能，例如归纳整理的逻辑能力；不能被教授的，或者不能被很容易地教授的则是德性，例如思想开明、心智开放。并且，扎格泽博斯基指出，学习理智德性的阶段完全平行于亚里士多德所描述的学习道德德性的阶段。理智德性开始于对有德性的人的模仿，需要将感觉和行为发展成一定习惯的实践，同时通常包括一种理智的自我控制（克服理智的无自制力现象）的中间阶段，这一阶段与道德德性获取中的道德的自我控制的阶段相似，并且无论是理智德性还是道德德性，其模仿对象都是具有实践智慧的人。

例如，一个人采用他应该而不是他想要的方式来学习如何相信（believe），在某种程度上这平行于一个人采用他"应该"而不是他"想要"的方式来学习如何行动（act）。正如最终他学会他应该的方式行动，学会他应该的方式相信。学习如思想开明这样的理智德性，需要通过模仿那些具有这种特质的人，当然这些人达到了示范性的水平。在许多情况下，他克服了相反的倾向，或者可以被称为理智上无自制力现象，同时必须在他掌握德性之前通过一个发展理智的自我控制的阶段。而在大多数情况中，理智德性的获取涉及情感的训练。例如，识别可靠权威的能力部分地涉及经过训练的情感。同样情感反应涉及判断某些人是可靠的或者值得信任的，是判断它们的可靠性的部分起源和部分原因。最终，他发现他自己想要信任一个他知道他应该信任的人，同时不想要信任不能信任的或不可靠的人。[1] 这个过程是这样的：

一个人既没有理智德性也没有理智的恶，正如他既没有道德德性也没有道德的恶。他不是从一种恶开始，逐步发展到德性。但是提及一些理智的恶，对开始一种对获得理智德性途径的描述是有帮助的，因为在许多情况下，对一种德性的学习涉及克服诱惑，而这些诱惑是与这种德性相反的恶的典型。在任何情况下，如果我们开始于恶，我们就可以看到在理智特性中的差异的范围，以及它们如何相当于在道德特性中的差异的范围。

扎格泽博斯基举例说，一些在理智方面被视为恶的例子可能包括：自

---

① Linda Zagzebski（1996），p. 152.

夸、粗心大意、懒惰、懦弱、顺从、草率、死板、对细节不敏感、反应迟钝、缺乏彻底性等。也有可能是一种与理智上的坚持不懈相反的恶，涉及过快的放弃等，同时自我欺骗的一些形式可能是一种恶，但是其他形式更能被理智上无自制力现象的一种形式取代。而一个具有理智的恶的人可能不会意识到，他在这样做的场景中表现出来的恶。甚至他将一种恶误解为一种德性，而道德的恶的情况一样。亚里士多德认为获得德性的部分过程是学习，这里的意思是在两个极端之间。一些理智的恶如上所述，可能具有相反的恶，其中一个是过量同时另一个是不足，德性的意思是两者之间。但是需要注意的是，德性的极端不一定是指恶，还有可能是病理状态。不过在这里我们并不展开讨论。我们只需要知道，我们需要有一个适当长度的怀疑和进一步探讨的冲动即可。在到达稳定信念的状态之前，一个人必须既不在其信念中太过于乐观，也不要太过纠缠于进一步探究的欲望。也就是说，一个人必须知道什么时候停止，也要知道什么时候开始和什么时候继续。德性的学习包括对恰当的质疑和恰当的研究的部分的学习。

　　一旦一个人开始意识到他具有一种恶，并且他所获得的能力告知他应该如何在适当的场合中理智地表现，并产生成为理智上有德性的欲望。不过如果没有这样做，他就处于理智上无自制力的状态，一种高于恶的状态。理智上无自制力的情况包括相信你想要相信但是知道你不应该相信的种类。在无自控力之后的阶段是理智上自我控制的阶段。在这个阶段，一个人已经阻止自己接受不充足的证据或者匮乏的证词，并且不同于以前的阶段，他成功地做到了。不过，他仍然缺乏德性，因为她发现恰当地权衡证据或者可靠地判定权威或者小心且根据规则推理是困难的。他的行为可能是正确的，但是这不是根据一个"牢固且不变的特征"的，如亚里士多德描绘的真正拥有德性的人的特质。① 最后阶段就是真正到达理智德性。当然，获得道德德性的过程也是相似的。

　　最后，许多支持亚里士多德观点的人认为：将理智和道德德性划分为不同的类型，这是基于拥有理智德性的探究，似乎独立于拥有道德德性。② 这就是说，不难找到具有许多理智德性但是完全不道德的个体。同

① Linda Zagzebski（1996），p. 154.
② Ibid.，p. 156.

样，不难找到在道德上有德性但缺乏理智德性的人。于是最后可以得出经验证据确证这一结论，道德和理智德性是不同的德性。

扎格泽博斯基却认为德性的统一问题是一个棘手的问题，我们很难准确地知道什么被算作人们拥有一种德性而不是另一种的证据。一方面，我们可以假设，我们对拥有德性的标准不是那么严苛，这就是说，我们并不坚持一个具有德性 X 的人在任何它是适当的情况下表现出 X 的行为。具有德性并不要求完善，因此结合经验证据，就可以支持这样一种说法——人能够具有一种道德德性而不是另一种。在这样的情况下，就可以说，人可以具有一种理智德性例如理智上的诚实，但是缺乏一种道德德性例如怜悯或者慷慨。拥有德性的标准支持这样一种立场——在拥有理智德性和拥有道德德性之间存在一定程度的独立性，也支持这样一种立场——在拥有一种道德德性和另一种道德德性之间也有一定程度的独立性。事实上，对于任何假定的人，我们可以将这类道德德性分为他拥有的和她未拥有的。但是当我们这样做的时候，有没有人认为这是一个很好的理由，来让我们认为这种道德德性从根本上说不同于其他的？当然不会。以此类推，即使一个人具有整个理智德性而没有道德德性，或者相反，也不应该使我们认为这两种德性具有不同的本质或者存在于他的灵魂的不同部分。然而，如果它可以表明相比于在拥有一种道德德性和拥有另一种道德德性之间的，在拥有理智德性和拥有道德德性之间有一个更高程度的独立性，那么就可能表明两种德性之间的一个有趣的差异，但事实上，并没有这样的证据存在。

另一方面，假设我们对于充分拥有一种德性的标准像亚里士多德一样的严苛。亚里士多德认为，若没有完全拥有这些标准，就没有人完全的拥有一种道德德性。这样的立场要求我们在某种程度上怀疑声称表明独立占有一种德性和另一种德性的经验证据。根据亚里士多德的标准，支持所谓存在完全具有理智德性而不是是道德德性的人的观点，将是更加困难的。

总之，扎格泽博斯基认为，亚里士多德区分理智和道德德性的理由完全没有说服力，在获得理智和道德德性的方式上，两者没有什么不同。理智和道德德性都需要通过模仿有德性的人进行训练，同时在合乎道德的行动中实践，并且也都涉及出于某些情感和获得像合乎道德的行动的能力。在恶和德性之间也有包括无自制力和自我控制的阶段。一些传统的道德德性比大多数传统的理智德性有更多的控制功能，这也许可以解释为什么相比于理智无自制力现象，道德无自制力现象更多出现在我们的词汇中。

（2）理智德性和道德德性的统一。如上所述，亚里士多德对理智和道德德性的区分并不令人信服，他并没有提供充足的理由来表明认为理智和道德德性的不同多于一种道德德性和另一种的不同。如扎格泽博斯基在其论述中所表明的，理智和道德德性涉及理解世界的某一方面和训练情感的结合，都是通过亚里士多德在他对道德德性的叙述和描述的一个过程而习得，并且都是在自愿的领域内。虽然一些德性可能比其他的更加自愿，同时一些涉及的强烈情感比其他的多，但并不能以此为依据将范围划分为道德和理智。这两种德性在其本质和获得它们的方式上是非常相似的。

扎格泽博斯基认为，在道德和理智德性之间存在的逻辑和因果关系是深刻而重要。例如，从各个方面而言诚实是一种道德德性。它是一种需要人说出真理的德性。但是一个人说他开始相信的无论什么都是真理，对诚实来说并不够。一个诚实的人通常很细致地对待真理，他尊重真理并且尽其所能地找到并保护它，同时以一种允许听众确证地相信真理的方式与之沟通和理解。然而，这反过来要求他具有理智德性，能够尽可能多地给他高度的确证和理解。他必须注意，在权衡证据的时候必须不辞辛劳地深入和细致，对于所有的理智德性在理智上和感知上敏感，尤其是对重要的问题等。那么诚实的道德德性在逻辑上就必须具有理智德性。

不仅如此，理智和道德德性之间的因果关系也很多。例如嫉妒，骄傲，和强化偏见的冲动可以容易地抑制理智德性的获得。一个以自我为中心的人会想要得到他自己的方式，因此他将拒斥与他的信念是错误的相关的任何证明。如果他所持有的信念涉及某个论争激烈的话题，他的个人主义可能使得他只读那些支持他自己立场的文章，同时只会与他志同道合的人谈论政治。或者如果他是一个哲学家，他可能会表示欢迎讨论，但是将会不公正地评价批判他立场的人，同时将把大部分的理智精力放在争论的胜利上。他会具有产生于一种道德的恶的理智缺陷。

与此同时，许多道德德性，例如耐心、毅力、勇气等对拥有理智德性在因果上是必要的。同样，也还有一些既适用于道德又适用于理智领域的德性，或者同一词用于两者。例如毅力是一种道德德性，而且在道德毅力和理智毅力之间无疑有一个密切的因果联系，甚至存在它们事实上是同一种德性的可能。同样的观点也适用于勇气、谦逊和慎重这样的德性，所有这些都是道德和理智的形式。例如懒惰，偏见以及迟钝这样的恶也具有道德和理智的形式。甚至连缺乏想象力都可能与理智和道德的恶有因果上的联系，虽然就其本身而言，缺乏想象力是否一种理智或道德的恶值得商榷。

扎格泽博斯基利用约翰·本森（John Benson）的观点进一步表明理智和道德德性之间的统一。本森认为"自主的德性是一种中间状态的特性，涉及在行为，选择，和形成意见中依赖一个人的力量"①，这一概念表明自主这种德性既是一种道德德性也是一种理智德性。扎格泽博斯基做了进一步探讨，提出与自主相关的是信任，同样既是道德德性也是理智德性。信任在轻信和多疑之间，并且它同时在理智和实践领域中运转。在一定意义上，信任在信念形成的各个阶段都是必要的。首先，在我们的感觉中有信任。我们必须信任我们的一些能力，在没有对它们的可靠性循环论证的情况下。这样的信任不是邪恶的，因为它是伴随着人类的状况而需要的。信念的形成也涉及信任一个人的记忆，一个人的知识技能，以及事实上，一个人的其他德性，例如理智关怀和彻底性。此外，我们需要信任其他人，因为无论是过去还是现在，我们都只有非常少的知识能够被直接继承。最后，我们必须信任这个世界与我们的能力合作，例如，世界的确时刻在改变，但是这种改变通常不会太多，我们有时也需要依赖归纳推理。可以说，信任作为一种理智德性，涉及信任哪些人，技能、以及给予我们真理中的依赖的过程；而信任作为一种道德德性，涉及信任那些在它们与我们的关系中可依赖的人。不过需要注意的是，相比于依赖，信任是一个更窄的概念，因为我们仍然可以依赖我们不信任的。例如在商店里，我们可能依赖店主对他的利润的关注，激励他采取有效的预防措施对抗毒害者，同时也信任他想要他的客户不被他的产品所伤害。②

同时，为了进一步表明理智和道德德性之间的统一，扎格泽博斯基借用了最具代表性的几种德性来进行深入展开。首先，她认为完整性（integrity）的德性是最重要的德性之一，同时也是最少被讨论的德性之一。完整性是一种高层次的德性，道德上的完整性包括通过人的道德品质的自身持有一个积极的道德评价，以及在一个人在道德上是成功的程度上持有一个积极评价。理智上的完整性则涉及一个人自己的理智特质的积极的认

---

① Linda Zagzebski（1996），p. 159.

② Ibid. , p. 160.

知评价,以及在一个人已经获得的知识中的认知努力的结果的积极评价。但是在道德和理智的完整性之间必须要有一个联系,完整性首先是忠于自己的德性,同时假设自己是非凡的,它与忠于你的道德自我而不是你的理智自我是不相干的,或者是相反的。那么。完整性就要求一个功能的统一,不仅在道德和理智的总体性之间,而且在道德和理智德性之间。其次,伪善(hypocrisy)是在当代西方社会被严厉的谴责少数恶之一。这种恶结合了理智和道德的失败。如果伪君子仅仅是假装具有道德信念的人,在其自己的行为中他不坚持,那么他不过是一个惯于欺骗的犬儒主义者。但在更有趣的形式中,伪善者的欺骗变成了自我欺骗。他试图说服自己他相信他所说的以及他相信的,虽然他的行为表达了一个更深层次的方式,他并不是真正相信他所声称的。他的道德失败导致在了解自身中的一个理智的失败。这样的人患有精神分裂,反对在自我统一感中的完整性。这种伪君子应该区别于真诚地相信在道德上不可接受行为的某些形式的人,和劝告别人抑制而自身有意地从事它的人。因为那只是道德上的弱点,而不是伪善。再次,天真(naivete)是一种有趣的特质,因为它似乎将缺乏理智上好的实际判断和道德上可敬的品质联系起来了,甚至理智的失败和这种特质的道德上的善的方面之间有因果联系也是有可能的。

以上这些都表明,扎格泽博斯基认为,亚里士多德所谓的理智和道德德性之间存有差异这一观点是没有说服力的,道德和理智德性之间是存在联系的,它们不应该被认为是两种不同的德性,甚至理智德性是道德德性的形式。因此,能够将道德概念的范围推广到包含认知活动的维度,甚至可以将道德理论应用于规范知识论。扎格泽博斯基也以此为基础,提出了她范例主义的德性知识论,为德性知识论走出确证困境提出更加有效的方法。

2. 范例主义进路。需要说明的是,这里的后期主要是扎格泽博斯基近几年在德性知识论中所做出的新研究,主要体现在她将知识论与德性理论的结合,并用范例主义来作为其基本立场。

扎格泽博斯基范例主义的德性知识论同以往的知识论理论有所不同,是一种激进的德性理论,并以道德的善的范例为基础。同时这一理论借助了普特南(Hilary Putnam)和克里普克(Saul Aaron Kripke)的语言哲学与逻辑哲学理论,尤其是直接指称理论。这一理论的基本观点是,一个自然类术语,例如"水"或"金"或"人类",无论怎样指的都是同一种事物或材料。大体上，"金"无论怎样都是那样的同一种材料，"水"无论怎样都是那样的同一种液体，"人类"无论这样都是那样的同一物种的一个成员等。提出这种指称理论一个主要原因是，克里普克和普特南相信，我们常常不知道所指物的本质，但是我们知道如何构建一个与其本质相联系的定义。我们可能不知道金的本质——其深层结构，几千年以来也没有人知道，但是这并没有妨碍人们在某种程度上定义"金"，固定术语的指称，并且在它被发现和其他元素之间的差异后继续这样做。直接指称的理论有这样一个优势，解释在发现金的原子结构之前和之后，"金"是如何指涉同样的事物的。

　　这一理论具有重要作用，因为这意味着人们能够使用术语来成功地指称正确的事物，而不必通过一种描述性的意义。① 人们不需要将描述同类似"水"和"金"这样的术语联系起来，以便成功地指称正确的种类。事实上，人们能够成功地指称水或金，即使当他们将错误的描述同类似"水"和"金"这样的术语联系起来。甚至连每个人都能可靠地识别水和金是不必要的，只要这个社群中的一些人能够这样做，其他的人则依赖这些专家的判断。与此同时，这种直接指称理论也表明，后验的真理是必要的。克里普克认为，一旦类似"水"这样的一个自然类术语的指称是由明示（ostension）来确定的，那么科学家在通过观察能够发现水的本质。假设水的本质对它来说是至关重要的，那么某些必要的真理，例如"水是 $H_2O$"是后验的被发现的。

　　由于直接指称理论的这些特性，扎格泽博斯基认为，该理论可以被应用于一种道德理论的构建。在她看来，基本的道德概念来自于道德的善的范例，直接指称那些在理论中基础性的东西。好人是这样的人，就像金子是这样的东西。挑选出的范例可以确定"好人"这样术语的指称，并且不需要使用描述性的概念。普通人从事道德实践而知道好人的本质——什么使他们为善，这是没有必要的。甚至，任何人知道什么使得一个好人为善以便成功地指称好人都是不必要的，就如同在分子理论出现之前，任何人知道什么使得水成为水以成功地指称水是没有必要的一样。我们不需要将任何描述性意义与"好人"联系起来，就能够成功地指称好人，即使当将错误的描述与"好人"这个术语联系起来的时候。同金和水这样的

---

① Linda Zagzebski, *Exemplarist Virtue Theory*, in *Metaphilosophy*, 2010（1），p. 49.

自然类术语一样，人们能够成功的指称好人，只要人们，或者至少在社群中的一些人，能够辨认出范例。

扎格泽博斯基认为，挑选出这样的人的做法已经根植于我们的道德实践中。我们通过那些可敬的和值得模仿的人的故事学习，当然这些人可能是虚构的或是非虚构的。而对这些人的识别是理论必须要解释的我们道德实践的一个前理论的方面。道德学习，类似于学习的其他形式，主要是通过模仿进行。范例是那些最可被模仿的人，他们是最可敬的，因此是最可被模仿的。我们通过钦佩之情来确定可敬的人，同时这种情感本身通过其他人的情感反应的例子而受制于教育。扎格泽博斯基由此认为，创造一个高度抽象的结构来简化和确证我们的道德实践的过程是根植于我们想要解释的前理论实践的一个最重要特征，确证范例的实践，在我们大多数人都非常信任的钦佩的体验中，通过对一个普遍传统的部分的叙述而被形塑（shaped）。①

假设钦佩之情通常是值得信任的，当我们在反思之后拥有它以及当它经受了其他人的批判的时候。但是我们却不能保证我们所钦佩的在反思之后是令人钦佩的。同时，我们也没有任何证据证明我们所看到的或者所持有的记忆是值得信任的，即使已经经受了反思。我们所能做的仅仅是利用我们的能力且尽我们的所能。于是，这一理论与范式上善的个体只是偶然地善这一可能性相容，也与我们对范例的识别是可修正的这一观点相容。正如我们对一种物质的一部分的水真的是水的判断可以是错误的，我们对范式上认为是好的人真的是好人的判断也可以是错误的。不过，鉴于在水和"像那样的"物质之间有一个概念性的连接，对于我们认为是水的东西是水，这一点在大多数情况下不会是错误的。同样，在好人和"像那样的"人之间也有一个概念性的连接，但是不同于自然类的例子，仅当我们能够普遍地信任我们钦佩的意向的时候，这种概念性的连接才保证我们通常是正确。当然也存在这样的情况，由于范例的错误，甚至善的概念也是错误的，导致一个社会的人从根本上都是错误的。不过这里并不深入讨论。

上述推论的结果是，扎格泽博斯基认为，如果在一个正式的伦理理论中的概念是根植于一个人，那么对这个人的叙述和描述在道德上是有启示

---

① Linda Zagzebski, *Exemplarist Virtue Theory*, in *Metaphilosophy*, 2010（1），p. 52.

作用的。一个人的什么使得他或她为善是一个悬而未决的问题。出于同样的原因，当我们说一个好人是一个这样的人的时候，我们直接指称阿西尼的圣·弗朗西斯，或者孔子，或者耶稣基督，我们隐含地抛开了这样一个问题，弗朗西斯，孔子或基督的什么品质是他们的善的本质。[①]这种范例主义的方法有这样的优势，什么使得一个人为善的实质性问题在一开始就不需要被解决。我们不需要开始于假设某些特征是美德或者某些行为是正确的。这也反映出范例主义的优点，在一开始就需要被解决的"什么使得一个人成为好人"这一问题既不是形而上的问题也不是实质性的问题。更进一步说，运用范例主义的方法，对象所具有的深层的、重要的，甚至是必需的特性都可以通过经验观察来确定。同时，扎格泽博斯基表示，由于叙述是详细观察人的一种形式，范例主义在理论中为叙述提供一个重要地位，类似于科学研究在自然类理论中的地位。通过发现一个好人的深层特质，叙述甚至可以解释价值的必要特征。如果是这样的话，伦理学中的后验的真理——能够以一种类似于发现水的本质的方法来被发现——就可能是必要的。[②]

当然，对于扎格泽博斯基的这一理论，有人可能会提出这样一个疑问：范例似乎没有一个共同的深层的心理结构。扎格泽博斯基对此的回应是，该理论中的"好人"不同于自然类术语，指称的是具有一个本质属性的事物。也就是说"好人"是可以通过多种途径实现的。好的人格并不是单一的，而是有许多不同的方式，人们可以通过任意一种方式为善。甚至一整套范例随着时间的变化逐步改变也是有可能的。例如在道德革命之后的，对待不同种族或民族背景的人，被我们当作范例而识别的人的特征，有一部分发生了改变。

具体来说，扎格泽博斯基首先通过一个范例所要表达的是一个范式上的好人。一个范例是一个最可敬的人。我们通过钦佩的情绪确定什么是可敬的。假设我们的钦佩之情通常是值得信任的，但是我们并不总是相信它，只有当我们的这种情感经历反思之后还存在，我们才认为这个钦佩的对象是可敬的。一个在某方面是可敬的人在这一方面也是值得被模仿的。但这只是大致的，因为有许多我们不会或不能模仿那个可敬的事物的原因

---

① Linda Zagzebski, *Exemplarist Virtue Theory*, in *Metaphilosophy*, 2010（1），p. 53.

② Ibid. .

存在。扎格泽博斯基举例说：我钦佩斯科特（Robert Falcon Scott），他于1912 年在条件非常艰难的情况下到南极考察，导致整个团队的死亡，但是我自己没有兴趣去南极，即使我能保证我自己不会死。然而，我们能够通过某种方法来使得自己成为能够做这样一件事的人。① 因此模仿能够被用来为我们提供一种理解重要道德概念的方式，同时提供一种使用这些概念的方式，使得我们自身和我们的生活符合可敬的。扎格泽博斯基认为，如果根据一个范式上善的或可敬的人来定义一系列基础的道德概念那么一些基础的道德概念就可以表述为：美德是一个我们钦佩的人所具有的一种可敬的特质，这是一种在某方面使得这个人在范式上为善的特质；某类情境中的正确的行为（即人们最有道德理由去做的行为）指那些可敬的人在这类情境中通过其理由的平衡而完全赞同的行为；善的生活（理想的生活，幸福的生活）是可敬的人所渴望的一种生活等。

当然，这里还存在这样一个问题：由于我自身的缺陷，所以对范例来说适合的东西对我来说可能是不适合的。例如，如果我遵循范例的行动的过程，可能会给我带来严重的诱惑，但是范例则不会有。或者，范例的行为可能不适合我，因为对我来说这样做太难了。我应该追求我力所能及的事物。此外，因为范例不会处于像我这样的状况中，所以我会做的事情范例可能不会做。我可能会处于范例所不会陷入的困境中。例如，我可能做了一个相矛盾的承诺，然后撒谎以保证其中一个承诺，之后发现如果我试图保证另一个承诺，我就必须继续撒谎，所以我的过错失去了控制，并且使我陷入更进一步的错误中。在这样的情况下，我应该怎么做？而这不可能是范例会做的，因为范例不会处于这样的一个情况中。

扎格泽博斯基表示，这个问题可以通过亚里士多德的德性伦理学中一个暗示来解释。虽然亚里士多德将德性定义为两个极端之间的一个平均状态，它是通过实践智慧（phronimos）来确定的，他认为一个具有恶的人应该指向相反的恶。一个懦弱的人应该指向愚勇，一个无节制的人应该指向无感觉（insensibility）等。② 这里的"指向"意味着以相反的一段为目标，通过这样的努力，可以改变自己所具有的恶。同样，这里存在一个重

---

① Linda Zagzebski, *Moral Exemplars in Theory and Practice*, in *Theory and Research in Education*, 2013（6）, p. 201.

② Ibid. , pp. 202 - 203.

要的暗示，就是道德的提高可能是要分阶段进行的，对范例的直接模仿可能只有在一个人已经到达了一定的道德水平之后。而在那之前，这个人模仿比他更好的人会更好，前提是他需要清晰地知道成为想要的范例的途径。人们首先要专注于获取范例所具有（德性）的特质的重要性，与此同时要关注范例的行为作为一个人自身行为的模板。同一种行为，由一个愚蠢的人执行的道德价值可能不同于一个明智的人执行。通过针对模仿范例的特征，我们做得更好，既是因为他们的特定的行为可能不适合我们，也是因为我们不能完全成功地通过我们不具道德动机的行为，对我们的行为的意义的理解，和它们的结果的知识，来创造道德价值。人们首先要试图成为那样的人，然后当模仿他们的行为的时候就会是在一个坚实的基础上。

综上所述，我们可以知道，扎格泽博斯基的这种范例主义的德性知识论具有其他的德性知识论理论不具备的优势。首先，这种理论是简单而全面的，能够让我们了解道德生活。这种范例的直接指称为理论提供了一种连接，将其理论结构同道德生活的实践联系起来。例如我们对可敬的人的经验使我们能够说，一种德性是这样的人的一种品质，值得去做的正确的事情是这样的人认为是的事情。我们对可敬的人的经验使得我们将我们的道德理论同我们的经验联系起来。

其次，范例主义的德性知识论具备理论上的简明性和基础主义的优势，而没有概念方面的基础的问题。也许将道德理论建立在人类本性或理性或人类渴望的没有争议的对象的概念上是可能成功的，但是在任何情况下，这些方法的成功不是那么有说服力，能让它不需要寻求一个可替代的方法。① 而范例主义在理论的基础上提出道德实践，事实上，是道德经验的一个关键要素：对我们所钦佩的和对其可钦佩性有信心的人的识别。在该理论中，关于德性的，善的生活的本质的，以及正确或错误行为的目录（catalogue）的有争议的实质性问题，不必事先决定。由于理论使得这些问题成为对可敬的人的研究的一个问题，它可以被用来确证和测试我们的道德判断。

---

① Linda Zagzebski, *Exemplarist Virtue Theory*, in *Metaphilosophy*, 2010（1）, p. 55.

最后，该理论为道德中的跨文化对话提供了一个框架。① 它允许我们识别在道德信念中的跨文化的相似性和跨文化的差异性，通过将一群人称为德性的特质，称为正确的行为，和范例最值得过的生活联系起来。人们通常可以理解，为什么不同文化或宗教社群的范例是可敬的。所以西方基督教可以钦佩孔子，非基督教徒钦佩圣弗朗西斯，对于善的生活有不同想法的人可能钦佩类似于马丁·路德·金这样世俗的圣人。但是社群之外的人们也经常注意到在这样的范例中他们认为缺失的或不完全的特征，这种差异性同相似性一样重要，因为他们给了我们一个方法来从事于跨文化的批判。跨文化交谈的词汇使我们的注意力集中在钦佩的对象上。这些对象在某些方面是不同的，但是情感本身是普遍的。

总的来说，扎格泽博斯基的范例主义德性知识论以道德的善的典范为基础，指向该理论的所有道德概念。与此同时，这些概念以及责任和善的生活的概念，都通过指向范例来确定，且这些范例是直接通过钦佩的情感来确定的。其优势在于，对什么使得一个好人成为好人这一问题并不是鉴于先验的而是在经验上确定的。这样一来，许多传统知识论无法解决的问题，在这里就找到了出路。可以说范例主义德性知识论为知识论的发展打开了新的研究方向。

3. 扎格泽博斯基德性知识论评价。从某种意义上说，扎格泽博斯基与索萨一样，他们的德性知识论都是为了应对当代知识论中的"确证"困境。从扎格泽博斯基德性知识论所取得的效果看，尤其是在对知识的定义上，对于走出"确证困境"具有较为突出的意义。

大多数知识论涉及什么是知识，知识是否可能以及我们如何获得知识这三个问题，它们彼此相互缠结，构成知识论的三大中心问题。对于"什么是知识"，哲学家观点各异。而"确证困境"最突出的表现在对知识的定义上，认为确证的真信念并不是知识。在扎格泽博斯基看来，我们现在所研究的问题应该被更准确地规定为"什么是知道"，而非"什么是知识"，即知道某事对你我这样人来说意味着什么。

（1）重新界定知识。以传统的知识定义为基础，扎格泽博斯基总结

---

① Linda Zagzebski, *Moral Exemplars in Theory and Practice*, in *Theory and Research in Education*, 2013（6），p. 203.

了她的知识观，并提出以下她所称的共识。①

其一，知识是信念的形式之一。大部分现代哲学家都同意这一观点：命题是信念的对象，也是知识的对象；同一个命题，要么被知道，要么被相信。因此一个人今天能够知道他昨天还只是相信的东西——如他最爱的队伍将赢得今天的比赛。并且虽然一些知识是非命题性的，但是只要我们将讨论限定在命题性知识的范围内，那么"根据其客体的差异，知识是信念的一种形式"这一观点就不应该存在异议。② 同时，我们知道奥古斯丁认为"相信就是赞成"，那么根据这一定义，在命题意义上，知道就是（在其他事物中）使一个命题为真，这是无可争议的。而如果赞成一个命题则只是使其为真，根据奥古斯丁对信念的定义，他认为，知道是信念的一种形式。当然，我们无法阻止某人去做出一种不同的规定，例如，在赞成一个真命题上，信念在某种程度上不如知道，在此情况下，信念和知道相互排斥。

然而，扎格泽博斯基也表示我们需要认识到这样一个问题，尽管认为"知识是相信的一种形式"是合理的，但是却可能无助于追寻知识的定义，因为信念也需要被定义。知识论者通常认为，知道是更为复杂的状态；它至少包含了同意。因此如果我们说知道是同意＋X 的话，那么我们则只是部分确定了知识的成分。

其二，知识的对象是真命题。试图获得知识就是试图弄清楚关于这个世界的真理究竟是什么。人不可能知道不为真的命题。假设某人 s 固执地相信某个假命题 - p，它可能会使得他看起来知道它，但实际不可能知道 - p。也就是说，如果我们努力思考并相信某物为假，那么无论我们有多么谨慎，我们的信念都不可能成为知识，因为我们试图获得真理的过程是失败的。

因此，知识至少是个真信念，或者真命题。但是真信念对知识来说并不是一个充要条件。事实上，这里至少有两类真的相信无法达到知道的水平的例子。一种例子说的是，获得一个真信念完全靠运气，例如，靠幸运的猜测。你可能猜测停车场中的汽车数量是 167 辆，并强烈去相信你自己的猜测，但是即使猜对了，很明显你并不知道停车场那里有 167 辆车。第

---

① Linda Zagzebski, On Epistemology, San Francisco：Wadsworth, 2009, pp. 105 - 130.

② Ibid. , p. 106.

二类例子是不谨慎的真信念。例如克利福德的船家这一例子，因为他对自己的信念缺少足够的指称，所以即使他的船是适合航海的，他也并不知道他的船适合航海。①

需要注意的是，通过运气为真的真信念和不谨慎的真信念之间是有区别的。就认识的行动者而言，一个认识上不谨慎的信念是源自于或表达了真理的一种贬值。即使这种信念为真，它也缺乏认知上的某些好的东西。好的认知运气则不同。运气是一种好的东西，或者至少它不是坏的东西。如果一个相信者通过运气获得真，那么对这个好运的人来说也没有什么不好。不过尽管如此，相信者也不应得到"知识"的称赞，因为他缺乏真理实现的价值。

其三，知识在知识论意义上优于真信念。一方面，知道优于真的相信。这一观点与信念所需要的方式有关，或者与它所基于的根据有关。信念必须被获得或者是以一种认识论意义上好的方式保留；猜测显然不是认识意义上获得信念的好方式。同时信念也必须是在认识意义上谨慎的，如上文所提的例子中，没用任何证据就相信你的船是适合航海的，这就不是认识意义上的谨慎。另一方面，知识从可取性的意义上来说是善的，比单纯的真信念更加可取。正如普通人可能不会问他们自己"什么是知识"，但是他们会尝试找出回答其问题的答案，同样也会尽力找出他们所接受的这个答案是否他们所知道的对象。

将这几个相对没有争议的特征放在一起，就会得到如下结论，即知道（知识）就是通过好的（good）方式去相信真命题。然而，随之又会出现这样问题——什么使得知识成为"好的"。扎格泽博斯基提出对"什么是知识"的可接受回答必须与对这个问题的合理回答相一致。② 实际上，由于不同历史时期，不同认识价值在哲学中占据着优势地位，导致回答这一问题非常困难。不过不可否认，其中存在两种最普遍价值，即确定性和可理解性，任何一个都在知识理论中长期占据着优势地位。由此，扎格泽博斯基将确定性和可理解性视为关键的认识价值，认为它们在知识理解方式上具有重要影响。故而，知识更可能是带有确定性或可理解性的真信

---

① Linda Zagzebski, *On Epistemology*, San Francisco：Wadsworth, 2009, p. 107.
② Greco J. & Sosa E., *The Blackwell Guide to Epistemology*, Malden：Blackwell, 1999, p. 92.

念。① 借用扎格泽博斯基自己的话来说，就是"理智德性 A 的行为是这样一种行为，它源自理智德性 A 中有动机构成的那部分，是具有德性 A 的人在某环境下做出的行为，是能成功地获得 A 动机的方法，是通过行为能获得真信念的行为……因此，认识就是因为你德性地相信真理。知识就是源于理智德性行为的真信念"。② 这样一来，对知识的定义就能避开确证难题，也就不会陷入确证的困境。

（2）扎格泽博斯基德性知识论何如。首先，我们可以看到扎格泽博斯基的德性知识论，尤其是她的新亚里士多德主义的进路，为道德理论应用于规范知识论提供了方法论的支撑。道德理论和规范知识论之间的关系是密切且不稳定的。所谓的信念伦理学辩称已经注意到我们可以由于我们的信念或其他的认知状态而被赞扬或批判这样一种理念，但是这是有争议的。③ 正如我们已经看到的，道德术语经常被使用，但是认知评价必须在实践中进行，且不包括道德评价的一些特殊组成部分。扎格泽博斯基的新亚里士多德主义进路则是在德性知识论中做了一个尝试，尝试根据纯粹的德性论来理解知识论中的一些主要问题。她的新亚里士多德主义方法重在理智德性的概念，并且重视理智和道德德性的联系，理智和道德德性在其新亚里士多德主义的方法中统一。利用这种统一，认知评价成为道德评价的一种形式，我们对人的充分或者不充分的与知识相关的评价——可以被理解为伦理学的一部分。于是就能利用道德理论来分析规范知识论中的一些主要概念，包括知识和确证的信念的概念，以便摆脱确证的困境并对知识做出更加完善的定义。因此扎格泽博斯基新亚里士多德主义的进路对于我们走出"确证的困境"，为知识论寻找新出路而言是非常有前景的。但同时也要看到德性的概念最终将带领我们走多远并不明确，而这也正是扎格泽博斯基德性知识论一个发展不完全的部分。

其次，扎格泽博斯基所提出的范例主义的德性理论，真正将道德理论同规范知识论巧妙地结合在一起，为德性知识论走出确证困境提出了更加有效的方法。利用理智与道德德性的统一，以道德的善的典范为基础，指向该理论的所有道德概念。与此同时，这些概念以及责任和善的生活的概

---

① 陈嘉明：《知识与确证——当代知识论引论》，上海人民出版社 2003 年版，第 29 页。

② Linda Zagzebski（1996），p. 270.

③ Ibid.，p. 3.

念，都通过指向范例来确定，且这些范例是直接通过钦佩的情感来确定的。这样一来，许多传统知识论无法解决的问题，在这里就找到了出路。扎格泽博斯基对知识的定义更是将这种打破确证困境的能力最好地展现了出来。

当然，不得不承认，扎格泽博斯基目前的新亚里士多德主义进路还存在许多问题，需要进一步的发展和改进。

一方面，在面对"确证困境"的时候，将注意力从确证转移到德性，虽然在一定程度上能够摆脱确证的困境，但这个过程与其说是打破困境，不如说是将关注的重点从确证转移到德性上，从而达到摆脱确证困境的目的。甚至如果直面怀疑论的质疑，这种方法是否能够真正发挥其作用，也还有待我们进行思考和探讨。

另一方面，如上所述，德性可以被定义为"人们获得的深层、持续的卓越品质，涉及某个独特动机——它产生特定的、所渴求的目标以及在实现那个目标中可靠的成功"，这意味着扎格泽博斯基所支持的德性知识论是基于动机，区分有德性的人的标准是其动机在本质上是好的，即认知德性是有价值的，最终是因为它们涉及一种本质上善的动机。然而，这样的思路并不清晰，人如何能够在一开始就赞成一种独立于其他善的特定的动机的善。与此同时，概念中的"可靠的成功"涉及的可靠性条件，在如勇气这样德性的例子中可以看作是合理的，但在如仁慈或者慷慨这样德性的例子中，什么样的可靠性条件包含在其中则仍然不清楚。

## 五　德性知识论的新发展与理论前瞻

在当代知识论中，索萨所开创的"建立在卓越能力基础上之德性知识论"的"德性可靠论"，以及扎格泽博斯基富于创造地提出"建立在人格特性基础上之德性知识论"，即"德性责任论"，无疑是两个最重要的理论形态。他们都根据认知主体的品格来重新阐明知识中所包含的那份必不可少的人性的光辉和责任，致力于重新回答知识与价值这一古老的问题。然而就像前文中所阐述的那样，知识论中这种"德性转向"[①] 已然面

---

① 当代知识论的发展中的德性转向有三个方面的含义：一是德性知识论的出现把原先对于"确证理论"的讨论，转向为对于"德性理论"的讨论；二是把知识论中以"知识本质"为焦点的讨论，转向为以"知识价值"为焦点的讨论；三是把知识构成的基础条件问题，由以"真信念"这个认知产物与结果为导向的讨论，转向为以认知的"德性主体"为导向的讨论。

临着来自各方的责难，很多问题依旧需要进一步被解释、澄清，如此之后德性知识论才能得以健康发展下去。值得一提的是，无论是索萨还是扎格泽博斯基，都没有停止对其理论的推进，对各自理论中的很多内容做了细致的修正或完善。

1. 个体德性。当然，不管是哪一位德性知识论学者，他们都有自己对德性、理智德性的理解，或许正因为如此，德性知识论在当代遭到最基本的质疑仍然来自于对德性乃至理智德性的理解，在其性质认识上依旧十分模糊。[①] 正因为如此，有些哲学家主张在考察德性知识论时，应该关注的是个体行动者的诸种德性。[②] 这就使得考察个体德性之于认识实践的重要性成为当代知识论出现的新发展，[③] 这些知识论学者主要是从认识个体的角度来阐释理智德性之于智识活动的意义。

罗伯茨（Robert C. Roberts）和伍德（W. Jay Wood）提供沿着理智德性这一进路进行更为深入的研究，分析了不同表现形态的理智德性。[④] 比如对知识的爱，理智上的坚定、勇气、谨慎、谦虚、自治、慷慨以及实践智慧等。（1）对知识的爱，这种德性包括对知识的渴求、对真之重要性的认识，以及对真的追求等方面所表现出现的优点。相比较而言。从社会层面上看，对知识的爱则包括把相关的真传播给其他人的意愿和能力。（2）理智上的坚定指的是我们理智地把握理智的善，既不宽松也不太紧、既不仓促也不拖延。（3）理智上的勇气与谨慎则指向我们理智的生活，意味着我们对所感知的威胁能够进行合理的反应等方面所表现出的德性。勇气使我们面对胁迫不会处理不当，而谨慎则使我们在获得理智的善时不会冒失。（4）理智上的谦虚使得我们最低限度地关注我们的荣誉，特别是在其会妨碍我们获得理智的善的时候。（5）理智上的自治使得我们能够合理地依赖其他人的理智指引和成就，而理智上的慷慨使我们高兴地把

---

① 比如，巴特丽就指出德性的五个主要问题，详见 H. Battaly "Virtue Epistemology"，Philosophy Compass，2008，3：639 - 663。

② 相关内容可参见郑辉军《德性知识论》，博士学位论文，厦门大学，2010 年，第 52—53 页。

③ 需要承认的是，当代知识论自 20 世纪 80 年代出现发展到今天，已然呈现出多样化的景象，下文中提到的某些替代性方法显然也是新发展的内容。我们这里只以知识论学者对个体德性的关注为例作为新发展的一个典型表现。

④ Robert C. Roberts & W. Jay Wood, Intellectual Virtues：An Essay in Regulative Epistemology, Oxford University Press，2007.

自己理智的善出于为他人考虑而免费地给予他人。（6）实践智慧存在于能够平衡所有相关的问题的能力，能够协调各种各样专门的理智德性的需要，能够合理地解决任何明显的冲突。

弗里克（Miranda Fricker）则更加详细地描述了被忽视的、较弱的智识上不公正的恶。① 比如陈词的不公正（testimonial injustice）的恶，它指的是常常根据社会地位（如性别、种族、阶层）而给予陈词以太少的信任的特性，与之相比，陈词的公正（testimonial justice）的德性则意味着意识到并阻止偏见干预某人陈词的价值（the value of someone's testimony）判断。弗里克将其称为反思批评的开放性，而我们所需要的是在陈词方面进行敏感性、关怀度等方面的合适的训练。

巴特丽（Heather Battaly）则参照亚里士多德讨论道德的方式，对知识上的放纵、戒欲以及不关心等做了仔细研究。在知识上节制的人往往渴望、喜欢合理的理智目标与活动，而在认识上自我放纵的人会最大限度地追求理智目标，对智识漠不关心的人缺乏足够的认识欲求。② 拜尔（Jason Baehr）对知识的恶做了详尽分析，他认为恶通常与善相对立，也就是你自己称为善的对立面。知识的恶意强烈反对理智的善，拒斥我们获得像知识那样的理智的善，并要求你反对知识的福祉、反对理智的善的获得。拜尔对德性知识论的发展主要表现在他所确立的一种基于人格特性基础的立场，他甚至认为索萨德性知识论，可以作为扎格泽波斯基这种类型的德性知识论的辅助理论。③

2. 理论前瞻。德性知识论中一直不乏那种另辟蹊径的方法，就像自其产生所呈现的这幅图景。与上面的个体主义路径相反，卡凡维格在20多年前就提出了社会/演化（genetic）进路。在他看来，传统知识论中主流的智识观念是基于一种个体主义的、共时的特性来理解的，这样的话，它的任务自然就是阐明个体 s 在某特定时间 t 知道命题 p 的条件。他恰恰认为这种视角存在严重的问题，因此更倾向于一种新的社会进路。基于这个理解，他的演化认识论着眼于心智在社会情境中发展时的认知生活。这

① Fricker M., *Epistemic Justice and a Role for Virtue in the Politics of Knowing*, In *Metaphilosophy*, 2003, 34（1-2）, pp. 154-173.

② Battaly H., *Virtue Epistemology*. In *Philosophy Compass*, 2008, 3（4）, pp. 639-663.

③ Baehr J., *Four Varieties of Character-Based Virtue Epistemology*, In *Southern Journal of Philosophy*, 2008, 46（4）, pp. 469-502.

就意味着传统知识论关于个体以及特定时间的知识讨论让位于群体、认知发展与学习。卡凡维格认为至少在两个方面可以表明德性知识论在这个新视角居于中心地位。第一，德性对于理解心智的认知生活，尤其是通过模仿那些有德性的行动者而在一段时间内出现的发展与学习起着基础性作用。第二，这种社会/演化进路中，德性对于刻画认知理想（cognitive ideal）产生关键影响，比如使得特定的信息构造呈现最优情形的正是那么一种结构，也即具有理智德性的人在特定情境之中会逐渐拥有的那种构造。因此，卡凡维格的社会/演化路径是一种不同于传统路径的方法，它是一种社会化的方法。到今天，这种方法除了在德性知识论中得到广泛回应之外，在其他知识论分支中同样有越来越多的知识论学者意识到社会化方法对于自然主义的、个体知识论的重要意义。

从卡凡维格的基本立场看，他主张将那种对知识本质及其范围的讨论放置一边，而在更为广泛的视域内研究知识论，要把我们的重心转到德性在训练与教育中承担什么样的角色这类问题上去，关注德性在知识生成中的应用。与卡凡维格一样，罗伯茨与伍德同样早就意识到，当代知识论所关注的问题及其采用的典型方法已经切除了认识论的最核心部分，他们强调应该多加利用文学、历史以及经文等，通过勾画更为精致的、细微的理智德性的图景来革新智识文化。相比较而言，里格斯（Wayne Riggs）的思路比较温和，他认为对于德性知识论而言，更为富有养料的领域并非对命题、真、确证及知识的讨论，而应该关涉诸如理解、智慧等理智的价值、善。尽管对于德性知识论应该如何发展这一问题上分歧严重，但这并不意味着德性知识论自身是个矛盾重重的领域，而是恰恰表明德性知识论有着多样化的前景。我们看到的似乎是有些德性知识论学者提出那些颇为激进的、完全与传统决裂的问题域方法，但大部分还是更加注重融合传统与一些替代性方案，比如扎格泽博斯基、里格斯及巴特丽等，或者在传统的知识论进路中看到其蕴含的价值，如拜尔。反过来，那些主张传统问题域方法的哲学家也承认，那些替代性方法不仅有其重要性，而且就像哲学本身那样有古老的历史，比如关于智慧以及德性的社会传递。[①]

从当代知识论的发展看，无论哲学家们采用什么样的进路，他们仍旧没有背离一开始所设定的路径，即将（理智）德性的引入知识论问题讨

① http：//stanford. library. usyd. edu. au/archives/spr2013/entries/epistemology-virtue/.

论中。不过我们显然又不能忽视这个出发点所带来的问题，尤其是因为对理智德性的理解和分类所引发的问题。① 首先，认知者为什么要在能力德性和性格德性之间进行非此即彼的选择不清楚。从直觉上看，一种完备的知识必须既具有能力德性又具有性格德性的特征。德性知识论对理智德性进行上述划分，既无理论依据也无意义，甚至起着反作用。其次，真善不分。作为一种德性，根本特征总是昭示着一定程度的善。但如果我们将归纳、演绎等能力解释为理智德性，如何证明它一定就是善的呢？真和善有联系，但毕竟本质不同。知识的真有其自身评价标准，其确证过程有其自身独立于善的特点。在康德看来，道德信念只具有主观理由，而真的知识信念则意味着主客观的理由的结合。最后，最根本的问题是德性知识论无法实现确证原则——主客观的一致性。胡塞尔将认识论最根本的问题概括为"认识如何能够确信自己与自在的事物一致，如何能够切中这些事物"。这一问题是从自亚里士多德开始到近代的认识论论发展中关于知识是观念和对象的符合认识原则中绅绎出来的。从当代知识论来看，这一问题集中表现为确证问题，德性知识论的辩护策略在本质上无论是一种内在主义还是外在主义，都无法满足知识所要求实现的内在和外在（即主客观）相结合的原则。一种德性意义上的内在主义和外在主义的折中与综合的确证策略（如德性视角、内在规范论），更符合知识辩护的内在要求。

尽管面临多重责难，但当代德性知识论已然为长期以来许多传统知识论难题（包括价值问题、葛梯尔难题特别是怀疑论问题）铺陈出一条崭新的进路，也展现了很好的问题解决方案与能力，理论立场从不同维度看亦各有其合理性，因此，德性知识论本身依旧会按照其当前形态进行发展。② 同样，尽管不同哲学家为我们的认识活动设定了不同的认识目标，比如索萨将其"知识理论"建立在"智能德性"这个基本概念之上，为后葛梯尔的知识论发展指出个分析知识本质的合理想法，扎格泽博斯基则着眼于"关怀人生"与"追求卓越"的理想目标，其间差异表现为究竟

① 毕文胜：《辩护、知识与德性——当代西方德性知识论辩护原则及问题》载《哲学动态》2013 年第 6 期，第 49—54 页。

② 当代德性知识论中两种代表性理论之间的争论及展望，可参考米建国《德性知识论的争论与前瞻》，《社会科学报》2014 年 9 月 18 日。方红庆：《两种德性知识论：争论与融合》，参见《厦门大学学报》（哲学社会科学版）2014 年第 6 期，第 9—16 页。

是知识还是美好人生才是最终目标。在目标无法一致的前提下，未来德性知识论的发展或许就得依赖与之对应的两种理智德性，即认知能力的德性与人格特质的德性能否相辅相成。

从另一个角度看，当代德性知识论的发展与争论仍然没有离开近代认识论的诸种基本分歧，比如笛卡尔式的知识论与康德式的知识论之间，前者基于心灵与世界的基本二分法，围绕着外在世界的知识的本质、界限、结构和来源等问题展开，而后者则主要致力于纯粹理性本身的批判，试图挖掘认知的内在基础和根据。当然，当代知识论的德性转向，意味着传统上以康德为首的义务论传统和传统知识论中以笛卡尔为首的基于义务论的知识理论都要面临挑战和全新的检验。在这个意义上，德性转向是一个包括伦理学和知识论在内的理论范式的整体转换。在德性转向这个发展趋势中，德性知识论只是其中的一个具有显著成长与进步的哲学学科，另外在德性伦理学的发展趋势中，也有许多值得关注与探索的研究内容。

# 第八章

# 当代西方知识辩护理论的
# 问题及其解决思路

当代西方知识辩护理论发展到今天，可谓派别林立、理论纷呈，在繁花似锦的发展道路上，问题与理论同时共生。那么为什么会在形成理论派别的同时，也形成了诸多的问题呢？这正是我们所应当思考的。

## 一　当代西方知识辩护理论所存在的困境

从基础主义和融贯论、内在主义与外在主义、语境证据主义、自然主义与社会化的认识论等的争论来看，知识辩护属于传统认识论的老问题，只是在解决问题的方法上各种理论有着相异的见解。前面的论述中，我们已经提及其存在的某些林林总总的问题，但缺乏系统的归纳。面对这些派别，这里我不想一一对之进行分析，而是总体地概括它们存在的困境。

1. 理论的总体肯定与个别反例对理论的驳斥之间的关系问题。这个问题一直以来就是经验论与怀疑论对立的一个主要症结。经验论认为，我们可以对外部世界进行表象，通过归纳法我们可以得出一些普遍的结论，如果这个是理论可以通过经验事实证实的，那么这个理论就是正确的。换言之，如果一个理论在经验上能够预见将来的事实，或者说其预见是成功的，那么这个理论就是真理。天文学预见哈雷彗星每隔 75 年飞临地球一次，如果哈雷彗星在下个 75 年时真的在接近地球的上空飞过，那么我们就可以证明这个预见是正确的。

但是，怀疑论认为，我们靠自己的经验观察来证明理论的正确性是有局限性的，我们的眼睛存在一定的错误，我们的归纳法也是有局限性的，当我们归纳了 m 个对象，我们并没有排除第 m + 1，m + 2，…，m + n，一旦第 m＋n 个对象与我们的理论不相符，那么理论的普遍结论也就被否定了。所以，我们断言一个理论是真理，是一种科学的冒险，而这种冒险是注定无法达到目标的。葛梯尔难题表明，例外总是存在的，我们无法肯定我们的断言接下来会发生什么，如果在我们的断言遇到例外时，我们的断言便是错误的。

普遍理论与个别反例之间的关系究竟应当如何理解？其实在 20 世纪初，分析哲学也曾用经验的数据实证地分析一个命题的真理性。最著名的是罗素的火鸡例子，我们每天 7 点给火鸡喂食，久而久之，火鸡形成了一个规律性的结论，即每天 7 时当主人出现时就有吃的，结果有一天主人 7 时出现了，火鸡们以为有吃的了，纷纷跑到主人身旁，但想不到主人这次非但不给吃的，反而将它们抓起来杀了。人们用这个例子来证明，我们根据归纳方法得出的结论是值得怀疑的。

怀疑论是与表象论相对立的观点，只要哲学存在着表象论，那就一定会有怀疑论与之相对立。极端的怀疑论是一种无法反驳的哲学观点，因为每当我们找到理由来证明我们认识正确时，怀疑论必然会找到一些反驳这个理论的理由来否定它。不管是怎样的怀疑论，我们都可以概括为三类：

第一类，怀疑论借助于一些经验中的特殊反例来否定表象论中通过归纳法得出的普遍结论。如上所述，当我们用归纳法对"天鹅是白的"进行概括时，往往是当我们看到这里的一只天鹅是白的，那儿的一只天鹅也是白的，其他地方看到的天鹅都是白的，于是得出结论"所有的天鹅都是白的"的普遍命题。然而，根据归纳法法则，我们的归纳是部分的归纳，因为我们不可能通过对所有的天鹅的观察来得出这个结论，这个全称陈述实际上并没有穷尽我们的对象，而只是根据我们的历史上的一些观察所得到的。那么，如果有一天我们发现了第 m＋n 只天鹅不是白的，而是其他颜色，那么"所有天鹅都是白的"这个普遍命题的正确性也就被推翻了。

第二类，怀疑论通过否定已被广泛接受的信念的推理来否定一个认识论命题，诸如：天上有乌云压顶，根据我们的经验就可以得出可能会下暴雨的推论，但是天上有云就会下雨的推论仅仅是依赖于一个基础信念的推理，而这个基础信念是值得怀疑的，因为大量焚烧麦秸也会导致天上有云出现，但这时的云却是不会下雨的。另外一个例子就是，我们根据 B 推出 A，但 B 是根据 C 推出的，C 是根据 D 推出的……怀疑论者会认为，我们把以往的信念作为推理的基础是值得怀疑的，是缺乏理由的。再者，我们根据一些可观察物的真理性，推论得出不可观察物的真理性这样一种推论，也是值得怀疑的，因为毕竟那是我们还未观察到的事物，在那些事物得到观察之前，我们应当保持怀疑的态度。范·弗拉森就认为，"做一个经验论者，就不能接受任何有关超越实际可观察现象的东西的信念"①。

第三类，怀疑论者对他心的理解也是持怀疑的态度的。即怀疑论认为，人们在表征一个事物之间具有意向性的观点是值得怀疑的，人们用意向来表征事物，但我们怎么能知道他人的意向是什么呢？普特南用"缸中之脑"为例，反驳了笛卡尔的怀疑论观点，主张人们是能够通过指称来把握世界的。但是，人类对世界的把握仅限于自身的条件，限于自自身的状况。我们可以知道世界上的东西，但永远都存在着可怀疑的方面。随着人类认识的进步，怀疑的方面将会越来越少。

2. 基础信念的辩护需要一个什么样的标准？这是一个当代知识辩护理论所面临的重要问题。所有的知识辩护理论都面临着辩护的标准问题，即一个信念的辩护必须找到一个难以反驳的理由或依据，这个依据是无可反驳的、能被人们所公认的。如果这样的话，那么，我们就需要一个能得到大家认可的统一标准。在基础主义者看来，基础信念是无须矫正的，因为基础信念都是知觉经验中确信为真的信念，如果某种现象的呈现状况与我们思想的状况是相同的，那么我们便可以把我们的思想状况称为信念。也即是说，当我们思想状况和外部现象的状况相吻合，那么我们就把这种思想状况看作完全正确，我们确信这种思想状况是无误的，于是这就成为我们的基础信念。此外，基础主义还认为，之所以存在基础信念，是因为某些现象的"所与"是我们认识的基础，事物通过感觉经验直接呈现在我们面前。但是，反对他的理由是，我们知识中的信念基本上都没有经历过亲身所见，很少来源于感觉经验，多数是我们在学习或交往中确立起来的。我们的认识来源于经验，但任何真正的知识也都超越了经验。

融贯论直接反对基础主义信念的标准观。融贯论认为，所有的基础主义都是错误的，因为它假设了一个基础信念的存在。实际上，所有的信念都来自于另一个信念，各个信念间是一种互相依赖、互相支撑的关系，无所谓哪个是基础，任何信念都享有同等地位，不存在所谓的一个信念是从

---

①　范·弗拉森：《科学的形象》，郑祥福译，上海译文出版社 2002 年版，第 254 页。

另一个信念基础上得到的问题。在一个推理结构中，我们总要依赖于一个先前的信念，总是从已有的信念出发，但却不知道哪个是基础信念。当我们追溯一个信念的理由时，我们是从已知的信念进行推理，在不断的回溯推理中，我们并没有发现哪个是基础信念，而是无穷地回溯，可以永远地持续下去。整体的融贯论则主张，一个信念的理由在于它在整个系统中是否与其他信念相融贯，因为在这个系统中，一些信念是得到确证的，一些则没有，当我们说一个人的信念是有理由的时，是因为他的信念与人们的整个信念系统是相融贯的，是一致的。如果人们要问：在这个信念系统中两个信念相比较究竟孰优孰劣呢？那么我们究竟该如何判断呢？凯思·雷勒认为，那就得看两个信念谁更合理，"对于 S 而言，在系统 A 的基础上 p 击败 q，并且仅当对 S 来说，p 与 q 在系统 A 的基础上相竞争，并且对于 S 来说，在系统 A 的基础上接受 p 比接受 q 更合理"①。这就如同彩票中奖一样，我们买了两张彩票，究竟哪一张更能中奖呢？那只有根据我们的推算，如果某张彩票具有比另一张有更大的中奖概率，那么我们就有理由说这一张彩票比之另一张更好。对于信念也是一样。雷勒的这种观点把信念与经验完全隔离开来，显然使人难以理解。后来，劳伦斯·邦久对此做了补充，主张融贯论应当是：第一，一个人的信念在整个系统中具有融贯的关系；第二，融贯关系必须在信念形成过程中具有因果性，即一个信念的持有者相信其信念与整个系统是相一致的，但是这个信念系统最终都应当与某个与之相融贯的人的知觉具有因果关系。一个知觉本身不是信念，但却是信念的初始依据，信念的来源。这就表明了邦久的观点是倾向于外在论的，即主张一个信念的辩护理由是基于非信念的基础上的。

外在论认为，即使存在基础信念，但这个信念的辩护理由也在我们的理智之外，即这个信念与外部世界之间存在着因果关系。他们从信念的形成出发来为信念做出辩护。例如戈德曼认为，我们通过知觉的输入，假如这个知觉是准确无误的，那么通过我们的符合逻辑的推理得到的信念就是一个得到辩护的信念。戈德曼的观点突出了事实与推理相统一的原则，但是，这样的事实与推理相统一的原则究竟是否可靠呢？考虑到认知的环境，我们可以认为，这也并非可靠。因为，当一个认知主体在接触外部对

---

① 转引自陈嘉明《知识与确证——当代知识论引论》，上海人民出版社 2003 年版，第 208 页。

象时，他接触的不是纯粹的对象，而是处在一定环境中的对象；而对于这个主体而言，他也不是孤独的离群索居的人。因此，追求认知过程的可靠性仍然是抽象的。评价基础信念的标准在这里很难成立。

3. 究竟用什么样的方法论来对知识进行辩护？在基础主义与融贯论、内在主义与外在主义以及自然主义和社会化认识论之间的争论，其实质是一个有关知识辩护的方法论之争。历来的科学哲学都围绕着对科学知识辩护的方法论展开。传统上，人们把知识看作归纳或推理的产物，逻辑是人们一直无法忘怀的方法。因此，20 世纪以来，逻辑经验主义的科学哲学诉诸经验与逻辑来为科学理论做辩护。经过历史主义科学哲学，再到科学实在论与反实在论，依然是就方法问题展开争论。1984 年，亚瑟·法因提出了他的"自然的本体论态度"来批判科学实在论论证，认为有关科学理论的术语与定律有否指称实在对象的问题，不能仅凭哲学家的胡说，而是应该听从科学家的劝告，如果科学家认为这些术语是有指称的，那么它就应当是客观存在的，而没有必要戴上"认识论的助听器"。通常，我们把法因的态度看作自然主义的。C. A. 胡克也认为，我们有必要采取自然主义的认识论观点，把人类的认知看作自然所赋予的一种生物性的能力，正是这种生物性的能力才使我们对世界有所认识。

当代的自然主义认识论则是从奎因开始，他认为，认识论不能始终停留于对证据的论证上，而应当求助于自然科学或心理学来解决。认知心理学—生物学理论表明了人类的认知是自然的种类个体所获得的，它告诉我们认知是如何实现并如何得以进化的。而传统的哲学认识论的研究其实并不直接涉足知识的产生，而只是对知识辩护的一种理想化的理论，它典型地包容了经验的、逻辑的、背景知识和非科学的混乱因素，要解决这些存在的问题，只有依赖于当代的认知科学。简单地说，认知心理学把人的认知看作一种类似计算机输入和输出的关系，即外部信息的输入—大脑的加工—知识的输出过程。瑞士的儿童心理学家皮亚杰天才地阐述了人的认识的形成是主客体连续相互作用的产物，他把人的认知看作个体与其所接触的环境之间的一种后成性的信息变换形式。人的认知能力涉及两个阶段：其一是遗传传递阶段，其二是社会教育的传递阶段。人的认知的基本过程是：基本机能——适应、同化与顺应，这一过程与以往的刺激—反应模式不同，它包含了人的能动的因素在认知过程中的作用，而非机械的刺激与反应。皮亚杰的学说开辟了当代西方探讨人类认知的自然主义之先河。但是，皮亚杰的认知心理学毕竟在某些方面与以往的认识论具有共通之处，例如皮亚杰强调了人的认知具备了概念框架的指导，背景知识在此是至关重要的，否则就不可能形成同化与适应。我们之所以能处理从外部世界得到的信息，是因为我们大脑中存储着某些概念框架、背景信念。正是由于它们的作用，我们才能对外部资料进行选择、识别与处理。

然而，在当代认知科学中，却存在着一种纯粹生物主义的理论观点，即所谓的具身认知。这种生物主义的观点认为，人的认知不必依赖于任何先入之见，而只要通过自己身体各个器官的神经感触就可以形成。他们用动物作为实验对象，解读了动物的脑电波等反应状况，通过神经系统的反应来说明人的认知的形成。他们认为，亚里士多德的目的论是合理的，是一个有机统一体，"自然是具有内在目的的，它的一切创造物都是合目的的，这种合目的性只有通过自然自身的结构和机制来实现。"[1] 这样一种观点，我们也可以把它们称为认知的神经科学。认知的神经科学是在传统的心理学、生物学、信息科学、计算机科学、生物工程和物理学等的基础上形成的交叉学科，旨在阐明自我意识、思维想象和语言等人类高级精神活动的神经机制，即人类是如何通过脑来形成认知的。这样一种从生物学角度对人的认知形成过程的分析，是基于对大脑的研究的。一直到认知心理学的产生、脑解剖学、计算机科学的形成之后，认知的神经科学"直到计算机在生物学中的应用导致脑事件相关电位的出现才算具备，再到20世纪80年代正电子发射断层扫描技术的出现才算进一步成熟"[2]。20世纪80年代以后，认知的神经科学朝着两个方向发展，其一是信息传递、编码和加工的研究；主要是阐明了神经细胞间信息传递的化学机制，在细胞核发内发掘出了信息储存的机制，揭示了神经信息和遗传信息间的关系。其二是生物医学构象技术的形成，功能性磁共振成像技术用于人类认知活动，脑事件的相关电位、脑磁图等技术的应用，奠定了认知的神经科学在整个认知科学中的地位。

计算机科学是当代认知科学中又一门新兴学科，把计算机用于思维模

---

[1] 泽农·W. 派里夏恩：《计算和认知》，任晓明等译，中国人民大学出版社2007年版，译者前言。

[2] 武秀波等著：《认知科学概论》，科学出版社2007年版，第16页。

拟同样是自然主义方法的一种。人工智能模拟最基本的是物理符号系统,即把认知看作对来自外部输入的离散物理符号处理过程。物理符号系统的主要工作机制是一个通用问题求解程序,即把现实的输入信息转换成符号,再通过程序的处理与存储,输出新的信息。物理符号系统是一种功能模拟的方法。联结主义是第二代计算机模拟方法。它把认知的本质看作基于人脑神经元之间联结强度不断发生的各种动态变化,人类的认知就是神经网络及神经网络之间的联结机制与学习算法,这种机制对信息进行着平行分布式的处理。"联结主义主张人工智能应着重于结构模拟,即模拟人的生理神经网络结构,并认为功能、结构和智能行为是密切相关的,不同的结构表现出不同的功能和行为。"① 行为主义是又一个人工智能模拟的方法,它也被称为控制论学派或进化主义学派。其理论观点是:从行为心理学出发,智能只是在环境作用下表现出来的控制与感知动作相关联的过程,控制论把神经系统的工作原理看作与信息、控制、逻辑及计算联系起来的一种反应形式,意图研究对人的动作与行为进行模拟。目前,人工智能对人类及其未来的发展将产生深远的影响,也取得了诸多的成果。但是人工智能仅仅是从结构与功能上对人的智能进行着模拟,这并不代表我们能够清楚地了解知识的本质。

在自然主义视野中的认知,是一个自然的大脑神经系统与环境相互作用的过程,它把人的认知看成是自然形成的,是一个通过感知器官直接接触外部世界后,通过计算机信息的输入、加工和输出的过程。如果是这样,那么人的意向性问题基本上是可以忽略的,就如同强人工智能学派那样,他们认为人的智能是完全可以用计算机进行模拟的。

但是,人的认知是与人类经验是密切相关的。一方面,计算心智起着作用;另一方面,人类认知在于人类具有有意识的经验,意向性与人类意识紧密地结合在一起。自然主义的心智被称为计算心智,而有赖于人类认知经验的心智则被称为现象心智。"心理学现在担心的不是两领域——大脑与心智,而是三个:大脑、计算心智和现象心智。结果笛卡尔的身心问题被分解为两个单独的问题。'现象学的身心问题'……就是大脑如何拥有经验?'计算的身心问题'就是大脑如何实现推理?另外,我们还有

---

① 武秀波等著:《认知科学概论》,科学出版社 2007 年版,第 14 页。

心—心问题，也就是，计算状态与经验之间是什么关系呢？"① 不仅仅如此，还有具身心智（embodied mind）与人类经验之间的关系问题，简单地用其中的一种方面来解释人类认知的形成都是不尊重事实的。

　　也就是说，自然主义的学说受到了来自科学知识社会学观点的挑战。苏格兰的爱丁堡学派在此问题上持社会学的态度，主张人类知识是人所建构的，在建构人类知识的过程中，社会的历史的因素掺和其中。在知识起源的辩护中，至今人类已经可以把它划分为个体起源、社会起源、逻辑起源和认知起源等，如果除社会起源不予考虑，那么其他三类都可以通过自然主义的方法来解决。但是，由于人类是一个社会，其交往实践决定了必须建诸这个群体之上。科学知识社会学所关注的是人类知识的社会起源，即用外部的因素来解释人的认知并非一个单纯的自然过程，而是一直伴随着社会历史的因素的介入的。例如，布鲁尔的强纲领认为，在科学的认识过程中，各种社会的因素不但始终存在，而且这些因素还对科学知识的形成起决定作用。处于不同时代、不同民族、不同文化背景中的人其所形成的关于同一对象的知识是有别的。爱丁堡学派认为，科学中的事实是被建构的。

　　其实，不仅仅是在哲学认识论研究中肯定了知识背景对认知过程有着影响，而且人工智能也仍然涉及认知框架问题。在丹尼特的《认知之轮：人工智能的框架问题》一文中，丹尼特举了一个例子，说的是有一天一个设计者安排下一个电池在一个房间里，而且即将爆炸，为了抢救这块珍贵的电池，他们安排了一个机器人 R1 进入房间，电池就在一个小推车上。R1 找到了这个房间的钥匙，进入了房间拉出了小推车，然而不巧的是当 R1 拉出小推车时，那只将要爆炸的炸弹就在小推车上，R1 并未意识到当他拉出小推车时连同炸弹也拉了出来。于是，设计者们就开始另一个设计，他们将 R1 设计成能识别炸弹的，并且把下一个机器人叫作 R1D1。"我们的下一个机器人，一定要造得不仅能识别它的动作中的拟议的蕴涵关系，而且也能识别这些动作附带的蕴涵关系，可通过它做计划时采用的那些描述来推演这些关系。……当 R1D1 也产生拉出（小车，房间）的想法时，就像设计的那样开始考虑这种行动过程的蕴涵关系。它

---

① F. 瓦雷拉、E. 汤普森、E. 罗施著：《具身心智：认知科学和人类经验》，李恒威等译，浙江大学出版社 2010 年版，第 43 页。

刚刚推演完把小车从房间里拉出来不会改变房间墙壁的颜色，正要着手证明下一个蕴涵关系——拉出小车会造成它的轮子转的圈数比小车轮子的多，就在这时，炸弹爆炸了。回到制图板前，设计者们说：我们必须教它区分开相关的和无关的蕴涵关系，还要教它忽略那些无关的。于是他们想出一个方法，给蕴涵关系加上标记，标明它与当前任务是相关的还是无关的，并在下一个模型中采纳了这一方法，这一模型叫作机器人相关推演者，简称 R2D1。制造者们让 R2D1 去接受那个专门设计的、曾使它的前任们丧生的试验，这时他们惊奇地看到，它正坐在那间装有滴答作响的炸弹的房子外面，一幅哈姆雷特的做派，它果断的精神本色因陷入沉思而显出病容，正像莎士比亚生动描写的那样。'干点什么吧！'他们朝它喊。'我正忙着忽略成千上万个我已确定为无关的蕴涵关系。我只要发现一个无关的蕴涵关系，就把它放进那些必须忽略的关系表中去，并且……'炸弹响了。"① 这个例子证明了，在我们开始行动之前，我们得有一个基本的框架来指导。无论是人还是机器人，都应当解决先思而后行的问题，否则无论是人还是机器人都不知该怎么做。但是，要确定框架是什么或是怎样的，那可是一个非常复杂的问题。那么，这样一个有关框架的复杂问题，物理主义或自然主义者如何面对呢？

4. 表征与实在的关系以及科学理论的进化问题。自古以来，西方思想家们没有一个是不在理论的进化问题上发生纠结的，他们认为，真理是不存在的，之所以不存在，是因为科学事实都在发生变化，人们对科学事实的解释也会随之发生变化。所以，100 年前的理论其所指的存在，与今天的理论所指的对象是不可通约的（例如库恩）。客观世界是复杂的，在复杂的世界中存在着成分的复杂性和结构的复杂性，还存在着功能的复杂性和变化的复杂性。进化论认为，"变化总是动摇着一个系统惯常行为与它的环境条件之间取得的平衡，于是要求出现行为的各种新模式。这些机能性的新模式也将产生新结构以带来更大的效率与效力。在生物进化中，不断变化着的环境要求功能复杂性增强，结构复杂性将因此扬帆远航"。② 复杂性遍及自然界，也遍及人类社会以及人的认识中，"当信息的范围太

---

① 玛格丽特·博登：《人工智能哲学》，刘西瑞、王汉琦译，上海译文出版社 2001 年版，第 198—199 页。

② 尼古拉斯·雷舍尔：《复杂性：一种哲学概观》，吴彤译，上海世纪出版集团、上海科技教育出版社 2007 年版，第 25—26 页。

广阔时，难以逐条逐项地理解掌握的信息，我们可以通过取样的方法来研究。于是产生偏见的可能性就不可能被排除。不同的人常常看到同一地形的不同部分。他们关于什么是典型的、常态的、奇异的、中心的、外围的、重要的和公平的判断，在因果关系上必定是不一致的（想想盲人摸象的故事）。各种纷争、多种观点、公众争论最终将相继发生"。① 相同的现象也出现在知识领域，不仅知识是复杂的，而且知识的增长也是复杂的过程。

认识世界是一个极其复杂的过程，我们对实在的清晰认识仅仅是百分之几而已，真正的实在世界是怎么样的还有很多未被认识。即使是被我们认识的部分，其复杂性也是可想而知的。"人们常常引用格言'事实比小说还离奇'。理由很简单，人类管理复杂性的智力能力是有限的，而大自然比人脑不知要复杂多少——只要我们自身还是大自然本身一个较小的构成部分。我们心智能够想象到的事物状态比自然本身呈现的要少和简单得多。"② 对于事物的结构和功能、成分的复杂性的认识，已经使人类的认识能力所不能及，而进化则造成了更为复杂的现象。一方面，进化使事物变得更为复杂；另一方面，进化也使知识产生不稳定性。原先认为得到证实的知识，在后来却被证明是不完善的；原先被证实为真理的认识，到后来却被证明是有缺陷的或错误的。从人类认识历史看，一些认识长期稳定，是正确的信念；一些认识前后相继，一个比一个更正确；但也有一些认识在后来被完全否定，被证明为是错误的。因此，对于这些不同类型的认识，我们不能用同一种认识方式来对待它们。如果千篇一律地说，一个反例出现了就否定了一个理论，那么我们就会形成认识的虚无主义，就不存在所谓的真理了，人类认识就无所谓正确可言了。

因此，在理解客观世界和人类知识的进化时，用发展的眼光看问题以及用大概率的眼光看问题是必要的。否则，就会陷入怀疑主义。一方面，我们要巩固自己认识的成果，相信自己的认识能力，通过实践验证认识的正确性。另一方面，我们应当把怀疑的观点看作推动科学认识更进一步发展的动力，通过不断探索来解决怀疑论的问题，使科学知识更加正确、更

---

① 尼古拉斯·雷舍尔：《复杂性：一种哲学概观》，吴彤译，上海世纪出版集团、上海科技教育出版社 2007 年版，第 29 页。

② 同上书，第 37 页。

加丰富。"在理论上，对客观知识的追寻将召唤我们奔向无穷。从有限的若干公理出发，推理可以产生潜在的无穷定理；从有限的词汇出发，思想可以剥离为潜在的无穷句子；从有限的若干数据出发，映射可以析取潜在的无穷多项信息。至于有穷多客体的世界，在原则上，对这些客体反映的过程，也可以是无尽的。"①

从某个层级上看，科学认识可以实现对局部对象的认识，可以达到对某些局部对象的深层次的认识。但是，从总体上看，我们对世界的认识是有限的，需要一代一代人不断地继续下去。因此，"没必要因自然有某种无极限的认知尝试，而假定需要无极限的自然的物理复杂性。毕竟，科学的根本任务在于发现自然有规律秩序的各个层次，自然正在发生的规律—复杂性（law - complexity）已满意地为我们当下的目的提供了潜在无尽的发现。"② 对于高度复杂的自然界，科学认识只能提供某些局部的不完全的认识。

为了克服我们认识的局限，自然科学往往采用模型论的方法来解决，以求消除复杂化和去除不稳定性，以最小的努力解决最大限度的复杂性认识的问题。虽然我们在语义理解上，表象与实在是相关联的，但是，用模型论方法所表征的实在毕竟是一种模拟状态下的类，而非具体实现状态的"实在"，即具象的表征。因此，在我们使用这些模型解释自然界时，可能因为解释者背景知识的不同而形成了不同的解释，这些解释都是语用的。

5. 个体认知与集体认知之间如何统一起来？一般地说，在当代西方认识论或认知科学中，所探讨的均以个体认知为对象的认知过程，较少涉及集体认知问题。例如，皮亚杰的儿童心理学和发生认识论所探讨的基本上是个体的认知如何形成，他以自己的子女为研究对象，记录了他们成长过程中的认知发展。但是，皮亚杰的理论仅限于对个体的经验性考察，而对于其他儿童的认知形成的考察则是他的研究所缺乏的，因此也就不可能有足够的证据表明他的理论是普遍正确的。自然主义者把认知看作人的一种自然的适应环境的能力，或者从认知的生物学基础出发探讨人的认知的

---

① 尼古拉斯·雷舍尔:《复杂性:一种哲学概观》，吴彤译，上海世纪出版集团、上海科技教育出版社 2007 年版，第 49 页。

② 同上书，第 61 页。

形成，从实验上说，也只能基于对个体进行生物学的、神经科学的和行为科学的研究，而对于一个社会、一个民族、一个集体的认识空间是如何形成的，以及这个集体对于个体认知的影响是如何的则缺少相关的研究。因此，虽然他们对人的认知的生物学、神经科学做出了努力和劳作，但也只能解释个体的认知机制而无法解释社会群体为什么在认知上是倾向性的。

这是一个关于认识主体的争论，即认识的主体究竟是一个个体抑或一个？如果既是个体又是集体，那么两者的关系究竟是如何的？传统的西方哲学在认识主体问题上，仅限于解决有没有能力认识世界的问题。至于个体的认识和集体意识之区分，只有到了现代心理学形成之后，即只有当心理学成为一门独立的科学时，才真正地提出了认知主体是什么的问题。由于心理学是一门实验科学，它必须用实验来验证人的认识之如何形成，所以，它必须从个体出发，假若认识主体是一个群体，那么这个实验的边界就难以确定，尽管我们可以分类进行，例如老年人、中年人和青年人，每个类选一组成员，但毕竟这样的实验是有限的，是难以达成普遍的结论的。只有通过哲学对个体与集体的关系的考察，我们才能明确认知主体的相互影响。但这样一种认识却无法通过科学的方法得以验证，只能通过逻辑的分析来达到。在当代西方知识论中，社会认识论的观点正是针对这一问题所进行的研究。戈德曼和柯莱特等人对个体认知与集体认识之间的关系做出了研究，认为认知主体虽然是个体，但是个体是基于社会的群体之中的，受群体意识的影响。这类似于上面所说的具身心智与人类经验的关系，尽管认知是个体活动，但个体的认知活动的背后是人类经验的支撑，没有人类经验，个体就无法产生认识，而只能是些感觉之类的"体认"，即身体对外部环境刺激所做出的反应。社会认识论在这方面的研究表明，一方面，人的认识是在个体活动中形成的；另一方面，人的认识需要不断地相互学习与交流，个体是在相互学习与交流的环境中成长起来的，离开了这个环境，个体就成了动物。物理主义的缺陷就在于它只重视认识过程的外部刺激与人脑反应的因果关系，注重身体对外部刺激的反应作用，而未能注重人类的认知离不开交流与学习。

上述这些问题与关系困扰着当代西方知识论的研究，不同流派之间的争论此起彼伏，但涉及这些关系问题便显得束手无策。其背后的原因乃在于对知识进行辩护的方法是否合理，学术视野是否兼顾各方观点。

# 二　关于知识辩护的方法论思考

如上所述，知识辩护的方法论争论，是一个关键性的亟须解决的问题。尽管形而上学方法与科学方法有着相互关联性，但自从自然科学从形而上学中分离出来之后，它便成为独立地解决现实世界中几乎全部问题的真正合理的方法。因此，用科学方法来对知识进行辩护自然就成为合理的方法之一。

1. 自然科学方法。把认识论自然化的研究趋势，得益于自然科学方法的合理性。从目前来看，科学方法仍然是人们把握世界的最好方法之一。

第一，科学方法是依据实际数据的、可以用证据进行证明的方法。任何号称科学的方法都是主张用实际数据来进行证明的，这些数据往往是我们可以借助观察或观察仪器直接接触的，是我们可以用感官感知到，或者在实验中得到的。例如，爱因斯坦在发明广义相对论后，人们便致力于用实验来证实爱因斯坦关于光在强磁场中会发生弯曲的观点。1919 年在西非的普林西比群岛，一支英国的远征队在日全食的情况下对两颗恒星的角距离进行了测量，测量的结果证实了爱因斯坦关于光线在经过强引力场周围时发生弯曲的结论。这便是对爱因斯坦广义相对论的一次检验，这个检验就是测量的实际观察数据与爱因斯坦广义相对论理论是否相符合，如果是相符合的，那么就表明爱因斯坦广义相对论是正确的，否则就是错误的。

第二，科学方法是可以通过实验来重复证明的方法。一切通过科学方法的认识所形成的结论或理论，都是可以通过实验重复证实的。实验就是根据理论的描述，将理论所说的各种关系用实际的物化手段再生出来，让它们发生相互作用，并通过这个相互作用的结果来说明理论的真实与否。粒子物理学理论认为，电子存在着基本的电荷，密立根实验则是针对这个理论所设计出来的。在实验中，主要部分是一个圆形空间，其顶部和底部是由两个铜盘构成，铜盘的直径为 22 厘米，其壁部是薄薄的乌木片，高 6 厘米，有三个玻璃窗。光线可以从一个孔射进而从另一个孔射出，第三个孔则用于观察。油滴从上面进入到室内，由于空气阻力的作用，它会以恒常的速度沉入较低的盘内，当光源接通时，一颗颗灿烂的油滴就出现在背景上。因为两个铜盘是通电的，铜盘间每厘米的电场产生 3000—8000 伏的电压。当电场存在时，油滴向引力方向相反的方向向上运动，它在盘子中迅速环绕后撞击顶部，便再次沉下来。重复这个程序，这样的油滴以四个半小时的周期反复出现。由于油滴的摩擦，自然会接受电荷，它可能从通常空气中的离子中捕获一个离子。这样，我们就可以利用油滴表面质量是其实际质量和空气悬浮力之间的差异、其处于重力下的速度，以及电场下的速度，从中计算出油滴所带的电荷。

同样，思想实验也具有这样的功能。以爱因斯坦的"自然界没有同时性"为例，爱因斯坦对这个理论的检验是采用了一个思想实验予以证实的。假设有一列火车，向着 m 方向以每秒 10 万公里的速度前行，火车的两端 R1 和 R2 各有一只灯，在火车的最中间部位装有一只自动开关 O，当火车行驶到一个站台时，这个站台的一个点 O' 上有一个人，当 O 点与 O' 完全重合时，自动开关突然闭合，两只灯同时闪亮。问：站台上的这个人看到的灯光是否是同时闪亮的？显然，由于火车的行进速度是非常快的，而从 R1 和 R2 传过来的灯光虽然距离相同，但光速却不同。因此，两只灯的灯光所传播的速度是不同的，即从 R1（火车头一端）传到 O' 的速度是 30km − v/每秒（30 代表光速，v 代表火车行驶的速度），而从 R2 传到 O' 的速度是 30km + v/每秒，R1 和 R2 到 O' 的距离虽然是一样的，但灯光传播所需的时间却不一样。因此，站台上的人看到的 R1 和 R2 却不是同时闪亮的。这种思想实验与现实中的实验一样，只不过是在现实中，由于火车的速度太慢，以致到了人们可以忽略不计的地步，两个事件的不同时的特征显得不大明显而已。经过爱因斯坦的思想实验，人们可以很清楚地理解自然界没有同时性的问题，而且无须再通过真实的实验操作来说明。尽管实验是需要人来设计的，但是实验结果表明了人的这种理论设计是完全正确的。

第三，自然科学方法具有稳定性、确定性。科学方法是长期以来全人类实践探索的结晶，它在认识世界和改造世界过程中起着重要的不可替代的作用，最能够证明科学方法正确性的是由科学认识所产生的技术和工业。人们相信，自从古代以来，人们最为相信的就是科学。因为，只有科学才是探索事实的，才是用事实或逻辑来说话的。而此前的一切理论都曾遭到过批评，无论是哲学、政治，抑或宗教，都一直是人们批评的对象，因为它们只是用理论和权威来证明自己的正确性。17 世纪以来，"科学"

一词被大家所尊重，它是"强有力的、值得信赖的、好的"，不管科学家们的个人品格如何，但对于科学一词总是觉得那么的神圣，以致人们经常把这个、那个标上"科学的"头衔，以取信于人们。"人们往往认为，科学因其独特的客观性和合理性的探究方法而享有特有的认识论权威。紧随新的现代逻辑的非凡成功，持续地去寻找'科学的逻辑'的努力就产生了被我称之为'传统的尊崇主义'的种种相互竞争的版本：通过增加和积累被经验证据、观察事实确认为真的理论，科学归纳地进步；或者通过理论与基本陈述的对比检验，以及用被确证的猜测取代被证伪的猜测得以改进理论的逼真度，科学演绎地进步；或者通过发展理论，尽管理论自身并不就是真理，但却提供了更有效的预测工具，科学工具性地进步；如此等等。"① 科学方法是长期以来人类认识过程中的总结，观察方法、实验方法也是人类长期以来的认识和实践的基本方法，因为人是要犯错误的，但是人类又不断地在改正自己的错误，只有通过观察与实验的不断重复，人们才能认识到自己所犯的错误以及改正错误。正是这样的过程，人类才得以进步，对自然界的认识才一步一步地得以深入。

第四，科学是合理性的事业。理性是人类所独有的特征，人类在长期的实践过程中形成了先有对自然界的认识再到改造世界、先有行动计划再有实践的特征。实验是人所设计的，没有人的设计，实验就成了自发的盲目的行为，其所形成的认识只是偶然的发现。人的实践活动也是有理性指导的，如果没有理性，活动者就会无所适从。首先，理性是人的认识成果、认识的结晶。人类最初对客观世界的认识停留于事物的表面，仅仅认识到了个体事物的表面特征；之后通过不断的反复认识达到了对事物的本质性的认识，从第一级的本质再到第二级的本质乃至更深刻的本质。一方面，人类不断地摆脱自己的错误认识，例如炼金术、燃素说、以太说、热之唯动说等错误学说。另一方面，通过人类的工业和实验证明自己的认识的深化，例如技术的创新和改造。以电子计算机为例，第一台计算机是电子管的，体积庞大，速度不快，而后每隔 10 年，在计算机制造方面成本迅速降低、体积大大缩小、速度以几何级增长。从 1946 年第一台电子管计算机产生以来，1957 年便出现了晶体管计算机，1965 年则出现了集成

---

① 苏珊·哈克：《理性地捍卫科学——在科学主义与犬儒主义之间》，曾国屏、袁航译，中国人民大学出版社 2008 年版，第 4 页。

电路计算机，1971 年则出现了大规模或超大规模集成电路计算机。而在软件、处理系统方面，也同样如此。

　　然而，在怀疑论者看来，人的理性是有错误的，精神是有障碍的，怀疑论可以列举出种种例子来证明人的理性的错误和人的精神障碍。对此，我们应该承认。但是，人的理性的错误与理性指导实验和实践的成功相比，是微不足道的。错误的例子比比皆是，但与人类历史上的成功相比，那只是成功之路上的一个支流，而绝非主流。人类历史的发展是人类通过自己的劳动实践战胜各种困难、纠正各种错误、不断趋向成功的历史；也是人类理性不断摆脱愚昧、纠正错误认识、向着真理性的认识前行的历史。

　　因此，在当代知识辩护理论中，我们可以肯定，自然化的方法是人类认识及其对知识进行辩护的基本方法，这也是绝大多数人都能接受的方法。所有的科学研究都依赖于经验，但是科学研究所依赖的经验并非孤立的，而是可以为各种工具强化的，它不是不受检验的观察，而是对于其他任何人开放并接受检验和评价的，也不是偶然的意外发现，而是深思熟虑的、精心设计的与可控的。[①] 例如，X 射线的应用，自从伦琴发现了 X 射线后，1895 年伦琴拍下了第一张 X 射线的照片，第一个 X 光片便出现于1897 年，发现了患者脚部的子弹。在随后的 20 年里，X 射线理论得到了长足的发展，在 1919 年和 1927 年之间，造影剂、第一气体、类脂化合物、钠碘酒、二氧化钍，开始使得 X 射线照片变得更能提供信息。20 世纪六七十年代，更快的成像仪被研制了出来，到现在随着计算机科学技术的发展，我们就有了 CAT 扫描，也有了 MRI，在其中看不见骨骼而只看见其生理组织；也有了 PET 扫描，即使用放射性跟踪材料及其他工具来探测踪迹并成像；还有 EBT 扫描；如此等等。

　　但是，科学方法也绝不是可代替一切研究的无所不包的方法，它是有限度的。随着近代自然科学特别是物理学的发展，直观的经验对象与理论之间的联系开始被抽象的实体所替代，物理学概念的特征变得带有主观化。在相对论中，四维弯曲连续的空间代替了三维空间的直观性，与传统物理学不同的是，它只能借助数学的符号体系方能进行分析。而量子力学

---

　　① 苏珊·哈克：《理性地捍卫科学——在科学主义与犬儒主义之间》，曾国屏、袁航译，中国人民大学出版社 2008 年版，第 92 页。

则加剧了这种趋势,在海森堡的量子力学中,物理系统的状态用无限维概率空间中的一个向量来描述;而物理系统的变化则用这个向量的运动来描述。与经验世界的联系只在于使各个物理状态的量,如能量、角动量等和所谓的矩阵联系起来,这些矩阵在那个概率空间内形成一个坐标系,它们的坐标轴和上述物理状态的量的某些确定值相对应。[①] "鉴于这种情况,关于完全不能直观的实在的知识究竟如何可能的问题,一定会变得意想不到的迫切,因为能够证明理论的经验只有在被给与之物的直观世界中才能搜集起来。"[②] 这就是说,当科学事实出现了诸如此类的非直观现象时,依赖科学方法本身即经验的事实观察和实验来证明自己的正确性已经是无能为力了。这就为哲学的发展提供了新的推动。

2. 逻辑方法。尽管现代科学的发展无法为自己的正确性提供证明,但哲学也只能去寻找经验科学的基础,施太格缪勒说:"最后还应该强调指出一个把现代哲学和西方哲学传统联系起来的因素,这就是为整个科学和哲学寻求一个最根本基础的尝试。自古以来,哲学的主要倾向之一就是为一切科学陈述找到一个绝对的不容怀疑的基础。"[③] 那么从当代西方科学哲学与知识论来看,基本上所有的哲学都在从事这个工作,分析哲学、逻辑经验主义、科学实在论以及其他为知识辩护的种种内在论与外在论等,无不在寻找这个基础。这就回到了我们前面讨论的知识辩护的方法问题,如果一种知识论的方法选择是合理的,那么这种知识论也就是较为合理的,反之则不然。因此,我们在主张科学方法的合理性的同时,承认其存在着有限性,需要用逻辑的方法和哲学的方法等来加以补充。所以,除科学方法之外,逻辑的方法也是知识辩护的主要方法之一。

形式逻辑经过两千年的发展,成了一门专门的学科。到现代,它与数学紧密结合。形式逻辑所要解决的是语言句子中的表达方式是否合乎规则的问题。正因为形式逻辑是形式的,所以它对于实际存在的有条件的表达式则难以应对。诸如"可能的""必然的""不可能的"这些概念,就得有模态逻辑来应对。而一旦把"相信"和"知道"这样的概念引入实质性的表达方式,那么,就需要有认识的逻辑来应对。这些也就是哲学逻

---

① 参见施太格缪勒《当代哲学主流》上卷,王炳文、燕宏远等译,商务印书馆 2000 年版,第 22 页。

② 同上。

③ 同上书,第 24 页。

辑。"哲学逻辑的特征就是，它是由形式逻辑或是通过引入另外的意义公设，或是通过引入另外的意义公设加上对在形式逻辑中适用的意义公设的修改而形成的。"[①] 模态逻辑的研究起始于古代的亚里士多德和斯多葛学派，主要是为"必然的""可能的"和"不可能的"提出意义公设。即如果我们在实在世界中的一个 W 是可能的为真，那么根据这个可能世界 W，就可以推断出另一个 W1 也是可能的。

在现代，"认识的逻辑或相信与知道的逻辑是理论上最重要的哲学逻辑。"[②] 根据施太格缪勒的意见，有关认识的逻辑是在认识论这个学科发生分化的时候产生的，例如就所研究的问题与阐明的真理概念有关的是语义学；所解释的命题是否关于自然语言的还是关于人工语言的，则是语言哲学；有关认识的经验方面的则是心理学；而关于科学论与认识论的则是科学的或认识的逻辑。

关于信念的证明问题的逻辑就是认识的逻辑，它必须在概念上对三个问题进行逻辑的分析。首先，信念本身能否作为一种语言引入；其次，我们能否引入相信的程度和量的问题；再次，对于信念概念应当提出什么样的最低合理性要求。传统的二值逻辑对于这些问题所做出的回答是两个：是或非。然而，今天的三值逻辑或多值逻辑则引进了不确定性的概念。也即是说，对于一个句子的判断除了肯定与否定之外，还有一个中性的判断。在表达式上就是，"如果……则……"的真理条件的论证方式。这样一种三值逻辑并不排斥二值逻辑，而只是把二值逻辑作为一个子系统包含在自身内。

由于三值逻辑的出现，派生出了时间逻辑。例如，一个事件过去是一个 P，而现在则为非 P，将来有可能为 F。即用"过去是""在当前这个时期是""总是"这样方式来表达一个判断的真假。一个陈述可以是时间上确定的或不确定的，例如时间上确定的句子"现在整个浙江杭州都在下雨"和时间上不确定的句子"下个月中旬浙江杭州将会下雨"。

决定逻辑，也是哲学逻辑中的一种。决定逻辑只是一种与理论推理相对的"实际考虑"，即根据当事人的合理性行动做出决定，而理论推理则是根据自然规律与社会法则做出决定的。这种实际考虑所做出的决定存在

①　施太格缪勒：《当代哲学主流》下卷，王炳文等译，商务印书馆2000年版，第139页。
②　同上书，第160页。

两种情况,一是在冒风险情况下做出的决定,一是在不确定情况下做出的决定。"在冒风险情况下作决定时,行为者对于他必须从中作出选择的诸可能行为的后果只能以某种或然性去预言。在不确定情况下作决定时,甚至连这种'对形势的或然判断'也不可能。"① 这种决定逻辑在社会科学中有着较为广泛的应用,特别是在经济学中,对经济趋势的预言是一个概率问题,一个结果的出现不仅依赖于自然状态,而且也依赖于主体的行为。因此,概率的问题不仅仅是一个客观的问题。"一个合乎理性的人在诸可能的行为中总是选择其有最大期待的行为。"②

尽管奎因在 20 世纪 70 年代就提出了自然化的认识论,把认识论区分为规范的和描述的,但是,这种区分把今天的认识论引向描述,而忽略了形而上学的作用的做法显然是有问题的。因为,完全把认识论自然化或心理学化并不能从根本上解决认识的形成问题。逻辑的方法总是在人的认识和思维过程中起着作用。哪怕是今天的自身认知的观点,也得把人类经验考虑在内,否则这种认识论理论就不是关于人类的。我们只有把规范认识论和描述的心理学两者统一起来,把日常的认识和语言意义的逻辑分析统一起来,我们才能真正完整地勾勒出当代的知识辩护理论雏形。因此,在知识辩护中,辩护方法的选择应当是一个关键的问题。

3. 哲学方法。形而上学与科学始终是不分家的。在任何使用科学观点认识世界的时候,都会有形而上学方法的介入。例如现代物理学问题、天文学问题、生物学问题、数学问题等,凡是高端的前沿性问题的研究,都少不了有形而上学的身影。在现代认识论的研究中,就如同上述逻辑方法用于知识辩护理论一样,哲学方法的存在是必然的。不同的哲学方法可以解决知识辩护中的某些问题,诸如个体认识和社会认识的关系、个别反例与普遍理论之间的关系、理论的确定性和事物发展的不确定性之间的关系等。

在现代哲学发展中,现象学方法、分析方法和辩证法被称为现代哲学的三大方法论。它们在知识辩护理论中,三大方法均能起着解决知识辩护理论中所存在的问题之作用。

首先,是现象学方法。现象学的认识论起源于布伦塔诺的观点。他认

---

① 施太格缪勒:《当代哲学主流》下卷,王炳文等译,商务印书馆 2000 年版,第 185 页。
② 同上书,第 188 页。

为，真判断这一概念比起认识这一概念更具有本质性。在以往的经验论的认识论中，人们均使用符合论作为真理概念的基础。即凡是与事物相符合的理论便是真理，否则便是谬误。但是，在布伦塔诺看来，这样一种真理概念必然会引起不可克服的困难。特别是归纳法的不完全性所导致的个别反例与理论的不相吻合的问题、约定论的问题等。因此，他主张把真理概念还原为类似笛卡尔的自明性概念。一方面，经验性的基础是需要的；另一方面我们必须借助于内在的洞察力来消除原本符合论消极适应外部世界的局限，让先验的自明性来进行判断，形成先验知识。

胡塞尔则试图为科学与哲学建立一个共同的新基础。他主张我们在认识过程中应该摆脱一切先入之见，因为这些先入之见往往是引起怀疑论与相对主义攻击的根本原因之所在。逻辑是与语言的意义相关的，而日常的表达与认识常常是与我们的心理活动相关的。他在《逻辑研究》中，主张认识论是有关知识如何形成问题的，而非关于知识如何表达实在世界的，《逻辑研究》是想给纯粹逻辑与认识论提供新的基础。他在《逻辑研究》里的主要任务是做两件事，一是批判心理主义，二是阐述对意向性的分析。他认为，心理主义的根本错误是没有正确地区分对象和认识活动，"尽管认识活动是一个在时间内消逝，并有开始和终结的心智过程，但是，对于在该活动中被认识到的逻辑原则和数学真理而言，却并非如此。当某人说到逻辑规律或者提及数学真理、理论、原则、句子和证明时，他指的并不是具有时间延续的主观经验，而是某种非时间的、客观的和永久有效的东西。尽管逻辑原则是被意识还原为认识的实在的心智活动，它也和这些活动完全不同"。① 对于意向性，胡塞尔根本上持否定的态度，认为意向性从来就不是认识的特征。因为意向性是意识与其对象之间的关系，这种关系只有当两者都存在时才能构成，而事实上，对象并不总是在实在中存在，所以意向的对象只有与心中的对象构成关系，这与经验到的对象没有关系。在认识过程中，真正存在的是意识朝向对象的指向性，意识的对象则是被给予的。所以，认识过程就是主体在直面被给予的对象时的本质直观。

要实现这种本质的直观，那么就必须持有现象学的方法。胡塞尔先验现象学的方法的关键是"现象学还原"，"现象学还原"就是将一切超越

---

① 丹·扎哈维：《胡塞尔现象学》，李忠伟译，上海译文出版社2007年版，第3页。

经验的东西悬置起来，而将意向指向的领域确定为现象学唯一的研究领域。这种还原就是要摆脱我们经验到的事实和偶然性，过渡到我们心灵中意向所指的纯粹对象的本质领域。所谓纯粹现象学中的"纯粹"，也就是剥离了经验内容的、提供知觉、想象中的有效对象的本质知识，而非发现关于实在对象的特性。恰恰相反，现象学还原是要将实在世界停止，进入人的内心所指的对象，把一切实际世界存在与否放在一边，去解决纯粹的意识，包括一切自然的物质性、心理的经验等搁置起来，而把意义构建的纯粹领域作为现象学研究的领域。真正的哲学是笛卡尔的怀疑论哲学，笛卡尔的哲学主张除了我在思考之外，所有的人类认识都是值得怀疑的，我们应当重新探讨认识的来源、认识的基础，真正能成为真理的是认识的"自明性"。而现象学方法正是笛卡尔哲学的翻版。现象学的"悬置"，就是要将那些自然的信念、以前的认识和经验、关于实在世界的客观性观念、日常生活中的态度等，都加上"括号"，排除一切对纯粹意识的外部干扰与先前的观念，让纯粹意识直接面对意向所指的对象的本质。胡塞尔的现象学之所以这样做，是想摆脱人类先入之见的困扰，清除怀疑论的那些怀疑点，使认识纯粹化，而非客观化。这样一种方法对于知识辩护来说，也是值得人们提倡的。

其次，是分析哲学的方法。分析哲学一开始就是作为一种知识辩护的理论而形成的。在整个近代哲学中，经验论与唯理论都在寻找人如何能认识世界的答案，而到了现代，分析哲学便认为，人的认识正在不断地丰富和增生，我们应当探讨的不是认识如何得到的问题，而是探讨已有的知识其意义是怎样的。为了解知识的意义，我们就得为知识进行意义分析，知识是由命题构成的，命题是由语言构成的，所以对已有知识的分析就是对语言命题的分析。

罗素和维特根斯坦对语言命题的分析的逻辑是：思想是代表实在世界的，思想由语言构成，语言由命题组成，复杂的命题可以分析为简单命题，简单命题可以分析为原子命题；复杂命题对应的是复杂的事实，简单命题对应的是简单的事实，原子命题对应的是原子事实。分析遵循的是逻辑规则，对应规则遵循的是经验观察或"亲知原则"。只要我们把这两个原则运用到哲学中，那么，所有的哲学命题和哲学概念乃至一切知识其意义都可以变得清楚明白。

广义的分析哲学包括自弗雷格、罗素以来的所有科学主义哲学，他们围绕哲学命题的意义问题进行逻辑结构的分析，语言分析，命题的真值分析、命题的实际经验内容分析，语言命题的语义分析、句法分析，对理论的结构分析等。分析哲学这样做的目的就是维特根斯坦所说的对哲学上的语言病进行治疗，因为从前的一切哲学之所以混乱不堪，是因为在语言上染上了语言病，而要消除这些病状，我们就得使用分析哲学的手段来对他们进行治疗，给他们这些犯了语言病的人指明逃出捕蝇瓶的路径。

分析哲学一个确定的理论观点就是，所有的语言命题都是关于外部世界的，科学哲学的对象就是外部对象。罗素就曾在《我们关于外部世界的知识是科学方法在哲学中的作用范围》一书中认为，分析哲学区别于其他哲学的新特征就在于提出了四条纲领，（1）认识必须局限于经验范围，而不能超越经验的范围；否则就是独断论、形而上学。（2）新哲学的任务是逻辑分析，即对科学的陈述与命题进行逻辑分析。（3）逻辑分析并不能给人们以任何新知识。（4）逻辑分析的意义是使科学的陈述逻辑清晰，不致引起思想混乱和理智的迷惑。

最后，是唯物辩证法与实践观点。唯物辩证法与实践观点是马克思主义哲学的基本方法，它的核心思想是用联系的观点与发展的观点看待事物，用实践的观点来对待知识辩护。

第一，唯物辩证法面对知识辩护问题，遵循实在世界决定我们表象这一出发点。在唯物辩证法看来，我们的思想是由实在世界决定的，它决定着思想的来源、内容和变化，是彻头彻尾的外在论者，即认为外部因素决定着知识的内容及其正确性。从认识论来说，人的认识来源于人们能动地改造世界的实践，随着实践的深入和发展，人的认识也随之发生变化而深入发展。

第二，唯物辩证法的认识论与实践观点提供给人们全面看问题的唯一最好方法。唯物辩证方法的一个著名命题是"从同一中把握对立"和"从对立中把握同一"，主张万事万物都是相互联系着的整体，在这个相互联系的整体中，各种要素有可能组成对立统一关系。任何事物均是利弊共生的，确定与不确定、一与多、对立与统一共存，我们在分析它们时必须做到在对立中能够看到它们之间的统一关系，在统一中能够把握其对立的方面。尽管概念是由个别事物之总和抽象出来的，但一个具体的反例并不能就此而否定普遍理论，只有当反例越来越多，普遍理论已经在解释现象形成了困难时，我们才可能放弃一个理论。人类认识中的不确定性因素必然是存在的，但是面对不确定性，唯物辩证法的态度总是主张不确定性是推动人类认识发展的因素，在遭遇不确定性时，我们得到的确定性总是越来越充分。

第三，唯物辩证法要求从发展中来把握人类认识。任何理论都会遭遇跟不上事物发展的困境，因为世界是复杂的、变化的，思想的复杂性必须跟随实在世界的发展，但不管我们如何正确地对待世界的发展，总会存在着这样或那样的不足与不协调，这就意味着真理是一个过程，而不是某个时刻所显现出来的正确性。理论只存在相对的稳定性，随着事物的发展，理论也应当不断地从发展的现实中汲取营养，对自己加以丰富与补充。

第四，实践的观点是知识辩护的最终标准。理论和实在的关系是知识辩护所要处理的重大关系，对于知识是否正确的问题，其标准肯定不在知识本身，而是在知识之外。而作为知识对象的实在世界虽然可以是知识的参照物，但由于实在是一个被动体，所以它不可能自动地来检验知识之是否正确。人类之所以认识世界，其目的是要通过自己的行动来改造世界，以使之为人类的需要服务。实践之所以能作为知识标准的理由还在于：首先，它是联结主体与客体的桥梁，只有实践才能把理论与客体对象联系起来，并在这个联系中用感性的结果显现出来。其次，实践不仅是对人类认识世界目的的检验，同时也是对理论所反映的对象之间关系是否正确的检验。实践的优点在于它以客观感性的形式，把理论所反映的对象间关系以物质的形式复制出来，以使之再次发生相互作用，并通过其相互作用来展示理论所预测的结果。当然，实践标准也存在着一定的相对性。一是实践结果是需要人分析总结的。同一实践由于人们对其结果的不同选择，特别是对于一些复杂理论的检验，由于其实践结果也是复杂的，所以人们可以选择于自己有利的结果、排除那些对己不利的结果来证明自己理论的正确性。对于这样一个复杂的实践结果，需要人们在不断的总结中加以提升，分析正反两方面结果的利弊关系。二是对实践要进行概率测定，同样的理论在实践检验上得到的概率可能是不同的，需要人们进行比较，确定概率比较大的实践来进行分析。三是对科学实践的结果是需要科学家们的评价的，如果大多数科学家的评价倾向于某个理论，那么这个理论的正确性就应当是一个大概率。四是实践对理论的检验是一个不断反复的过程，我们不能以某时经实践检验为正确的理论就坚持认为它一定是正确的，随着客观事物的发展和实践水平的提高，实践对理论的检验也是不断变化的，我们只能说经过当下实践检验的理论是正确的，而以往经过检验的理论必须重新在实践中得以检视。

因此，在分析知识辩护方法的过程中，我们可以发现，科学方法、逻辑方法、哲学方法都有其合理之处，如果我们把这几个方面加以综合，我们便不难发现，当代西方种种知识辩护理论的优缺点之所在，其所具有的缺点则是上述三种方法可以弥补的。

## 三　知识的结构及其辩护

知识究竟是什么？根据柏拉图的观点，知识应当是经过验证的、被人们相信的、正确的观念。柏拉图的观点也许过于独断，一般而言，人们心目中的知识是对外部世界的认识，这种认识可以是正确的，也可以是错误的，可以是描述的，也可以是抽象的。知识往往与"知道"联系在一起。但是，具体地说，一个人"知道"是非常有限的，所以我的"知识"往往是与我的理解相关，我不理解的东西对我来说不构成知识，但是却可以作为知识而存在，例如，我没学过物理学，那么物理学对我来说我不知道，但却可以作为知识而存在。因此，知识是一个统称，它代表人类对于世界的认识，或者说对于外部对象的一种理解、一种解释。

所以，"知道"也就是理解，我理解了某物是什么，我理解某物的过去、现在和将来是怎样的，我理解了某物为什么是这样的，如此等等。在整个人类认识史上，知识是不断地扩张和深化的，知识的这种扩张性表明了旧的理论或迟或早会被新的理论所替代，或者旧理论得以不断地丰富和发展。例如，爱因斯坦的广义相对论于20世纪初取代了牛顿的经典力学中的引力和运动理论，就是因为广义相对论在解释万有引力的过程中更能够揭示真实世界的本质，它解释了时空如何影响物质，和物质如何影响时空的全部内容，它能够更准确地预言行星运动，解释了空间的弯曲和时间在物质运动中的变化现象。但是，在西方哲学界，却有不少人对知识的理解是工具主义与还原论的。这两种观点违背了科学的本来目的。

1. 工具主义与还原论批判。人类认识世界的目的是解释世界和验证我们的解释并达到改造世界满足人的需要。但是，在历史上总有那么一些理论家认为，科学的目的是预见，他们认为，理论只要和预言相一致，任何解释都是一样的，解释不分好与坏、正确与不正确，因为理论仅仅是我们的一种用于预言、解决难题的工具。这种观点我们称为工具主义的理论观。物理学诺贝尔奖得主斯蒂文·温伯格就是一个工具主义者，他曾对爱因斯坦的广义相对论对引力的解释做过这样的评论："重要的是我们能对天文学家的摄影底片上的图像、光谱频率等作出准确的预言，至于我们怎样解释这些现象，是用行星和光子运动引力场的物理效应（爱因斯坦之前的物理学解释）还是用时空弯曲来解释，那并不重要。"① 多伊奇认为，温伯格的观点是错误的，因为我们大家都想知道的是天文学家摄影底片上的图像究竟是怎么造成的，我们如何解释这些图像。这就好比比利今天早上开车出去，到了一个山坡上与人撞车了，这不是靠预言他要撞车，而是靠我们对事故进行分析是如何撞车的，为什么会撞车，即解释撞车的因果关系。如果是靠我们预言比利要撞车，那么我们可以说人人在开车出门时都面临着撞车的风险，如果这样，那么大家就都不要开车出行了。再如宇宙飞船在发射时发生了爆炸，这也不是预言所能解释的，而是要通过分析宇宙飞船爆炸的原因，它为什么会发生爆炸？我们对宇宙飞船的设计是否合理？发射时外部环境对宇宙飞船的影响是怎样的？同时，科学理论也不仅仅是一种解释，它的解释还要得到实验的证实。例如，爱因斯坦广义相对论解释了时间在引力场中变慢、空间在强引力场中发生弯曲的现象，这样一种理论解释还必须得到实验的验证，否则其解释仍然是一个未知数。例如天气预报，这对每个人都很重要，预报得准确可以使我们避免某些损失。在现实中，预报往往与实际的状况是有出入的，为了弥补预报的不足，我们还必须要得到预报究竟是根据什么样的数据来预报的，如果我要知道明天有台风，那么我就需要知道大气环流的基本情况、台风在哪儿、是怎么形成的、它的风力情况是如何的等。只有这样我们才能避免台风来时造成的损失。如果没有解释，那么人们就不可能相信这些预报，会以为是一种猜测、狂想。在当两个相类似的理论并存时，我们如何来进行取舍呢？我们可能会根据理论解释的能力来进行取舍，一个能解释得更好的理论往往是人们所能接受的理论，相反如果一个理论解释力很低，那么自然就会遭到人们的抛弃。当然这是从解释力来说的，如果进一步，理论的解释力能够得到实验的验证，那么我们就可以断定哪个理论更接近实际了。科学是揭示自然界因果关系的，它所要做的是解释因果现象的产生、变化

---

① 转引自戴维·多伊奇《真实世界的脉络》，梁焰、黄雄译，广西师范大学出版社 2002 年版，第 3 页。

和后续结果，正因为如此，我们才能用实验来验证科学理论对自然现象的认识是否正确，因为实验是将科学理论所认识的因果关系通过简单的组织使之重复发生作用，这种重复发生作用的结果便能一而再地证实科学理论解释的正确性。

　　除了这种工具主义理论观外，还存在着还原论的理论观。20世纪以来，实证主义思潮的代表人均坚持还原论的观点，即主张科学理论的对象是经验世界，一切科学理论都可以还原为经验来加以证实，或者主张一切事物都可以还原为更小更细的组成成分来理解。例如事物的性质可以还原为分子形式来理解，分子可以还原为原子的形式来理解，如此等等。这种理论认为，学科与理论是按级划分的，一个层级包含着另一层级，上一层级可以分解为下一层级，下一层级则可以划分为更下一级的层级。例如最高一级的学科是哲学，哲学可以还原为逻辑学与数学，这是一个不可动摇的基础，科学大厦构建于这个基础之上，它构成了还原的大统一理论，关于粒子、力、空间与时间的理论，宇宙初始状态的理论。例如物理学的上一层是天体物理学、化学和地质学等，生物化学、生物学、遗传学的上一层是进化论、经济学、心理学和计算机科学。大统一理论所要研究的是事物的一般规律，但是我们有时可以根据这些规律，只要给定初始状态，那么我们就可以详细地计算出任何一组孤立的相互作用的粒子运动。肉眼可见的最小物质都包含着上万亿个原子，每个原子都由许多亚原子构成，它们都在不断地和外部世界进行着相互作用。但是，如果我们要对每一个粒子的相互作用进行计算，这是一个不现实的行为，但通过我们概括的规律，则可以进行着某种运算。所以，高一层级的理论之所以有必要，是因为在特定环境下，数量巨大、行为惊人的复杂粒子会整体表现出简单性和可理解性。"高层级的简单性从低层级的复杂性'显露'出来。存在这样一类现象：高层级的容易理解的事实不能简单地从低层级理论推导出来，这一现象称为'凸现现象'。"① 所以，把高级现象还原为低级现象来解释显然是错误的，例如我们把领袖的思想描述绘成一个个具体的战役的胜利，把丘吉尔的思想解释为第二次世界大战的一次经典性的战斗场合的指挥智慧，这显然是存在错误的。相反，与还原论相对立的整体主义——用

---

　　①　转引自戴维·多伊奇《真实世界的脉络》，梁焰、黄雄译，广西师范大学出版社2002年版，第17页。

高级系统理论解释每个具体的概念陈述的做法也同样是错误的。因为,那样我们将会什么也得不到解释,查尔默斯在《科学究竟是什么?》的书中就曾指出,一个理论假如能解释一切,那么这样一种做法等于什么也没有得到解释。

"所以,无论是还原主义者还是工具主义者,既否认科学知识的真实结构,也否认科学知识的真正目的,对他们来说,预言性的物理层次结构的基础,根据定义就是'万有之理'。但对其他人来说,科学知识由解释组成,科学的解释性结构并不反映还原主义的层级结构。每层级都有自己的解释。许多解释都是自主的,仅仅引用本层级的概念就够了。许多解释涉及的推导与还原论的解释方向恰恰相反,即不是将事物分解成更小、更简单的事物,而是将事物看成某个更大、更复杂的事物的组成部分,而在更高层级,我们恰好有解释性理论。"[①] 由于没有一个理论能够对实在世界的具体事例做出描述,每种理论都会涉及对具体对象的概括,涉及初始状态解释。一个概括性很强的理论可以用实例来解释,可以用个例来加以补充说明,但是这并不意味着概括性的理论需要还原为具体的物理事实的描述来理解。高层理论诸如哲学、天文学、进化论等与生物学、化学相比,并不是"二等公民",抽象理论与一些具体的理论相比,并不存在孰优孰劣的问题。真正有特殊地位的理论是那些具有深刻解释力的且能够在实验中得以高度确证的理论。

所有的科学都力求解释世界,而在解释世界方面,高层级的理论解释的是普遍现象,低层级的理论解释的是具体现象,两者在解释世界方面是一致的。之所以一致,是因为低层级的理论是基础,处在一个解释世界的前沿,而高层级的理论是统摄世界的解释,处在一个解释的终端上。而从改造世界的角度来说,尽管具体的低层级的理论是指导具体地改造世界的,但是,高层级的理论则在指导改造世界方面涉及更广阔的范围,它的力量有时是隐形的。

从当前来看,解释世界的统一性正在进入各门学科,从量子力学到进化论、认识论、计算理论,不仅物理学得到解释的统一,而且解释的意义正在深入到哲学、逻辑学、美学等。所有具体科学都在自己的领域做出贡

---

① 转引自戴维·多伊奇《真实世界的脉络》,梁焰、黄雄译,广西师范大学出版社 2002 年版,第 18 页。

献，但是在解释世界的问题上，人们感觉到越来越需要将这些具体科学理论整合起来，而且人们发现这些学科越发展就越具有统一的解释的趋势。如果我们将它们综合起来，那么其解释将远胜于单一学科的解释结果。

2. 知识的结构与知识确证。我们又回到什么是知识的讨论。知识究竟是什么？如果按照知识的三元定义，那么我们在区分什么是知识、什么还不是知识时，是不可能得到一个明确的界限的。确证与非确证是一个相对的概念。例如，历史上著名的"谷堆"和"秃子"的概念就是典型的案例，一个谷堆，大的和小的谷堆都叫谷堆，但是，如果我们是从一粒谷子开始，一粒一粒地向上加，究竟加到什么时候才算是一个谷堆呢？一个秃子，本来是有头发的，如果一根一根地向下拔，究竟拔到什么时候我们才可以叫他秃子呢？特修斯船则是另一个相对性的例子，有一艘船需要修理，当第一块木板被换掉时，我们是否可以叫这船是一艘新船了呢？绝对主义者认为，这已经是一艘新船了，但在现实中没有人会认为刚换了一块木板就是一艘新船。可是，如果我们一块板一块板地向下换时，究竟换到哪一块板时才叫新船了呢？这里并无一个判断的绝对标准。所以，当我们说一个判断是知识时，按照三元定义，这个叫作知识的命题或判断应该得到确证，但无论是内在主义还是外在主义，确证都存在一定的相对性。例如，启明星和长庚星是同一颗星，有时我们夜晚仰望天空，或早晨仰望天空时，会发现一颗特别明亮的星，晚上看到的叫作长庚星，早上看到的叫作启明星。但其实是同一颗星，之所以确认是同一颗星，并形成一个单独的概念，即它们实则是同一事物，是根据它本身所包含的相同信息，即两个事物的共同点，人们在认识和区别事物时，是根据舍异求同的抽象化概括的原则来进行的。

因此，知识存在着概括性程度的不同，概括性程度高的是哲学、逻辑学、数学等，而概括性程度较低的则是具体的科学理论。然而，无论是怎么概括，所有的知识都是来自于经验，都是从对经验的概括开始的。恩格斯认为，几何学就是从丈量土地和测量容器的实践中形成的，古代埃及的农民种植和收割是看尼罗河水的涨跌，天气预报是从农民们种植庄稼和收割庄稼的需要中诞生的。但是，知识一经产生，就不存在一个绝对的来源之说，说人们当下的认识来自于感性材料，与说人们当下的认识来源于理性，两者都有一定的依据。

在这样的前提下，我们要对知识进行分析，其结构究竟如何呢？显然由于概括性程度的不同，每种知识都存在着物理对象与人类经验之间的密切关系，说知识是构造的和说知识是人类对外部世界的反映，这两者没有什么区别，所存在的区别只是思想在先还是世界在先，人类认识的发动者究竟是谁的问题。

传统的唯物主义者是现象主义者。它们认为，人类认识就是感性材料在脑中的表现，是先有感性材料，然后才有我们的概括，感性材料构成了经验知识的基础，如果没有它，我们就不可能得到对物理世界的认识，所以我们关于外部世界的知识结构就是以感性材料为基础的。现象主义者认为，知识有两个相关的组成部分：一是"所与"，即外部世界提供给我们的感觉材料，它是直接在我们面前呈现出来的。二是人对它们的解释，即人类通过逻辑思维功能对感觉材料的概括总结。20世纪初的分析哲学家们都认为，"所与"是不存在所谓真假的，它只是存在着，我们说"玫瑰花是红的"这个句子无所谓真也无所谓假，因为它只是一种存在，但我们说"这朵玫瑰花已经枯了"这个句子就存在真假的问题了，因为它是一个对事物状态是与否的判断。

从以上这样一种非常粗浅的分析就可以看出，知识的结构是由以下因素所构成：一是对感觉经验的描述性知识，例如我们描述一种心理状态，描述一个实验的场景，描述一个交通事故等；二是通过抽象概括所得到的反映研究对象规律性的理论，例如经典力学定律、相对论对时—空与物质运动间的关系理论、数学公式、经济学的市场规律等；三是人类情感理论，例如文学、艺术、历史等学科理论；四是对人类行为规则的解释性理论，如道德、法律等。

F. 萨普曾在《理论的结构》一文中论述了科学理论的结构究竟是怎样的。他认为，一个科学理论一部分是对经验的描述，这部分理论的对象是清楚的，可以通过我们对对象的观察、实验等来证明其是否正确。另一部分是解释性的，是通过科学家的思维来建构的，这部分知识只有从语义上来加以理解，特别是一些定律等，需要满足其条件才能真正起作用，而实际事物在发生作用时，只是对理论所阐述的条件之一的满足，即只是作为一种特例而存在，就如同圆的方程和椭圆方程那样，圆的方程只是椭圆方程的一个特例而已。例如光线在自然界中是呈曲线存在的，但是在局部范围内我们则把它看作自然界唯一的直线，其实以直线存在的形式只是曲线中的一个特例。所以，真实世界只是理论所阐述的一个特例而已，而理论所阐述的远大于自然界所发生的。因此，对这部分理论需要作语义学理解。他认为，理论就是一个模型，是一张地图，而实际世界只是模型中的一种发生的情况，地图能起导向作用，但绝不是真实的场景。

除了自然科学的理论外，那些人文学科、伦理学等更是不能以前面所理解的方式来看待它们。特别是伦理学，究竟是来自于外部世界还是内心的良心？它能否得到确证这个问题是值得讨论的，如果因为它无法得到确证而认为它不是知识，那么我们就会否定一批类似学科的存在。举例来说，美国哲学家汤普森给出一个难题：电车难题，说的是有一列电车迅速地驶过来，正迅猛地冲向前方路上的 5 个人，这时铁轨上有一个岔道，另一条岔道上有 1 个人在行走。存在着两种情形：第一种情形是一个旁观者看到电车冲向 5 个人时，他可以扳动道岔开关来改变电车的行进方向，旁观者有两种选择，一是可以放任不管，也可以扳动道岔开关，让行进的电车只撞死岔道上的 1 个人，而让正道上的 5 个人获救。第二种情形是，有一个身材魁梧的大汉恰好在电车经过的轨道上方天桥上看风景，如果这个大汉推下去，就足以阻拦住电车撞向轨道上的 5 个人，挽救他们的生命，在这种情况下，这个旁观者意味着要杀死这个大汉来挽救其他人的生命，当然他也可以不这样做。假如旁观者不熟视无睹放任不管，那么，第一种情形和第二种情形都只要死一个人来挽救 5 个人的生命。那么，究竟是扳动道岔去撞死一个人来挽救 5 个人的生命还是推下这个大汉阻拦电车来挽救 5 个人的生命呢？如果让大家来讨论这个问题，大多数的人愿意扳动道岔来挽救 5 个人的生命，而仅有极少数的人愿意推下大汉以阻拦电车挽救 5 个人的生命。认为杀一个人以救 5 个人的做法虽然是错误的，但比推下这个大汉来救 5 个人的做法要正确。无论我们怎么理解和解释，都说不清楚为什么大家会这样想，如果按照休谟的观点，这种做法无非让大家的心里觉得比硬生生地推下这个大汉来挽救 5 个人的生命更为舒服。几千年来大家形成了一个共同的观念，即直接用自己的手去杀死一个人来挽救别人的做法是不道德的。

存在着另一个这样的例子，那就是"后悔的勒特雷尔"。"2005 年 6 月，一个由美国海军士官库斯·勒特雷尔和其他三名海豹突击队队员所组成的特殊军事小组，奉命在阿富汗境内靠近巴基斯坦边界的地方执行一项秘密的前期侦察任务——寻找一位塔利班领导人，他是奥萨姆·本·拉登的亲信之一。据情报显示，他们寻找的目标人物正率领 140 至 150 名全副武装的战斗者藏匿在山区禁地的一个小村庄内。特殊军事小组在山脊上占据了一个有利的特殊位置，他们匍匐在那里并俯瞰着目标人物所在的那个村庄。突然，两名阿富汗牧羊人带着一个大约十三四岁的男孩，赶着一群闹哄哄的羊与他们撞了个正着。这些阿富汗人并没有武器，勒特雷尔几个人用步枪对准他们，命令他们坐在地上，接着几位士兵开始讨论如何处理这几个牧羊人。"①

从道德、人性的角度来说，这几个牧羊人是手无寸铁的平民，无论是谁都不应当对这些平民下手，杀害他们。但是，如果放走他们，那么美军海豹突击队的行动将会暴露，行动就会夭折。几位士兵首先想到的是用绳索将3个牧羊人捆起来并找到一个藏身之处，但他们却没有带绳索。于是，他们就想到杀死他们，或者放他们走。一名士兵说："我们是受命于高级长官的指令来执行重要任务的，面临危险时我们有权采取任何措施来保护自己。显然我们不能放走这3个牧羊人，否则我们将可能完不成任务甚至牺牲自己。"勒特雷尔由于自己的内心矛盾与仁慈，并且他是一个基督教徒，他的信仰告诉他杀害这几个手无寸铁的人是不对的。但是，他必须在杀与不杀之间做出选择。于是他的内心十分痛苦，经过挣扎，他决定还是用投票的方式来决定是否杀掉3个牧羊人，结果勒特雷尔投了反对票，另一名突击队员投了弃权票，而另两个人则投了赞成票。可见勒特雷尔的这一票是关键的一票，结果是他们放走了3个牧羊人。

然而，正是这一反对票，让他们后悔不已。在放走牧羊人的一个半小时后，80—100名手持 AK－47 和火箭筒的塔利班武装分子把他们给紧紧地包围了。随后展开了激烈的战斗，在战斗中，3名突击队员全部遇难，一架试图解救他们的直升机也在交火中被击落，机上16名士兵无一生还。而勒特雷尔本人身负重伤。勒特雷尔负伤后跳下山坡，爬行了七英里来到一个普什图人的村庄，村民们救了他。在回忆录中，勒特雷尔谴责自己当时的决定，那"不杀"的一票让他觉得自己罪不可赦。他在书中写道："这是我一生中作出的最愚蠢、最糊涂、最傻的决定。我想我当时一定是脑子出了问题。其实我知道，如果我投了这样一票，就相当于签下了我们几个人的死亡令……至少，当我重新思考这些事情时我是这样认为的……

---

① 引自苏芯编著《思想实验》，江苏人民出版社 2012 年版，第 157—158 页。

决定性的一票是我投的，它会一辈子纠缠着我，直到我进入坟墓的那一刻。"①

这个例子与上面的电车例子是一样的道理。如果再让勒特雷尔做一次决定，那么他就会比较，究竟是杀死3个牧羊人挽救19名美军突击队员的生命，还是放走3个牧羊人而牺牲19个美军突击队员？勒特雷尔之所以后悔并认为自己罪不可赦，就是在这个比较中，他的决定选择了后者。在此，判断做正确决定与否的标准究竟是什么？怎样的判断才是一个正确的判断呢？道德与不道德究竟谁说了算呢？因为对于塔利班来说，3个牧羊人报信是对的，因为美军突击队是他们的敌人。而对美军来说，杀死3个牧羊人是完全正确的，否则就会牺牲自己19个士兵。

这两个例子表明，道德知识是无法按照前面我们讨论的内在论、外在论等来加以确证的，那么道德知识算不算知识呢？知识的确证有否必要呢？

3. 确证的意义与存疑。知识的确证绝不是空穴来风，它具有科学的意义与价值。

第一，在哲学上，知识的确证是为了克服怀疑论对知识正确性的怀疑，解决知识与非知识的分界问题。哲学史上，怀疑论总是对可知论提出反驳，对人们能否正确地认识世界提出疑问，以致动摇了哲学认识论在认识世界问题上的信心。因此，知识辩护是必然的，尽管这是一个哲学上的老问题。

第二，知识辩护的当代意义在于：致力于人工智能研究，为人工智能模拟提供可靠的基础。自从有了计算机，人们便致力于对智力复制问题的研究，最初的模拟是物理符号系统，或称为逻辑主义学派、心理学派和行为主义学派，这是最早采用人工智能这一术语的。物理符号系统的核心是认为，人类认知和思维的单元是语言符号，因此认知过程可以看作符号运算过程。人们可以把符号输入一台计算机，通过计算机的处理系统再予以输出，人的认识也就是一个信号的输入与加工、输出的过程。但是，在这个物理符号处理的过程中，最主要的是要将语言转换成计算机信息进行符号运算来实现。但这样一个运算的前提是语言、知识是经过人类确证为真的，否则就会导致一系列的错误。物理符号系统作为经典性的人工智能理

---

① 引自苏芯编著《思想实验》，江苏人民出版社2012年版，第159页。

论在计算机界一直居于领导地位，尽管后来出现了一些新的人工智能理论，但毕竟是建立在此基础上的。

连接主义学派主张模拟人的神经网络系统，对人的神经网络及神经连接机制进行了研究，并用算法表示这些神经网络的连接机制。这一学派被称为仿生学派或生理学派。神经网络模拟使用统计学的标准数学方法，将局部空间用大量的函数表达出来，并通过数学统计的应用来模拟人的感知和做决定的思维过程。

当然，由于人做决定的过程严格地按照逻辑思维的程序，所以，往往在模拟方面体现出这样的情形：在人们看来较难的逻辑问题，计算机却很容易进行模拟，相反，人们考虑得较简单的问题却难以模拟。例如，塞尔认为，在形式上，计算机可以模拟人的思维，但实质上，就如同"中文屋实验"那样，计算机只能在形式上对人的思维程序及思维的逻辑演算进行模拟，却无法理解其中的语义，更无法对人的意识、思想、情感、情绪及心理进行模拟，因为这些是无法用语法来包容的，不管计算机有多强的能力，按照目前的情形，计算机永远都无法复制人的智慧。这就是说，要让计算机像人一样下棋、解决数学难题、人脸识别、像人一样做有规律的活、演奏音乐等是很容易的。但是，如果要像人一样做园丁、接待员、做厨师、谈恋爱、参加辩论赛等，却是很困难的。这里笔者想引用两个例子来说明：

例1. 斯皮尔伯格导演的经典影片《A.I.》说的是一个机器人和一个小孩寻找母爱的故事。2142年的人类正面临着极度严峻的生存环境，温室效应，冰川融化，陆地减少，人类所剩的就只有科技了，机器人制造到了极度发达的程度，人们不仅可以给机器人输入感情，就像人类一样具有情感功能，几乎可以取代真人，以致机器人成为人类最大需求。

亨利和莫尼卡夫妻俩结婚后虽有一个男孩，但小孩因患病昏迷不醒，于是夫妻俩打算将他冷冻起来，希望日后能有治愈他的良方。于是，夫妻俩决定购买一个被输入情感的机器人以替代自己儿子。这个机器人名叫大卫，11岁，27公斤重，高1.37米，棕色头发，非常可爱。

一开始妻子莫尼卡并不喜欢大卫，认为他只是一台机器，迟迟不肯激活他，大卫的笑声和说话都显得古里古怪，而当莫尼卡激活大卫后，从大卫口里第一次喊出那令人心动的"妈妈"时，莫尼卡的心立即被感化了。就这样，大卫在这个家庭中被接受并拥有人类所能得到的爱，真正成了这个家庭的一员。但好景不长，莫尼卡真正的儿子不久后苏醒了，病情也一天天好转。自己儿子的醒来，造成了两个儿子间的冲突与不和，这让莫尼卡非常痛苦与伤心。结果有一天莫尼卡想到了不再留大卫在这个家，而根据原先的协议，莫尼卡该把大卫送回到原来的制造厂去销毁，但是由于对大卫的感情而使她非常痛苦，于是她想到了把大卫丢在一个荒郊野岭。

大卫经历了一系列的冒险，整个过程始终环绕着妈妈为什么不要我了而想不通。当他找回到了生产自己的工厂明白了一切后，他彻底绝望了，当他驾着潜水器到了一个湖底时，这时摩天轮倒塌把他压在下面。这样经过了两千年，人类的世界已经毁灭，机器人成为世界上的高级智慧生命。当机器人们把大卫从水底捞起来后，大卫依然做着和母亲团聚的梦。

例 2. 蒂姆·波顿执导的《剪刀手爱德华》这部影片说的是有一个发明家制造了一个机器人，名叫爱德华，他倾注了全部心血教会了机器人人类礼仪，让它懂得何时微笑、何时沉默。然而，在当发明家给爱德华装上一双人类的手之前，他突然逝世了。就这样，爱德华只具有一双剪刀手住在一个古堡里，虽然只有一双剪刀手，但爱德华却拥有修剪花木和理发的天赋。

一次偶然的机会它被人发现了并带到小镇上。当人类接触到剪刀手爱德华时既新奇又不可思议，当爱德华展示自己给植物修剪造型的才华和为人类设计发型和理发时，人们欣喜若狂。但由于爱德华是一个有感情的机器人，所以它爱上了一个姑娘，可这位姑娘已经有了自己的心上人。当女孩看清了自己的男友是一个猥琐卑劣的人时，她离开了他并对爱德华产生了好感。可是因为爱德华是一个机器人，所以遭到了镇上居民的深恶痛绝，他被误解、被嫁祸，遭到了空前的不公平对待。他们驱离了爱德华，爱德华被迫回到了古堡过着孤独的暗无天日的生活。

这两个例子都说明了：第一，如果机器人拥有了人类感情，那么你作为一个人类分子愿意和它成为朋友、家人甚至爱人吗？人类对于机器人又能尽到什么样的责任呢？第二，一个懂得爱的善良的机器人，它的身份将是它的最大敌人，它始终处在人类的对立面，当人类遇到危机时，人类会在考虑保护自身时将矛头对准所有的异类。① 这两个例子也表明了，知识辩护理论所说的一切知识皆需得到辩护的观点存在疑问。因为人类不仅仅

---

① 这两个例子转引自苏芯《思想实验》，江苏人民出版社 2012 年版，第 210—213 页。

具有逻辑思维的知识，而且也具有一些不需要通过逻辑来进行演算的知识。同时，因为人类的特殊性，情感、动机、情绪、心理等因素时刻与理性相伴随，它们之间互相影响，互相制约，而当它们需要确证时，我们却根本无法找到确证它的方法。机器人或人工智能模拟一方面证明了人类知识是可以得到确证的，但与此同时，也说明了人类知识是伴随着人类情感的。三、诸如思想实验这样的人类知识是无法得到确证的，但它不失其正确性。例如，爱因斯坦关于"自然界没有同时性"理论，他只是用一个思想实验来验证其理论的正确性，而这个思想实验本身之是否正确的问题却无法得到验证。如果因为无法得到验证而因此否认爱因斯坦的"自然界不存在同时性"的理论，或者否认他思想实验的正确性，那么爱因斯坦的其他理论也均会因此而被否定。

上述对确证的质疑并不意味着知识不需要得到确证，其实在日常生活中所有的知识都在不断地经历各种各样的评价，经历各种各样的确证。只要人们感觉到一种知识在经过人们各种评价之后是有效的，那么人们就都会尊重它，并按照知识所描述的去从事各种实践活动。

所以，日常生活中的人们对知识的确证一般都会从以下方面来考虑：

第一，只要有充分的理由解释这个知识的正确性，那么人们就会认为这个知识是正确的。这里所说的有充分的理由至少是充分且必要的理由，即具有令人无可怀疑的理由，或者说几乎没有人会提出怀疑的足够理由，或者在比较怀疑的理由与确证的理由时，明显感觉到怀疑的理由是不充分的，或者该知识所解释的对象其出现的是一个大概率事件，相反的现象其出现的比率相对较低。在这样的情况下，人们一般相信这个知识是正确的、可接受的。科学的推理、逻辑推理得出的结论，根据对事实进行归纳研究所得出的结论，用例证法对理论的论证，一般说理性的对理论的阐述等，在日常生活中都会普遍地为人们所接受。

当然，这里的大概率也只是相对的，我们不可能确定概率应当处在一个什么样的位置上才算是一个大概率，大概率即可能性较大的判断，仍然取决于人们日常经验标准。例如，猴子与打字机，说的是一只猴子在房间里，这个房间里有一台打字机，猴子生性贪玩，它碰巧地在打字机键盘上乱跳乱蹦，偶尔就会打出一些字符来。人们计算，假如猴子以 2000 亿年的时间来看，从概率上说，它就会打出一首莎士比亚的诗。道理很简单，即猴子会碰到打字机键盘，总会打出一些字符，只要字母足够多，总会出现一些单词；那么只要单词足够多，总会出现一些句子；只要句子足够多，总会出现一节诗词的句子；只要诗词句子足够多，总会出现一篇莎士比亚的诗。如果键盘的键是 50 个，那么出现 b 的概率为 50 分之一，出现 a 的概率也是 50 分之一，出现 n 的概率为 50 分之一，如果要形成一个 banana，那么出现的概率就是 $(1/50)^8$，这个概率小于 150 亿分之一。但是，相反，如果我们要预测明天降雨的概率到底有多大，就很快会得出结果。所以，一些概率如果离开了人们日常判断的能力，我们就可以说是不可能的。究竟可能与不可能，往往取决于我们日常的认识。

第二，知识的确证标准究竟应该是什么？我们在上面已经论述了科学的方法、逻辑方法和哲学的方法，特别是辩证法与实践观等。其实很简单，判断一种知识是否得到了确证，仍然是一个常识上的问题，那就是依赖于人们日常生活的实践评价。如果人们在日常生活的实践中对其有着积极的评价，那么这种知识就是正确的，否则就是错误的。

众所周知，任何知识都是可以运用到实践中去的，无论是物理学、化学，还是经济学、社会学，乃至哲学、美学、艺术等，都相应地会与人们的实践相关。哪怕一门抽象的知识无法运用于人们的生活实践，但对人们的行为总会起一定的指导作用。这样，就必须得到人们的评价。如果这种评价是积极的、肯定的，那么这种知识就是正确的。相反，就是错误的。当然，评价者不能是少数人，尽管真理有时只掌握在少数人的手中，但多数时候仍然是多数人并最终是多数人的手中。经过反复的实践，人们就会得出反复的评价结果，并最终认为一个理论是正确的。至于涉及社会科学知识，常常是因各个民族、国家的价值观而不同，因此其正确性也因民族和国家而不同，它是相对于一个国家和民族的。

第三，确证的标准不是唯一不变的。它应当随着时代的变化而变化，每一个时代有每一时代的标准，而不应把标准看作是凝固不变的。因为世界是复杂的，人的思想也同样是复杂的，在把握复杂的世界时，不可能一蹴而就，它是一个反复不断的过程。因此，对于理论、知识的确证也同样是一个不断的反复过程。

以生物进化论的确证为例，当达尔文和赫胥黎提出生物进化论时，他们是充满了假设的，他们认为，生命是进化的，是自然规律的结果，而不是神的创造。在赫胥黎看来，在自然条件下，猴子可以敲出《莎士比亚全集》，一个物种可以进化为另一个物种，鱼可以爬到树上成为两栖动物，猿猴可以直立行走变成人类。当然，有一个条件就是时间要足够长。达尔文在《物种起源》中认为，在自然界，适者生存，不适者淘汰是一条自然规律。达尔文为了证明进化论理论是正确的，所以冒着极大的风险，坐着"贝格尔号"考察船环游世界，采集了无数的化石标本，借着自己的想象力来论证进化论理论，每当他发现一个标本时，他的进化论就得到了一个相关的证据。随后，当达尔文逝世后，他的后继者们仍然在努力地发现相关的证据。1965 年，当美国的一所大学里的一位研究生做实验时，把空气与甲烷放在一个瓶子里，瓶子塞是一个能够火花放电的装置，经过 7 天 7 夜的放电，在瓶子里发现了氨基酸。根据推论，氨基酸又能结合而成蛋白质，而蛋白质是生命的最基本形式。这样一个实验虽然不能完全证明进化论理论，但至少是进化论的一种证据之一。即表明了在无机物中可以在自然条件的作用下形成蛋白质这种生命的最初形式。但是，如果说这种证据是进化论的确实可靠的证据，那还为时过早。因为，蛋白质必须在酶的作用下才可能形成生命体，而酶这样一种物质的形成在原始条件下是非常困难的。在生物出现之前，我们不可设想酶的存在，因为酶是生物的产物。科学家们不惜一切代价地采用实验手段来制作人工酶，但他们的努力都一一失败了。显然，自然界的存在是非常非常复杂的，哪怕是某一个细小的环节被忽略，那么其真正的进化就成为问题了。

我们先不要认为进化论是否可以得到实验的证实，因为对于复杂的世界来说，靠实验是无法解释的。上述的解释只是表明了确证是一个长期的过程，绝非一次简单的实验就能解决。就如同世界是一复杂体一样，我们对于世界的解释是不断地在变化的。

我们面对的这个世界究竟是物理的还是哲学的？这个问题是一个宏大的问题，按照确证理论，我们说这个世界是物理的，这个结论究竟是如何得到确证的呢？因为当人们确证了这个世界是物理的时候，那么哲学家们会说这个世界是哲学家们所理解的那样的。这两种视角我们究竟应当选择哪一个呢？

20 世纪初，物理学界的一大变革是量子力学的形成。当量子力学成为真正的科学理论之前，各种围绕它的争论纷至沓来。但是最终玻尔战胜了爱因斯坦使量子力学成为一门大家所共识的科学。当量子力学在解释物理世界时，涉及因果性与物理实在的核心问题，这个问题也是哲学所长期争论的中心问题。在经典物理学中，人们只在瞬间说明对象的位置与速度，那么这个对象就得到了描述。但是在量子力学中，一个微观物理体系的变化都是两种，一种是按经典物理学解释的变化，另一种则是量子力学解释的变化。量子力学对决定状态的物理量不能给出确定的值，而只能给出一个概率的判断。"薛定谔的猫"的实验正是想把我们日常生活世界中，在当我们不去观察事物时，事物是处在不确定的叠加状态中的。这就是说，量子理论只适用于描述那些未被观察的物理实在，而当观察者观察物理实在时，那些物理实在就立即转变为另一种物理过程，这个过程涉及人类意识和亚原子的直接相互作用。这种观点只是一种回避了真实世界是多元存在的这个结论。

而当美国的一位科学哲学家艾弗雷特（Hugh Everet）提出了一种"多个世界"（multi - worlds）的理论时，多值的世界这个结论又逐步为人们所接受。他认为，一个观察者在进行观察时，并不是让概率减少了，而只是从众多现实的可能性中选择其中之一。假如我们用量子力学的观点去观察世界，那么宇宙就存在着无数个叠加的波函数，波函数在确定之前，拥有无数种"值"的可能性，即我们观察到的宇宙只是众多宇宙之一，这些宇宙之间是相互平行的，互不交叉。艾弗雷特的多个宇宙解释就如同当年赫胥黎为进化论辩护时人们对他的反驳一样，当赫胥黎说人是从猴子变化而来时，人们的反驳是你什么时候能感觉到哪一只猴子转变成为人了呢？伽利略当年提出太阳中心说时，他与宗教法庭的辩论是"你感觉到地球在动吗？"艾弗雷特的理论解释了人为什么感觉不到量子力学所说的世界。

认识论理论讨论了人的认识是一个输入和输出的过程。许多传统的理论几乎不关心输入为什么会导致输出，输出究竟是怎样从输入得到的。然而，"物理学里有两个分支不能采取这种态度，这两个分支就是量子计算理论和量子宇宙学，因为它们的目的是研究量子力学实体的内在工作方式的。毕竟，如果一个计算理论不致力于研究输出是如何从输入得到的这个问题，那就不是一个好的'计算理论'。至于量子宇宙学，因为我们永远不可能为整个多重宇宙的开端准备一个输入，也永远不可能在其末端测量其输出，多重宇宙的内在运行方式就是存在的一切。因此，在这两个领域工作的绝大多数研究人员采用完整的多重宇宙形式的量子理论。"[①] 艾弗

---

　　① 戴维·多伊奇：《真实世界的脉络》，梁焰、黄雄译，广西师大出版社2002年版，第283页。

雷特的观点并没有说明以前流行的理论是错误的，而只是肯定了以前流行的理论都是正确的，是人们认识世界的一种方式而已。

平行宇宙与多个世界的理论表明了我们对于知识的确证并不限于内在论、外在论等，而是表明了对知识的确证仅仅是我们在认识世界过程中的一个环节而已，它究竟是否必要且必要的确证方式和方法是什么，在哲学上，我们需要加以重新考虑。最好的确证方法往往是在人类历史上所展现出来的，其最终都需要通过长期的理论争论和实践评价，而当一种新理论形成之时，无论确证与否，我们都应当尊重它的创造性，把它作为认识世界的一个环节来对待。

# 参考文献

**中文部分**

1. 《马克思恩格斯选集》第1—4卷，人民出版社1995年版。

2. F. 瓦雷拉、E. 汤普森、E. 罗施：《具身心智：认知科学和人类经验》，李恒威等译，浙江大学出版社2010年版。

3. M. K. 穆尼茨：《当代分析哲学》，吴牟人、张汝伦等译，复旦大学出版社1986年版。

4. 阿尔文·普兰廷加：《基督教信念的知识地位》，赵敦华译，北京大学出版社2005年版。

5. 艾耶尔：《二十世纪哲学》，李步楼等译，上海译文出版社1987年版。

6. 艾耶尔：《语言、真理与逻辑》，尹大贻译，上海译文出版社2006年版。

7. 艾耶尔：《哲学中的变革》，陈少鸣译，上海译文出版社1985年版。

8. 爱德华·麦金农：《科学实在论：新的争论》，载江天骥主编《科学哲学与科学方法论》，华夏出版社1990年版。

9. 毕文胜：《辩护、知识与德性——当代西方德性知识论辩护原则及问题》，载《哲学动态》2013年第6期。

10. 波普尔：《客观知识》，舒炜光等译，上海译文出版社1987年版。

11. 波普尔：《无穷的探索》，邱仁宗等译，福建人民出版社1984年版。

12. 波伊曼著：《知识论导论》，洪汉鼎译，中国人民大学出版社2008年版。

13. 曹剑波：《知识与语境：当代西方知识论对怀疑主义难题的解答》，上海人民出版社2009年版。

14. 查尔默斯：《科学究竟是什么?》，查汝强等译，商务印书馆1982年版。

15. 陈波:《奎因哲学研究》,三联书店 1998 年版。

16. 陈嘉明:《德性知识论》,载《东南学术》2003 年第 1 期。

17. 陈嘉明:《知识与确证——当代认识论引论》,上海人民出版社 2003 年版。

18. 陈英涛:《索萨的德性知识论》,载《世界哲学》2011 年第 1 期。

19. 陈莹、丛杭青:《从传统走向现代——当代证据主义述评》,载《哲学分析》2012 年第 3 期。

20. 戴维·多伊奇:《真实世界的脉络》,梁焰、黄雄译,广西师范大学出版社 2002 年版。

21. 丹·扎哈维:《胡塞尔现象学》,李忠伟译,上海译文出版社 2007 年版。

22. 德斯伯里、雷斯林沙弗:《比较心理学——现代概观》,邵郊、万传文等译,科学出版社 1984 年版。

23. 杜任之、涂纪亮主编:《当代英美哲学》,中国社会科学出版社 1988 年版。

24. 范·弗拉森:《科学的形象》,郑祥福译,上海译文出版社 2002 年版。

25. 方红庆:《索萨的德性知识论:问题与前景》,载《自然辩证法研究》2013 年第 1 期。

26. 方环非、徐婧超:《扎格泽博斯基的德性知识论:问题与前景》,载《科学技术哲学研究》2014 年第 4 期。

27. 方环非:《知识之路:可靠主义的视野》,上海人民出版社 2014 年版。

28. 汉森:《发现的模式》,邢新力等译,中国国际广播出版公司 1988 年版。

29. 郝苑:《理智德性与认知视角——论欧内斯特·索萨的德性知识论》,载《自然辩证法研究》2011 年第 4 期。

30. 洪谦主编:《逻辑经验主义》,商务印书馆 1982 年版。

31. 胡军:《知识论》,北京大学出版社 2006 年版。

32. 胡克:《自然主义实在论:纲要和研究纲领》,范岱年译,载《自然辩证法通讯》1994 年第 2 期。

33. 卡尔纳普:《世界的逻辑构造》,陈启伟译,上海译文出版社 1999 年版。

34. 克拉夫特:《维也纳学派》,李步楼译,商务印书馆 1998 年版。

35. 库恩：《科学革命的结构》，金吾伦、胡新和译，北京大学出版社 2003 年版。

36. 奎因：《从逻辑的观点看》，江天骥等译，上海译文出版社 1987 年版。

37. 拉卡托斯：《科学研究纲领方法论》，兰征译，上海译文出版社 1986 年版。

38. 赖欣巴赫：《科学哲学的兴起》，伯尼译，商务印书馆 1983 年版。

39. 劳丹：《进步及其问题》，方在庆译，上海译文出版社 1991 年版。

40. 劳丹：《科学与价值》，殷正坤等译，福建人民出版社 1989 年版。

41. 劳伦斯·卡弘：《哲学的终结》，冯克利译，江苏人民出版社 2001 年版。

42. 梁骏：《普兰廷加的宗教认识论》，中国社会科学出版社 2006 年版。

43. 刘宇：《当代新亚里士多德主义实践哲学的理论建构及其困境》，载《哲学研究》2013 年第 1 期。

44. 罗伯特·索拉索编：《21 世纪的心理科学与脑科学》，朱滢、陈烜之等译，北京大学出版社 2002 年版。

45. 马尔凯：《科学与知识社会学》，林聚任等译，东方出版社 2001 年版。

46. 玛格里特博登：《人工智能哲学》，刘西瑞、王汉琦译，上海译文出版社 2001 年版。

47. 米建国：《两种德性知识论：知识的本质、价值与怀疑论》，载《世界哲学》2014 年第 5 期。

48. 米歇尔·福柯：《主体解释学》，佘碧平译，上海人民出版社 2007 年版。

49. 尼古拉斯·雷舍尔：《复杂性：一种哲学概观》，吴彤译，上海世纪出版集团、上海科技教育出版社 2007 年版。

50. 欧阳康主编：《当代英美哲学地图》，人民出版社 2005 年版。

51. 培根：《新工具》第一部，箴言 XLIX – L，引自北京大学哲学系、外国哲学研究所编译《西方哲学原著选读》，商务印书馆。

52. 皮尔士：《信念的确定》，参见涂纪亮《从古典实用主义到新实用主义》，人民出版社 2006 年版。

53. 皮亚杰：《发生认识论原理》，王宪钿译，商务印书馆 1981 年版。

54. 皮亚杰：《结构主义》，倪连生、王琳译，商务印书馆 1984 年版。

55. 皮亚杰：《生物学与认识》，尚建新译，三联书店 1989 年版。

56. 普特南:《理性、真理和历史》,童世骏、李光程译,上海译文出版社 1997 年版。

57. 塞蒂纳:《制造知识:建构主义与科学的与境性》,王善博等译,东方 出版社 2001 年版。

58. 施太格缪勒:《当代哲学主流》,王炳文等译,商务印书馆 2000 年版。

59. 石里克:《普通认识论》,李步楼译,商务印书馆 2005 年版。

60. 苏珊·哈克:《理性地捍卫科学——在科学主义与犬儒主义之间》,曾 国屏、袁航译,中国人民大学出版社 2008 年版。

61. 苏珊·哈克:《证据与探究:走向认识论的重构》,陈波译,中国人民 大学出版社 2004 年版。

62. 苏芯编著:《思想实验》,江苏人民出版社 2012 年版。

63. 托马斯·L. 贝纳特:《感觉世界——感觉和知觉导论》,旦明译,科 学出版社 1985 年版。

64. 维特根斯坦:《逻辑哲学论》,郭英译,商务印书馆 1985 年版。

65. 维特根斯坦:《哲学研究》,陈嘉映译,上海人民出版社 2001 年版。

66. 文史哲编辑部:《认识论与后形而上学:西方哲学新趋向》,商务印书 馆 2011 年版。

67. 武秀波等:《认知科学概论》,科学出版社 2007 年版。

68. 夏基松:《历史主义科学哲学》,高等教育出版社 1995 年版。

69. 夏皮尔:《理由与求知》,褚平、周文彰译,上海译文出版社 1990 年版。

70. 徐向东:《怀疑论、知识与确证》,北京大学出版社 2006 年版。

71. 亚里士多德:《尼各马可伦理学》,廖申白译,商务印书馆 2003 年版。

72. 亚里士多德:《亚里士多德全集》(第八卷),中国人民大学出版社 1992 年版。

73. 余纪元、尼古拉斯·布宁编:《西方哲学英汉对照辞典》,人民出版社 2001 年版。

74. 喻郭飞:《过程可靠论的“普遍性难题”及其解决方案》,《淮阴师范 学院学报:哲学社会科学版》2012 年第 1 期。

75. 约翰·波洛克、乔·克拉兹:《当代知识论》,陈真译,复旦大学出版 社 2008 年版。

76. 约翰·洛西:《科学哲学历史导论》,邱仁宗等译,华中工学院出版社

1982 年版。

77. 泽农·W. 派里夏恩：《计算和认知》，任晓明等译，中国人民大学出版社 2007 年版。

78. 张立英：《基础主义确证论的批判与重构》，上海人民出版社 2011 年版。

79. 郑辉军：《德性知识论》，博士学位论文，厦门大学，2010 年。

80. 郑祥福：《从当代西方科学哲学走向看当前马克思主义认识论的任务》，载《浙江师范大学学报》（社会科学版）2007 年第 3 期。

81. 郑祥福：《当代西方科学哲学的非哲学化趋势研究》，中国社会科学出版社 2011 年版。

82. 郑祥福：《范·弗拉森与后现代科学哲学》，中国社会科学出版社 1998 年版。

83. 郑祥福：《实践标准与元标准》，载《浙江社会科学》1993 年第 3 期。

84. 郑祥福：《意识与信念体系、信念方式》，载《福建论坛》1989 年第 6 期。

85. 艾尔弗雷德·韦伯：《西洋哲学史》，詹文浒译，华东师范大学出版社 2007 年版。

**英文部分**

1. A. C. Fraser（eds.），Locke，*An Essay Concerning Human Understanding*，New York：Dover，1959.

2. A. Chakravartty，*The Structuralism Conception of Object*，in Philosophy of Science 70（2003）.

3. A. Plantinga，*Warrant：The Current Debate*，Oxford University Press，1993.

4. Alvin I. Goldman，*Epistemology and Cognition*，Harvard University Press，1988.

5. Alvin I. Goldman，*What is justified belief?* in Epistemology：An Anthology，1979.

6. Alvin Plantinga，*Warrant and Proper Function*，Oxford University Press，1993.

7. Anjan Chakravartty，*The Structuralist Conception of Objects*，in Philosophy of Science 70（2003）.

8. B. C. van Fraassen, *Representation: The Problem for Structuralism*, in Philosophy of Science, 73 (2006).

9. Baehr J., *Four Varieties of Character-Based Virtue Epistemology*, in Southern Journal of Philosophy, 2008, 46 (4).

10. Battaly H., *Virtue Epistemology*, In Philosophy Compass, 2008, 3 (4).

11. D. M. Armstrong, *Belief, Truth and Knowledge*, Cambridge University Press, 1973.

12. Da Costa, Newton C. A., and Steve French, Science and Partial Truth, N. Y. Oxford University Press, 2003.

13. Davidson, Donald, *A Coherence Theory of Truth and Knowledge*, Subjective Intersubjective Objective (2001).

14. E. Mackinnon, *Scientific Realism: The New Debates*, In Philosophy of Science 46 (1979).

15. E. Sosa, *Knowledge in Perspective: Selected Essays in Epistemology*, Cambridge: CambridgeUniversity Press, 1991.

16. Ernest Sosa, "Reliabilism and Intellectual Virtue", in Knowledge in Perspective: Selected Essays in Epistemology, Cambridge: CambridgeUniversity Press, 1991.

17. E. Sosa, *The Raft and the Pyramid: Coherence versus Foundations in the Theory of Knowledge*, In Midwest Studies In Philosophy, Blackwell, 1980.

18. E. Conee & R. Feldman, *Evidentialism: Essays in Epistemology*, Clarendon Press, Oxford, 2004.

19. E. Conee & R. Feldman, *Internalism Defended. Hilary Konblith* (eds.), Epistemology: Internalism and Externalism, Blackwell Publishers, 2001.

20. Edmund L. Gettier, *Is justified True Belief Knowledge?* Analysis, Vol. 23, 1963.

21. Edward Craig, *Knowledge and the State of Nature: An Essay in Conceptional Synthesis*, Oxford University Press, 1990.

22. F. Suppe, *The Semantic Conception of Theories and the Scientific Realism*, Urbana, 1989.

23. F. Suppe, *Theories and Phenomena*, in Developments of the Methodology of Social Science, edited by X. Leifeller and E. Rohler, Reidel, 1974.

24. Fred Dretske, *Epistemtic Operators*, Keith DeRose & Ted A. Warfield (eds. ), Skepticism: A 26, Comtemporary Reader, Oxford University, 1999.

25. Fricker M. , Epistemic Justice and a Role for Virtue in the Politics of Knowing, In Metaphilosophy, 2003, 34 (1 - 2) .

26. G. Gutting, *Scientific Realism versus Constructive Empiricism: A Dialogue*, in P. Churchland and A. Hooker (eds. ), Scientific Images, Chicago, 1985.

27. Greco J. & Sosa E. , *The Blackwell Guide to Epistemology*, Malden: Blackwell, 1999.

28. H. Longino, *Sciences as Social Knowledge*, Princeton University Press, 1990.

29. H. Putnam, *Mathematics, Matters and Methods*, University of Cambridge, 1975.

30. Hack S. Crumley II, *Readings in Epistemology*, University of San Diego, Mayfield Publishing Company, 1999.

31. Hilary Kornblith, *Naturalism: Both Metaphysical and Epistemological.* In Peter French (ed. ), Midwest Studies in Philosophy, vol. XI X , Trinity University 1994.

32. J. Kim, What is " naturalized epistemology "? In Linda Maclin Alcoff (ed. ), Epistemology: The Big Questions, Blackwell Publishers, 1998.

33. J. A. Simpson & E. S. C. Weiner (eds. ), The Oxford English, Oxford: Clarendon Press, 1989.

34. J. Earman, Bayes or Bust? —A Critical Examination of Bayesian Confirmation Theory, MIT, 1992.

35. J. Kim, *What is "Naturalized Epistemology?* in Linda Maclin Alcoff, Epistemology: The Big Questions, Blackwell Publishers 1998.

36. John A. Oesterle, in St. , *Thomas Aquinas*, Treatise on the Virtues, Notre Dame: University of Notre Dame Press, 1984.

37. John Greco, Justification is not Internal, in Matthias Steup & Ernest Sosa

（eds.）, Contemporary Debates in Epistemology, Blackwell Publishing Ltd. , 2005.

38. John Polloc, *At the Interface of Philosophyand AI*, in John Greco and Ernest Sosa （eds.）, The Blackwell Guide to Epistemology, Malden, MA: Blackwell, 1999.

39. Keith Lehrer, *Theory of Knowledge*, Westview, 1990.

40. L. Pollock and Joseph Cruz, *Contemporary Theories of Knowledge*, second edition, 1999.

41. Laurence Bonjour, *Against Naturalized Epsitemology*, in Midwest Studies in Philosophy, XIX（1994）.

42. L. Bonjour, *The Structure of Empirical Knowledge*, Cambridge, Harvard University Press, 1985.

43. L. Bonjour, Externalism/ Internalism, in A Companion to Epistemology, edited by Jonathan Dancy & Ernest Sosa, Oxford: Blackwell, 1992.

44. L. Bonjour, *The Elements of Coherentism*, in Linda Alcoff, Epistemology: the Big Questions, Blackwell, 1998.

45. L. Bonjour, *Can Empirical Knowledge Have A Foundation?* In American Philosophical Quarterly, Vol. 15, 1978.

46. Linda Zagzebski, *Moral Exemplars in Theory and Practice*, in Theory and Research in Education, 2013（6）.

47. Linda Zagzebski, *Virtues of the Mind*, An Inquiry into the Nature of Virtue and the Ethical Foundations of Knowledge, New York, N. Y. : CambrIbdge University Press, 1996.

48. Michael Brady, *Epistemological Contextualism*: Problems and Prospects, in The Philosophical Quarterly, 2005（219: 55）.

49. N. Goodman, *The Way the World is*, in Peter J. McCormick, Starmaking: Realism, Antirealism and Irrealism, MIT, 1996.

50. Nancy Daukas, Skepticism, Contextualism, and the Epistemic "Ordinary", The Philosophical Forum, 2003（33）.

51. W. V. Quine, *The Roots of Reference*, La Salle, Ⅲ: Open Court, 1973.

52. Quine: *Theories and Things*, Harvard, 1967.

53. Quine: *Word and Object*, Cambridge, 1960.

54. W. V. Quine, *Naturalized Epistemology*, in L. M. Alcoff (ed.), Episte-
    mology: The Big Question, Blackwall, 1998.

55. R. H. Schlagel, Critical Notice: Fine's "Shaky Game", And Why NOA is
    noArk for Science, in Philosophy of Science 58 (1991) ..

56. R. Boyd, *The Current Status of Scientific Realism*, in J. Leplin (ed.),
    The Scientific Realism, California 1984.

57. Richard Feldman, *Contextualism and Skepticism*, Philosophical Perspec-
    tives, 1999 (13).

58. Richard Fumerton, *Skepticism and Naturalistic Epistemology*, in Midwest
    Studies in Philosophy XIX (1994).

59. Richard H. Schlagel, *Contextual Realism: A Meta – Physical Framework for
    Modern Science*, New York: Paragon House, 1986.

60. Robert C. Roberts & W. Jay Wood, *Intellectual Virtues: An Essay in Regu-
    lative Epistemology*, Oxford University Press, 2007.

61. S. Toulmin, *The Philosophy of Science*, Hutchinson University
    Press, 1953.

62. S. Toulmin, *Foresight and Understanding*, Bloomington Indiana University
    Press, 1961.

63. S. Bernecker and F. Dretske, *Knowledge Reading in Contemporary Episte-
    mology*, Oxford University Press, 2000.

64. S. French and J. Saatsi, *Realism about Structure: The Semantic View and
    Nonlinguistic Reprensentations*, in Philosophy of Science 73 (2006).

65. S. Psillo, Ramsey's Ramsey – sentences, in *Philosophy of Science* 68
    (2001).

66. Frank P., *Ramsey and the Vienna Circle*, N. Y. Springer Publishing Com-
    pany, 2006.

67. Stathis Psillos, *The Structure, The Whole Structure, and Nothing nut the
    Structure?* in Philosophy of Science 73 (2006).

68. Steve French and James Ladyman, *Remodeling Structural Realism: Quan-
    tum Physics and the Metaphysics of Structure*, in Synthese, 136, 2003.

69. Steve French and Juha Saatsi, *Realism about Structure: The Semantic View
    and Nonlinguistic Representations*, in Philosophy of Science, 73 (2006).

70. Steve Fuller, *Social Epistemology*, Bloomington, Indiana University Press, 1988.

71. Steven French and Juha Saatsi, *Realism about Structure: The Semantic View and Nonlinguistic Representations*, in Philosophy of Science 73 (2006).

72. Susan Haack, *Evidence and Inquiry: Towards Reconstruction in epistemology*, Oxford: Blackwell Publisher, 1993.

73. Thomas Mormann, *Husserl's Philosophy of Science and the Semantic Approach*, in Philosophy of Science 58 (1991).

74. V. Hendricks and D. H. Pirtchard (eds.), *The Value Tum in Epistemology*, in New Waves in Epistemology, Palgrave Macmillan, 2007.

75. W. K. Cliford, *The Ethics of Belief: Lectures and Essays*, Macmillan, 1879.

76. William Alston, *Internalism and Externalism in Epistemology*, in Hilary Kornblith (ed.), Epistemology: Internalism and Externalism, Blackwell, 2001.

77. Quine, *Ontological Relativity and Other Essays*, N. Y. , 1969.

78. Alvin Plantinga, *Justification in the 20th Century*, John. L. Pollock (eds.), N. J.: Princeton University, 1975.

79. Linda Zagzebski, *Exemplarist Virtue Theory*, in Metaphilosophy, 2010 (1).

80. F. H. Bradley, *On Truth and Coherence*, Oxford: Clarendon Press, 1914.

81. Quine, *The Roots of Reference*, La Salle, Ill: Open Court, 1973.

82. J. Leplin (ed.), *Scientific Realism*, California 1984, pp. 1 – 2. E. Mackinnon, Scientific Realsim: The New Debates, Philosophy of Science 46.

83. E. Conee & R. Feldman, *Evidentialism*, Philosophical Studies, 1985.

84. A. Fine, *The Shaky Game*, Chicago, 1986.

85. Keith Lehrer, *Theory of Knowledge*, Boulder, CO: Westview, 1990.

86. H. Battaly "Virtue Epistemology", Philosophy Compass, 2008 (3).

87. Linda Zagzebski, *On Epistemology*, San Francisco: Wadsworth, 2009.